LUDWIG FEUERBACH

Gesammelte Werke

6

LUDWIG FEUERBACH

GESAMMELTE WERKE

HERAUSGEGEBEN VON
WERNER SCHUFFENHAUER

6

AKADEMIE-VERLAG · BERLIN
1984

LUDWIG FEUERBACH

Vorlesungen über das Wesen der Religion

Nebst Zusätzen und Anmerkungen

3., gegenüber der 2., durchgesehenen, unveränderte Auflage

AKADEMIE-VERLAG · BERLIN
1984

Bearbeiter dieses Bandes
WOLFGANG HARICH

Redaktion dieser Auflage
Werner Schuffenhauer

Erschienen im Akademie-Verlag, DDR-1086 Berlin,
Leipziger Str. 3–4

Lizenznummer: 202 · 100/17/84
Printed in the German Democratic Republic
Offsetdruck und buchbinderische Weiterverarbeitung:
VEB Druckerei „Thomas Müntzer", 5820 Bad Langensalza
LSV 0116
Bestellnummer: 7500854 (4042/6)
DDR 25,50 M

Vorbemerkung

Den „Vorlesungen über das Wesen der Religion" liegt die Abhandlung „Das Wesen der Religion" zugrunde, die Ludwig Feuerbach zuerst 1846 in O. Wigands Zeitschrift „Die Epigonen", Leipzig, S. 119ff., veröffentlichte und noch im selben Jahr in seine „Erläuterungen und Ergänzungen zum Wesen des Christentums", Band 1 der ersten Gesamtausgabe seiner Werke im Verlag Otto Wigand, Leipzig 1846, aufnahm. In unserer Ausgabe steht diese Abhandlung in Band 10: Kleinere Schriften III (1846–1850), S. 3–79. Zu dem Entschluß, öffentliche Vorlesungen über das in der Abhandlung erörterte Thema zu halten, wurde Feuerbach anläßlich seines Aufenthaltes in Frankfurt am Main im Spätsommer 1848 durch demokratisch gesinnte Studenten aus Heidelberg bewogen. Er hielt die Vorlesungen vom 1. Dezember 1848 bis zum 2. März 1849 an je drei Wochenabenden – Mittwoch, Freitag und Sonnabend – vor einem gemischten Zuhörerkreis im Rathaussaal zu Heidelberg, der von der Bürgerschaft zur Verfügung gestellt worden war, da man einen Hörsaal der Universität verweigert hatte. 1850 gab Feuerbach das Manuskript, erweitert und ergänzt, mit neuen Beweisstellen und Bemerkungen versehen, zum Druck. Das Buch erschien Ostern 1851 als Band VIII seiner „Sämtlichen Werke" bei Wigand in Leipzig mit einem vom 1. Januar desselben Jahres datierten Vorwort. Einen unveränderten Nachdruck brachte O. Wigand 1892 heraus.

Unsere Ausgabe gibt den Erstdruck wieder, der in Rechtschreibung und Zeichensetzung, unter Wahrung des Lautbestandes, modernisiert wurde. Einige wenige sinnentstellende Schreib- bzw. Druckfehler, als solche offensichtlich, wurden en passant korrigiert. Entstehen Beeinträchtigungen des Sinnes durch Eigentümlichkeiten der Schreibweise Feuerbachs, so sind die entsprechenden Berichtigungen kenntlich gemacht, und zwar entweder durch erläuternde Fußnoten des Bearbeiters (mit arabischen Bruchziffern) oder durch eckige Einklammerungen der ergänzten Wörter bzw. Wortteile. Ebenfalls in eckigen Klammern steht die deutsche Bedeutung fremdsprachiger Stellen. Diesen wurde die Übersetzung in allen Fällen beigefügt, in denen der Sinn nicht ohne weiteres aus dem Zusammenhang ersichtlich ist und es sich weder um geläufige Redewendungen noch um Buchtitel u. dgl. handelt. Sperrungen des Originals erscheinen in Kursivdruck. Dagegen bedeutet Kursivdruck in den mit Bruchziffern markierten Fußnoten, daß die betreffenden Formulierungen vom Bearbeiter stammen. Fußnoten mit Sternchen gehören zu Feuerbachs Text. Arabische Ziffern in runden Klammern im Text verweisen auf die „Zusätze und Anmerkungen", S. 321 ff.

Der Bearbeiter

Vorlesungen
über das
Wesen der Religion

Nebst Zusätzen und Anmerkungen

Von

Ludwig Feuerbach

Umseitig der Originaltitel des Erstdrucks

Vorwort

Die Vorlesungen, die ich hier dem Drucke übergebe, wurden vom 1. Dezember des Jahres 1848 an bis zum 2. März 1849 in der Stadt – nicht an der Universität – Heidelberg auf Veranlassung dortiger Studenten, jedoch vor einem gemischten Publikum gehalten.

Ich reihe sie meinen „Sämtlichen Werken" als den achten Band an, weil der Schluß mit dem „Wesen des Christentums" ein sinnloser, dem Plan, der Idee, die meiner Gesamtausgabe zugrunde liegt, durchaus widersprechender wäre. Dieser zufolge habe ich das „Wesen des Christentums" zu meiner ersten, d. h. frühsten Schrift gemacht und daher absichtlich die Gesamtausgabe mit den „Erläuterungen und Ergänzungen *zum* Wesen des Christentums" begonnen. Da nun aber dasselbe doch auch in die Gesamtausgabe mit aufgenommen werden mußte, so erscheint es jetzt dem Druck nach als mein letztes Werk, mein letzter Wille und Gedanke. Dieser trügerische Schein muß daher aufgehoben, das „Christentum" auf den Platz zurückgedrängt werden, der ihm in Wahrheit gebührt. Dies geschieht aber durch diese Vorlesungen, welche sich an die „Ergänzungen" des ersten Bandes anschließen – die im „Wesen der Religion" in aller Kürze ausgesprochenen Gedanken ausführen, entwickeln, erläutern.

Da ich bekanntlich kein Christ bin, folglich nicht zu den Wiederkäuern gehöre, denn „ein Christ", sagt Luther, „käuet wiederum, wie die Schafe tun", so habe ich zwar diese Vorlesungen im ganzen so drucken lassen, wie sie gehalten worden sind, aber sie doch mit neuen Beweisstellen, Entwicklungen und Bemerkungen ausstaffiert und, soviel als möglich, alles ausgemerzt, was mir als bloße Wiederkäuung erschien, so selbst eine ganze Vorlesung, die sich auf meine „Grundsätze der Philosophie" bezog. Gleichwohl habe ich die ersten

Vorlesungen, welche nichts enthalten, was sich nicht, wenn auch nur zerstreut und mit andern Worten, in meinen Schriften gedruckt findet, stehenlassen, aber nur in der Voraussetzung, daß diese Vorlesungen auch in Hände kommen, in denen sich nicht meine übrigen, am wenigsten meine philosophischen Schriften befinden.

Daß diese Vorlesungen erst jetzt erscheinen, wird nicht befremden. Was ist jetzt zeitgemäßer als eine Erinnerung an das Jahr 1848? Bei dieser Erinnerung muß ich jedoch zugleich bemerken, daß diese Vorlesungen meine einzigen öffentlichen Tätigkeitsäußerungen in der sogenannten Revolutionszeit gewesen sind. An allen – sowohl politischen als unpolitischen – Bewegungen und Verhandlungen jener Zeit, welchen ich beiwohnte, beteiligte ich mich nur als kritischer Zuschauer und Zuhörer, und zwar aus dem einfachen Grund, weil ich an erfolg- und folglich kopflosen Unternehmungen keinen tätigen Anteil nehmen kann, ich aber schon am Anfang aller jener Bewegungen und Verhandlungen ihren Ausgang voraussah oder doch vorausempfand. Ein bekannter Franzose hat unlängst die Frage an mich gestellt, warum denn *ich* mich nicht an der revolutionären Bewegung von 1848 beteiligt hätte. Ich antwortete: Herr Taillandier, wenn wieder eine Revolution ausbricht und ich an ihr tätigen Anteil nehme, dann können Sie zum Entsetzen Ihrer gottesgläubigen Seele gewiß sein, daß diese Revolution eine siegreiche, daß der jüngste Tag der Monarchie und Hierarchie gekommen ist. Leider werde ich diese Revolution nicht erleben. Aber gleichwohl nehme ich tätigen Anteil an einer großen und siegreichen Revolution, einer Revolution aber, deren wahre Wirkungen und Resultate sich erst im Laufe von Jahrhunderten entfalten; denn wissen Sie, Herr Taillandier, nach meiner Lehre, welche keine Götter und folglich auch keine Wunder auf dem Gebiete der Politik kennt, nach meiner Lehre, von der Sie aber *soviel wie gar nichts wissen und verstehen*, ob Sie sich gleich anmaßen, mich zu beurteilen, statt zu studieren, sind *Raum* und *Zeit* die Grundbedingungen alles Seins und Wesens, alles Denkens und Handelns, alles Gedeihens und Gelingens. Nicht weil es dem Parlament an Gottesglauben fehlte, wie man lächerlicherweise in der bayerischen Reichsratkammer behauptet hat – die meisten wenigstens waren Gottesgläubige, und der liebe Gott richtet sich doch auch nach der Majorität –, sondern weil es keinen *Orts-* und *Zeitsinn* hatte, deswegen nahm es ein so schmähliches, so resultatloses Ende.

Die Märzrevolution war überhaupt noch ein, wenn auch illegitimes, Kind des christlichen Glaubens. Die Konstitutionellen *glaubten*, daß der Herr nur zu sprechen brauche, es sei Freiheit, es sei Recht, so ist auch schon Recht und Freiheit, und die Republikaner glaubten, daß man eine Republik nur zu *wollen* brauche, um sie auch schon ins Leben zu rufen; glaubten also die Schöpfung – scilicet [versteht sich] einer Republik – aus *nichts*. Jene versetzten die christlichen Wortwunder, diese die christlichen Tatwunder auf das Gebiet der Politik. Nun wissen Sie aber doch, Herr Taillandier, wenigstens soviel von mir, daß ich ein absolut Ungläubiger bin. Wie können Sie also meinen Geist mit dem Geiste des Parlaments, mein Wesen mit dem Wesen der Märzrevolution in Verbindung bringen?

Bruckberg, 1. Januar 1851

Ludwig Feuerbach

Erste Vorlesung

Indem ich hiermit meine Vorlesungen über „Das Wesen der Religion" eröffne, muß ich vor allem bekennen, daß es nur der Ruf, der ausdrückliche Wunsch eines Teils der hier studierenden Jugend ist, der mich, und zwar nach langem Widerstreben, zu diesem Schritt bestimmt hat.

Wir leben in einer Zeit, wo es nicht, wie einst in Athen, nötig ist, ein Gesetz zu geben, daß jeder bei einem Aufstande Partei nehmen müsse, wo jeder, auch der in seiner Einbildung Unparteiischste, selbst wider Wissen und Willen ein, wenngleich nur theoretischer Parteimann ist, in einer Zeit, wo das politische Interesse alle andern Interessen verschlingt, die politischen Ereignisse uns in einer fortwährenden Spannung und Aufregung erhalten, in einer Zeit, wo es sogar Pflicht ist – namentlich für uns unpolitische Deutsche –, alles über der Politik zu vergessen; denn wie der einzelne nichts erreicht und leistet, wenn er nicht die Kraft hat, das, worin er etwas leisten will, eine Zeit lang ausschließlich zu betreiben, so muß auch die Menschheit zu gewissen Zeiten über einer Aufgabe alle anderen, über einer Tätigkeit alle anderen vergessen, wenn sie etwas Tüchtiges, Vollendetes zustande bringen will. Die Religion, der Gegenstand dieser Vorlesungen, hängt nun allerdings mit der Politik aufs innigste zusammen; aber unser hauptsächlichstes Interesse ist gegenwärtig nicht die theoretische, sondern praktische Politik. Wir wollen uns unmittelbar, handelnd an der Politik beteiligen; es fehlt uns die Ruhe, der Sinn, die Lust zum Lesen und Schreiben, zum Lehren und Lernen. Wir haben uns lange genug mit der Rede und Schrift beschäftigt und befriedigt; wir verlangen, daß endlich das Wort Fleisch, der Geist Materie werde; wir haben, ebenso wie den philosophischen, den politischen Idealismus satt; wir wollen jetzt politische Materialisten sein. Zu diesem allgemeinen, in der Zeit liegenden Grund meines Widerstrebens gegen das Dozieren gesellen sich nun aber noch andere, persönliche Gründe. Ich bin, von meiner theoretischen Seite betrachtet, von Natur weniger zum Lehrer als zum Denker, zum Forscher bestimmt. Der Lehrer ermüdet nicht und darf nicht ermüden, etwas tausendmal zu sagen, mir aber genügt es, etwas nur einmal gesagt zu haben, wenn ich wenigstens das Bewußtsein habe, es recht gesagt zu haben. Mich interessiert und fesselt ein Gegenstand nur so lange, als er mir noch Schwierigkeiten macht, als ich noch nicht mit ihm im reinen bin, als ich mit ihm gleichsam noch zu kämpfen habe; habe ich ihn aber überwunden, so eile ich zu einem andern, einem neuen Gegenstand; denn mein Sinn ist nicht auf ein bestimmtes Fach, einen bestimmten Gegenstand eingeschränkt; er interessiert sich für alles Menschliche. Allerdings bin ich nichts weniger als ein wissenschaftlicher Geizhals oder Egoist, der nur für sich sammelt und sorgt; nein, was ich für mich tue und denke, muß ich auch für andere denken und tun. Allein ich habe doch nur das Bedürfnis, so lange andere über etwas zu belehren, als ich in ihrer Belehrung zugleich mich selbst belehre. Mit dem Gegenstand dieser Vorlesungen, der Religion, bin ich aber längst im reinen, ich habe ihn in meinen Schriften nach allen seinen wesentlichsten oder wenigstens schwierigsten Seiten erschöpft. Ich bin ferner weder eine schreib- noch redselige Natur. Ich kann eigentlich nur reden und schreiben, wenn der Gegenstand mich in Affekt, in Begeisterung versetzt. Aber der Affekt, die Begeisterung hängt nicht vom Willen ab und richtet sich nicht nach der Uhr, stellt sich nicht zu bestimmten, festgesetzten Tagen und Stunden ein. Ich kann überhaupt nur darüber reden und schreiben, worüber es mir der Mühe wert scheint, zu reden und zu schreiben. Des Redens und Schreibens wert ist mir aber nur das, was entweder sich nicht von selbst versteht oder nicht schon von andern erschöpft ist. Ich greife daher von einem Gegenstande, selbst in der Schrift, immer nur *das* auf, worüber sich nichts, wenigstens nichts mich Befriedigendes, Erschöpfendes, in anderen Büchern findet, das übrige lasse ich beiseite liegen. Mein Geist ist daher allerdings ein aphoristischer, wie mir meine Kritiker vorwerfen, aber ein aphoristischer in ganz anderem Sinne und aus ganz anderen Gründen, als sie meinen: ein aphoristischer Geist, weil ein kritischer, d. h. das Wesen vom Schein, das Notwendige vom Überflüssigen unterscheidender Geist. Ich habe endlich viele Jahre, zwölf volle Jahre, in ländlicher Einsamkeit verlebt, beschäftigt einzig mit Studien und schriftstellerischen Arbeiten, und habe darüber die Gabe der Rede, des mündlichen Vortrags verloren oder doch auszubilden verabsäumt, denn ich habe nicht daran gedacht, daß ich je wieder – ich sage *wieder*, denn ich hatte allerdings in früheren Jahren Vorlesungen an einer bayerischen Universität gehalten –, am allerwenigsten in einer Universitätsstadt, das mündliche Wort als Organ meiner Wirksamkeit ergreifen würde. Die Zeit, in der ich der akademischen Laufbahn in meinem Geiste für immer Adieu sagte und auf dem Lande lebte, war eine so schrecklich traurige und düstere Zeit, daß ein solcher Gedanke nimmer in mir aufkommen konnte. Es war dies jene Zeit, wo alle öffentlichen Verhältnisse so vergiftet und verpestet waren, daß man seine geistige Freiheit und Gesundheit nur dadurch wahren konnte, daß man auf jeden Staatsdienst, auf jede öffentliche Rolle, selbst die eines Privatdozenten verzichtete, wo alle Beförderungen zum Staatsdienst, alle obrigkeitliche Erlaubnis, selbst die venia docendi, nur der Preis des politischen Servilismus und religiösen Obskurantismus war, wo nur das schriftliche wissenschaftliche Wort frei war; aber auch nur frei in einem höchst beschränkten Maß und nur frei nicht aus Achtung vor der Wissenschaft, sondern vielmehr nur aus Geringschätzung wegen ihrer, sei's nun wirklichen oder vermeintlichen, Einflußlosigkeit und Gleichgültigkeit für das öffentliche Leben. Was war also in dieser Zeit zu tun, zumal wenn man sich bewußt war, dem herrschenden Regierungssystem entgegengesetzte Gedanken und Gesinnungen zu hegen, als daß man in die Einsamkeit sich zurückzog und des schriftlichen Worts bediente, als des einzigen Mittels, wodurch man sich, freilich auch mit Resignation und Selbstbeherrschung, der Impertinenz der despotischen Staatsgewalt entziehen konnte? Es war übrigens keineswegs nur politischer Abscheu, der mich in die Einsamkeit verbannte und zum schriftlichen Wort verdammte. Wie ich mit dem politischen Regierungssysteme der Zeit in fortwährender innerlicher Opposition lebte, so war ich auch mit den geistigen Regierungssystemen, d. h. den philosophischen und religiösen Lehrsystemen, zerfallen. Um aber über die Gegenstände und Ursachen dieses Zwiespalts mit mir ins reine und klare zu kommen, dazu bedurfte ich anhaltender, allseitig ungestörter Muße. Wo findet man aber diese mehr als auf dem Lande, wo man, von allen bewußten und unbewußten Abhängigkeiten, Rücksichten, Eitelkeiten, Zerstreuungen, Intrigen und Klatschereien des Städtelebens befreit, nur auf sich selbst verwiesen ist? Wer glaubt, was andere glauben, lehrt und denkt, was andere denken und lehren, kurz, wer in – sei es nun wissenschaftlich oder religiös – gläubiger Gemeinschaft mit andern lebt, der braucht sich nicht von ihnen auch leiblich zu trennen, der hat nicht das Bedürfnis der Einsamkeit, wohl aber *der*, der seinen eigenen Weg geht oder gar mit der gesamten gottesgläubigen Welt bricht und nun diesen Bruch rechtfertigen und begründen will. Dazu gehört freie Zeit und freier Raum. Unkenntnis der menschlichen Natur ist es, wenn man glaubt, daß man an jedem Orte, in jeder Umgebung, in jedem Verhältnis und Stande frei denken und forschen könne, daß dazu nichts weiter erfordert werde als der eigene Wille des Menschen. Nein, zum wahrhaft freien, rücksichtslosen, extraordinären Denken, soll dieses wenigstens ein fruchtbares, entscheidendes Denken sein, wird auch ein extraordinäres, freies, rücksichtsloses Leben erfordert. Und wer geistig auf den Grund der menschlichen Dinge kommen will, der muß auch sinnlich, körperlich auf den Grund derselben sich stellen. Dieser Grund ist aber die Natur. Nur im unmittelbaren Verkehr mit der Natur genest der Mensch, legt er alle überspannten, alle über- oder widernatürlichen Vorstellungen und Einbildungen ab.

Aber eben, wer jahrelang in der Einsamkeit lebt, wenn auch nicht in der abstrakten Einsamkeit eines christlichen Anachoreten oder Mönchs, sondern in einer humanen Einsamkeit, und nur durch die Schrift mit der Welt in Korrespondenz steht, der verliert die Lust und Gabe der Rede; denn es ist ein gewaltiger Unterschied zwischen dem mündlichen und schriftlichen Wort. Das mündliche bezieht sich auf ein bestimmtes, gegenwärtiges, wirkliches Publikum, das schriftliche aber auf ein unbestimmes, abwesendes, für den Schriftsteller nur in der Vorstellung existierendes Publikum; das Wort hat zu seinem Gegenstand Menschen, die Schrift

Geister, denn die Menschen, für die ich schreibe, sind ja für mich nur im Geiste, in der Vorstellung existierende Wesen. Die Schrift ermangelt daher aller der Reize, Freiheiten und sozusagen geselligen Tugenden, die dem mündlichen Wort zukommen; sie gewöhnt den Menschen an strenges Denken, gewöhnt ihn, nichts zu sagen, was sich nicht vor der Kritik rechtfertigen läßt; aber macht ihn ebendadurch auch wortkarg, rigoros, bedenklich in der Wahl seiner Worte, unfähig, sich mit Leichtigkeit auszudrücken. Ich mache Sie, meine Herren, hierauf aufmerksam, hierauf, daß ich den schönsten Teil meines Lebens nicht auf dem Katheder, sondern auf dem Lande, nicht in der Universitätsaula, sondern im Tempel der Natur, nicht in Salons und Audienzzimmern, sondern in der Einsamkeit meiner Studierstube zugebracht habe, damit Sie nicht mit Erwartungen an meine Vorlesungen kommen, in denen Sie sich getäuscht finden, nicht einen beredten glänzenden Vortrag von mir erwarten.

Da die Schrift bisher allein das Organ meiner öffentlichen Wirksamkeit war, da ich ihr die schönsten Stunden und besten Kräfte meines Lebens geopfert, da ich in ihr allein meinen Geist betätigt habe, ihr allein meinen Namen und Ruf verdanke, so ist es wohl natürlich, daß ich meine Schriften auch zur Grundlage und Richtschnur meiner Vorlesungen mache, meinen Schriften die Rolle des Textes, meinem Munde die des Kommentators gebe, es zur Aufgabe meiner Vorlesungen also mache, auszuführen, zu erläutern, zu beweisen, was ich in meinen Schriften ausgesprochen. Ich halte dies für um so geeigneter, als ich in meinen Schriften mit der größten Kürze und Schärfe mich auszusprechen gewohnt bin, nur auf das Wesentlichste und Notwendigste mich beschränke, alle langweiligen Vermittlungen übergehe, alle selbstverständlichen Zwischen- und Folgesätze dem eigenen Verstande des Lesers überlasse, ebendadurch aber mich den größten Mißverständnissen aussetze, wie die Kritiker meiner Schriften sattsam beweisen. Ehe ich aber die Schriften nenne, die ich zum Text dieser Vorlesungen nehme, halte ich es für zweckmäßig, zunächst eine kurze Übersicht über meine sämtlichen literarischen Arbeiten zu geben. Meine Schriften lassen sich unterscheiden in solche, welche die Philosophie überhaupt, und solche, welche insbesondere die Religion oder Religionsphilosophie zum Gegenstande haben. Zu jenen gehören: meine „Geschichte der neueren Philosophie von Bacon bis Spinoza", mein „Leibniz", mein „P. Bayle, ein Beitrag zur Geschichte der Philosophie und Menschheit", meine „Philosophischen Kritiken und Grundsätze". Zu den andern gehören: meine „Gedanken über Tod und Unsterblichkeit", das „Wesen des Christentums", endlich die „Erläuterungen und Ergänzungen zum Wesen des Christentums". Ungeachtet dieses Unterschieds meiner Schriften, haben aber alle strenggenommen nur einen Zweck, einen Willen und Gedanken, ein Thema. Dieses Thema ist eben die Religion und Theologie und was damit zusammenhängt. Ich gehöre zu den Menschen, welche eine fruchtbare Einseitigkeit bei weitem einer unfruchtbaren, nichtsnutzigen Vielseitigkeit und Vielschreiberei vorziehen, zu den Menschen, welche ihr ganzes Leben hindurch *einen* Zweck im Auge haben und auf diesen alles konzentrieren, welche zwar sehr viel und sehr vieles studieren und immerfort lernen, aber nur eines lehren, nur über eines schreiben, in der Überzeugung, daß nur diese Einheit die notwendige Bedingung ist, etwas zu erschöpfen und in der Welt durchzusetzen. Demgemäß habe ich denn auch in allen meinen Schriften nie die Beziehung auf die Religion und Theologie außer Acht gelassen, stets den Hauptgegenstand meines Denkens und Lebens, freilich je nach der Verschiedenheit der Jahre und des Standpunkts verschieden, behandelt. Bemerken muß ich jedoch, daß ich in der ersten Ausgabe meiner „Geschichte der Philosophie", keineswegs aus politischer Rücksicht, sondern aus jugendlicher caprice und Antipathie, alle unmittelbaren Beziehungen auf die Theologie im Druck ausgelassen, daß ich aber in der zweiten, in meine gesammelten Schriften aufgenommenen Ausgabe diese Lücken, jedoch nicht von meinem frühern, sondern jetzigen Standpunkt aus, ausgefüllt habe. Der erste Name, der nun hier in Beziehung auf die Religion und Theologie zur Sprache kommt, ist Bacon von Verulam, der Vater der modernen Philosophie und Naturwissenschaft, wie er nicht ohne Grund von vielen genannt wird. Er gilt vielen für das Muster eines frommen, christlichen Naturforschers, weil er feierlich bekannte, die profane Kritik, die er auf dem Gebiete der Naturwissenschaft geltend machte, nicht auf das Gebiet der Religion und Theologie anwenden zu wollen, nur in menschlichen Dingen ein Ungläubiger, in göttlichen aber ein unbedingt, ein untertänigst Gläubiger zu sein. Von ihm stammt der berühmte Satz: „Die oberflächliche Philosophie führt von Gott ab, die tiefere Philosophie zu Gott zurück", ein Satz, der, wie so viele andere Sätze vergangener Denker, einst allerdings eine Wahrheit war, aber jetzt keine mehr ist, obwohl er von unseren Historikern, die zwischen Vergangenheit und Gegenwart keinen Unterschied machen, auch jetzt noch geltend gemacht wird. Ich zeigte nun aber in meiner Darstellung, daß Bacon die Prinzipien, die er im Glauben, in der Theologie bekenne, in der Physik verneine, daß die alte Weise, die Natur zu betrachten, die Teleologie (d. h. die Lehre von den Absichten oder Zwecken in der Natur), eine notwendige Folge des christlichen Idealismus sei, welcher die Natur aus einem mit Absicht und Bewußtsein wirkenden Wesen ableitet, daß er die christliche Religion aus ihrer alten weltumfassenden Stellung, die sie bei den wahrhaft Gläubigen im Mittelalter eingenommen, verdrängt, daß er nur als Privatmann, nicht aber als Physiker, als Philosoph, als geschichtlich wirkende Person sein religiöses Prinzip betätigt habe, es also ganz falsch sei, Bacon als christlich-religiösen Naturforscher zur Devise zu machen. Der zweite für die Religionsphilosophie interessante Mann ist Bacons jüngerer Zeitgenosse und Freund Hobbes, hauptsächlich wegen seiner politischen Ansichten berühmt. Er ist unter den modernen Philosophen derjenige, auf den man das Schreckenswort „Atheist" zuerst angewendet hat. Die gelehrten Herren haben übrigens im vorigen Jahrhundert darüber gestritten, ob er wirklich Atheist sei. Ich habe aber den Streit so geschlichtet, daß ich ihn ebensosehr für einen Theisten als Atheisten erkläre, indem er allerdings, wie überhaupt die moderne Welt, einen Gott statuiere, aber dieser Hobbessche Gott soviel wie keiner sei, indem alle Wirklichkeit bei ihm die Körperlichkeit, die Gottheit also, da er keine körperlichen Prädikate derselben angeben könne, seinem philosophischen Prinzip nach nur ein Wort, aber kein Wesen sei. Die dritte bedeutende Person, die aber in religiöser Beziehung keine wesentliche Verschiedenheit darbietet, ist Cartesius. Sein Verhältnis zur Religion und Theologie habe ich jedoch erst im „Leibniz" und „Bayle" behandelt, weil nämlich erst nach der Erscheinung meines ersten Bandes Cartesius als das Muster eines religiösen, und zwar katholischreligiösen, Philosophen proklamiert wurde. Ich aber zeigte auch von ihm, daß Cartesius der Philosoph und Cartesius der Gläubige zwei ganz sich widersprechende Personen sind. Die für die Religionsphilosophie bedeutendsten, originellsten Erscheinungen, die ich im ersten Bande behandelt habe, sind Jakob Böhm[e] und Spinoza, beide dadurch unterschieden von den genannten Philosophen, daß sie uns nicht nur den Widerspruch des Glaubens und der Vernunft darstellen, sondern *beide ein selbständiges religionsphilosophisches Prinzip* aufstellen. Der erste, Jakob Böhm[e], ist der Abgott der philosophierenden Theologen oder Theisten, der andere, Spinoza, der Abgott der theologischen Philosophen oder Pantheisten. Den ersteren haben seine Verehrer in neuester Zeit als das probateste Heilmittel gegen das Gift meiner Lehre, die eben der Inhalt dieser meiner Vorlesungen sein wird, angepriesen. Ich habe aber Jakob Böhm[e] erst neuerdings wieder, bei meiner zweiten Auflage, zum Objekt des gründlichsten Studiums gemacht. Mein abermaliges Studium hat mich jedoch zu keinem anderen Resultate geführt als dem schon früher ausgesprochenen, nämlich daß das Geheimnis seiner Theosophie einerseits eine *mystische* Naturphilosophie, andererseits eine *mystische* Psychologie ist; daß also in ihm, geschweige eine Widerlegung, vielmehr eine Bestätigung meiner Anschauung, wonach sich die gesamte Theologie in Natur- und Menschenlehre zerlegt, zu finden ist. Den Schluß in meinem ersten Bande bildet Spinoza. Er ist der einzige unter den neuern Philosophen, der die ersten Elemente zu einer Kritik und Erkenntnis der Religion und Theologie gegeben hat; der erste, der in positiven Gegensatz mit der Theologie trat; der erste, der es auf eine klassische Weise ausgesprochen, daß die Welt nicht als eine Wirkung oder ein Werk eines persönlichen, nach Absichten und Zwecken wirkenden Wesens angesehen werden könne; der erste, der die Natur in ihrer universellen, religionsphilosophischen Bedeutung geltend machte. Ihm habe ich daher meine Bewunderung und Verehrung mit Freuden dargebracht; nur habe ich das an ihm getadelt, daß er das nicht nach Zwecken, nicht mit Willen und Bewußtsein wirkende Wesen, noch befangen in den alten theologischen Vorstellungen, als das vollkommenste, als das göttliche Wesen bestimmte und daher sich den Weg zu einer Entwicklung abschnitt, das bewußte, menschliche Wesen nur als einen Teil, nur als einen Modus, wie sich Spinoza in seiner Sprache ausdrückt, statt als den Gipfel der Vollendung des bewußtlosen Wesens erfaßte.

Der Antipode Spinozas ist Leibniz, dem ich einen besonderen Band gewidmet habe. Wenn Spinoza die Ehre gebührt, die Theologie zur Magd der Philosophie gemacht zu haben, so gebührt dagegen dem ersten deutschen Philosophen der neueren Zeit, nämlich Leibniz, die Ehre oder Unehre, die Philosophie wieder unter den Pantoffel der Theologie gebracht zu haben. Dieses tat besonders Leibniz in seinem berühmten Werk: die „Theodizee". Leibniz schrieb bekanntlich dieses Buch aus Galanterie gegen eine in ihrem Glauben durch Bayles Zweifel beunruhigte preußische Königin. Aber die eigentliche Dame, für die es Leibniz schrieb, der er den Hof machte, ist die Theologie. Aber gleichwohl machte er es den Theologen nicht recht. Leibniz hielt es überall mit beiden Parteien, und eben dadurch befriedigte er keine. Er wollte niemand beleidigen, niemand verletzen; seine Philosophie ist eine Philosophie diplomatischer Galanterie. Selbst die Monaden, d. h. die Wesen, aus welchen nach ihm alle in die Sinne fallenden Wesen bestehen, üben keinen physischen Einfluß aufeinander aus, damit ja keiner etwas zu Leid geschehe. Aber wer nicht, wenn auch unabsichtlich, beleidigen und verletzen will, dem fehlt alle Energie, alle Tatkraft; denn man kann keinen Fuß bewegen, ohne Wesen zu zertreten, keinen Tropfen Wasser genießen, ohne Infusorien zu verschlucken. Leibniz ist ein Mittelsmann zwischen der mittelalterlichen und neueren Zeit, er ist, wie ich ihn nannte, der philosophische Tycho de Brahe, aber eben wegen dieser seiner Unentschiedenheit noch heute der Abgott aller unentschiedenen, energielosen Köpfe. Schon in der ersten, 1837 erschienenen Ausgabe machte ich daher den theologischen Standpunkt Leibniz', und zugleich auf seine Veranlassung die Theologie überhaupt, zu einem Objekte der Kritik. Der Standpunkt, von dem aus ich diese Kritik fällte, war übrigens eigentlich der spinozistische oder abstrakt philosophische, nämlich der, daß ich zwischen dem theoretischen und praktischen Standpunkt des Menschen strenge unterschied und jenen der Philosophie, diesen der Theologie und Religion zueignete. Auf dem praktischen Standpunkt, sage ich, bezieht der Mensch die Dinge nur auf sich, auf seinen

Nutzen und Vorteil, auf dem theoretischen bezieht er die Dinge auf sich selbst. Notwendig ist daher, sage ich dort, ein wesentlicher Unterschied zwischen der Theologie und Philosophie; wer beide vermischt, vermischt wesentlich verschiedene Standpunkte und bringt daher nur eine Mißgeburt zustande. Rezensenten dieser Schrift haben sich gewaltig aufgehalten über diese Unterscheidung; sie haben aber übersehen, daß schon Spinoza in seinem „Theologisch-politischen Traktat" von demselben Standpunkt aus die Theologie und Religion betrachtet und kritisiert hat, ja, daß selbst Aristoteles, wenn er anders die Theologie zum Gegenstand seiner Kritik gemacht hätte, sie nicht anders hätte kritisieren können. Übrigens ist dieser Standpunkt, von dem aus ich damals die Theologie kritisierte, keineswegs der Standpunkt meiner späteren Schriften, keineswegs mein letzter und absoluter, sondern nur ein relativer, historisch bedingter Standpunkt. Ich habe daher in der neuen Ausgabe meiner „Darstellung und Kritik der Philosophie Leibniz'" die Theodizee und Theologie Leibniz', ebenso wie seine damit zusammenhängende Pneumatologie oder Geisteslehre, einer neuen Kritik unterworfen.

Zweite Vorlesung

Wie Leibniz der Antipode Spinozas, so ist der Antipode Leibnizens, namentlich in theologischer Beziehung, der französische Gelehrte und Skeptiker *Pierre Bayle*. Das audiatur et altera pars [auch die Gegenpartei werde gehört] gilt nicht nur in der Jurisprudenz, sondern auch in der Wissenschaft überhaupt. Diesem Spruche gemäß ließ ich daher auf den gläubigen, wenigstens denkgläubigen deutschen Philosophen den ungläubigen oder doch zweifelnden französischen Philosophen in der Reihe meiner Schriften folgen. Übrigens war die Ursache dieser Schrift keineswegs nur ein wissenschaftliches, sondern auch ein praktisches Interesse. Wie überhaupt meine Schriften ihre Entstehung dem Gegensatz gegen eine Zeit verdanken, in der man gewaltsam die Menschheit in die Finsternis vergangener Jahrhunderte zurückscheuchen wollte, so auch mein „Bayle". Er erschien zu der Zeit, wo namentlich in Bayern und Rheinpreußen der alte Kampf des Katholizismus und Protestantismus aufs heftigste und häßlichste wieder entbrannt war. Bayle war einer der ersten, ausgezeichnetsten Kämpfer für Aufklärung, Humanität und Toleranz, frei von den Fesseln ebensowohl des katholischen als protestantischen Glaubens. Durch eine solche Stimme aus der Vergangenheit eine betörte und erboste Gegenwart zu belehren und zu beschämen, das war der Zweck meines „Bayle". Das erste Kapitel handelt vom Katholizismus, als dessen Wesen ich wegen seiner Klöster, wegen seiner Heiligen, wegen seines Priesterzölibats usw. *im Unterschiede* vom Protestantismus den Widerspruch von Fleisch und Geist, das zweite vom Protestantismus, als dessen Wesen ich *im Unterschiede* vom Katholizismus den Widerspruch von Glauben und Vernunft bezeichnete; das dritte vom Widerspruch der Theologie mit der Philosophie, der Wissenschaft überhaupt; denn der Theologie, sage ich, sei nur das ihr Heilige wahr, der Philosophie aber nur das Wahre heilig, die Theologie stütze sich auf ein besonderes Prinzip, auf ein besonderes Buch, in dem sie alle wenigstens dem Menschen notwendigen und heilsamen Wahrheiten enthalten wähnt; sie sei daher notwendig engherzig, exklusiv, intolerant, borniert; die Philosophie, die Wissenschaft aber stütze sich nicht auf ein besonderes Buch, sondern finde die Wahrheit nur im Ganzen der Natur und Geschichte, stütze sich auf die Vernunft, die wesentlich universell, nicht auf den Glauben, der wesentlich partikulär sei. Das vierte Kapitel handelt von dem Gegensatz oder Widerspruch zwischen der Religion und Moral oder von Bayles Gedanken über den Atheismus. Bayle behauptet nämlich, daß der Mensch auch ohne Religion moralisch sein könne, weil die meisten Menschen mit und trotz ihrer Religion unmoralisch seien und lebten, daß der Atheismus durchaus nicht notwendig mit Immoralität verbunden sei, daß der Staat daher recht gut aus Atheisten bestehen könne. Solches sprach schon 1680 Bayle, während noch vor einem Jahre auf dem Vereinigten Preußischen Landtag sich ein freiherrlicher Abgeordneter nicht schämte zu erklären, daß er allen religiösen Bekenntnissen, nur nicht den Atheisten die Anerkenntnis des Staats und die Befugnis zur Ausübung politischer Rechte gewährt wissen wolle. Das fünfte Kapitel handelt ausdrücklich von der Selbständigkeit der Moral, ihrer Unabhängigkeit von religiösen Dogmen und Meinungen; was im vierten Kapitel aus Beispielen der Geschichte und des gemeinen Lebens, das wird hier aus der Natur der Sache bewiesen. Das sechste Kapitel handelt von dem Widerspruch der christlichen Dogmen mit der Vernunft, das siebente Kapitel von der Bedeutung des Widerspruchs zwischen Glauben und Vernunft in Bayle. Bayle lebte nämlich in jener Zeit, wo der Glaube noch eine solche Autorität[1] war, daß der Mensch selbst das, was er seiner Vernunft nach für falsch und absurd erkannte, doch noch glauben zu können sich einbildete oder zu glauben zwang. Das achte Kapitel handelt von Bayles Bedeutung und Verdienst als Polemiker gegen die religiösen Vorurteile seiner Zeit, das neunte Kapitel endlich von Bayles Charakter und Bedeutung für die Geschichte der Philosophie.

Mit „Bayle" schließen sich meine historischen Arbeiten. Die spätern, die neuesten Philosophen habe ich nur als Kritiker, nicht als Historiker zum Gegenstande meiner Schriften gemacht. Indem wir an die neueste Philosophie treten, begegnet uns sogleich ein gewaltiger Unterschied zwischen den früheren und spätern Philosophen. Während nämlich die früheren Philosophen Philosophie und Religion ganz voneinander trennten, ja, geradezu entgegensetzten, indem die Religion auf göttlicher Weisheit und Autorität[1], die Philosophie nur auf menschlicher beruhe, oder indem, wie Spinoza sich ausdrückt, die Religion nur den Nutzen, die Wohlfahrt des Menschen, die Philosophie aber die Wahrheit bezwecke, so kommen dagegen die neuesten Philosophen mit der *Identität* der Philosophie und Religion, wenigstens ihrem Inhalte, ihrem Wesen nach. Diese Identität war es nun, gegen welche ich auftrat. Schon im Jahre 1830, wo meine „Gedanken über Tod und Unsterblichkeit" erschienen, rief ich daher einem Dogmatiker aus der Hegelschen Schule, welcher behauptete, daß nur ein formeller Unterschied zwischen Religion und Philosophie sei, daß die Philosophie nur in den Begriff erhebe, was die Religion in der Form der Vorstellung habe, die Verse zu:

„Wesen ist selber die Form"; drum tilgst du den Inhalt des Glaubens,
Wenn du die Vorstellung tilgst, seine geeignete Form.

[1] *Feuerbach schreibt noch:* Auctorität

Ich machte daher der Hegelschen Philosophie den Vorwurf, daß sie das Wesentliche der Religion zum Unwesentlichen und umgekehrt das Unwesentliche zum Wesentlichen mache. Das Wesen der Religion sei gerade eben das, was die Philosophie zur bloßen Form mache.

Eine Schrift, die hier in dieser Beziehung besonders zu nennen, ist eine kleine, im Jahre 1839 erschienene Broschüre „Über Philosophie und Christentum". Ungeachtet aller Vermittlungsversuche, sagte ich hier, sei die Differenz zwischen Religion und Philosophie eine unaustilgbare, denn diese sei eine Sache des Denkens, der Vernunft, jene aber eine Sache des Gemüts und der Phantasie. Die Religion enthalte aber nicht nur, wie Hegel behaupte, gemütliche Phantasiebilder spekulativer Gedanken, sondern vielmehr ein vom Denken unterschiedenes Element, und dieses sei nicht die bloße Form, sondern das Wesen derselben. Dieses Element können wir mit *einem* Worte Sinnlichkeit nennen, denn auch das Gemüt und die Phantasie wurzeln ja in der Sinnlichkeit. Diejenigen, die sich an dem Worte „Sinnlichkeit" stoßen, weil der Sprachgebrauch nur die Begehrlichkeit darunter versteht, bitte ich zu bedenken, daß nicht nur der Bauch, sondern auch der Kopf ein sinnliches Wesen ist. Sinnlichkeit ist bei mir nichts andres als die wahre, nicht gedachte und gemachte, sondern existierende Einheit des Materiellen und Geistigen, ist daher bei mir ebensoviel wie Wirklichkeit. Um diesen eben angegebenen Unterschied zwischen der Religion und Philosophie klar und deutlich zu machen, erinnere ich hier nur beispielsweise an eine Lehre, die diesen Unterschied ganz besonders zeigt. Die alten Philosophen lehrten, zum Teil wenigstens, die Unsterblichkeit, aber nur die Unsterblichkeit des denkenden Teiles in uns, nur die Unsterblichkeit des Geistes im Unterschiede von der Sinnlichkeit des Menschen. Einige lehrten sogar ausdrücklich, daß selbst das Gedächtnis, die Erinnerung erlösche und nur das reine Denken, eine freilich in der Wirklichkeit gar nicht existierende Abstraktion, nach dem Tode übrigbleibe. Diese Unsterblichkeit aber ist eben eine abstrakte, abgezogene und darum nicht die religiöse. Das Christentum verwarf daher diese philosophische Unsterblichkeit und setzte an deren Stelle die Fortdauer des ganzen, wirklichen, leiblichen Menschen; denn nur diese ist eine Fortdauer, in der das Gemüt und die Phantasie Stoff finden, aber bloß deswegen, weil sie eine sinnliche ist. Was aber von dieser Lehre insbesondere gilt, das gilt von der Religion überhaupt. Gott selbst ist ein sinnliches Wesen, ein Gegenstand der Anschauung, der Vision, zwar nicht der körperlichen, aber der geistigen, d. h. der Phantasieanschauung. Wir können daher den Unterschied zwischen der Philosophie und Religion kurzweg darauf reduzieren, daß die Religion sinnlich, ästhetisch ist, während die Philosophie etwas Unsinnliches, Abstraktes ist. Obgleich ich nun aber schon in meinen frühern Schriften als das Wesen der Religion im Unterschiede von der Philosophie die Sinnlichkeit erkannte, so konnte ich doch die Sinnlichkeit der Religion nicht anerkennen. Erstens, weil sie eine der Wirklichkeit widersprechende, eine nur phantastische und gemütliche ist. So ist der Leib – um wieder das angeführte Beispiel beizubehalten –, welchen die Religion im Gegensatz gegen die philosophische Unsterblichkeit geltend macht, nur ein phantastischer und gemütlicher Leib, ein „geistiger" Leib, d. h. ein Leib, der soviel wie kein Leib ist. Die Religion ist daher die Anerkennung, die Bejahung der Sinnlichkeit im Widerspruch mit der Sinnlichkeit. Ich konnte sie aber, zweitens, auch deswegen nicht anerkennen, weil ich selbst noch in dieser Beziehung auf dem Standpunkt des abstrakten Denkers stand, noch nicht die volle Bedeutung der Sinne erfaßt hatte. Ich war mir wenigstens noch nicht entschieden klar hierüber. Zur wahren, vollständigen Anerkennung der Sinnlichkeit gelangte ich einerseits durch ein erneutes tieferes Studium der Religion, andererseits durch das sinnliche Studium der Natur, wozu mir mein Landleben die schönste Gelegenheit darbot. Erst in meinen späteren philosophischen und religionsphilosophischen Schriften kämpfe ich daher mit Entschiedenheit ebensowohl gegen die abstrakte Unmenschlichkeit der Philosophie als gegen die phantastische, illusorische Menschlichkeit der Religion. Erst in ihnen setze ich mit vollem Bewußtsein an die Stelle des abgezogenen, nur gedachten Wesens der Welt, welches man Gott nennt, das wirkliche Welt- oder Naturwesen, an die Stelle des vom Menschen abgezogenen, der Sinne beraubten Vernunftwesens der Philosophie den vernunftbegabten wirklichen, sinnlichen Menschen. Unter meinen religionsphilosophischen Schriften geben die beste Übersicht über meine geistige

Laufbahn, meine Entwickelung und deren Resultate meine „Gedanken über Tod und Unsterblichkeit", indem ich diesen Gegenstand dreimal, 1830, wo ich eben mit diesen Gedanken zuerst als Schriftsteller auftrat, 1834 unter dem Titel „Abälard und Heloïse" und 1846 „vom Standpunkt der Anthropologie" behandelte. Die ersten Gedanken über diesen Gegenstand schrieb ich als abstrakter Denker, die zweiten im Widerspruch zwischen dem Elemente des Denkens und der Sinnlichkeit, die dritten auf dem Standpunkte des mit den Sinnen versöhnten Denkers, oder die ersten schrieb ich als Philosoph, die zweiten als Humorist, die dritten als Mensch. Aber gleichwohl enthalten die „Gedanken über Tod und Unsterblichkeit" schon in abstracto, d. h. in Gedanken, was meine späteren Schriften in concreto, d. h. ausgeführt und entwickelt, enthalten. Wie ich in meinen späteren, meinen letzten Schriften dem Menschen die Natur voraussetze, so polemisierte ich auch schon in jener Schrift gegen eine naturlose, absolute und folglich ohne Ende fortdauernde Persönlichkeit, kurz, gegen die phantastische, über das Maß der Wirklichkeit ins Schrankenlose ausgedehnte Persönlichkeit, wie sie in dem gewöhnlichen Gottes- und Unsterblichkeitsglauben gefaßt wird. Der erste Abschnitt heißt in dem Auszug aus dieser Schrift in meiner Gesamtausgabe „Der metaphysische oder spekulative Grund des Todes". Er handelt von dem Verhältnis der Persönlichkeit zum Wesen oder zur Natur. Die Schranke der Persönlichkeit ist die Natur, heißt es dort dem Sinne, wenn auch nicht gerade den Worten nach; jedes Ding außer mir ist ein Zeichen meiner Endlichkeit, ein Beweis, daß ich kein absolutes Wesen bin, daß ich an der Existenz anderer Wesen meine Grenze habe, daß ich folglich keine unsterbliche Person bin. Diese zunächst im allgemeinen oder metaphysisch ausgesprochene Wahrheit wird nun weiter durchgeführt in den anderen Abschnitten. Der folgende heißt „Der physische Grund des Todes". Zum Wesen der Persönlichkeit des Menschen, der Persönlichkeit überhaupt, heißt es hier, gehört wesentlich räumliche oder zeitliche Bestimmtheit. Ja, der Mensch ist nicht nur überhaupt ein räumliches, sondern auch ein wesentlich irdisches, von der Erde unabsonderliches Wesen. Wie töricht daher, einem solchen Wesen ewige überirdische Existenz einräumen zu wollen! Ich faßte diesen Gedanken in folgende Verse zusammen:

Wo du erwachtest zum Licht, da wirst du einstens auch schlummern;
Nimmer entlässet die Erd' einen aus ihrem Gebiet.

Der dritte und letzte Abschnitt ist überschrieben „Der geistige oder psychologische Grund des Todes". Der einfache Grundgedanke ist: Die Persönlichkeit ist nicht nur eine leiblich oder sinnlich, sondern auch geistig bestimmte und begrenzte Persönlichkeit; der Mensch hat eine bestimmte Bestimmung, Stellung, Aufgabe in der großen Gemeinde der Menschheit, in der Geschichte; aber ebendamit verträgt sich auch nicht eine endlose Fortdauer. Er dauert nur in seinen Werken, in seinen Wirkungen fort, die er innerhalb seiner Sphäre, seiner geschichtlichen Aufgabe hervorbrachte. Dies allein ist die sittliche, die ethische Unsterblichkeit. Dieser Gedanke im dritten und letzten Abschnitt ist auch der nur mehr durchgeführte Grundgedanke meiner „Humoristisch-philosophischen Aphorismen". Die geistige, die ethische oder moralische Unsterblichkeit ist die allein, die der Mensch in seinen Werken besitzt. Das, was er mit Leidenschaft liebt und treibt, das ist die Seele des Menschen. Die Seele des Menschen ist so verschieden, so bestimmt, als die Menschen selbst sind. Die Unsterblichkeit im alten Sinne des Wortes, jenes ewige, grenzenlose Sein, paßt daher nur auf eine unbestimmte, vage Seele, die gar nicht in Wirklichkeit existiert, die nur eine menschliche Abstraktion und Einbildung ist. Ich habe aber diese Gedanken, die Grundgedanken jener Schrift nur im besondern, nur an dem Beispiel des Schriftstellers nachgewiesen, dessen unsterblicher Geist lediglich der Geist seiner Schriften sei. Zum dritten und letzten Mal behandelte ich dic Unsterblichkeit in meiner Abhandlung „Die Unsterblichkeitsfrage vom Standpunkt der Anthropologie". Der erste Abschnitt handelt von dem allgemeinen Unsterblichkeitsglauben, von dem Glauben, wie er sich bei allen oder meisten Völkern im Zustande ihrer Kindheit oder Unbildung findet. Hier zeige ich, daß die Unsterblichkeitsgläubigen dem Glauben der Völker ihre eignen Vorstellungen unterschieben, daß dieselben in Wahrheit nicht an ein anderes, sondern nur an dieses Leben glauben, daß das Leben der Toten nur das Leben im Reiche der Erinnerung, der lebendige Tote nur das personifizierte Bild des Lebendigen von dem Toten sei; ich zeige ferner, daß, wenn man einmal eine persönliche oder individuelle Unsterblichkeit will, man sie nur im Sinne der einfachen Naturvölker glauben muß, bei welchen der Mensch nach dem Tode ganz derselbe ist wie vor dem Tode, dieselben Leidenschaften, Beschäftigungen und Bedürfnisse hat, denn von ihnen läßt sich der Mensch nicht abtrennen. Der zweite Abschnitt handelt von der subjektiven Notwendigkeit des Unsterblichkeitsglaubens, d. h. von den inneren, psychologischen Gründen, welche im Menschen den Glauben an seine Unsterblichkeit erzeugen. Der Schlußsatz dieses Abschnittes ist, daß die Unsterblichkeit eigentlich nur für träumerische, müßige, über ihr Leben in der Phantasie hinausschweifende, aber nicht für tatkräftige, mit den Gegenständen des wirklichen Lebens beschäftigte Menschen ein Bedürfnis sei. Das dritte Kapitel handelt von dem „kritischen Unsterblichkeitsglauben", d. h. von dem Standpunkt, wo man nicht mehr glaubt, daß die Menschen mit Haut und Haaren nach dem Tode fortexistieren, sondern zwischen einem sterblichen und unsterblichen Wesen des Menschen kritisch unterscheidet. Dieser Glaube falle aber selbst notwendig, sage ich, dem Zweifel, der Kritik anheim; er widerspreche dem unmittelbaren Einheitsgefühle und Einheitsbewußtsein des Menschen, welches eine solche kritische Teilung und Zerspaltung des menschlichen Wesens ungläubig von sich weise. Der letzte Abschnitt handelt endlich von dem Unsterblichkeitsglauben, wie er jetzt noch bei uns gilt, von dem „rationalistischen Unsterblichkeitsglauben", welcher in seiner Halbheit und Zerrissenheit zwischen Glaube und Unglaube die Unsterblichkeit zwar scheinbar bejahe, in Wahrheit aber verneine, indem er dem Glauben den Unglauben, dem Jenseits das Diesseits, der Ewigkeit die Zeit, der Gottheit die Natur, dem religiösen Himmel den profanen Himmel der Astronomie unterschiebe.

Ich habe hiermit ein kurzes, oberflächliches Inhaltsverzeichnis von diesen meinen Unsterblichkeits- und Todesgedanken gegeben, und zwar deswegen, weil die Unsterblichkeit gewöhnlich und mit vollem Rechte einen Hauptabschnitt in der Religion und Religionsphilosophie bildet, ich aber von diesem Glauben absehen, wenigstens ihn nur insofern behandeln werde, als er mit dem Gottesglauben zusammenhängt oder vielmehr eins ist.

Ich komme nun an die Schriften von mir, welche den Inhalt und Gegenstand dieser Vorlesungen enthalten: meine Lehre, Religion, Philosophie oder wie Sie es sonst nennen wollen. Diese meine Lehre ist kürzlich die: *Die Theologie ist Anthropologie*, d. h., in dem Gegenstande der Religion, den wir griechisch „theos", deutsch „Gott" nennen, spricht sich nichts andres aus als das Wesen des Menschen, oder: Der Gott des Menschen ist nichts andres als das vergötterte Wesen des Menschen, folglich die Religions- oder, was eins ist, Gottesgeschichte – denn so verschieden die Religionen, so verschieden sind die Götter, und die Religionen so verschieden, als die Menschen verschieden sind – nichts andres als die Geschichte des Menschen. Sogut, um sogleich diese Behauptung an einem Beispiel, das aber mehr als ein Beispiel ist, zu erläutern und veranschaulichen, der griechische, römische, überhaupt heidnische Gott, wie selbst unsre Theologen und Philosophen zugeben, nur ein Gegenstand der heidnischen Religion, ein Wesen ist, welches nur im Glauben und in der Vorstellung eines Heiden, aber nicht eines christlichen Volkes oder Menschen Existenz hat, folglich nur ein Ausdruck, ein Bild des heidnischen Geistes und Wesens ist, sogut ist auch der christliche Gott nur ein Gegenstand der christlichen Religion, folglich auch nur ein charakteristischer Ausdruck des christlichen Menschengeistes und -wesens. Der Unterschied zwischen dem heidnischen Gott und dem christlichen Gott ist nur der Unterschied zwischen dem heidnischen und dem christlichen Menschen oder Volke. Der Heide ist Patriot, der Christ Kosmopolit, folglich ist auch der Gott des Heiden ein patriotischer, der Gott des Christen dagegen ein kosmopolitischer Gott, d. h., der Heide hatte einen nationalen, beschränkten Gott, weil der Heide sich nicht über die Schranke seiner Nationalität erhob, die Nation ihm über den Menschen ging; der Christ aber hat einen universellen, allgemeinen, die ganze Welt umfassenden Gott, weil er selbst sich über die Schranke der Nationalität erhebt, die Würde und das Wesen des Menschen nicht auf eine bestimmte Nation einschränkt. Der Unterschied zwischen dem Polytheismus und Monotheismus ist nur der Unterschied zwischen den Arten und der Gattung. Der Arten sind viele, aber die Gattung ist nur eines, denn sie ist es ja, worin die verschiedenen Arten übereinstimmen. So gibt es verschiedene Menschenarten, Rassen, Stämme oder wie man es sonst nennen will, aber sie gehören doch alle zu einer Gattung, zur Menschengattung. Der Polytheismus ist nun da zuhause, wo sich der Mensch nicht über den Artbegriff des Menschen erhebt, wo er nur den Menschen seiner Art als seinesgleichen, als gleichberechtigtes, gleichbefähigtes Wesen anerkennt. In dem Begriff der Art liegt aber die Vielheit, folglich gibt es da viele Götter, wo der Mensch das Wesen der Art zum absoluten Wesen macht. Zum Monotheismus erhebt sich aber da der Mensch, wo er sich zum Begriff der Gattung erhebt, worin alle Menschen übereinstimmen, worin ihre Art-, ihre Stammes-, ihre Nationalunterschiede verschwinden. Der Unterschied zwischen dem einen oder, was eins ist, allgemeinen Gott der Monotheisten und den vielen oder, was eins ist, besonderen Nationalgöttern der Heiden oder Polytheisten ist nur der Unterschied zwischen den vielen verschiedenen Menschen und zwischen dem Menschen oder der Gattung, worin alle eins sind. Die Sichtbarkeit, Handgreiflichkeit, kurz, Sinnfälligkeit der polytheistischen Götter ist nichts andres als die Sinnfälligkeit der menschlichen Art- und Nationalunterschiede – der Grieche z. B. unterscheidet sich ja sichtlich, handgreiflich von anderen Völkern –, die Unsichtbarkeit, Unsinnlichkeit des monotheistischen Gottes ist nichts anderes als die Unsinnlichkeit, Unsichtbarkeit der Gattung, worin alle Menschen übereinstimmen, die aber nicht als solche sinnlich, handgreiflich existiert; denn es existieren ja nur die Arten. Kurz, der Unterschied zwischen dem Polytheismus und Monotheismus reduziert sich auf den Unterschied zwischen Art und Gattung. Die Gattung ist allerdings unterschieden von der Art, denn in ihr lassen wir ja eben die Artunterschiede weg; aber deswegen ist die Gattung nicht ein eignes selbständiges Wesen; denn sie ist ja nur das Gemeinsame der Arten. Sowenig der Gattungsbegriff des Steins ein sozusagen übermineralogischer Begriff ist, ein Begriff, der über das Gebiet des Steinreichs hinausgeht, ob er gleich verschieden ist von dem Begriff des Kiesels, des Kalks, des Flußspats, ja, gar keinen bestimmten Stein ausschließlich bezeichnet, eben weil er alle befaßt, ebensowenig fällt auch der Gott überhaupt, der eine und allgemeine Gott, von dem alle die körperlichen, sinnlichen Eigenschaften der vielen Götter abgestreift sind, außer das Wesen der menschlichen Gattung; er ist vielmehr nur der vergegenständlichte und personifizierte Gattungsbegriff der Menschheit. Oder deutlicher ausgedrückt: Sind die polytheistischen Götter menschliche Wesen, so ist auch der monotheistische Gott ein menschliches Wesen, sogut als *der* Mensch, ob er gleich über die vielen, besonderen Menschenarten hinausgeht, über dem Juden, dem Griechen, dem Inder steht, deswegen doch kein übermenschliches Wesen ist. Es ist daher nichts törichter, als wenn man den christlichen Gott vom Himmel auf die Erde kommen läßt, den Ursprung der christlichen Religion aus der Offenbarung eines von Menschen unterschiedenen Wesens ableitet. Der christliche Gott ist ebensogut in und aus dem Menschen entsprungen als der heidnische. Ein anderer Gott als der heidnische ist er nur deswegen, weil auch der christliche Mensch ein anderer ist als der heidnische.

Diese meine Ansicht oder Lehre, nach welcher das Geheimnis der Theologie die Anthropologie ist, nach welcher das Wesen der Religion sowohl subjektiv als objektiv nichts anderes offenbart und ausdrückt als das Wesen des Menschen, entwickelte ich zuerst in meiner Schrift *„Das Wesen des Christentums"*, dann in einigen kleineren, auf dieses Buch sich beziehenden Schriften und Abhandlungen, wie z. B. „Das Wesen des Glaubens im Sinne Luthers", 1844, „Der Unterschied der heidnischen und christlichen Menschenvergötterung", endlich in der zweiten Ausgabe meiner „Geschichte der Philosophie" bei verschiedenen Gelegenheiten und in meinen „Grundsätzen der Philosophie".

Meine im „Wesen des Christentums" ausgesprochene Ansicht oder Lehre, oder bestimmter: meine Lehre, *wie* ich sie in dieser Schrift ihrem Gegenstande gemäß aussprach und aussprechen konnte, hat übrigens eine große Lücke und gab daher zu den allertörichtsten Mißverständnissen Anlaß. Weil ich im Christentum, getreu meinem Gegenstande, von der Natur absah, die Natur ignorierte, weil das Christentum selbst sie ignoriert, weil das Christentum Idealismus ist, einen naturlosen Gott an die Spitze stellt, einen Gott oder Geist glaubt, der durch sein bloßes Denken und Wollen die

Welt macht, außer und ohne dessen Denken und Wollen sie also nicht existiert, weil ich also im „Wesen des Christentums“ nur vom Wesen des Menschen handelte, unmittelbar mit demselben meine Schrift begann, eben weil das Christentum nicht Sonne, Mond und Sterne, Feuer, Erde, Luft, sondern die das menschliche Wesen im Unterschied von der Natur begründenden Kräfte: Wille, Verstand, Bewußtsein, als göttliche Kräfte und Wesen verehrt, so glaubte man von mir, daß ich das menschliche Wesen aus nichts entspringen ließe, zu einem nichts voraussetzenden Wesen mache, und opponierte dieser meiner angeblichen Vergötterung des Menschen mit dem unmittelbaren Abhängigkeitsgefühl, mit dem Ausspruch des natürlichen Verstandes und Bewußtseins, daß ja der Mensch sich nicht selbst gemacht habe, daß er ein abhängiges, entstandenes Wesen sei, also den Grund seines Daseins außer sich habe, aus sich und über sich hinaus verweise auf ein anderes Wesen. Ihr habt vollkommen recht, meine Herren, sagte ich in Gedanken zu meinen Tadlern und Spöttern; ich weiß ebensogut wie ihr, ja, vielleicht noch besser, daß ein allein für sich und absolut gedachtes menschliches Wesen ein Unding, eine idealistische Chimäre ist. Aber das Wesen, welches der Mensch voraussetzt, worauf er sich notwendig bezieht, ohne welches weder seine Existenz noch sein Wesen gedacht werden kann, dieses Wesen, meine Herren, ist *nichts andres als die Natur*, nicht euer Gott. Diese im „Wesen des Christentums“ gelassene Lücke füllte ich nun zuerst 1845 in einer kleinen, aber inhaltsvollen Schrift aus: „Das Wesen der Religion“, eine[r] Schrift, die, wie schon der Titel besagt, sich vom „Wesen des Christentums“ dadurch unterscheidet, daß sie nicht nur das Wesen der christlichen Religion für sich allein, sondern das Wesen der Religion überhaupt, folglich auch der vorchristlichen, heidnischen Naturreligionen behandelt. Hier hatte ich schon meinem Gegenstande nach einen viel größeren Spielraum, hier daher die Gelegenheit, den Schein idealistischer Einseitigkeit, den ich in den Augen meiner kritiklosen Kritiker im „Wesen des Christentums“ auf mich geladen, fallenzulassen, hier Platz genug, um die Mängel im „Wesen des Christentums“ auszufüllen. Freilich habe ich sie auch hier nicht, wie sich von selbst versteht, im Sinne der Theologie und theistischen oder theologischen Philosophie ausgefüllt. Am deutlichsten läßt sich die Aufgabe und das Verhältnis dieser beiden Schriften zueinander also angeben. Die Theologen oder Theisten überhaupt unterscheiden zwischen den physischen und moralischen Eigenschaften Gottes – Gott aber ist, wie bereits gesagt, der Name, mit dem man im allgemeinen den Gegenstand der Religion bezeichnet. Gott, sagt z. B. Leibniz, muß doppelt betrachtet werden: *physisch* als der Urheber der Welt, *moralisch* als der Monarch, der Gesetzgeber der Menschen. Nach seinen physischen Eigenschaften, deren hauptsächlichste die *Macht* ist, ist also Gott die Ursache der physischen Wesen, der Natur; nach seiner moralischen Eigenschaft, deren hauptsächlichste die *Güte* ist, ist Gott die Ursache der moralischen Wesen, der Menschen. Im „Wesen des Christentums" war mein Gegenstand nur Gott als moralisches Wesen, notwendig konnte ich daher im „Wesen des Christentums" kein vollständiges Bild meiner Anschauung und Lehre geben. Die andere, dort weggelassene Hälfte Gottes, seine physischen Eigenschaften, mußte ich daher in einer anderen Schrift geben, konnte sie aber sachgemäß, objektiv nur in einer solchen Schrift geben, wo auch die Naturreligion zur Sprache kommt, *die* Religion, welche hauptsächlich nur den physischen Gott zu ihrem Gegenstande hat. Wie ich nun aber im „Wesen des Christentums" zeigte, daß Gott nach seinen moralischen oder geistigen Eigenschaften betrachtet, Gott also als moralisches Wesen, nichts andres ist als das vergötterte und vergegenständlichte geistige Wesen des Menschen, die Theologie also in Wahrheit in ihrem letzten Grund und Endresultate nur Anthropologie ist, so zeigte ich im „Wesen der Religion", daß der physische Gott oder Gott, wie er nur als die Ursache der Natur, der Sterne, Bäume, Steine, Tiere, Menschen, wiefern auch sie natürliche physische Wesen sind, betrachtet wird, gar nichts andres ausdrückt als das vergötterte, personifizierte Wesen der Natur, daß also das Geheimnis der Physikotheologie nur die Physik oder Physiologie ist – Physiologie hier nicht in dem engeren Sinne, den sie jetzt hat, sondern in ihrem alten universellen Sinne, worin sie überhaupt die Naturwissenschaft bedeutete. Wenn ich daher meine Lehre zuvor in den Satz zusammenfaßte: Die *Theologie ist Anthropologie*, so muß ich zur Ergänzung jetzt hinzusetzen: *und Physiologie*. Meine Lehre oder Anschauung faßt sich daher in die zwei Worte *Natur* und *Mensch* zusammen. Das bei mir dem Menschen vorausgesetzte Wesen, das Wesen, welches die *Ursache* oder der *Grund* des Menschen ist, welchem er seine Entstehung und Existenz verdankt, das ist und heißt bei mir *nicht Gott* – ein mystisches, unbestimmtes, vieldeutiges Wort –, sondern *Natur*, ein klares, sinnliches, unzweideutiges Wort und Wesen. Das Wesen aber, in dem die Natur ein persönliches, bewußtes, verständiges Wesen wird, ist und heißt bei mir der Mensch. Das bewußtlose Wesen der Natur ist mir das ewige, unentstandene Wesen, das erste Wesen, aber das erste der Zeit, nicht dem Rang nach, das *physisch*, aber nicht *moralisch erste* Wesen; das bewußte menschliche Wesen ist mir das zweite, das der Zeit nach entstandene, aber dem Range nach erste Wesen. Diese meine Lehre, inwiefern sie zum Ausgangspunkt die Natur hat, auf die Wahrheit der Natur sich beruft, dieselbe gegen die Theologie und Philosophie geltend macht, stellt diese letztgenannte Schrift dar, aber angeknüpft an einen positiven, historischen Gegenstand: die Naturreligion; denn ich entwickele alle meine Lehren und Gedanken nicht in dem blauen Dunst der Abstraktion, sondern stets auf dem Grund und Boden historischer, wirklicher, von meinem Denken unabhängiger Gegenstände und Erscheinungen, so also meine Anschauung oder Lehre von der Natur auf dem Grund und Boden der Naturreligion. Ich gab übrigens in dieser Schrift nicht nur die Essenz der Naturreligion, sondern zugleich eine kurze Skizze von dem ganzen Entwicklungsgang der Religion von ihren ersten Elementen an bis zu ihrem Schluß in der idealistischen Religion des Christentums. Sie enthält daher nichts andres als eine gedrängte geistige oder philosophische Religionsgeschichte der Menschheit. Ich betone das Beiwort: geistige; denn eine eigentliche, förmliche Historie der Religion, eine solche Historie, wo die verschiedenen Religionen nacheinander aufgezählt und abgeleiert werden, gewöhnlich überdies nach höchst willkürlichen Unterschieden einander über- oder untergeordnet werden, eine solche Darstellung zu geben, war nicht mein Zweck. Außer dem großen Unterschiede von Natur- und Geistes- oder Menschenreligion war es mir mehr um das Gleiche, Identische, Gemeinschaftliche der Religionen zu tun als um ihre oft so kleinlichen, willkürlichen Unterschiede. Es war mir überhaupt in dieser Schrift nur darum zu tun, das Wesen der Religion zu erfassen, um die Geschichte nur insofern, als die Religion nicht ohne sie gefaßt werden kann. Und selbst das Wesen der Religion verfolgte ich keineswegs in dieser Schrift, wie überhaupt in meinen Schriften, nur aus theoretischen oder spekulativen, sondern wesentlich auch aus praktischen Gründen. Mir war es und ist es noch jetzt hauptsächlich nur insofern um die Religion zu tun, als sie, wenn auch nur in der Einbildung, die Grundlage des menschlichen Lebens, die Grundlage der Moral und Politik ist. Mir war es und ist es vor allem darum zu tun, das dunkle Wesen der Religion mit der Fackel der Vernunft zu beleuchten, damit der Mensch endlich aufhöre, eine Beute, ein Spielball aller jener menschenfeindlichen Mächte zu sein, die sich von jeher, die sich noch heute des Dunkels der Religion zur Unterdrückung des Menschen bedienen. Mein Zweck war, zu beweisen, daß die Mächte, vor denen sich der Mensch in der Religion beugt und fürchtet, denen er sich nicht scheut selbst blutige Menschenopfer darzubringen, um sie sich günstig zu machen, nur Geschöpfe seines eigenen unfreien, furchtsamen Gemütes und unwissenden, ungebildeten Verstandes sind, zu beweisen, daß überhaupt das Wesen, welches der Mensch als ein anderes von ihm unterschiedenes Wesen in der Religion und Theologie sich gegenübersetzt, sein eigenes Wesen ist, damit der Mensch, da er doch unbewußt immer nur von seinem eigenen Wesen beherrscht und bestimmt wird, in Zukunft mit Bewußtsein sein eigenes, das menschliche Wesen zum Gesetz und Bestimmungsgrund, Ziel und Maßstab seiner Moral und Politik mache. Und so wird es, so muß es auch geschehen. Wenn bis jetzt die unerkannte Religion, das Dunkel der Religion das oberste Prinzip der Politik und Moral war, so wird von nun an oder einst wenigstens die erkannte, die in den Menschen aufgelöste Religion das Schicksal der Menschen bestimmen. Aber ebendieser Zweck, die Erkenntnis der Religion zur Beförderung der menschlichen Freiheit, Selbsttätigkeit, Liebe und Glückseligkeit, bestimmte auch den Umfang meiner historischen Behandlung der Religion. Alles, was für diesen Zweck gleichgültig war, ließ ich beiseit liegen. Geschichtliche Darstellungen von den verschiedenen Religionen und Mythologien der Völker *ohne Erkenntnis der Religion* findet man ja in unzähligen Büchern. Aber ebenso, wie ich schrieb, werde ich lesen. Der Zweck meiner Schriften, so auch meiner Vorlesungen, ist: die Menschen aus Theologen zu Anthropologen, aus Theophilen zu Philanthropen, aus Kandidaten des Jenseits zu Studenten des Diesseits, aus religiösen und politischen Kammerdienern der himmlischen und irdischen Monarchie und Aristokratie zu freien, selbstbewußten Bürgern der Erde zu machen. Mein Zweck ist daher nichts weniger als ein nur negativer, verneinender, sondern ein positiver, ja, ich verneine nur, um zu bejahen; ich verneine nur das phantastische Scheinwesen der Theologie und Religion, um das wirkliche Wesen des Menschen zu bejahen. Mit keinem Worte hat man größern Unfug in neuerer Zeit getrieben als mit dem Worte „negativ". Wenn ich auf dem Gebiete der Erkenntnis, der Wissenschaft etwas verneine, so muß ich dafür Gründe angeben. Gründe aber lehren, gewähren Licht, schaffen Erkenntnis in mir; jede wissenschaftliche Verneinung ist ein positiver Geistesakt. Allerdings ist es eine Folge meiner Lehre, daß kein Gott ist, d. h. kein abstraktes, unsinnliches, von der Natur und dem Menschen unterschiedenes Wesen, welches über das Schicksal der Welt und Menschheit nach seinem Wohlgefallen entscheidet; aber diese Verneinung ist nur eine Folge von der Erkenntnis des Wesens Gottes, von der Erkenntnis, daß dieses Wesen nichts andres ausdrückt als einerseits das Wesen der Natur, andererseits das Wesen des Menschen. Allerdings kann man diese Lehre, weil alles in der Welt einen Spitznamen haben soll, „Atheismus" nennen, aber man muß nur nicht vergessen daß mit diesem Namen gar nichts gesagt ist, sowenig als mit dem entgegengesetzten Namen „Theismus". „Theos", „Gott", ist ein bloßer Name, der alles Mögliche befaßt, dessen Inhalt so verschieden ist, als die Zeiten und Menschen es sind; es kommt daher darauf an, was einer unter Gott versteht. So war z. B. noch im vorigen Jahrhundert die Bedeutung dieses Wortes von der christlichen Orthodoxie in so pedantisch enge Grenzen eingeschlossen, daß selbst Plato für einen Atheisten galt, weil er nicht die Schöpfung aus nichts gelehrt, folglich den Schöpfer von dem Geschöpf nicht gehörig unterschieden habe. So galt auch im 17. und 18. Jahrhundert Spinoza fast einstimmig für einen Atheisten, ja, wenn ich mich nicht in der Erinnerung täusche, in einem lateinischen Lexikon des vorigen Jahrhunderts wird sogar „Atheist" geradezu mit assecla Spinozae [Anhänger Spinozas] übersetzt; aber das 19. Jahrhundert hat den Spinoza aus der Reihe der Atheisten gestrichen. So ändern sich die Zeiten und mit ihnen auch die Götter der Menschen. Sowenig also damit etwas gesagt ist: „Es ist ein Gott" oder „ich glaube einen Gott", sowenig ist damit gesagt: „Es ist kein Gott" oder „ich glaube keinen Gott". Es kommt lediglich, wie auf den Inhalt, Grund, Geist des Theismus, so auf den Inhalt, Grund, Geist des Atheismus an. Doch ich gehe nun zur Sache selbst über, d. h. zu meiner Schrift vom „Wesen der Religion", die ich zur Grundlage dieser Vorlesungen mache.

Vierte Vorlesung

Der erste Paragraph im „Wesen der Religion" lautet, kurz zusammengefaßt, also: Das Abhängigkeitsgefühl ist der Grund der Religion, der ursprüngliche Gegenstand dieses Abhängigkeitsgefühls ist aber die Natur, die Natur also der erste Gegenstand der Religion. Der Inhalt dieses Paragraphen zerfällt in zwei Teile. Der eine erklärt den subjektiven Ursprung oder Grund der Religion, der andere bezeichnet den ersten oder ursprünglichen Gegenstand der Religion. Zuerst von jenem Teile. Die sogenannten spekulativen Philosophen haben sich darüber mokiert, daß ich das Abhängigkeitsgefühl zum Ursprung der Religion mache. Das Wort „Abhängigkeitsgefühl" steht nämlich bei ihnen in üblem Ruf, seitdem Hegel Schleiermacher gegenüber, welcher bekanntlich das Abhängigkeitsgefühl zum Wesen der Religion erhob, den Witz machte, daß demnach auch der Hund Religion haben müsse, weil er sich von seinem Herrn abhängig fühle. Die sogenannten spekulativen Philosophen sind übrigens *die* Philosophen, welche nicht ihre Begriffe nach den Dingen, sondern vielmehr die Dinge nach ihren Begriffen einrichten, und es ist daher ganz gleichgültig, ob meine Erklärung den spekulativen Philosophen mund- und sinngerecht, es handelt sich nur darum, ob sie ihrem Gegenstande, ob sie der Sache gemäß ist. Eine solche ist aber die angegebene. Wenn wir die Religionen sowohl der sogenannten Wilden, von denen uns die Reisenden berichten, als der kultivierten Völker betrachten, wenn wir in unser eigenes, unmittelbar und untrüglich der Beobachtung zugängliches Innere blicken, so finden wir keinen anderen entsprechenden und umfassenden psychologischen Erklärungsgrund der Religion als das Abhängigkeitsgefühl oder -bewußtsein. Die alten Atheisten und selbst sehr viele sowohl alte als neuere Theisten haben die Furcht, welche aber eben nichts andres ist als die populärste, augenfälligste Erscheinung des Abhängigkeitsgefühls, für den Grund der Religion erklärt. Allgemein bekannt ist der Ausspruch des römischen Dichters: *Primus in orbe deos fecit timor,* d. h., die Furcht hat zuerst auf der Welt die Götter geschaffen. Bei den Römern hat sogar das Wort „Furcht", „metus", die Bedeutung der Religion und umgekehrt das Wort „religio" bisweilen die Bedeutung der Furcht, Scheu, daher ein „dies religiosus", ein religiöser Tag, bei ihnen soviel ist als ein unglücklicher Tag, ein Tag, den man fürchtet. Selbst unsere deutsche Ehrfurcht – der Ausdruck der höchsten, der religiösen Verehrung – ist, wie schon das Wort sagt, aus Ehre und Furcht zusammengesetzt. Die Erklärung der Religion aus der Furcht wird vor allem durch *die* Erfahrung bestätigt, daß fast alle oder doch sehr viele rohe Völker nur oder doch hauptsächlich die furcht- und schreckenerregenden Erscheinungen oder Wirkungen der Natur zum Gegenstande der Religion machen. Die roheren Völker, z. B. in Afrika, im nördlichen Asien und in Amerika, „fürchten", wie Meiners in seiner „Allgemeinen Kritischen Geschichte der Religionen" aus Reisebeschreibungen anführt, „die Flüsse vorzüglich an solchen Stellen, wo sie gefährliche Strudel oder Fälle bilden. Wenn sie über solche Stellen hinfahren, so bitten sie um Gnade oder Verzeihung oder schlagen sich an die Brust und werfen den zürnenden Gottheiten Sühnopfer hin. Manche Negerkönige, die das Meer zu ihrem Fetische gewählt haben, fürchten sich vor demselben so sehr, daß sie es nicht einmal zu sehen, viel weniger zu befahren wagen, weil sie glauben, daß der Anblick dieser furchtbaren Gottheit sie auf der Stelle töten würde." So sollen auch, wie W. Marsden in seiner „Natürlichen und bürgerlichen Beschreibung der Insel Sumatra" erzählt, die tiefer im Lande wohnenden Redschang dem Meere, wenn sie es zum ersten Mal erblicken, Kuchen oder Zuckergebäck opfern und es zugleich bitten, ihnen nichts Übles zu tun. Die Hottentotten glauben zwar, wie sich die theistischen, von ihren religiösen Vorstellungen eingenommenen Reisebeschreiber ausdrücken, an ein höchstes Wesen, aber verehren es nicht; sie verehren dagegen den „*bösen Geist*", welcher nach ihrer Meinung der Urheber aller Übel ist, die ihnen in der Welt begegnen. Ich muß jedoch bemerken, daß sich die Nachrichten der Reisebeschreiber, wenigstens der frühern, über die religiösen Vorstellungen der Hottentotten, wie überhaupt der Wilden, sehr widersprechen. Auch in Indien gibt es Gegenden, „wo der größere Teil der Einwohner keinen andern Religionsdienst als den der *bösen Geister* übt ... Jede dieser bösen Mächte führt ihren eigenen Namen und genießt je nach dem Maße, wie man sie für grimmiger und mächtiger hält, einer sorgsameren Verehrung" (Stuhr, „Die Religionssysteme der heidnischen Völker des Orients"). Ebenso verehren amerikanische Stämme, selbst solche, welche nach den theistischen Berichterstattern „ein höchstes Wesen" erkennen, nur die „bösen Geister" oder Wesen, denen sie alles Üble und Böse, alle Krankheiten und Schmerzen, die sie treffen, zuschreiben, um sie durch diese Verehrung zu besänftigen, also aus Furcht. Die Römer hatten zu Gegenständen ihrer Religion sogar *Krankheiten* und *Seuchen*, das *Fieber*, den *Getreidebrand*, dem sie jährlich ein Fest feierten, den *Kindertod* unter dem Namen der Orbona, das *Unglück* – also Dinge, deren Verehrung offenbar keinen andern Grund hatte als die Furcht, wie selbst schon die Alten, z. B. Plinius der Ältere bemerkte, und keinen andern Zweck, als sie unschädlich zu machen, wie gleichfalls auch schon die Alten bemerkten, z. B. Gellius, welcher sagt, daß man die einen Götter verehrt oder gefeiert habe, *damit sie nützten*, die andern versöhnt oder besänftigt, damit sie *nicht schadeten*. Ja, die Furcht selbst hatte in Rom einen Tempel, ebenso in Sparta, wo sie jedoch, wenigstens nach Plutarch, eine moralische Bedeutung hatte: Furcht vor schimpflichen, schlechten Handlungen. Es bestätigt sich ferner die Erklärung der Religion aus der Furcht durch die Tatsache, daß selbst auch bei geistigen Völkern die höchste Gottheit die Personifikation der Naturerscheinungen ist, welche den *höchsten Grad* der Furcht in dem Menschen erzeugen, die Gottheit des Gewitters, des Blitzes und Donners. Ja, es gibt Völker, bei welchen kein anderes Wort für Gott existiert als der *Donner*, bei welchen also die Religion gar nichts andres ausdrückt als den niederschmetternden Eindruck, welchen die Natur durch den Donner vermittelst des Ohres, des Organs der Furcht, auf den Menschen macht. Selbst bei den genialen Griechen heißt bekanntlich der höchste Gott schlechtweg der Donnerer. Ebenso war der Gott Thôrr oder Donar, d. i. Donnergott, bei den alten Germanen, wenigstens Nordgermanen, gleichwie auch bei den Finnen und Letten, der älteste und erste, am allgemeinsten verehrte Gott. Wenn der englische Philosoph Hobbes den Verstand aus den Ohren ableitet, weil er den Verstand mit dem hörbaren Worte identifiziert, so kann man, und zwar mit größerem Rechte, auf Grund dieser Fakta, nach welchen der Donner den Götterglauben den Menschen eingekeilt hat, das Trommelfell im Ohre als den Resonanzboden des religiösen Gefühls, das Ohr als die Bärmutter[1] der Götter bestimmen. In der Tat, hätte der Mensch nur Augen und Hände, Geschmack und Geruch, so hätte er keine Religion, denn alle diese Sinne sind Organe der Kritik und Skepsis. Der einzige sich im Labyrinth des Ohrs ins Geister- oder Gespensterreich der Vergangenheit und Zukunft verlierende, der einzige furchtsame, mystische und gläubige Sinn ist das Gehör, wie schon die Alten richtig bemerkten, indem sie sagten: „Ein Augenzeuge gilt mehr als tausend Ohrenzeugen“ und: „Die Augen sind zuverlässiger als die Ohren“ oder: „Was man sieht, ist gewisser, als was man hört“. Darum stützt sich auch die letzte, geistigste Religion, die christliche, mit *Bewußtsein* nur auf das *Wort*, wie sie sagt: das Wort Gottes, und folglich auf *das Gehör*. „Der Glaube“, sagt Luther, „kommt aus dem Anhören der Predigt vom Herrn.“ „Nur allein das Gehör“, sagt er an einer andern Stelle, „wird in der Kirche Gottes erfordert.“ Es erhellt hieraus, nebenbei bemerkt, wie oberflächlich es ist, wenn man bei der Religion, namentlich ihren ersten Erklärungsgründen, mit den hohlen Phrasen vom Absoluten, Übersinnlichen und Unendlichen kommt, tut, als hätte der Mensch keine Sinne, als kämen sie nicht bei der Religion in Rechnung. Ohne Sinne ist überall sinnlos die Rede des Menschen. Doch zurück von dieser Zwischenbemerkung. Es bestätigt sich ferner jene Erklärung dadurch, daß selbst auch die Christen,

[1] *Gemeint:* Gebärmutter

welche doch, wenigstens theoretisch, der Religion einen rein übersinnlichen, göttlichen Ursprung und Charakter beilegen, hauptsächlich nur in *den* Vorfällen und Momenten des Lebens, welche die *Furcht* des Menschen erregen, religiös gestimmt sind. Als z. B. Se. Majestät der regierende König von Preußen, der von den heutigen frommen Christen als der vorzugsweise „christliche König" bezeichnete und verehrte König, den Vereinigten Landtag ausschrieb, so verordnete er, daß in allen Kirchen der Beistand des göttlichen Wesens angefleht werde. Was war aber der Grund dieser religiösen Regung und Verordnung Sr. Majestät? Nur die Furcht, daß die bösen Gelüste der Neuzeit die bei dem Entwurf des Vereinigten Landtags, diesem Meisterstücke der christlich-germanischen Staatskunst, gefaßten Pläne und Gedanken auf eine störende Weise durchkreuzen möchten. Als, um ein anderes Beispiel zu geben, vor einigen Jahren die Ernte spärlich ausgefallen war, da wurde in allen christlichen Kirchen aufs innigste und heißeste der liebe Gott um seinen Segen angefleht; da wurden selbst besondere Bet- und Bußtage veranstaltet. Was war der Grund? Die *Furcht* vor Hungersnot. Ebendaher kommt es auch, daß die Christen alles mögliche Kreuz den Ungläubigen und „Gottlosen" auf den Hals wünschen und daher, übrigens natürlich bloß aus christlicher Liebe und Seelsorge, die größte Schadenfreude haben, wenn ihnen ein Unglück widerfährt, weil sie glauben, daß sie dadurch zu Gott bekehrt, gläubig, religiös gestimmt werden. Die christlichen Theologen und Gelehrten überhaupt tadeln es zwar, wenigstens auf dem Katheder oder in der Schrift, wenn man solche Erscheinungen wie die eben angeführten als charakteristische Erscheinungen des religiösen Prinzips bezeichnet; aber zur Charakteristik der Religion, wenigstens der Religion im gewöhnlichen oder vielmehr geschichtlichen, die Welt beherrschenden Sinne des Wortes, gehört eben nicht, was in den Büchern, sondern was im Leben gilt. Die Christen unterscheiden sich nur dadurch von den sogenannten Heiden oder unkultivierten Völkern, daß sie die Ursachen der ihre religiöse Furcht erregenden Erscheinungen nicht zu besonderen Göttern, sondern zu einer *besonderen Eigenschaft* ihres Gottes machen. Sie wenden sich nicht an böse Götter; aber sie wenden sich an ihren Gott, wenn er, ihrem Glauben nach, zornig ist, oder damit er ihnen nicht böse werde, sie nicht strafe mit Übel und Unheil. Wie also die bösen Götter fast die einzigen Verehrungsgegenstände der rohen Völker sind, so ist auch der zornige oder böse Gott der hauptsächlichste Gegenstand der Verehrung bei den christlichen Völkern, also auch bei ihnen der hauptsächlichste Grund der Religion die Furcht. Als Bestätigung dieser Erklärung führe ich endlich noch an, daß die christlichen oder religiösen Philosophen und Theologen dem Spinoza, den Stoikern, den Pantheisten überhaupt, deren Gott nichts andres ist, bei Licht besehen, als das nackte Wesen der Natur, vorgeworfen haben, daß *ihr* Gott *kein Gott*, d. h. kein eigentlicher religiöser Gott sei, weil er kein Gegenstand der Liebe und Furcht, sondern nur ein Gegenstand des kalten, affektlosen Verstandes sei. Wenn sie daher gleich die Erklärung der alten Atheisten der Religion aus der Furcht verwarfen, so gestanden sie damit doch indirekt ein, daß wenigstens die Furcht ein wesentlicher Bestandteil der Religion sei. (1)

Aber gleichwohl ist die Furcht nicht der vollständige, ausreichende Erklärungsgrund der Religion, nicht aber nur aus dem von einigen geltend gemachten Grunde, weil die Furcht ein vorübergehender Affekt ist – denn es bleibt ja der Gegenstand der Furcht, wenigstens in der Vorstellung, es ist ja das spezifische Merkmal der Furcht, daß sie über die Gegenwart hinausschweift, daß sie vor dem möglichen, zukünftigen Übel sich fürchtet – , sondern deswegen, weil auf die Furcht, wenn die augenblickliche Gefahr vorüber ist, ein entgegengesetzter Affekt folgt und dieses der Furcht entgegengesetzte Gefühl sich an denselben Gegenstand, bei auch nur einiger Aufmerksamkeit und Reflektion, anknüpft. Dieses Gefühl ist das der Erlösung von der Gefahr, von der Furcht und Angst, das Gefühl der Entzückung, der Freude, der Liebe, der Dankbarkeit. Die Furcht und Schrecken erregenden Erscheinungen der Natur sind ja auch meist die in ihren Folgen wohltätigsten. Der Gott, der durch seinen Blitzstrahl Bäume, Tiere und Menschen zerschmettert, derselbe ist es auch, der durch seine Regengüsse die Felder und Fluren erquickt. Woher das Übel, daher kommt auch das Gute, woher die Furcht, daher auch die Freude. Warum sollte also das menschliche Gemüt nicht auch in sich vereinigen, was selbst in der Natur nur eine und dieselbe Ursache hat?

Nur Völker, die bloß dem Augenblick leben, die zu schwach, zu stumpf oder zu leichtsinnig sind, um verschiedene Eindrücke zu verbinden, haben daher zu ihrer Mutter Gottes einzig die Furcht, zu Gegenständen ihrer religiösen Verehrung einzig böse, furchtbare Götter. Anders ist es bei den Völkern, welche nicht über den augenblickliche Furcht und Schrecken erregenden Eindrücken eines Gegenstandes seine guten, wohltätigen Eigenschaften vergessen. Hier wird der Gegenstand der Furcht auch ein Gegenstand der Verehrung, der Liebe, der Dankbarkeit. So ist bei den alten Germanen, wenigstens den Nordgermanen, der Gott Thôrr, der Donnerer, *„der wohltätige, gütige Vorkämpfer für die Menschen"*, „der Beschützer des Ackerbaues, der milde, menschenfreundliche Gott" (W. Müller, „Geschichte und System der altdeutschen Religion"), weil er als der Gott des Gewitters zugleich der Gott des befruchtenden Regens und Sonnenscheins ist. Es wäre daher höchst einseitig, ja, eine Ungerechtigkeit gegen die Religion, wenn ich die Furcht allein zum Erklärungsgrund der Religion machte. Ich unterscheide mich von den früheren Atheisten und Pantheisten, welche in dieser Beziehung gleiche Ansichten mit den Atheisten hatten, wie namentlich Spinoza, eben *wesentlich* dadurch, daß ich von der Religion nicht nur negative Erklärungsgründe, sondern auch positive gebe, nicht nur die Unwissenheit und Furcht, sondern auch die der Furcht entgegengesetzten Affekte, die positiven Affekte der Freude, Dankbarkeit, Liebe und Verehrung, zu Erklärungsgründen der Religion mache, behaupte, daß, ebenso wie die Furcht, auch die *Liebe*, die *Freude*, die *Verehrung* vergöttert. „Das Gefühl der überstandenen Not oder Gefahr", sage ich in meinen „Erläuterungen zum Wesen der Religion", „ist ein ganz anderes als das der bestehenden oder befürchteten. Dort beziehe ich mich auf den Gegenstand, hier beziehe ich den Gegenstand *auf mich*, dort singe ich Lobgesänge, hier Klagelieder, dort danke, hier bitte ich. Das Notgefühl ist praktisch, teleologisch, das Dankgefühl *poetisch, ästhetisch*. Das Notgefühl ist vorübergehend, aber das Dankgefühl dauernd; es knüpft die Bande der Liebe und Freundschaft. Das Notgefühl ist ein gemeines, das Dankgefühl ein edles Gefühl, jenes verehrt seinen Gegenstand nur im Unglück, dieses auch im Glück." Hierin haben wir eine psychologische Erklärung der Religion, nicht nur von ihrer gemeinen Seite, sondern auch von ihrer nobeln. Wenn ich nun aber weder die Furcht noch die Freude oder Liebe allein als die Erklärungsgründe der Religion nennen will und kann, was finde ich für einen andern bezeichnenden, universellen, beide umfassenden Namen als den des Abhängigkeitsgefühls? Die Furcht ist Todes-, die Freude Lebensgefühl. Die Furcht ist das Gefühl der Abhängigkeit von einem Gegenstande, ohne oder durch den ich *nichts* bin, der es in der Gewalt hat, mich zu vernichten. Die Freude, die Liebe, die Dankbarkeit ist das Gefühl der Abhängigkeit von einem Gegenstande, durch den ich etwas bin, der mir das Gefühl, das Bewußtsein gibt, daß ich durch ihn lebe, durch ihn bin. Weil ich durch die Natur oder Gott lebe und bestehe, darum liebe ich ihn; weil ich durch die Natur leide und vergehe, darum fürchte und scheue ich sie. Kurz, wer dem Menschen die Mittel oder Ursachen der Lebensfreude gibt, den liebt er, und wer ihm diese Mittel nimmt oder die Macht hat, diese Mittel zu nehmen, den fürchtet er. Aber beides vereinet sich in dem Gegenstand der Religion – dasselbe, was der Quell des Lebens, ist auch negativ – wenn ich es nicht habe – der Quell des Todes. „Es kommt alles von Gott", heißt es im Sirach, „Glück und Unglück, Leben und Tod, Armut und Reichtum." „Die Götzen", heißt es im Buch Baruch, „. . . soll man nicht für Götter halten oder so heißen, denn sie können *weder strafen noch helfen* . . ., sie können die Könige weder verfluchen noch segnen." Ebenso redet der Koran in der sechsundzwanzigsten Sure die Götzendiener an: „Erhören sie (die Götzenbilder) euch denn auch, wenn ihr sie anruft? Oder können sie euch *irgendwie nützen oder schaden*?" Das heißt: Nur das ist ein Gegenstand religiöser Verehrung, nur das ein Gott, was fluchen und segnen, schaden und nützen, töten und beleben, erfreuen und erschrecken kann.

Das Abhängigkeitsgefühl ist daher der einzige richtige universelle Name und Begriff zur Bezeichnung und Erklärung des psychologischen oder subjektiven Grundes der Religion. Allerdings gibt es in der Wirklichkeit kein Abhängigkeitsgefühl als solches, sondern immer nur bestimmte, besondere Gefühle – wie z. B. (um die Beispiele aus der Naturreligion zu nehmen) das Gefühl des Hungers, des Unwohlseins, die Todesfurcht, die Trauer bei düsterm, die Freude bei heiterm Wetter, der Schmerz über verlorne Mühe, über gescheiterte Hoffnungen infolge zerstörender Naturereignisse –, worin sich der Mensch abhängig fühlt; aber die in der Natur des Denkens und Sprechens begründete Aufgabe ist es eben, auf solche allgemeine[n] Namen und Begriffe die besondern Erscheinungen der Wirklichkeit zurückzuführen.

Nachdem ich die Erklärung der Religion aus der Furcht berichtigt und ergänzt habe, muß ich noch eine andere psychologische Erklärung der Religion erwähnen. Griechische Philosophen sagten, daß die Bewunderung des regelmäßigen Laufs der Himmelsgestirne die Religion, d. h. die Verehrung der Gestirne selbst oder eines diesen Lauf regelnden Wesens, erzeugt habe. Allein es erhellt auf der Stelle, daß diese Erklärung der Religion sich nur auf den Himmel, nicht auf die Erde, nur auf das Auge, nicht auf die übrigen Sinne, nur auf die Theorie, nicht auf die Praxis des Menschen bezieht. Allerdings waren die Gestirne auch Ursachen und Gegenstände der religiösen Verehrung, aber keineswegs als Objekt der theoretischen, astronomischen Betrachtungslust, sondern inwiefern sie als über das Leben des Menschen gebietende Mächte angesehen wurden, also Gegenstände der menschlichen Furcht und Hoffnung waren. Gerade an den Sternen haben wir ein deutliches Beispiel, daß nur dann ein Wesen oder Ding Gegenstand der Religion ist, wenn es ein Gegenstand, eine Ursache der Todesfurcht oder Lebensfreude ist, ein Gegenstand also des Gefühls der Abhängigkeit. Mit Recht heißt es daher in einer 1768 erschienenen französischen Schrift „De l'origine des principes religieux": „Der Donner und das Ungewitter, das Elend des Kriegs, die Pest und Hungersnot, Seuchen und Tod haben den Menschen mehr von dem Dasein eines Gottes überführt (d. h. mehr religiös gestimmt, mehr von seiner Abhängigkeit und Endlichkeit überzeugt) als die beständige Harmonie der Natur und alle Demonstrationen der Clarke und Leibnize." „Eine einfache und beständige Ordnung fesselt nicht die Aufmerksamkeit des Menschen. Nur Begebenheiten, die an das Wunderbare reichen, können sie wieder rege machen. Ich habe nie das Volk sagen hören: Gott bestraft den Trunkenen, weil er seine Vernunft und Gesundheit verliert. Doch wie oft habe ich die Bauern meines Dorfes vortragen hören, Gott bestrafe die Trunkenen, weil ein Betrunkener das *Bein brach*, als er nach Hause gehen wollte."

Fünfte Vorlesung

Wir haben die Zurückführung der Religion auf das Abhängigkeitsgefühl durch historische Beispiele gerechtfertigt. Es rechtfertigt sich aber auch diese Bestimmung vor dem gesunden Blick unmittelbar durch sich selbst; denn es erhellt, daß Religion nur das Kennzeichen oder die Eigenschaft eines Wesens ist, das sich notwendig auf ein anderes Wesen bezieht, kein Gott, d. i. kein bedürfnisloses, unabhängiges, unendliches Wesen ist. Abhängigkeitsgefühl und Endlichkeitsgefühl ist daher eins. Das für den Menschen empfindlichste, schmerzlichste Endlichkeitsgefühl ist aber das Gefühl oder das Bewußtsein, daß er einst wirklich endet, daß er stirbt. Wenn der Mensch nicht stürbe, wenn er ewig lebte, wenn also *kein Tod* wäre, so wäre auch *keine Religion*. „Nichts ist gewaltiger", sagt Sophokles in der „Antigone", „als der Mensch; er durchschifft das Meer, durchwühlt die Erde, bändigt die Tiere, schützt sich gegen Hitze und Regen, weiß in allem Mittel – nur dem Tod kann er nicht entfliehen." Mensch und sterblich, Gott und unsterblich ist bei den Alten eins. Nur das Grab des Menschen, sage ich daher in meinen „Erläuterungen zum Wesen der Religion", ist die Geburtsstätte der Götter. Ein sinnliches Zeichen oder Beispiel von diesem Zusammenhang des Todes und der Religion haben wir daran, daß im grauen Altertum die Totengrüfte auch zugleich die Tempel der Götter waren; daß ferner bei den meisten Völkern der Dienst der Toten, der Verstorbenen ein wesentlicher Teil der Religion, bei manchen sogar die einzige, die ganze Religion ist; aber der Gedanke an meine verstorbenen Vorfahren ist es ja, der auch mich, den Lebenden, am meisten an meinen einstigen Tod erinnert. „Nie", sagt der heidnische Philosoph Seneca in seinen „Briefen", „ist das Gemüt des Sterblichen göttlicher oder in unserer Sprache religiöser gestimmt, als wenn er an seine Sterblichkeit denkt und weiß, daß der Mensch dazu geboren ist, daß er einst stirbt." Und im Alten Testament heißt es: „Herr, lehre doch mich, daß es ein Ende mit mir haben muß und mein Leben ein Ziel hat und ich davon muß." „Lehre uns bedenken daß wir sterben müssen, auf daß wir klug werden." „Gedenke an ihn, wie er gestorben, so mußt auch du sterben." „Heute

König, morgen tot." Ein *religiöser* Gedanke ist aber eben, und zwar ganz unabhängig von der Vorstellung eines Gottes, der Gedanke an den Tod, weil ich hier meine Endlichkeit mir vergegenwärtige. Wenn es nun aber klar ist, daß es ohne Tod keine Religion gibt, so ist auch klar, daß der charakteristische Ausdruck für den Grund der Religion das Abhängigkeitsgefühl ist; denn was drückt mir stärker, einschneidender das Bewußtsein oder Gefühl ein, daß ich nicht von mir selbst allein abhänge, daß ich nicht so lange leben kann, als ich will, als eben der Tod? Ich muß aber sogleich im voraus bemerken, daß mir das Abhängigkeitsgefühl nicht die ganze Religion ausmacht, daß mir dasselbe nur der Ursprung, nur die Basis, die Grundlage der Religion ist; denn in der Religion sucht der Mensch zugleich die *Mittel* gegen das, wovon er sich abhängig fühlt. So ist das Mittel gegen den Tod der Unsterblichkeitsglaube. Ja, der einzige religiöse Wunsch, das einzige Gebet, das der rohe Naturmensch an seine Gottheit richtet, ist das des katschinischen Tartaren an die Sonne: „Schlag mich nicht tot!" (2)

Ich komme nun an den zweiten Teil des Paragraphen, an den *ersten Gegenstand* der Religion. Hierüber habe ich wenig Worte zu verlieren, denn es ist jetzt fast allgemein anerkannt, daß die älteste oder erste Religion des Menschen die Naturreligion, daß selbst die späteren geistigen und politischen Götter der Völker, wie der Griechen und Germanen, zuerst, ursprünglich nur Naturwesen waren. So ist Odhin, obgleich er später hauptsächlich nur ein politisches Wesen, namentlich Kriegsgott ist, ursprünglich nichts andres, gleich dem Zeus der Griechen, dem Jupiter der Römer, als der *Himmel*, daher die Sonne sein Auge heißt. Die Natur war daher – und ist noch heute bei den Naturvölkern – nicht etwa als Symbol oder Werkzeug eines hinter der Natur versteckten Wesens oder Gottes, sondern als solche, als Natur, Gegenstand religiöser Verehrung.

Der Inhalt des zweiten Paragraphen ist kürzlich der, daß die Religion allerdings den Menschen wesentlich oder eingeboren sei, aber nicht die Religion im Sinne der Theologie oder des Theismus, des eigentlichen Gottesglaubens, sondern nur die Religion, inwiefern sie nichts andres ausdrückt als das Gefühl der Endlichkeit und Abhängigkeit des Menschen von der Natur.

Ich habe zu diesem Paragraphen vor allem zu bemerken, daß ich hier Religion von Theismus, von dem Glauben an ein von der Natur und dem Menschen unterschiednes Wesen, unterscheide, während ich doch in der früheren Stunde sagte, daß man den Gegenstand der Religion insgemein Gott nenne. In der Tat hat sich auch der Theismus, die Theologie, der Gottesglauben bei uns so mit der Religion identifiziert, daß keinen Gott, kein theologisches Wesen und keine Religion haben für eins gilt. Aber hier handelt es sich eben von den ursprünglichen Elementen der Religion. Der Theismus, die Theologie ist es gerade, die den Menschen aus dem Zusammenhange mit der Welt herausgerissen, isoliert, zu einem hochmütigen, über die Natur sich erhebenden Ich und Wesen gemacht hat. Und erst auf diesem Standpunkte identifiziert sich die Religion mit der Theologie, mit dem Glauben an ein außer- und übernatürliches Wesen als das wahre, das göttliche Wesen. Ursprünglich drückt aber die Religion gar nichts aus als das *Gefühl* des Menschen von seinem Zusammenhang, seinem Einssein mit der Natur oder Welt.

Ich habe in meinem „Wesen des Christentums" ausgesprochen, daß die Geheimnisse der Religion nicht nur in der Anthropologie, sondern selbst auch in der Pathologie ihre Auflösung und Aufklärung finden. Darüber haben sich die unnatürlichen Theologen und Philosophen entsetzt. Aber was stellt uns die Naturreligion in ihren stets nur an die wichtigsten Naturerscheinungen sich anschließenden und sie ausdrückenden Festen und Gebräuchen anders dar als eine ästhetische* Pathologie? Was sind sie anders, diese Frühlings-, Sommer-, Herbst- und Winterfeste, die wir in den alten Religionen finden, als Darstellungen von den verschiedenen Eindrücken, welche die verschiedenen Erscheinungen und Wirkungen der Natur auf den Menschen machen? Trauer und Schmerz über den Tod eines Menschen oder über die Abnahme des Lichtes und der Wärme, Freude über die Geburt eines Menschen, über die Wiederkehr des Lichtes und der Wärme nach den kalten Tagen des Winters oder über den Erntesegen, Furcht und Entsetzen bei an sich oder wenigstens in der Vorstellung des Menschen entsetzlichen

* Oft auch eine sehr unästhetische.

Erscheinungen wie bei Sonnen- und Mondfinsternissen – alle diese einfachen, natürlichen Empfindungen und Affekte sind der subjektive Inhalt der Naturreligion. Die Religion ist ursprünglich nichts Apartes, vom menschlichen Wesen Unterschiednes. Erst im Verlauf, erst in der spätern Entwicklung wird sie etwas Apartes tritt sie mit besonderen Prätensionen auf. Und nur gegen diese arrogante, hochmütige geistliche Religion, die ebendeswegen auch einen *besonderen* offiziellen Stand zu ihrem Vertreter hat, ziehe ich zu Felde. Ich selbst, ob ich gleich Atheist bin, bekenne mich offen zur Religion in dem angegebenen Sinne, zur Naturreligion. Ich hasse *den* Idealismus, welcher den Menschen aus der Natur herausreißt; ich schäme mich nicht meiner Abhängigkeit von der Natur; ich gestehe offen, daß die Wirkungen der Natur nicht nur meine Oberfläche, meine Rinde, meinen Leib, sondern auch meinen Kern, mein Innres affizieren, daß die Luft, die ich bei heiterm Wetter einatme, nicht nur auf meine Lunge, sondern auch meinen Kopf wohltätig einwirkt, das Licht der Sonne nicht nur meine Augen, sondern auch meinen Geist und mein Herz erleuchtet. Und ich finde diese Abhängigkeit nicht, wie der Christ, im Widerspruche mit meinem Wesen, hoffe deswegen auch keine Erlösung von diesem Widerspruch. Ebenso weiß ich, daß ich ein endliches, sterbliches Wesen bin, daß ich einst nicht mehr sein werde. Aber ich finde dies *sehr natürlich*, und ebendeswegen bin ich vollkommen versöhnt mit diesem Gedanken.

Ich habe ferner behauptet in meinen Schriften und werde eben in diesen Vorlesungen diese Behauptung beweisen, daß in der Religion der Mensch sein Wesen vergegenständliche. Diese Behauptung bestätigen selbst schon die Erscheinungen der Naturreligion. Denn was haben wir in den Festen der Naturreligion – und in ihren Festen spricht sich namentlich bei den alten sinnlichen, einfachen Völkern das Wesen ihrer Religion am unverkennbarsten aus – anders vergegenständlicht als die Empfindungen und Eindrücke, welche die Natur in ihren wichtigsten Erscheinungen und Epochen auf den Menschen macht? Französische Philosophen haben in den Religionen des Altertums nichts anders gefunden als Physik und Astronomie. Diese Behauptung ist richtig, wenn man *nicht* wie sie eine wissenschaftliche Physik und Astronomie darunter versteht, sondern nur eine *ästhetische* Physik und Astronomie; wir haben in den ursprünglichen Elementen der alten Religionen nur vergegenständlicht die Empfindungen, die Eindrücke, welche die Gegenstände der Physik und Astronomie auf den Menschen machen, solange sie für ihn nicht Objekte der Wissenschaft. Allerdings gesellten sich zur religiösen Anschauung der Natur auch später schon bei den alten Völkern, namentlich in der Priesterkaste, der ja bei den alten Völkern allein die Wissenschaft und Gelehrsamkeit offenstand, Beobachtungen, also die Elemente der Wissenschaft; allein diese können nicht zum Urtext der Naturreligion gemacht werden. Wenn ich übrigens meine Anschauung mit der Naturreligion identifiziere, so muß ich nicht zu vergessen bitten, daß gleichwohl auch schon der Naturreligion ein Element innewohnt, das ich nicht anerkenne, denn obgleich der Gegenstand der Naturreligion nur die Natur ist, wie schon das Wort aussagt, so ist doch dem Menschen auf seinem ersten Standpunkt, dem eben der Naturreligion, die Natur nicht Gegenstand, wie sie in Wirklichkeit ist, sondern nur so, wie sie der ungebildeten und unerfahrenen Vernunft, der Phantasie, dem Gemüt erscheint, daß daher auch hier schon der Mensch übernatürliche Wünsche hat, folglich über- oder, was dasselbe ist, unnatürliche Forderungen an die Natur stellt. Oder mit anderen, deutlicheren Worten: Auch die Naturreligion ist schon nicht frei von Aberglauben, denn von Natur, d. h. ohne Bildung und Erfahrung, sind alle Menschen, wie Spinoza richtig sagt, dem Aberglauben untertan. Und ich will daher nicht den Verdacht auf mich laden, daß, wenn ich der Naturreligion das Wort rede, ich deswegen auch dem religiösen Aberglauben das Wort reden wolle. Ich anerkenne die Naturreligion in keiner anderen Weise, keiner anderen Ausdehnung, keinem anderen Sinne, als in welchem ich überhaupt die Religion, auch die christliche Religion, anerkenne; ich anerkenne nur *ihre einfache Grundwahrheit*. Diese Wahrheit ist aber nur, daß der Mensch abhängig ist von der Natur, daß er in Eintracht mit der Natur leben, daß er selbst auf seinem höchsten, geistigen Standpunkt nicht vergessen soll, daß er ein Kind und Glied der Natur ist, daß er die Natur so wie als den Grund und Quell seiner Existenz, so auch als den Grund und Quell seiner geistigen und leiblichen Gesundheit stets verehren, heilighalten soll, denn nur durch sie wird der Mensch frei von allen krankhaften überspannten Forderungen und Wünschen, wie z. B. von dem übernatürlichen Wunsche der Unsterblichkeit. „Macht euch vertraut mit Natur, erkennt sie als eine Mutter; ruhig sinket ihr dann einst in die Erde hinab." Sowenig ich im „Wesen des Christentums", wie man mir törichterweise vorgeworfen, den Menschen vergöttert, d. h. zu einem Gotte im Sinne des theologisch-religiösen Glaubens, welchen ich ja eben in seine menschlichen, antitheologischen Elemente auflöse, gemacht wissen will, wenn ich ihn als das Ziel des Menschen bestimme, sowenig will ich die Natur im Sinne der Theologie oder des Pantheismus vergöttert wissen, wenn ich sie als den Grund der menschlichen Existenz, als das Wesen, von dem sich der Mensch abhängig, von dem er sich unzertrennlich wissen soll, bestimme. Sogut ich ein menschliches Individuum verehren und lieben kann, ohne es deswegen zu vergöttern, ohne selbst deswegen seine Fehler und Mängel zu übersehen, ebensogut kann ich auch die Natur als das Wesen, ohne welches ich nichts bin, anerkennen, ohne deswegen ihren Mangel an Herz, Verstand und Bewußtsein, die sie erst im Menschen bekommt, zu vergessen, ohne also in den Fehler der Naturreligion und des philosophischen Pantheismus zu verfallen, die Natur zu einem Gotte zu machen. Die wahre Bildung und wahre Aufgabe des Menschen ist, die Dinge zu nehmen und zu behandeln, wie sie sind, *nicht mehr*, aber *auch nicht weniger* aus ihnen zu machen, als sie sind. Die Naturreligion, der Pantheismus macht aber *zuviel* aus der Natur, wie umgekehrt der Idealismus, der Theismus, der Christianismus *zuwenig* aus ihr macht, sie eigentlich zu gar nichts macht. Unsere Aufgabe ist es, die Extreme, die Superlative oder Übertreibungen des religiösen Affekts zu vermeiden, die Natur als das zu betrachten, zu behandeln und zu verehren, was sie ist – als unsere Mutter. Sogut wir aber unserer menschlichen Mutter die ihr gebührende Achtung angedeihen lassen, nicht, um sie zu verehren, die Schranken ihrer Individualität, ihres weiblichen Wesens überhaupt zu vergessen brauchen, sogut wir im Verhältnis zur menschlichen Mutter nicht bloß auf dem Standpunkt des Kindes stehenbleiben, sondern ihr mit freiem männlichen Bewußtsein gegenübertreten, ebensogut sollen wir auch die Natur nicht mit den Augen religiöser Kinder, sondern mit den Augen des erwachsenen, selbstbewußten Menschen betrachten. Die alten Völker, welche alles Mögliche im Übermaß ihres religiösen Affektes und demütigen Sinnes als Gott verehrten, die fast alles nur mit religiösen Augen ansahen, nannten auch die Eltern, wie es z. B. in einer Gnome Menanders heißt, *Götter*. Aber sogut uns die Eltern nicht *nichts* sind, weil sie uns keine Götter mehr sind, weil wir ihnen nicht mehr, wie die alten Römer und Perser, das Recht, die Macht über Leben und Tod des Kindes, also das Privilegium der Gottheit, zuschreiben, ebensowenig braucht uns die Natur, braucht uns überhaupt ein Gegenstand ein Nichts, ein nichtswürdiger Gegenstand zu werden, wenn wir ihn seines göttlichen Nimbus entkleiden. Vielmehr tritt erst dann ein Gegenstand in seine wahre, selbsteigene Würde ein, wenn er dieses seines heiligen Nimbus beraubt wird, denn solange ein Ding oder Wesen ein Gegenstand religiöser Verehrung ist, solange schmückt es sich mit fremden Federn, nämlich mit den Pfauenfedern der menschlichen Phantasie.

Der Inhalt des dritten Paragraphen ist, daß die Existenz und das Wesen des Menschen, inwiefern er ein bestimmter ist, auch nur von einer bestimmten Natur, der Natur seines Landes, abhänge und er daher notwendig und mit vollem Rechte die Natur seines Vaterlandes zum Gegenstand seiner Religion mache.

Ich habe zu diesem Paragraphen weiter nichts zu bemerken, als daß, wenn es nicht zu verwundern ist, daß die Menschen die *Natur überhaupt* verehrten, es nicht zu verwundern, zu bedauern oder zu belächeln ist, daß sie insbesondere *diese Natur*, in der sie lebten und webten, der sie allein ihr eigentümliches, individuelles Wesen verdankten, also die *Natur ihres Vaterlandes*, religiös verehrten. Will man sie deswegen tadeln oder belächeln, so muß man überhaupt die Religion belächeln und verwerfen; denn ist das Abhängigkeitsgefühl der Grund der Religion, der Gegenstand dieses Abhängigkeitsgefühls aber die Natur als das Wesen, wovon das Leben, die Existenz des Menschen abhängt, so ist es auch ganz natürlich, daß nicht die Natur überhaupt oder im allgemeinen, sondern *die Natur dieses Landes* der Gegenstand der religiösen Verehrung ist, denn nur *diesem* Lande verdanke ich ja mein Leben, mein Wesen; denn ich selbst bin ja *nicht Mensch überhaupt*, sondern dieser *bestimmte, besondere Mensch*. So bin ich deutsch sprechender, deutsch denkender, nicht überhaupt sprechender und denkender Mensch – es gibt ja in der Wirklichkeit keine Sprache im allgemeinen, sondern nur diese und jene Sprache. Und diese Charakterbestimmtheit meines Wesens, meines Lebens ist unabsonderlich, abhängig von diesem Boden, diesem Klima – namentlich gilt dies von den alten Völkern, also ist's gar nicht lächerlich, daß sie ihre Berge, ihre Flüsse, ihre Tiere religiös verehrten. Es ist um so weniger zu verwundern, als den alten Naturvölkern aus Mangel an Erfahrung und Bildung ihr Land für die Erde, oder wenigstens für den Mittelpunkt der Erde, galt. Es ist dies endlich um so weniger zu verwundern bei den alten, abgeschlossenen Völkern, als selbst bei den modernen abgeschliffenen, im großartigsten Weltverkehr lebenden Völkern noch immer der Patriotismus eine religiöse Rolle spielt. Haben doch selbst die Franzosen das Sprüchwort: „Der liebe Gott ist gut französisch", und schämen sich doch selbst in unseren Tagen nicht die Deutschen, welche doch wahrlich keinen Grund haben, wenigstens in politischer Beziehung, auf ihr Vaterland stolz zu sein, von einem *deutschen Gott* zu reden. Nicht ohne Grund sage ich daher in einer Anmerkung im „Wesen des Christentums": Solange es viele Völker gibt, solange gibt es auch viele Götter; denn der Gott eines Volkes, wenigstens sein wirklicher Gott, welcher wohl zu unterscheiden ist von dem Gotte seiner Dogmatiker und Religionsphilosophen, ist nichts anders als sein Nationalgefühl, sein nationeller point d'honneur [Ehrenpunkt]. Dieser point d'honneur war aber bei den alten Naturvölkern ihr Land. Die alten Perser z. B. schätzten sogar, wie Herodot berichtet, die andern Völker nur nach dem Grade der Entfernung ihres Landes von Persien: je näher, desto höher, je entfernter, desto niedriger. Und die Ägypter erblickten nach Diodor in ihrem Nilschlamm den Ur- und Grundstoff des tierischen und selbst menschlichen Lebens.

Sechste Vorlesung

Der Schluß der vorigen Stunde war im Gegensatz zum christlichen Supranaturalismus die Rechtfertigung und Begründung des Standpunkts der Naturreligion, namentlich des Standpunkts, wo der bestimmte und selbst beschränkte Mensch auch nur die bestimmte und beschränkte Natur, die Berge, Flüsse, Bäume, Tiere und Pflanzen seines Landes verehrt. Als den paradoxesten Teil dieses Kultus habe ich den Tierkultus zum Gegenstand des folgenden Paragraphen gemacht und ihn damit gerechtfertigt, daß die Tiere dem Menschen unentbehrliche, notwendige Wesen seien, daß von ihnen seine menschliche Existenz abhänge, daß er nur durch ihren Beistand sich auf den Standpunkt der Kultur emporgeschwungen habe, daß der Mensch aber das als Gott verehre, wovon *seine* Existenz abhänge, daß er daher in dem Gegenstand seiner Verehrung, also auch in den Tieren, nur den Wert vergegenständliche, den er auf sich und sein Leben lege. Man hat viel darüber gestritten, ob, in welchem Sinne und aus welchem Grunde die Tiere Gegenstände religiöser Verehrung gewesen seien. Was die erste Frage, das Faktum der Tierverehrung betrifft, so ist diese hauptsächlich bei der Religion der alten Ägypter zur Sprache gekommen und bald mit Ja, bald mit Nein beantwortet worden. Wenn wir aber lesen, was uns neuere Reisende als Augenzeugen erzählen, so werden wir es nicht unglaublich finden, daß die alten Ägypter, wenn nicht besondere Gründe dagegen sprechen, ebensogut die Tiere verehrten oder wenigstens verehren konnten, als noch vor kurzem oder selbst heute noch Völker in Asien, Afrika und Amerika die Tiere verehren. So werden z. B., wie Martius in seinem „Rechtszustand der Ureinwohner Brasiliens" bemerkt, die Lamas[1] von vielen Peruanern als heilig verehrt, während von andern die Maispflanze angebetet wird. So ist der Stier ein Gegenstand der Verehrung bei den Hindus. „Man erzeigt ihm jährlich einmal göttliche Ehre, schmückt ihn mit Bändern und Blumen, wirft sich vor ihm nieder. Es gibt viele Dörfer bei ihnen, wo man einen Stier

[1] *Feuerbachs Schreibung:* Llamas

als lebendigen Götzen unterhält und ihn, wenn er stirbt, unter großen Feierlichkeiten begräbt." Ebenso „sind sämtliche Schlangen den Hindus heilig. Es gibt Götzendiener, die so blinde Sklaven ihrer Vorurteile sind, daß sie es für ein Glück halten, von einer Schlange gebissen zu werden. Sie halten dies alsdann für Bestimmung und denken nur darauf, ihr Leben recht froh zu enden, weil sie glauben, in der andern Welt irgendeinen recht wichtigen Posten am Hofe des Schlangengottes einzunehmen" (Enzyklopädie von Ersch und Gruber, Art. Hindostan). Die frommen Buddhisten[1] und noch mehr die Jainas oder Dschainas, eine den Buddhisten verwandte Sekte der Inder, halten „jede Tötung selbst des geringsten Ungeziefers für eine *Todsünde*, die *dem Menschenmorde* gleichkommt" (Bohlen, „Das alte Indien", 1. Bd.). Die Dschainas legen „förmliche Tierlazarette an, selbst für die niedrigsten und verachtetsten Gattungen, und bezahlen *arme Leute* mit Geld, damit sie in solchen für das Ungeziefer bestimmten Aufenthaltsörtern ihr Nachtlager aufschlagen und sich von ihnen zerfressen lassen. Viele tragen beständig ein Stückchen Leinwand vor dem Mund, damit sie nicht etwa ein fliegendes Insekt verschlucken und ihm so das Leben rauben. Andere kehren mit einer zarten Bürste die Stelle ab, wo sie sich setzen wollen, damit sie nicht etwa ein Tierchen zerdrücken. Oder sie führen Säckchen voll Mehl oder Zucker oder ein Gefäß mit Honig bei sich, um davon den Ameisen oder andern Tieren mitzuteilen" (Enzyklopädie von Ersch und Gruber, Art. Dschainas). „Auch die Tibetaner schonen Wanzen, Läuse und Flöhe nicht weniger als die zahmen und nützlichen Tiere. *In Ava behandelt man Haustiere wie eigene Kinder*. Eine Frau, deren Papagei gestorben war, schrie wehklagend: Mein Sohn ist hin, mein Sohn ist hin! Auch ließ sie ihn ebenso feierlich als ihren Sohn begraben" (Meiners, „Allgemeine kritische Geschichte aller Religionen"). Merkwürdig ist, daß, wie derselbe Gelehrte bemerkt, die meisten Tiergeschlechter, die man im alten Ägypten und Orient überhaupt göttlich verehrte, noch jetzt von den christlichen und muhamedanischen Einwohnern derselben Länder als *unverletzlich* angesehen werden. Die christlichen Kopten z. B. errichten *Hospitäler für Katzen* und machen

[1] *Feuerbachs Schreibung:* Buddisten

Vermächtnisse, damit Geier und andere Vögel zu bestimmten Zeiten gefüttert werden. Die Sumatraner[1] haben nach W. Marsdens „Beschreibung der Insel Sumatra[1]" einen solchen religiösen Respekt vor den Alligators und Tigern, daß sie, statt sie zu vertilgen, sich von ihnen vertilgen lassen. Die Tiger trauen sie sich nicht einmal bei ihrem gewöhnlichen Namen zu nennen, sondern nennen sie ihre Vorfahren oder die Alten, „entweder weil sie selbige wirklich dafür halten oder um ihnen dadurch zu schmeicheln. Wenn ein Europäer von minder abergläubischen Personen Fallen stellen läßt, so gehen diese bei Nacht auf den Platz und verrichten einige Zeremonien, um das Tier, wenn es gefangen ist oder die Lockspeise wittert, zu überreden, daß die Falle nicht von ihnen oder mit ihrer Einwilligung gestellt worden sei." Nachdem ich nun die Tatsache der Tiervergötterung und Tierverehrung überhaupt durch einige Beispiele bestätigt habe, komme ich auf den Grund und Sinn derselben. Ich reduzierte den Grund derselben auch auf das Abhängigkeitsgefühl. Die Tiere waren dem Menschen notwendige Wesen; ohne sie konnte er nicht, geschweige als Mensch, existieren. Das Notwendige ist aber das, wovon ich abhänge; sogut daher die Natur überhaupt als das Grundprinzip der menschlichen Existenz Gegenstand der Religion wurde, sogut konnte und mußte auch die tierische Natur Gegenstand der religiösen Verehrung werden. Ich betrachtete daher den Tierkultus hauptsächlich nur in Beziehung auf die Zeit, wo er historisch berechtigt war, auf die Zeit der beginnenden Kultur, wo die Tiere die höchste Bedeutung für den Menschen hatten. Welche Bedeutung hat aber nicht selbst für uns noch, die wir über den Tierkultus lachen, das Tier? Was ist und kann der Jäger ohne den Jagdhund, der Schäfer ohne den Schäferhund, der Bauer ohne den Stier? Ist nicht der Mist die Seele der Ökonomie, nicht also der Stier auch bei uns, wie er es bei den alten Völkern war, noch jetzt das oberste Prinzip, der Gott der Agrikultur? Warum wollen wir also die alten Völker verlachen, wenn sie religiös verehrten, was für uns rationelle Menschen noch den höchsten Wert hat? Setzen wir nicht auch noch das Tier in vielen Fällen über den Menschen? Steht nicht in den christlich-germanischen Staaten bei dem

[1] *Feuerbachs Schreibung:* Sumadraner, Sumadra

Militär das Roß in höherem Wert als der Reiter, bei dem Bauer[n] der Ochs in höherem Wert als der Knecht? Und als ein historisches Beispiel führte ich in dem Paragraphen eine Stelle aus dem Zendavesta an. Der Zendavesta ist das, freilich in seiner vorhandenen Gestalt erst später verfaßte und entstellte, Religionsbuch der alten Perser. Dort heißt es nun, freilich nur nach der alten unzuverlässigen Übersetzung von Kleuker, in einem Teile, welche der Vendidad genannt wird: „...durch den *Verstand des Hundes besteht die Welt*.... *Behütete er nicht* die Straßen, so würden Räuber oder Wolf alle Güter rauben." Eben wegen dieser seiner Wichtigkeit wird, freilich auch aus religiösem Aberglauben, in den Gesetzen ebendieses Zendavesta der Hund als Wächter und Schützer gegen reißende Tiere „dem Menschen nicht allein gleichgestellt, sondern es werden ihm in bezug auf seine Bedürfnisse selbst Vorzüge eingeräumt". So heißt es z. B.: „Wer irgendeinen hungerigen Hund sieht, ist verpflichtet, ihn mit den besten Speisen zu sättigen." Verläuft sich eine Hündin mit Jungen, so muß das Oberhaupt des Orts, wo sie gefunden wird, sie aufnehmen und ernähren; „*tut er es nicht, so wird er mit Zerstümmelung des Leibes bestraft.*" Ein Mensch hat daher weniger Wert als ein Hund. Noch ärgere, den Menschen unter das Tier stellende Bestimmungen finden wir übrigens in der Religion der Ägypter. „Wer", heißt es bei Diodor, „eines dieser (nämlich der geheiligten) Tiere tötet, der ist des Todes schuldig. Ist es aber eine Katze oder ein Ibis, so muß er jedenfalls sterben, er mag das Tier absichtlich oder unvorsätzlich getötet haben; die Menge läuft zusammen und mißhandelt den Täter auf die grausamste Weise."

Gegen diese Ableitung der Verehrung der Tiere aus ihrer Unentbehrlichkeit und Notwendigkeit scheinen nun aber die selbst von mir angeführten Beispiele zu sprechen. Tiger, Schlangen, Läuse, Flöhe – was sind das für den Menschen für notwendige Tiere? Die notwendigen Tiere sind ja allein die nützlichen. „Wenn man auch", bemerkt Meiners in seiner angeführten Schrift, „im ganzen mehr nützliche als schädliche Tiere anbetete, so kann man daraus nicht schließen, daß die Nützlichkeit der Tiere die Ursache ihrer göttlichen Verehrung war. Die nützlichen werden nicht nach dem Verhältnisse ihrer Nützlichkeit, die schädlichen nicht nach dem Verhältnisse ihrer Schädlichkeit verehrt. So unbekannt und unerforschlich die Veranlassungen sind, welche dem einen Tiere hier, dem anderen dort günstig waren, so unerklärlich und widersprechend sind manche Erscheinungen des Tierdienstes. So verehren und schonen z. B. die Neger am Senegal und Gambia die Tiger, während man im Königreich Ante und andern benachbarten Königreichen diejenigen belohnt, welche einen Tiger erlegen." Wir befinden uns allerdings im Reiche der Religion zunächst in einem Chaos der größten und verwirrendsten Widersprüche. Allein trotzdem reduzieren sich dieselben bei tiefer eingehender Betrachtung auf die Motive der Furcht und Liebe, die aber je nach der Verschiedenheit der Menschen auf die verschiedensten Gegenstände verfallen, reduzieren sich auf das Abhängigkeitsgefühl. Wenn auch ein Tier keinen wirklichen, keinen naturhistorisch nachweisbaren Nutzen oder Schaden hat, so verknüpft doch der Mensch in seiner religiösen Einbildung aus irgendeinem oft ganz zufälligen, uns unbekannten Grunde abergläubische Wirkungen mit demselben. (3) Was für wunderbare medizinische Kräfte hat man nicht sonst den Edelsteinen zugeschrieben. Aus welchem Grunde? Aus Aberglauben. Die innern Motive der Verehrung sind also gleich, nur dadurch sind ihre Erscheinungen verschieden, daß bei den einen Gegenständen die Verehrung auf einem eingebildeten, nur im Glauben oder Aberglauben existierenden Nutzen oder Schaden, bei den anderen Gegenständen auf einer wirklichen Wohltätigkeit oder Nützlichkeit, Verderblichkeit oder Schädlichkeit beruht. Kurz, bei den einen Gegenständen der religiösen Verehrung hängt in *Wahrheit* und *Wirklichkeit*, bei den anderen nur in der *Einbildung*, im *Glauben*, in der *Vorstellung* Glück oder Unglück, Wohl oder Wehe, Krankheit oder Gesundheit, Leben oder Tod von denselben ab.

Bemerken muß ich überdies bei dieser Gelegenheit, wo die Mannigfaltigkeit und Verschiedenheit des religiösen Gegenstandes dem von mir angegebenen Erklärungsgrund der Religion zu widersprechen scheint, daß ich unendlich fern davon bin, die Religion, wie überhaupt irgendeinen Gegenstand, auf etwas Einseitiges, Abstraktes zu reduzieren. Ich habe stets einen Gegenstand in seiner Totalität vor Augen, wenn ich ihn im Kopf überdenke. Mein Abhängigkeitsgefühl ist kein theologisches, schleiermacherisches, nebelhaftes, unbestimmtes, abstraktes Gefühl. Mein Abhängigkeitsgefühl hat Augen und Ohren, Hände und Füße; mein Abhängigkeitsgefühl ist nur der sich abhängig fühlende, abhängig sehende, kurz, nach allen Seiten und Sinnen abhängig wissende Mensch. Das, wovon der Mensch abhängig ist, abhängig sich fühlt, abhängig weiß, *ist aber die Natur*, ein *Gegenstand der Sinne*. Es ist daher ganz in der Ordnung, daß alle die Eindrücke, welche die Natur vermittelst der Sinne auf den Menschen macht – und sollten diese Eindrücke auch nur Eindrücke der *Idiosynkrasie* sein –, Motive religiöser Verehrung werden können und wirklich werden, daß auch *die* Gegenstände, welche nur auf die theoretischen Sinne sich beziehen, ohne unmittelbar praktische Beziehungen auf den Menschen zu haben, welche die eigentlichen Motive zur Furcht und Liebe enthalten, Gegenstände der Religion werden. Selbst wenn ein Naturwesen, sei's nun wegen seiner Furchtbarkeit oder Schädlichkeit, um es unschädlich zu machen, oder wegen seiner Wohltätigkeit und Nützlichkeit, um für seine Güte ihm zu danken, Gegenstand religiöser Verehrung ist, so bietet es ja auch noch *andere* Seiten dar, die gleichfalls in das Auge und Bewußtsein des Menschen fallen und daher als Momente der Religion sich geltend machen. Wenn der Parse den Hund wegen seiner Wachsamkeit und Treue, wegen dieser seiner sozusagen politischen und moralischen Bedeutung und Notwendigkeit für den Menschen verehrt, so ist ja der Hund keineswegs *nur in abstracto als Wächter*, sondern er ist ja auch in allen seinen übrigen *natürlichen Eigenschaften*, er ist in seiner Ganzheit, seiner Totalität Gegenstand der Anschauung, und es ist daher natürlich, daß auch diese Eigenschaften bei der Erzeugung eines religiösen Gegenstandes mitwirkende Kräfte sind. So werden im Zendavesta ausdrücklich noch andere Eigenschaften des Hundes als nur seine Nützlichkeit und Wachsamkeit angeführt. „Er hat", heißt es z. B. dort, „acht merkwürdige Eigenschaften; er ist wie Athorne (Priester), wie Krieger, wie Feldbauer, der Güter Quell, wie Vogel, wie Räuber, wie Bestie, wie eine böse Frau, wie ein Jüngling. Als Priester ißt er, was er findet, . . . als Priester geht er zu allen, die ihn suchen, . . . der Hund schläft viel, wie ein junger Mensch, ist wie dieser brennend im Handeln" usw. So ist die Lotosblume, Nymphaea Lotus, die ein Hauptgegenstand der Verehrung bei den alten Ägyptern und Indern war und noch jetzt fast im ganzen Morgenlande verehrt wird, nicht nur eine *nützliche* Pflanze – denn ihre Wurzeln sind eßbar, waren besonders ehedem eine Hauptnahrung der Ägypter –, sondern auch eine der *schönsten* Wasserblumen. Ja, während bei einem mehr rationellen und praktischen, kulturfähigen Volke auch nur die rationellen, für die menschliche Existenz und Bildung bedeutsamen Eigenschaften eines Gegenstandes der Grund seiner religiösen Verehrung sind, so können bei einem Volke von entgegengesetztem Charakter nur die irrationellen, für die menschliche Existenz und Kultur gleichgültigen, selbst nur kuriosen Eigenschaften dieses Gegenstandes Motive der Verehrung werden. Ja, es können Dinge und Wesen verehrt werden, für deren Verehrung sich gar kein anderer Grund anführen läßt als der einer besondern *Sympathie* oder *Idiosynkrasie*. Ist die Religion gar nichts andres als Psycho- und Anthropologie, so versteht es sich ja von selbst, daß die Idiosynkrasie und Sympathie auch eine Rolle in derselben spielen. Alle sonderbaren und auffallenden Erscheinungen im Wesen der Natur, alles, was das Auge des Menschen fesselt und frappiert, was sein Ohr überrascht und bezaubert, was seine Phantasie entzündet, sein Erstaunen erregt, sein Gemüt auf eine besondere, ungewöhnliche, ihm unerklärliche Weise affiziert, kommt bei der Entstehung der Religion in Betracht, kann den Grund und Gegenstand selbst religiöser Verehrung abgeben. „Wir betrachten mit Ehrfurcht", sagt Seneca in seinen „Briefen", „die Häupter, d. h. die Ursprünge der größern Flüsse. Wir errichten einem plötzlich aus dem Verborgenen mit Macht hervorbrechenden Bache Altäre. Wir verehren die Quellen der warmen Gewässer, und gewisse Seen sind uns wegen ihrer Dunkelheit oder unermeßlichen Tiefe heilig." „Die Flüsse werden verehrt", sagt Maximus Tyrius in seiner achten „Dissertation", „entweder wegen ihres Nutzens, wie der Nil von den Ägyptern, oder wegen ihrer *Schönheit*, wie der Peneus von den Thessaliern, oder wegen ihrer *Größe*, wie der Ister von den Skythen" oder aus andern zufälligen, hier gleichgültigen Gründen. „Das Kind", sagt Clauberg, ein deutscher, obwohl lateinisch schreibender Philosoph im 17. Jahrhundert, ein geistvoller Schüler des Cartesius, „wird am meisten von hellen und glänzenden

Gegenständen ergriffen und gefesselt. Das ist der Grund, warum die barbarischen Völker sich zum Kultus der Sonne und himmlischen Körper und zu ähnlicher Götzendienerei hinreißen ließen." Aber obgleich alle diese Eindrücke, Affekte und Stimmungen, welche der Glanz des Lichtes in den Steinen – auch Steine werden ja verehrt –, der Schauer der Nacht, die Dunkelheit und Stille des Waldes, die Tiefe und Unermeßlichkeit des Meeres, die auffallende Eigentümlichkeit und Sonderbarkeit, die Lieblichkeit und Schrecklichkeit der Tiergestalten Momente der Religion, bei der Erklärung und Auffassung der Religion in Rechnung und Anschlag zu bringende Gewichte sind, so befindet sich doch der Mensch da noch außer dem Boden der Geschichte, noch im Zustande der Kindheit, wo auch der einzelne Mensch noch keine historische Person ist, wenn er auch später eine solche wird, *wo* er wahl- und kritiklos von solchen Eindrücken und Affekten sich beherrschen läßt, nur solchen Eindrücken und Affekten seine Götter entnimmt. Solche Götter sind nur Sternschnuppen, nur Meteore der Religion. Erst wenn der Mensch an die Eigenschaften sich wendet, welche den Menschen fortwährend, bleibend an seine Abhängigkeit von der Natur erinnern, welche stets es ihn auf eine empfindliche Weise fühlen lassen, daß er nichts ohne die Natur kann und ist, wenn er diese Eigenschaften zum Gegenstand seiner Verehrung macht, erst dann erhebt er sich auch zu einer eigentlichen, permanenten, historischen, in einem förmlichen Kultus darstellenden Religion. So ist z. B. die Sonne erst da Gegenstand eines eigentlichen Kultus, wo sie nicht ihres Glanzes, ihres Scheines, ihres bloß das Auge frappierenden Wesens wegen, sondern wo sie als das oberste Prinzip der Agrikultur, als das Maß der Zeit, als die Ursache der natürlichen und bürgerlichen Ordnung, als der offenbare, einleuchtende Grund des menschlichen Lebens, kurz, wo sie wegen ihrer Notwendigkeit, ihrer Wohltätigkeit verehrt wird. (4) Erst da, wo das *kulturgeschichtliche Moment* eines Gegenstandes vor die Augen tritt, erst da bildet auch die Religion oder ein Zweig derselben ein charakteristisches historisches Moment, ein den Geschichts- und Religionsforscher interessierendes Objekt. Dies gilt auch vom Tierkultus. Wenn auch in einer Religion die Verehrung sich noch auf andere, kulturgeschichtlich gleichgültige Tiere erstreckt, so ist doch die Verehrung der kulturgeschichtlichen Tiere das charakteristische oder doch das vernünftige, hervorzuhebende Moment; der Grund, warum diese andern Tiere, warum überhaupt andere als die Existenz und Humanität des Menschen bedingende und begründende Gegenstände und Eigenschaften verehrt werden, ist ja, wie entwickelt wurde auch nicht von dem Kultus der einer Verehrung aus humanen Gründen würdigen Gegenstände ausgeschlossen. Die notwendigsten, wichtigsten, einflußreichsten, die am meisten das Gefühl der Abhängigkeit von ihnen im Menschen erzeugenden Naturgegenstände haben ja auch alle die Eigenschaften an sich, welche das Auge und Gemüt frappieren, Staunen, Bewunderung und alle anderen derartigen Affekte und Stimmungen erregen. „Sei gegrüßt“, heißt es daher in Aratus' „Phänomenen“ in der Anrede an den Zeus, an den Gott, an die Ursache der Himmelserscheinungen, „sei gegrüßt, Vater, du großes Wunder (d. h. du großes, Staunen und Bewunderung erregendes Wesen), du großes Labsal der Menschen!“ Wir haben daher in einem und demselben Gegenstande hier beides eben Besprochene vereint. Aber nicht das thauma, das Wunder, sondern das oneiar, das Labsal, d. h. nicht das Wesen, wiefern es Gegenstand des Staunens, sondern der Furcht und Hoffnung ist, nicht also wegen seiner staunens- und bewunderungswürdigen, sondern wegen seiner die menschliche Existenz begründenden und erhaltenden, das Abhängigkeitsgefühl in Anspruch nehmenden Eigenschaften ist es Gegenstand der Religion, Gegenstand des Kultus.

Dasselbe gilt auch vom Tierkultus, so viele Tiergötter auch nur dem thauma, dem kritiklosen Gaffen, der stupiden Verwunderung, der unbeschränkten Willkür des religiösen Aberglaubens ihre Existenz verdanken mögen. Wir brauchen uns daher gar nicht darüber zu verwundern und zu schämen, daß der Mensch die Tiere verehrte, denn der Mensch hat *nur sich* in ihnen geliebt und verehrt; er hat nur, wenigstens da, wo der Tierkultus ein kulturgeschichtliches Moment bildet, die Tiere wegen ihrer Verdienste um die Menschheit, also seinetwegen, nicht aus bestialischen, sondern humanen Gründen verehrt.

Wie in der Tierverehrung der Mensch sich selbst verehrt, davon haben wir ein Beispiel an der Art, wie noch heute der

Mensch die Tiere schätzt. Der Jäger schätzt nur die auf die Jagd, der Bauer nur die auf den Ackerbau Bezug habenden Tiere, d. h., der Jäger schätzt in dem Tier das Jagdwesen, welches sein eigenes Wesen ist, der Bauer nur die Ökonomie, die seine eigene Seele und praktische Gottheit ist. Auch an dem Tierkultus haben wir daher einen Beweis und ein Beispiel von der Behauptung, daß in der Religion der Mensch nur sein eigenes Wesen vergegenständlicht. So verschieden die Menschen, so verschieden ihre Bedürfnisse, so verschieden ihr wesentlicher, sie charakterisierender Standpunkt, so verschieden sind auch bei den, wenigstens der Kulturgeschichte angehörenden, Völkern die Tiere, die sie hauptsächlich verehren, so daß wir aus der Qualität der Tiere, welche der Gegenstand der Verehrung waren, selbst die Qualität der sie verehrenden Menschen erkennen. So war „der Hund", wie Rhode in seiner Schrift „Die h[ei]l[ige] Sage und das gesamte Religionssystem der alten Baktrier, Meder und Parsen oder des Zendvolkes" bemerkt, „den anfangs bloß von Viehzucht lebenden Parsen die wichtigste Stütze im Kampf gegen die ahrimanische Tierwelt, d. h. gegen Wölfe und andere reißende Tiere, daher wurde, wer einen brauchbaren Hund oder eine schwangere Hündin getötet hatte, mit dem Tode bestraft. Der Ägypter hatte bei seinem Feldbau weder Wölfe noch andere reißende Tiere zu fürchten. Ratten und Mäuse waren die Werkzeuge Typhons, die ihm schadeten, daher nahm die Katze bei ihm *die* Rolle ein, welche dem Hund beim Zendvolk eingeräumt war." Aber nicht nur den praktischen Kulturstandpunkt eines Volks, auch sein theoretisches Wesen, seinen geistigen Standpunkt überhaupt vergegenständlicht uns der Tierdienst, der Naturdienst überhaupt; denn wo der Mensch Tiere und Pflanzen verehrt, da ist er kein Mensch noch wie wir, da identifiziert er sich mit den Tieren und Pflanzen, da sind sie für ihn teils menschliche, teils übermenschliche Wesen. So ist z. B. im Zendavesta der Hund gleich dem Menschen den Gesetzen unterworfen. „Beißt er ein Haustier oder einen Menschen, so wird ihm zum ersten Mal zur Strafe das rechte Ohr, zum zweiten Mal das linke Ohr abgeschnitten, zum dritten Mal der rechte, zum vierten Mal der linke Fuß, zum fünften Mal der Schwanz." So nannten nach Diodor die Troglodyten den Stier und die Kuh, den Widder und das Schaf *Vater* und *Mutter*, weil sie von ihnen und nicht von ihren natürlichen Eltern immerfort ihre tägliche Nahrung empfingen. So glauben, wie Meiners berichtet, die Indianer in Guatemala[1] wie die afrikanischen Neger, daß das Leben eines jeden Menschen mit dem Leben eines gewissen Tiers unzertrennlich verbunden sei und daß, wenn das Brudertier getötet werde, der Mensch auch sterben müsse. So sagt auch Sakontala zu den Blumen: „Ich fühle die Liebe einer *Schwester* für diese Pflanzen." Ein schönes Beispiel von dem Unterschied des menschlichen Wesens auf dem Standpunkt der orientalischen Naturverehrung und des menschlichen Wesens auf unserem Standpunkt liefert die die Anekdote, die W. Jones erzählt, daß, als er einst die Lotosblume auf dem Pulte liegen hatte, um sie zu untersuchen, ein Fremder aus Nepal zu ihm gekommen und, sowie er diese Blume erblickte, vor Ehrfurcht zur Erde niedergesunken sei. Welch ein Unterschied zwischen dem Menschen, der vor einer Blume andächtig niederfällt, und dem Menschen, der die Blume nur vom Standpunkt der Botanik aus ansieht!

Siebente Vorlesung

Wir sind mit der Behauptung, daß der Mensch in den Tieren sich selbst verehrt – eine Behauptung, die selbst nicht durch *den* Tierkultus umgestoßen wird, für den sich keine kulturgeschichtlichen, rationellen Gründe angeben lassen, der seine Existenz nur der Furcht oder selbst besonderen Zufälligkeiten oder Idiosynkrasien verdankt, denn wo der Mensch ein Wesen ohne Grund verehrt, da vergegenständlicht er in demselben nur seine eigene Tollheit und Verrücktheit –, wir sind, sage ich, mit dieser Behauptung auf den wichtigsten Satz des Paragraphen gekommen, auf den Satz, daß der Mensch das, wovon er sein Leben abhängig weiß oder glaubt, als Gott verehrt, daß ebendeswegen in dem *Gegenstand* der Verehrung nur der Wert zum Vorschein, zur Anschauung kommt, den er auf sein Leben, auf sich über-

[1] *Feuerbachs Schreibung:* Guatimala

haupt legt, daß folglich die Verehrung Gottes von der Verehrung des Menschen abhängt. Dieser Satz ist zwar nur eine Vorausnahme, eine Antizipation des Resultats und weiteren Verlaufs dieser Vorlesungen; weil er aber schon in diesem Paragraphen vorkommt, weil er für meine ganze Entwickelung und Auffassung der Religion von der größten Wichtigkeit ist, so möge er auch schon bei dieser Gelegenheit, bei dem Tierkultus, der namentlich, sofern ihm ein vernünftiger Sinn zugrunde liegt, die Wahrheit dieses Satzes bestätigt und veranschaulicht, zur Sprache kommen.

Wo der Tierkultus, um das frühere zu rekapitulieren, auf den Standpunkt eines Kulturmoments, einer nennenswerten Erscheinung der Religionsgeschichte sich erhebt, da hat er einen humanen oder *egoistischen* Grund. Ich gebrauche zum Entsetzen der heuchlerischen Theologen und phantastischen Philosophen als Bezeichnung des Grundes und Wesens der Religion das Wort „Egoismus". Kritiklose Kritiker, welche an Worten kleben, haben daher in ihrer hohen Weisheit aus meiner „Philosophie" herausgetüpfelt, daß ihr Resultat der Egoismus und daß ich ebendeswegen nicht in das Wesen der Religion eingedrungen sei. Wenn ich aber das Wort „Egoismus", wohlgemerkt, in der Bedeutung eines philosophischen oder universellen Prinzips gebrauche, so verstehe ich darunter nicht den Egoismus im gewöhnlichen Sinne des Wortes, wie das jeder, der etwas Kritik im Leibe hat, aus den Verbindungen, aus dem Zusammenhang, aus dem Gegensatze, in welchem ich das Wort „Egoismus" gebrauche, ersehen kann; ich gebrauche es nämlich im Gegensatze zur Theologie oder Gottgläubigkeit, in deren Sinn, wenn sie streng und konsequent ist, jede Liebe, die nicht Gott zum Ziel und Gegenstand hat, selbst die Liebe zu andern Menschen, Egoismus ist; ich verstehe daher darunter nicht den Egoismus des Menschen dem Menschen gegenüber, den moralischen Egoismus, nicht *den* Egoismus, der bei allem, was er tut, selbst scheinbar für andere, nur seinen Vorteil im Auge hat, nicht *den* Egoismus, der das charakteristische Merkmal des Philisters und Bourgeois, der das direkte Gegenteil aller Rücksichtslosigkeit im Denken und Handeln, aller Begeisterung, aller Genialität, aller Liebe ist. Ich verstehe unter Egoismus das seiner Natur und folglich – denn die Vernunft des Menschen ist nichts als die bewußte Natur des Menschen – seiner Vernunft gemäße

Sich-selbst-Geltendmachen, Sich-selbst-Behaupten des Menschen gegenüber allen unnatürlichen und unmenschlichen Forderungen, die die theologische Heuchelei, die religiöse und spekulative Phantastik, die politische Brutalität und Despotie an den Menschen stellen. Ich verstehe unter Egoismus den notwendigen, den unerläßlichen Egoismus, den, wie gesagt, nicht moralischen, sondern metaphysischen, d. h. im Wesen des Menschen ohne Wissen und Willen begründeten Egoismus, *den* Egoismus, ohne welchen der Mensch gar nicht leben kann – denn um zu leben, muß ich fortwährend das mir Zuträgliche zu eigen machen, das mir Feindliche und Schädliche vom Leibe halten –, *den* Egoismus also, der selbst im Organismus, in der Aneignung der assimilierbaren, der Ausscheidung der nicht assimilierbaren Stoffe liegt. Ich verstehe unter Egoismus die Liebe des Menschen *zu sich selbst*, d. h. die Liebe zum *menschlichen Wesen, die* Liebe, welche der Anstoß zur Befriedigung und Ausbildung aller der Triebe und Anlagen ist, ohne deren Befriedigung und Ausbildung er kein wahrer, vollendeter Mensch ist und sein kann; ich verstehe unter dem Egoismus die Liebe des Individuums zu Individuen seinesgleichen – denn was bin ich ohne sie, was ohne die Liebe zu Wesen meinesgleichen? –, die Liebe des Individuums zu sich selbst nur insofern, als jede Liebe eines Gegenstandes, eines Wesens eine indirekte Selbstliebe; denn ich kann ja nur lieben, was meinem Ideal, meinem Gefühl, meinem Wesen entspricht. Kurz, ich verstehe unter Egoismus jenen Selbsterhaltungstrieb, kraft dessen der Mensch nicht sich, seinen Verstand, seinen Sinn, seinen Leib – um die Beispiele aus dem uns zunächstliegenden Tierkultus zu nehmen – geistlichen Eseln und Schafen, politischen Wölfen und Tigern, philosophischen Grillen und Nachteulen aufopfert, jenen Vernunftinstinkt, welcher dem Menschen sagt, daß es Torheit, Unsinn ist, sich aus religiöser Selbstverleugnung von Läusen, Flöhen und Wanzen das Blut aus dem Leibe und den Verstand aus dem Kopfe saugen, von Ottern und Schlangen sich vergiften, von Tigern und Wölfen zerfressen zu lassen; jenen Vernunftinstinkt, welcher, wenn sich auch einmal der Mensch bis zur Verehrung der Tiere verirrt oder herabläßt, dem Menschen zuruft: Ehre nur die Tiere, in denen du dich selbst ehrst, die Tiere, die dir nützlich, die dir notwendig sind; denn selbst die Tiere, die du ehrst, ohne daß ein vernünftiger Grund zu ihrer Verehrung vorhanden ist, ehrst du ja doch nur, weil du wenigstens glaubst, dir einbildest, daß ihre Verehrung für dich nicht ohne Nutzen ist! Der Ausdruck „Nutzen" ist übrigens, wie ich auch schon in meinen „Erläuterungen und Ergänzungen zum Wesen der Religion" erklärte, ein gemeiner, ungeeigneter, dem religiösen Sinne widersprechender; denn nützlich ist auch ein Ding; aber das, was ein Gott, ein Gegenstand religiöser Verehrung, ist kein Ding, sondern ein Wesen; „nützlich" ist ein Ausdruck der bloßen Brauch- und Verwendbarkeit, der Passivität; aber Tätigkeit, Leben ist eine wesentliche Eigenschaft der Götter, wie schon Plutarch ganz richtig behauptet. Der religiöse Ausdruck und Begriff für Nützlichkeit ist Wohltätigkeit; denn nur die Wohltätigkeit, aber nicht die Nützlichkeit flößt mir die Empfindungen der Dankbarkeit, der Verehrung, der Liebe ein, und nur diese Empfindungen sind ihrer Natur wie ihren Wirkungen nach religiöse. Wegen *ihrer Wohltätigkeit, religiös* oder *poetisch*, wegen ihrer *Nützlichkeit, irreligiös, gemein* oder *prosaisch*, wegen ihrer *Notwendigkeit, ihres Ohne-sie-nicht-sein-Könnens*, philosophisch ausgedrückt, wird die Natur überhaupt, werden auch die Pflanzen und Tiere insbesondere verehrt. Das Prinzip hat daher der Tierkultus da, wo er wenigstens vernünftigen religiösen Sinn hat, mit jedem Kultus gemein; oder: Das, was bei einigermaßen überlegenden Menschen die Tiere zu Gegenständen religiöser Verehrung erhebt, der Grund ihrer Verehrung ist, dasselbe ist der Grund der Verehrung jedes andern Gegenstandes; dieser Grund ist aber eben die Nützlichkeit oder Wohltätigkeit. Unterschieden sind die Götter der Menschen nur nach den unterschiedenen Wohltaten, die sie dem Menschen erzeigen, unterschieden nur nach den verschiedenen Trieben und Bedürfnissen des Menschen, die sie befriedigen, unterschieden sind die Gegenstände der Religion nur nach den *verschiedenen Fakultäten oder Vermögen des menschlichen Wesens*, worauf sie sich beziehen. So ist z. B. Apoll der Arzt der psychischen, moralischen Krankheiten, Asklepios der Arzt der physischen, leiblichen. Aber der Grund der Verehrung, das Prinzip ihrer Göttlichkeit, das, was sie zu Göttern macht, das ist ihre Beziehung auf den Menschen, ihre Nützlichkeit, ihre Wohltätigkeit, das ist der *menschliche Egoismus*; denn wenn ich mich nicht zuerst liebe, nicht verehre, wie kann ich lieben und verehren, was *mir* nützlich und wohltätig ist? Wie kann ich den Arzt lieben, wenn ich nicht die Gesundheit liebe? Wie den Lehrer, wenn ich nicht meine Lernbegierde befriedigen will? Wie kann ich das Licht verehren, wenn ich keine Augen habe, die das Licht suchen, das Licht bedürfen? Wie meinen Urheber oder Urquell preisen und loben, wenn ich mich selbst verachte? Wie ein *objektiv* höchstes Wesen anbeten und anerkennen, wenn ich kein *subjektiv* höchstes Wesen in mir habe? Wie einen Gott außer mir annehmen, wenn ich nicht mir selbst, freilich in anderer Weise, Gott bin? Wie einen *äußeren* Gott ohne Voraussetzung eines *inneren, psychologischen Gottes* glauben? Was ist aber dieses höchste Wesen im Menschen, von dem alle anderen höchsten Wesen, alle Götter außer ihm abhängen? Es ist der Inbegriff aller seiner menschlichen Triebe, Bedürfnisse, Anlagen, es ist überhaupt die Existenz, das Leben des Menschen, denn dieses befaßt ja alles in sich. Nur deswegen macht daher der Mensch das, wovon sein Leben abhängt, zu einem Gott oder göttlichen Wesen, weil ihm sein Leben ein göttliches Gut oder Ding ist. Wo der Mensch sagt: „Das Leben ist der Güter höchstes nicht", da wird das Leben nur in einem beschränkten, untergeordneten Sinn genommen; da befindet sich der Mensch auf dem Standpunkte des Unglücks, des Zwiespalts, keineswegs auf dem normalen Lebensstandpunkt; da verwirft er, verachtet er allerdings das Leben, aber er verachtet es nur, weil seinem Leben Eigenschaften oder Güter fehlen, die wesentlich zum normalen Leben gehören, weil es *kein* Leben mehr ist. So, wenn ein Mensch z. B. der Freiheit beraubt ist, wenn er ein Sklave fremder Willkür ist, so kann, ja, soll er dieses Leben verachten, aber nur, weil dieses Leben ein mangelhaftes, nichtiges Leben ist, ein Leben, dem die wesentlichste Bedingung und Eigenschaft des menschlichen Lebens, die Bewegung und Bestimmung nach eigenem Willen, abgeht. Darauf beruht auch der Selbstmord. Der Selbstmörder nimmt sich nicht sein Leben; es ist ihm schon genommen. Darum tötet er sich; er zerstört nur einen Schein; er wirft nur eine Schale weg, aus der längst, sei's nun ohne oder mit seiner Schuld, der Kern verzehrt ist. Aber im gesunden, gesetzmäßigen Zustande und wenn unter dem Leben der Inbegriff aller wesentlich zum Menschen gehörenden Güter verstanden wird, ist das Leben, und zwar mit vollem Rechte, das höchste Gut, das höchste Wesen des Menschen. Wie ich für alle meine Haupt- und Grundsätze empirische, historische Beispiele und Belege anführe, weil ich nur zum Bewußtsein bringen und aussprechen will, was andere, was die Menschen überhaupt denken und fühlen, so führe ich auch für diese Behauptung in meinen „Ergänzungen und Erläuterungen zum Wesen der Religion" einige Stellen aus *Aristoteles*, *Plutarch*, *Homer* und *Luther* an. Mit ein paar Stellen als solchen will ich nun natürlich nicht die Wahrheit eines Ausspruchs beweisen, wie lächerliche, kritiklose Kritiker mir vorwarfen. Ich liebe die Kürze, ich sage mit *wenigen* Worten, was andere mit Folianten sagen. Aber freilich haben die meisten Gelehrten und Philosophen die Eigenschaft, daß sie nur dann vom Gewichte eines Grundes überzeugt werden, wenn er ihnen in der Form eines Folianten oder wenigstens recht dickleibigen Buches in die Hände gedrückt wird. Jene paar Stellen sind pars pro toto [sprechen als Teil fürs Ganze], haben universelle Bedeutung, können durch tausend und abermals tausend gelehrte Zitate belegt werden; aber alle diese Tausende sagen nicht mehr, wenigstens der Qualität nach, als diese paar Stellen. Was aber noch unendlich mehr ist und gilt als ein gelehrtes Zitat, das ist die Praxis, das Leben. Und dieses bestätigt uns bei allen Schritten und Tritten, die wir tun, bei allen Blicken, die wir in dasselbe werfen, die Wahrheit jenes Satzes, daß den Menschen das Leben der Güter höchstes ist. Und ebenso bestätigt sie vor allem die Religion und ihre Geschichte; denn wie die Philosophie zuletzt nichts ist als die Kunst des Denken, so ist die Religion zuletzt nichts andres als die Kunst des Lebens, die daher nichts andres uns zur Anschauung und zum Bewußtsein bringt als die das Leben des Menschen unmittelbar bewegenden Kräfte und Triebe. Diese Wahrheit ist selbst das durchgängige, allumfassende Prinzip aller Religionen. Nur deswegen, weil unbewußt und unwillkürlich, notwendig das Leben dem Menschen ein göttliches Gut und Wesen ist, macht er *bewußt*, macht er in der Religion das zum Gotte, wovon, sei's nun wirklich, sei's in der Einbildung, die Entstehung und Erhaltung dieses göttlichen Gutes abhängt. Jede Befriedigung eines Triebes, sei dieser nun ein niederer oder höherer, physischer oder geistiger, praktischer oder theoretischer, ist für den Menschen ein göttlicher Genuß, und nur deswegen verehrt er die Gegenstände oder Wesen, von denen diese Befriedigung abhängt, als herrliche, anbetungswürdige, göttliche Wesen. Ein Volk, das keine geistigen Triebe hat, hat auch keine geistigen Götter. Ein Volk, dem nicht der Verstand als *Subjekt*, d. h. als menschliche Kraft und Tätigkeit, ein göttliches Wesen ist, wird nun und nimmermehr zum Gegenstand seiner Verehrung, zum Gott ein Verstandeswesen machen. Wie kann ich die Weisheit als Minerva zur Göttin machen, wenn mir nicht die Weisheit an und für sich selbst schon göttliches Wesen ist? Wie also überhaupt das Wesen vergöttern, von dem mein Leben abhängig ist, wenn mir das Leben nichts Göttliches ist? Nur der Unterschied der menschlichen Triebe, Bedürfnisse, Fähigkeiten, nur dieser Unterschied und ihre Rangordnung bestimmt daher den Unterschied und die Rangordnung der Götter und Religionen. Den Maßstab, das *Kriterium* der *Gottheit* und ebendeswegen den *Ursprung der Götter* hat daher der Mensch *an und in sich selbst*. Was diesem Kriterium entspricht, ist ein Gott, was ihm widerspricht, keiner. Dieses Kriterium ist aber der *Egoismus* in dem entwickelten Sinne des Wortes. Die Beziehung eines Gegenstandes auf den Menschen, die Befriedigung eines Bedürfnisses, die Unentbehrlichkeit, die Wohltätigkeit ist der Grund, warum der Mensch einen Gegenstand zum Gott macht. Das absolute Wesen ist für den Menschen, ohne daß er es weiß, der Mensch selbst; die sogenannten absoluten Wesen, die Götter, sind relative, sind vom Menschen *abhängige* Wesen, sind ihm nur insofern Götter, als sie diesem seinem Wesen dienen, als sie ihm nützlich, förderlich, entsprechend, kurz: wohltätig sind. Warum verlachten die Griechen die Götter der Ägypter, die Krokodile[1], Katzen, Ibisse? Weil die Götter der Ägypter nicht dem Wesen, nicht den Bedürfnissen der Griechen entsprachen. Worin lag also der Grund, daß ihnen die *griechischen* Götter nur für *Götter* galten? In den Göttern an und für sich selbst? Nein, in den Griechen; in den Göttern nur indirekt, nur insofern, als sie eben dem Wesen der Griechen entsprechende Wesen waren. (5) Warum verwarfen aber die Christen die heidnischen, die griechischen und römischen Götter? Weil sich ihr

[1] *Feuerbach schreibt hier:* Crocodilie

religiöser Geschmack geändert hatte, weil die heidnischen Götter ihnen nicht gaben, was sie wollten. Warum ist also ihnen *ihr* Gott nur Gott? Weil er ein Wesen ihres Wesens, ihresgleichen ist, weil er ihren Bedürfnissen, ihren Wünschen, ihren Vorstellungen entspricht.

Wir sind zuerst von den allgemeinsten und gemeinsten Erscheinungen der Religion aus- und von da zum Abhängigkeitsgefühl übergegangen; aber jetzt sind wir *über* und *hinter* das Abhängigkeitsgefühl selbst zurückgegangen und haben als den *letzten subjektiven* Grund der Religion den menschlichen Egoismus im angeführten Sinne entdeckt, obwohl auch der Egoismus im gemeinsten und gewöhnlichsten Sinne des Wortes keine untergeordnete Rolle in der Religion spielt; aber von diesem abstrahiere ich. Es frägt sich nur, ob diese den gewöhnlichen übersinnlichen und übermenschlichen, d. i. phantastischen Erklärungsgründen der Religion absolut widersprechende Erklärung von dem Grunde und Wesen der Religion und ihrer Gegenstände, der Götter, der *Wahrheit gemäß* ist, ob ich mit *diesem Worte* den Nagel auf den Kopf getroffen, das, was die Menschheit bei der Verehrung der Götter im Sinne hat, richtig ausgesprochen habe. Ich habe zwar schon genug Belege und Beispiele angeführt, da aber der Gegenstand zu wichtig ist, da man die Gelehrten nur durch ihre eigenen Waffen, d. h. Zitate, schlagen kann, so will ich noch mehrere anführen. „Die Pflanze, der Baum, deren Früchte man genoß", sagt Rhode in der schon erwähnten Schrift in Beziehung auf die Religion der alten Inder und Perser, „wurden verehrt und gebeten, künftig noch mehr Früchte zu bringen. Das Tier ward verehrt, dessen Milch und Fleisch man genoß; das Wasser, weil es die Erde fruchtbar machte; das Feuer, weil es wärmte und leuchtete, und die Sonne mit allen übrigen Gestirnen, weil ihr wohltätiger Einfluß auf das gesamte Leben auch dem stumpfsten Sinn nicht entgehen kann." Der Verfasser der gleichfalls schon erwähnten Schrift „De l'origine des principes religieux" führt aus der „Histoire des Yncas de Perou par Garcillaso de la Vega", einer Schrift, die ich mir leider nicht verschaffen konnte, folgendes an: „Die Bewohner von Chincha sagten zu dem Ynca, daß sie weder den Ynca für ihren König noch die Sonne für ihren Gott erkennen wollten, daß sie schon einen hätten, den sie anbeteten, daß ihr gemeinschaftlicher Gott das *Meer* wäre, welches ein ganz anderes Ding als die Sonne sei, indem es ihnen eine Menge Fische zu ihrer Nahrung gebe, anstatt daß ihre Sonne ihnen gar nichts Gutes tue, als daß ihre außerordentliche Hitze ihnen nur lästig sei, und sie also nichts aus ihr zu machen brauchten." Sie verehrten also nach ihrem eigenen Eingeständnis das Meer, weil es die Quelle der Nahrung für sie war, als Gott; sie dachten wie jener griechische Komiker, der sagt: „Das mich Ernährende, das halt ich für meinen Gott." Der gemeine Spruch: „Wess' Brot ich ess', dess' Lied ich sing'", gilt daher auch in der Religion. Selbst schon die Sprache liefert uns hierfür Belege. „Almus" z. B. heißt nährend, daher es hauptsächlich ein Beiwort der Ceres ist, dann, und zwar ebendeswegen, lieb, wert, herrlich, heilig. „Unter allen Gottheiten, von welchen die Mythologie erzählt", heißt es bei Diodor, „ist keine unter den Menschen so hoch geachtet wie die beiden, welche durch die wohltätigsten Erfindungen ein so ausgezeichnetes Verdienst um die Menschheit sich erwarben, Dionysius durch die Einführung des lieblichsten Tranks und Demeter durch die Mitteilung der trefflichsten trockenen Nahrung." Erasmus macht in seinen „Adagien" zu dem Sprüchwort der Alten: „Der Mensch ist den Menschen Gott", die Bemerkung: „Das Altertum glaubte, *Gott sein* heiße *den Sterblichen nützen*." Dieselbe Bemerkung macht der Philolog Joh. v. Meyen in einer Note zu Virgils „Äneïs". Die Alten erwiesen denen, sagt er, welche wohltätige Erfindungen machten, göttliche Ehre nach dem Tode, denn sie waren der Überzeugung, ein Gott sei nichts andres, als was den Sterblichen Nutzen bringe. „Aus welchem Grunde", singt Ovidius in den „Episteln" aus seinem Exil, „sollen wir die Götter ehren, wenn wir ihnen den Willen, zu nützen oder helfen, nehmen? Wenn Jupiter für meine Gebete nur taube Ohren hat, warum soll ich vor seinem Tempel ein Opfertier schlachten? Wenn mir das Meer keine Ruhe gewährt auf meiner Seereise, warum soll ich für nichts und wieder nichts dem Neptun Weihrauch streuen? Wenn Ceres nicht die Wünsche des arbeitsamen Landmanns erfüllt, warum soll sie denn die Eingeweide einer trächtigen Sau bekommen?"[1] Nur der *Nutzen* oder die *Wohltat* also ist es,

[1] *Bei Feuerbach irrtümlich auch noch der nächste, nicht mehr zum Zitat gehörende Satz innerhalb der Anführung.*

die *Menschen und Götter verherrlicht*! „Ein Gott ist dem Sterblichen", sagt der ältere Plinius, „wer dem Sterblichen hilft." Nach Gellius hat selbst Jupiter seinen Namen „Jovem" von juvando, d. i. vom Helfen oder Nutzen im Gegensatz von nocere, schaden. In Ciceros Schrift „Von den Pflichten" heißt es: „Zunächst nach den Göttern sind die dem Menschen nützlichsten Wesen die Menschen" – also sind die Götter die ersten dem Menschen nützlichen Wesen. Ebenso sagt auch Erasmus in seinen „Adagien": „Das Sprüchwort: ‚Ein Gott, aber viele Freunde' ermahnt uns, so viele Freunde als möglich uns zu machen, weil diese am meisten nach den Göttern helfen können." In seiner Schrift „Über die Natur der Götter" erklärt Cicero (oder vielmehr der Epikuräer Vellejus, aber hier ist es eins) die Behauptung des Perseus, daß die nützlichen und heilsamen Dinge für Götter gehalten worden seien, für absurd und macht dem Prodikus wegen derselben Behauptung den Vorwurf, daß er die Religion aufgehoben habe; aber zugleich wirft er auch dem Epikur vor, daß er, weil er das Göttlichste, Herrlichste – die *Güte*, die *Wohltätigkeit* – der Gottheit abgesprochen, die Religion mit der Wurzel ausgetilgt habe, denn wie kann man, sagt er, die Götter ehren, wenn man von ihnen nichts Gutes empfängt, noch erwarten kann? Die Religiosität, die pietas, ist die Gerechtigkeit gegen die Götter; aber wie kann man denen eine Verbindlichkeit schuldig sein, von welchen man nichts empfängt? An den Göttern verehren wir, sagt Quintilian in seinen „Oratorischen Institutionen", erstlich die Majestät ihrer Natur, dann die eigentümliche Macht eines jeden und die Erfindungen, welche den Menschen einen Nutzen gebracht haben. Quintilian unterscheidet hier die Macht und Majestät der Götter von ihren Wohltaten, aber dieser Unterschied fällt vor einer tiefer eingehenden Betrachtung; denn je majestätischer und mächtiger ein Wesen ist, desto mehr hat es auch Fähigkeit, andern zu nützen, und umgekehrt. Die höchste Macht fällt zusammen mit der höchsten Wohltätigkeit. Bei allen Völkern fast ist daher auch der Gott der himmlischen Kräfte und Mächte der höchste, erhabenste, majestätischste, der Gott über allen Göttern, weil die Wirkungen und Wohltaten des Himmels auch über alle andern Wirkungen und Wohltaten gehen, die allgemeinsten, allumfassendsten, großartigsten, notwendigsten sind. So heißt

z. B. bei den Römern Jupiter: Optimus, Maximus, d. h. „wegen seiner Wohltaten", wie Cicero selbst bemerkt, der Beste oder Gütigste, „wegen seiner Gewalt" oder Macht aber „der größte oder höchste Gott". Eine ähnliche Unterscheidung wie bei Quintilian finden wir bei Plutarch in seinem „Amatorius". „Das Lob der Götter gründet sich hauptsächlich auf ihre dynamis (d. i. Macht) und opheleia, (d. i. Nützlichkeit oder Wohltätigkeit)"; aber, wie gesagt, beide Begriffe fallen in eins zusammen, denn je mehr ein Wesen an und für sich selbst ist, desto mehr kann es auch andern sein. Je mehr einer ist, desto mehr kann er auch andern nützen, freilich auch schaden. Daher sagt Plutarch selbst in seinem „Symposiakon": „Die Menschen vergöttern am meisten die Dinge von allgemeinster, sich überallhin erstreckender Nützlichkeit wie das Wasser, das Licht, die Jahreszeiten."

Achte Vorlesung

Als die letzten Überbleibsel der heidnischen Religion zerstört, wenigstens ihrer politischen Bedeutung und Würde entkleidet wurden, als unter anderm die Bildsäule der Siegesgöttin aus dem Orte, wo sie bisher gestanden, entfernt werden sollte, schrieb Symmachus eine Schutzschrift für die alte, historische Religion, so auch für den Kultus der Victoria. Unter den Gründen dafür führt er auch die utilitas, den *Nutzen*, an als das sicherste Merkmal einer Gottheit. Niemand wird leugnen, sagt er ferner, daß die zu *verehren* sei, von der er bekennt, daß sie zu *wünschen* sei. Das heißt: Nur das ist ein Gegenstand der Religion, der Verehrung, was ein Gegenstand menschlicher Wünsche ist, nur das Gute, Nützliche, Wohltätige ist aber das, was man wünscht. Die Gebildeten unter den klassischen Heiden, namentlich den Griechen, bestimmten daher als eine wesentliche Eigenschaft und Bedingung der Gottheit die Güte, die Wohltätigkeit, die Philanthropie. „Kein Gott", sagt Sokrates in Platos „Theätet", „ist widrig gesinnt gegen die Menschen." „Was ist bei den Göttern", sagt Seneca in seinen „Briefen", „der Grund ihrer Wohltätigkeit? Ihre Natur. Wahn ist der Glaube, daß sie schaden wollen; sie können es nicht einmal." „Gott", sagt er ebendaselbst, „sucht keine Diener; *er selbst dient dem Menschengeschlecht.*" „Es ist ebenso absurd", sagt Plutarch in seiner Schrift „Über die Widersprüche der Stoiker", „den Göttern die Unvergänglichkeit als die Vorsehung und Menschenliebe oder Wohltätigkeit abzusprechen." „Unter Gott", sagt Antipater von Tarsis bei Plutarch in ebenderselben Schrift, „verstehen wir ein seliges, unvergängliches und gegen die *Menschen wohltätiges* Wesen." Die Götter, wenigstens die vorzüglichsten, heißen daher bei den Griechen „Geber des Guten", ferner soteres, d. h. Retter, Beglücker, Heilande. Ja, die griechische Religion selbst hat keinen eigentlichen, selbständigen bösen Gott, wie z. B. die Ägypter ihren Typhon, die Perser ihren Ahriman.

Die Kirchenväter verhöhnten die Heiden, weil sie die wohltätigen oder nützlichen Dinge und Wesen zum Gegenstande ihrer Verehrung oder Religion gemacht hätten. Die leichtsinnigen Griechen, sagt z. B. Julius Firmicus, halten alle Wesen für Götter, die ihnen irgendeine Wohltat erweisen oder erwiesen haben. Er wirft ihnen unter anderm vor, daß die Penaten von dem Worte „penus", welches nichts andres als „die Nahrung" bedeute, abstammten. Die Heiden, sagt er, hätten als Menschen, die unter dem Leben nichts andres verstanden als die Freiheit, zu essen und trinken, die Nahrungsmittel zu Göttern gemacht. Er wirft ihnen auch den Kultus der Vesta vor, weil sie nichts andres sei als das häusliche Feuer, das auf dem Herde zum täglichen Gebrauch dient und daher Köche, statt Jungfrauen, zu Priestern haben sollte. So sehr aber die Kirchenväter, die Christen überhaupt die Heiden deswegen tadelten und verlachten, daß sie den nützlichen Dingen, dem Feuer, dem Wasser, der Sonne, dem Mond, göttliche Ehre erwiesen hätten eben wegen dieser ihrer für die Menschen so wohltätigen Wirkungen, so tadelten sie dieselben doch nicht wegen des Prinzips oder Grundes dieser Verehrung, sondern nur *wegen des Gegenstandes* ihrer Verehrung, nicht also deswegen, daß sie die Wohltätigkeit und Nützlichkeit zum Grunde der Verehrung, der Religion, sondern deswegen, daß sie nicht das *rechte* Wesen zum Gegenstande ihrer Verehrung gemacht, daß sie nicht *das* Wesen, von dem alle wohltätigen, dem Menschen nützlichen Eigenschaften und Wirkungen der Natur herkämen, *das* Wesen, das allein dem

Menschen helfen, allein den Menschen glücklich machen könne, Gott, ein von der Natur unterschiedenes, geistiges, unsichtbares, allmächtiges Wesen, welches der Urheber oder Schöpfer der Natur sei, verehrt hätten. Die Macht, zu schaden und zu nützen, Wohl und Wehe, Gesundheit und Krankheit, Leben und Tod zu bringen, welche die Heiden, ihrer sinnlichen Anschauung gemäß, an die vielen verschiedenen Dinge verteilten, vereinigten die Christen kraft ihres unsinnlichen, abstrakten Denkens in *ein* Wesen, so daß dieses eine, welches die Christen Gott nennen, das einzig furchtbare und mächtige, das einzig liebenswerte und wohltätige Wesen ist. Oder: Wenn wir die Wohltätigkeit zur einzigen wesenhaften Eigenschaft der Gottheit machen, die Güter, welche die Heiden an die verschiedenen Dinge der Wirklichkeit verteilten, versammelten die Christen in ein Ding, daher die Christen Gott als den Inbegriff aller Götter[1] bestimmen. Aber in der Definition, d. h. im Begriff der Gottheit selbst, im Prinzip, d. h. im Wesen oder Grunde, unterscheiden sie sich nicht von den Heiden. In der Bibel, sowohl im A. als N. T., hat das Wort „Gott" in allen Stellen, wo es heißt: „Ich werde ihr oder ihnen Gott sein", oder wo es den Genitiv nach sich hat, wie in der Stelle: „Ich bin der Gott Abrahams", die Bedeutung *Wohltäter*. Augustin sagt im vierten Buche seines „Gottesstaates": „Wenn die Glückseligkeit eine Gottheit ist, wofür sie die Römer halten, warum verehren sie denn nicht sie allein, warum strömen sie nicht in ihren Tempel allein? Denn wer ist, der nicht glücklich sein will? Wer wünscht etwas, außer um dadurch glücklich zu werden? Wer will etwas von irgendeinem Gott erhalten außer Glückseligkeit? Allein die Glückseligkeit ist keine Göttin, sondern eine Gabe Gottes. *Der* Gott also werde gesucht, der sie geben kann." In derselben Schrift sagt Augustin in Beziehung auf die Platonischen Dämonen: „Welche Unsterbliche und Selige auch immer in den himmlischen Wohnungen sein mögen, wenn sie *uns nicht lieben* und *nicht wollen*, daß *wir selig* sind, so sind sie durchaus nicht zu verehren." Nur was den Menschen liebt und seine Seligkeit will, ist daher ein Gegenstand der Verehrung für den Menschen, ein Gegenstand der Religion. Luther sagt in seiner „Auslegung über etliche Kapitel des

[1] *In Feuerbachs Text fälschlicherweise:* Güter

fünften Buchs Mose": „So beschreibet die Vernunft Gott, daß er sei, was einem Menschen Hülfe tue, ihm nütze und zugute gereiche. Also haben die Heiden getan ... Die Römer hatten viel Götter aufgeworfen um mancherlei Anliegen und Hülfe willen ... So manche Not, Gut und Nutzung auf Erden war, so manchen Gott hatte man erwählt, bis sie auch Gewächse und Knoblauch zu Göttern gemacht ... Also haben wir unter dem Papsttum auch Götter gemacht, *eine jegliche Krankheit oder Not hatte einen eigenen Helfer und Gott.* Die schwangern Frauen, wenn sie in Nöten waren, ruften die St. Margareten an, die war ihre Göttin ... St. Christoffel hat denen helfen sollen, die da in den letzten Zügen liegen. Also gibt ein jeder dem den Namen *Gottes*, da er sich am meisten Gutes zu versiehet ... Darum sage ich noch einmal, die Vernunft wisse etlichermaßen, daß Gott könne und solle helfen, aber den rechten Gott kann sie nicht treffen ... Es wird der wahrhaftige Gott in der Schrift genennet ein *Nothelfer* und *Geber alles Guten.*" An einer andern Stelle sagt er von den Heiden: „Wiewohl sie nun in der Person Gottes irren um der Abgötterei willen (d. h., statt an den wahren Gott sich an falsche Götter wenden), so ist doch gleichwohl *der* Dienst da, der dem rechten Gott gebührt, d. i. die Anrufung und daß sie *alles Gutes* und *Hülfe* von ihm erwarten." Das heißt, das subjektive Prinzip der Heiden ist ganz recht, oder subjektiv haben sie recht, insofern sie unter Gott sich etwas denken, was nur gut, wohltätig ist, aber objektiv, d. h. im Gegenstand, irren sie. Die Christen eiferten daher besonders gegen die Götter der heidnischen Philosophie, namentlich gegen den Gott der Stoiker, der Epikuräer, der Aristoteliker, weil sie die Vorsehung, sei's nun ausdrücklich oder der Tat nach, aufhöben, weil sie *die* Eigenschaften wegließen, welche allein den Grund zur Religion abgäben, wie ich schon früher bemerkte, *die* Eigenschaften, die sich auf das Wohl und Wehe des Menschen beziehen. So sagt z. B. Mosheim, ein gelehrter Theolog des vorigen Jahrhunderts, in seinen Anmerkungen zu Cudworths „Intellektualsystem", einem gegen den Atheismus gerichteten theologisch-philosophischen Werke, gegen den Gott des Aristoteles, „daß er dem menschlichen Geschlecht *nichts nütze, nichts schade, daher keines Kultus eigentlich würdig sei.* Aristoteles glaubte, daß die Welt ebenso notwendig und ewig existiere als Gott. Daher hielt er auch den Himmel für unveränderlich wie Gott. Hieraus folgt, daß Gott nicht frei ist, folglich es nutzlos ist, ihn anzuflehen; denn wenn die Welt nach einem ewigen Gesetze sich bewegt und schlechterdings nicht abgeändert werden kann, so sehe ich nicht ein, was wir für Hülfe von Gott erwarten können." (Wir sehen, im Vorbeigehen bemerkt, an diesem Beispiel, daß der Gottes- und Wunderglaube, den der moderne Rationalismus auseinandergerissen hat, identisch ist, wie wir später sehen werden.) „Aristoteles läßt nur Gott den Worten nach übrig, der Tat nach hebt er ihn auf. Der aristotelische Gott ist müßig wie der epikuräische, seine Energie (d. h. Tätigkeit) ist nur unsterbliches Leben und Beschauung oder Spekulation. *Weg aber mit einem Gott, der nur sich allein lebt und dessen Wesen nur im Denken besteht*! Denn wie kann von einem solchen Gott der Mensch Trost und Schutz hoffen?" Die bisher angeführten Aussprüche drücken übrigens nicht etwa die religiöse oder theologische Gesinnung dieser einzelnen, sie drücken die Gesinnung der Theologen und Christen, die Gesinnung der christlichen Religion und Theologie selbst aus; es könnten ihnen unzählige ähnliche Aussprüche an die Seite gesetzt werden. Aber wozu diese unnötige und langweilige Vielheit?! Ich bemerke nur noch, daß auch schon die frommen gläubigen Heiden, selbst unter den Philosophen, ebenso gegen die unnützen, philosophischen Götter polemisierten, so z. B. die Platoniker gegen den stoischen Gott, die Stoiker, welche im Vergleich zu den Epikuräern gläubige Heiden waren, gegen den Gott der Epikuräer. So sagt z. B. der Stoiker in Ciceros Schrift „Von der Natur der Götter": „Selbst die Barbaren, sogar die so sehr verlachten Ägypter verehren kein Tier außer wegen seiner Wohltätigkeit; aber von eurem müßigen Gott kann man keine Wohltaten, nicht einmal eine Handlung, eine Tat anführen. Er ist aber deswegen", heißt es dann weiter, „nur dem Namen nach ein Gott." Wenn nun aber die bisher gegebenen Beweisstellen universelle Bedeutung haben, wenn die in ihnen ausgesprochene Gesinnung die durch alle Religionen und Theologien hindurchgehende ist, wer kann es leugnen, daß der menschliche Egoismus das Grundprinzip der Religion und Theologie ist? Denn wenn die Anbetungs- und Verehrungswürdigkeit, folglich die göttliche Würde eines Wesens einzig abhängt von der Beziehung desselben auf das Wohl des

Menschen, wenn nur ein dem Menschen wohltätiges, nützliches Wesen ein göttliches ist, so liegt ja der Grund von der Gottheit eines Wesens einzig im Egoismus des Menschen, welcher alles nur auf sich bezieht und nur nach dieser Beziehung schätzt. Wenn ich übrigens den Egoismus zum Grund und Wesen der Religion mache, so mache ich ihr damit keinen Vorwurf, wenigstens nicht im Prinzip, nicht uneingeschränkt. Ich mache ihr nur einen Vorwurf, wo dieser Egoismus ein ganz *gemeiner* ist, wie z. B. in der Teleologie, wo die Religion die Beziehung des Gegenstandes, namentlich der Natur, auf den Menschen zu ihrem Wesen macht, ebendeswegen der Natur gegenüber einen unbegrenzt egoistischen, die Natur verachtenden Charakter annimmt, oder wo er ein die Grenzen des notwendigen, naturbegründeten Egoismus überfliegender un- und übernatürlicher, phantastischer Egoismus ist wie in dem christlichen Glauben an Wunder und Unsterblichkeit.

Gegen diese meine Auffassung und Erklärung der Religion machen nun die theologischen Heuchler und spekulativen Phantasten, welche die Dinge und Menschen nur vom Standpunkt ihrer selbstgemachten Begriffe und Einbildungen aus betrachten, welche nie von der Kanzel oder dem Katheder, diesen verkünstelten Höhepunkten ihres geistlichen und spekulativen Dünkels, herabsteigen, um sich auf gleichen Grund und Boden mit den zu betrachtenden Dingen zu stellen, *die* Einwendung, daß ich, der ich, ganz im Gegensatz gegen diese geistlichen und spekulativen Herren, gewohnt bin, erst mit den Dingen mich zu identifizieren, mich mit ihnen gemein und bekannt zu machen, ehe ich über sie urteile, partikuläre, d. i. untergeordnete, zufällige Erscheinungen der Religion zu ihrem Wesen mache. Das Wesen der Religion, entgegnen diese Heuchler, Phantasten und Spekulanten, die nie einen Blick in das wirkliche Wesen des Menschen geworfen, sei vielmehr das gerade Gegenteil von dem, was ich zum Wesen der Religion mache, sei nicht die Selbstbejahung, nicht der Egoismus, sei vielmehr die Auflösung in das Absolute, Unendliche, Göttliche oder wie sonst die hohlen Phrasen lauten, sei die Selbstverneinung, Selbstverleugnung, Selbstaufopferung des Menschen. Allerdings gibt es Erscheinungen der Religion genug, welche scheinbar wenigstens meine Auffassung der Religion widerlegen, die entgegengesetzte rechtfertigen. Es sind die Verneinungen der Befriedigung der natürlichsten und mächtigsten Triebe, die Ertötungen des Fleisches und seiner bösen Gelüste, wie die Christen es nennen, die geistigen und leiblichen Kastrationen, die Selbstquälereien und Selbstzerfleischungen, die Büßungen und Kasteiungen, welche fast in allen Religionen eine Rolle spielen. So haben wir schon gesehen, daß sich die fanatischen Schlangenverehrer in Indien von Schlangen beißen, die fanatischen oder enthusiastischen indischen und tibetanischen Tierverehrer von Wanzen, Läusen und Flöhen sich oder andern aus religiöser Selbstverleugnung das Blut aus dem Leibe und den Verstand aus dem Kopfe saugen lassen. Ich füge diesen Beispielen noch andere mit Vergnügen bei, um meinen Gegnern selbst die Waffen gegen mich an die Hand zu geben. Die Ägypter opferten dem Wohl ihrer heiligen Tiere das Wohl der Menschen auf. So sorgte man bei Feuersbrünsten in Ägypten mehr für die Rettung der Katzen als für Löschung des Brandes. Eine Sorgfalt, welche mich unwillkürlich an jenen königlich-preußischen Polizeikommissär erinnert, welcher vor einigen Jahren an einem Sonntag während des Gottesdienstes in echt preußisch-christlicher Menschenverleugnung das Löschen einer Feuersbrunst verbot. Ja, Diodor berichtet: „Als einmal eine Hungersnot die Ägypter drückte, so haben sich, sagt man, viele gezwungen gesehen, *einander selbst aufzuzehren*, aber durchaus niemand sei beschuldigt worden, eines der heiligen Tiere gegessen zu haben.“ Wie fromm, wie göttlich! Der durch die Religion geheiligten Bestialität zuliebe fressen die Menschen einander auf! Maximus Tyrius erzählt in seiner achten Dissertation, daß eine Ägypterin[1], welche ein junges Krokodil mit ihrem jungen Sohne aufgezogen hatte, diesen nicht, beklagte, als jenes, herangewachsen, denselben auffraß, sondern vielmehr glücklich pries, daß er ein Opfer des Hausgottes geworden, und Herodot erzählt, daß eine Ägypterin[1] sich sogar mit einem Bocke begattet habe. (6) Kann man, frage ich die Philosophen und Theologen, welche freilich nicht in der Praxis, sondern nur in der Theorie die menschliche Selbstliebe als das Prinzip der Religion, Moral und Philosophie verwerfen, die Selbstverachtung und Selbstüberwindung weiter treiben als diese Ägypterinnen? Ein Eng-

[1] *Im Original:* Aegyptierin

länder reiste einst, wie in den Anmerkungen zu „Hindu-Gesetzbuch oder Menus Verordnungen" von Hüttner erzählt wird, in Indien an einem Dickicht vorbei. Auf einmal sprang ein Tiger heraus und ergriff einen kleinen laut aufschreienden Knaben. Der Engländer war außer sich vor Schrecken und Angst, der Hindu ruhig. „Wie", sagte jener, „könnt ihr so kalt bleiben?" Der Hindu antwortete: „Der große Gott wollte es so haben." Gibt es eine größere Resignation als die, einen Knaben fühl- und tatlos, im frommen Vertrauen und Glauben, daß alles, was geschieht, von Gott geschieht und was von Gott geschieht, wohlgetan ist, von einem Tiger erwürgen zu lassen? Die Karthager opferten bekanntlich ihrem Gotte, dem Moloch, in Zeiten der Not und Gefahr das Liebste des Menschen, die eigenen Kinder. Gegen die Gültigkeit dieses und anderer angeführten Beispiele kann man nicht einwenden, daß in der religiösen Selbstverleugnung der Mensch nicht andere Menschen, sondern nur sich selbst zu verneinen habe; denn es ist gewiß sehr vielen Müttern und Vätern leichter, sich selbst zu opfern als ihre Kinder. Daß die Marthager nicht unempfindlich waren für die Liebe ihrer Kinder, beweist,daß sie, wie Diodor erzählt, eine Zeitlang versucht hatten, anstatt der eignen Kinder fremde zu opfern. Aber die Molochpriester nahmen diesen, obgleich höchst beschränkten und illusorischen Versuch, den Molochdienst zu humanisieren, ebenso übel auf, als noch heute die spekulativen und religiösen Anhänger der göttlichen Unmenschlichkeit es übelnehmen, wenn man die Religion humanisieren will. „Es gibt Verehrer der Gottheit", sagen die Inder, wie in „Menus Verordnungen" es heißt, „durch Opfer, durch Kasteiungen, durch eifrige Andacht, durch Forschen in der Schrift, durch bezähmte Leidenschaft und durch strenge Lebensart. Einige *opfern ihren Atem und treiben ihn von seinem natürlichen Wege gewaltsam hinab*, andere hingegen pressen den Wind, welcher unten ist, mit ihrem Atem herauf, und einige, welche diese beiden Kräfte sehr hochhalten, schließen die *Türe von beiden zu.*" Welche Selbstüberwindung, das Unterste des menschlichen Körpers zuoberst zu kehren und den natürlichen, aber freilich egoistischen Trieb des Menschen nach Öffnung und Freiheit von allem Druck zu unterdrücken! Kein Volk hat sich überhaupt so sehr durch Selbstpeinigungen und Büßungen ausgezeichnet, keines solche Meisterstücke der religiösen

Gymnastik gemacht als die Hindus. „Einige zerfleischen sich", erzählt Sonnerat in seiner „Reise nach Ostindien und China" von den indischen Büßern, „durch unaufhörliche Rutenstreiche oder lassen sich mit einer Kette an den Stamm eines Baumes schmieden und bleiben bis an ihren Tod daran gebunden. Andere geloben lebenslang in einer beschwerlichen Stellung zu bleiben, z. B. ihre Fäuste stets geschlossen zu halten, so daß *ihre Nägel*, die sie niemals abschneiden, mit der Länge der Zeit endlich *die Hände durchwachsen*. Noch andre halten ihre Arme stets kreuzweis über die Brust oder über den Kopf ausgestreckt, so daß sie dieselben zuletzt gar nicht mehr brauchen können. Viele graben sich bei lebendigem Leibe in die Erde und ziehen nur durch eine kleine Öffnung frische Luft an sich." Ja, die Inder, welche den höchsten Grad der religiösen Vollkommenheit erreicht haben, legen sich bisweilen „in das Gleis, um von dem Wagen, auf dem das kolossale Bild der zerstörenden Gottheit (Siva) an Festen gefahren wird, zerquetscht zu werden". Kann man mehr verlangen? Und doch würden wir egoistischen Europäer uns noch eher zu diesen Martern verstehen als zu jener religiösen Selbstverleugnung, womit der Inder selbst den Urin der Kuh zur Purganz seiner Sünden trinkt und es für einen verdienstvollen Selbstmord hält, sich mit Kuhmist zu bedecken und darunter zu verbrennen. Was aber uns als Christen am meisten interessiert, das sind die Selbstpeinigungen, die Selbstverleugnungen, welche die ältesten Christen sich auferlegten. So brachte z. B. Simon Stylites nicht weniger als 30 Jahre auf einer Säule zu, und der heilige Antonius hielt sich eine Zeitlang sogar in einem Grabe auf und trieb die religiöse Unterdrückung des menschlichen Eigenwillens und jeder selbstsüchtigen Fleischesregung so weit, daß er sich nicht einmal das lästige Ungeziefer vom Leibe schaffte, sich niemals wusch und reinigte. Auch von der frommen Sylvania, deren interessante Bekanntschaft ich übrigens nur Kolbs „Kulturgeschichte" verdanke, wird erzählt, daß „diese reine Seele in einem Alter von 60 Jahren nie weder ihre Hände, noch ihr Gesicht, noch sonst irgendeinen Teil ihres Körpers jemals gewaschen hatte, ausgenommen die *Fingerspitzen*, wenn sie die heilige *Kommunion empfing*"! Was gehört aber dazu für ein heroischer Supranaturalismus und Suprahumanismus, den natürlichen

Trieb zur Reinlichkeit zu überwinden, dem wohltätigen, freilich egoistischen Gefühl, das mit der Befreiung des Körpers von allem Unrat verbunden ist, zu entsagen! Ich halte diese Beispiele den religiösen Absolutisten entgegen; sie können diese nicht als Verirrungen und Unsinnigkeiten von sich weisen. Allerdings sind die angeführten Beispiele Ausgeburten des religiösen Unsinns und Wahnsinns, aber der Wahnsinn, die Narrheit, die Verrücktheit gehört ebensogut wie in die Psychologie oder Anthropologie in die Religionsphilosophie und Religionsgeschichte, da in der Religion keine anderen Kräfte, Ursachen, Gründe wirken und sich vergegenständlichen als in der Anthropologie überhaupt. Gelten ja ausdrücklich dem religiösen Menschen Krankheiten, sowohl leibliche als geistige, für wunderbare, göttliche Erscheinungen. So betrachtet noch jetzt in Rußland „der Aberglaube", wie Lichtenstädt in seinen „Ursachen der großen Sterblichkeit der Kinder mit einem Lebensjahre" bemerkt, „viele krankhafte Zustände der Kinder, zumal insofern man sie als Krämpfe ansieht, als etwas Heiliges und Unberührbares". Ja, Wahnsinnige, Verrückte, Blödsinnige gelten noch heute bei vielen Völkern für gottbeseelte Menschen, für Heilige. Überdem, so unsinnig die erwähnten Arten von Selbstverleugnung des Menschen sind, sie sind notwendige Konsequenzen von dem Prinzip, das noch heute unsere Theologen, Philosophen und Gläubigen überhaupt im Kopf haben. Stelle ich einmal die Selbstverleugnung oder Auflösung in das phantastische Wesen der Religion und Theologie als Prinzip auf, so sehe ich nicht ein, warum ich den natürlichen Trieb, mich von der Stelle zu bewegen, den Trieb, mir den Schmutz vom Leibe zu schaffen, den Trieb, nicht auf allen Vieren zu kriechen, wie viele Heilige taten, sondern aufrecht zu gehen, nicht ebensogut verneinen soll als irgendeinen anderen Trieb. Alle diese Triebe sind im Sinne der Theologie egoistischer Natur; denn ihre Befriedigung ist mit Lust, mit Selbstgefühl verbunden. Der Trieb, aufrecht zu stehen, entspringt sogar nur aus dem menschlichen Stolz und Hochmut und steht daher in direktem Widerspruch mit der Untertänigkeit, die uns die Theologie zumutet. Alle die, welche das Prinzip des Egoismus in dem entwickelten Sinne des Worts, was ich stets wiederholen muß, aus der Religion verbannen, sind im Grunde ihres Wesens, wenn sie es auch mit philosophischen Phrasen überkleistert haben, religiöse Fanatiker, stehen noch heute, wenn auch nicht körperlich, doch geistig, auf dem Standpunkt der christlichen Säulenheiligen, bringen noch heute, aber theoretisch, nicht sinnlich wie die alten und jetzt noch die sinnlichen Naturvölker, ihrem Gott den Menschen als Opfer dar, waschen sich noch heute aus religiösem Vorurteil und Aberglauben den Schmutz nicht aus den Augen und dem Kopfe, wenn sie sich ihn gleich im Widerspruche mit der heiligen Sylvania, ihrem Ideale, aus Inkonsequenz und gemeinem Egoismus (denn der Schmutz im Auge, wenigstens im geistigen, ist nicht so lästig, weil nicht so handgreiflich als der am übrigen Körper) vom Leibe halten. Denn hätten sie im kalten Wasser der Natur und Wirklichkeit ihre Augen rein gewaschen, so würden sie erkennen, daß die Selbstverleugnung, so groß auch die Rolle ist, die sie in der Religion spielt, nicht *das Wesen der Religion* ist, daß sie nur den Menschen und ebendeswegen die Religion mit verblendeten Augen ansehen, daß sie auf dem erhabenen Standpunkt ihres Katheders oder ihrer Kanzel den egoistischen Zweck, der dieser Selbstverleugnung zugrunde liegt, übersehen – übersehen, daß die Menschen in der Praxis überhaupt gescheuter sind als die Theologen auf der Kanzel und die Professoren auf dem Katheder, folglich auch in der Religion nicht einer Philosophie über die Religion, sondern ihrem Vernunftinstinkt folgen, der sie vor dem Unsinn der religiösen Selbstverneinung bewahrt und selbst da, wo sie diesem Unsinn verfallen, noch einen menschlichen Sinn und Zweck derselben unterschiebt. Warum verleugnet sich denn der Mensch in der Religion? Um sich die Gunst seiner Götter, die ihm alles gewähren, was er nur wünscht, zu erwerben. Durch die Strenge der Büßungen „kann man den Göttern trotzen, daß sie jede Bitte gewähren und selbst die Gedanken augenblicklich erfüllen" (Bohlen, „Altes Indien", I. B.). Der Mensch verneint sich also nicht, um sich zu verneinen – solche Verneinung ist, wo sie stattfindet, purer religiöser Wahnsinn und Unsinn –, er verneint sich, wo wenigstens der Mensch bei menschlichen Sinnen ist, um durch diese Verneinung sich zu bejahen. Die Verneinung ist nur eine Form, ein Mittel der Selbstbejahung, der Selbstliebe. Der Punkt, wo dieses in der Religion am deutlichsten zum Vorschein kommt, ist das *Opfer*.

Der Gegenstand, in dem es augenfällig ist, daß die Selbstverneinung in der Religion nur ein Mittel, nur eine indirekte Form und Weise der Selbstbejahung, ist das *Opfer*. Das Opfer ist eine Entäußerung eines für den Menschen wertvollen Gutes. Da aber das höchste und wertvollste Gut in den Augen des Menschen das Leben ist, da man dem Höchsten auch nur das Höchste opfern, nur damit ihn ehren kann, so ist das Opfer, wo der ihm zugrunde liegende Begriff vollständig realisiert wird, die Verneinung, die Vernichtung eines lebendigen Wesens, und zwar, da das höchste lebendige Wesen der Mensch ist, die Verneinung des Menschen. Wir haben hieran, abgesehen von dem gleich zu erörternden Zweck des Menschenopfers, abermals den Beweis, daß dem Menschen nichts über das Leben geht, daß das Leben auf gleicher Stufe des Rangs mit den Göttern steht; denn dem Opfer liegt, im allgemeinen wenigstens, das „simile simili gaudet", d. h. „gleich und gleich gesellt sich gern", zugrunde; man bringt den Göttern nur dar, was ihres Sinnes, ihresgleichen; der Mensch opfert daher das Leben nur den Göttern, weil in den Augen der Götter wie der Menschen das Leben das höchste, köstlichste, ja göttlichste Gut, ein Opfer also ist, welchem die Götter nicht widerstehen können, welches den Willen der Götter dem des Menschen unterwirft.

Die Verneinung oder Vernichtung des Opfers ist nun aber keine Verneinung ins Blaue hinein; sie hat vielmehr einen sehr bestimmten, egoistischen Zweck und Grund. Der Mensch opfert nur den Menschen, das höchste Wesen, um für in seinem Sinne höchstes Glück zu danken oder höchstes Unglück – sei es nun ein wirkliches oder voraussichtliches – von sich abzuwenden, denn das Versöhnungsopfer hat *keinen selbständigen Zweck und Sinn*; man versöhnt sich ja nur deswegen mit den Göttern, weil sie eben *die* Wesen, von welchen alles Glück und Unglück abhängt, so daß den Zorn der Götter abwenden nichts andres heißt als das Unglück von sich abwenden, die Gunst oder Gnade der Götter erwerben nichts andres heißt als alles Gute und Wünschenswerte erwerben. Nun einige Beispiele, um sowohl die Tatsache als den angegebenen Sinn des Menschenopfers zu bestätigen. Ich beginne mit den Deutschen und den uns am nächsten verwandten Stämmen, ob es gleich gerade die Germanen sind, welchen die deutschen Gelehrten die lindeste Art der Menschenopfer andichten. Sie sagen nämlich, die Menschenopfer seien bei ihnen nur Hinrichtungen von Verbrechern gewesen, also Bestrafungs- und zugleich Versöhnungsopfer für die durch die Verbrechen beleidigten Götter. Die übrigen Menschenopfer seien nur durch Mißverstand und Ausartung entstanden. Allein auch angenommen – denn ein Beweis dafür ist nicht da –, daß ursprünglich nur Verbrecher geopfert wurden – von einem solchen rohen Gotte, von einem Gotte, der sich einmal an den Martern eines Verbrechers ergötzt, von einem *„Galgenfürsten"*, wie Odhin heißt, lassen sich auch noch ganz andere Roheiten und Menschenopfer erwarten. Der Grund, warum die Deutschen, die doch selbst bis auf den heutigen Tag noch eine tüchtige Portion barbarischer Roheit unter dem Heiligenschein des christlichen Glaubens in sich bergen, eine Ausnahme von den übrigen Völker gemacht haben sollen, liegt daher nur in dem patriotischen Egoismus der deutschen Gelehrten. Doch zur Sache. Nach einer norwegischen Sage war unter dem Könige Domald *„Teuerung* und *Hungersnot* in Schweden. Da opferten die Landesbewohner viele Ochsen, aber es half nichts. Die Schweden beschlossen, den König dem Odhin für Wiederkehr der *Fruchtbarkeit* und *guten Zeit* zu opfern. Sie schlachteten und opferten ihn und strichen sein Blut an alle Wände und Stühle in des Abgotts Hause, und da ward seitdem bessere Zeit im Lande." „Die meisten Menschen kosteten die Opfer infolge der Gelübde um *Sieg* beim Beginn eines Kriegs. Den Goten und Skandinaviern überhaupt war das schönste Opfer der Mensch, welchen sie im Krieg zuerst fingen. Die Sachsen, Franken, Heruler glaubten auch, daß Menschenopfer ihre Götter besänftigten. Die Sachsen brachten ihre Schlachtopfer den Göttern durch *martervolle peinliche* Strafen dar, so wie auch die Thuliter (Skandinavier) die ersten Kriegsgefangenen durch *ausgesuchte Todesart* dem Kriegsgott opferten" (F. Wachter in der Enzyklopädie von Ersch und Gruber, Artikel Opfer). Die Gallier opferten, wie Cäsar erzählt, wenn sie an schweren Krankheiten litten oder sich in Kriegsgefahren befanden, Menschen, in dem Glauben, daß die Götter nur dadurch versöhnt wurden, wenn für das Leben eines Menschen das Leben eines andern dargebracht würde. Auch unsre östlichen Nachbarn, z. B. „die Esten brachten den schrecklichen Göttern Menschenopfer dar. Die Menschenopfer wurden von Kaufleuten eingehandelt und wohluntersucht, ob sie keinen Leibesfehler hatten, was sie zum Opfer untauglich machte" (K. Eckermann, „Lehrbuch der Religionsgeschichte", IV. Bd. „Religion des Tschudischen Stammes"). Und die Slawen, wenigstens die an der Ostsee, opferten ihrer Hauptgottheit, dem Swantowit, „alljährlich und sonst bei außerordentlichen Gelegenheiten einen Christen, weil der Priester, der das Opfer vollzog, sagte, daß er und die übrigen slawischen Götter durch Christenblut vorzüglich erfreut würden" (Wachter am angef. Ort). Selbst auch die Römer und Griechen besudelten sich mit dem Blut religiöser Menschenopfer. So opferte z. B. vor der Schlacht bei Salamis, wie Plutarch erzählt, Themistokles, jedoch nur mit Widerstreben, nur gezwungen durch den Wahrsager Euphranditos, der nur auf dieses Opfer Sieg und Glück den Griechen verhieß, drei vornehme persische Jünglinge dem Bacchos Oinestes. Und in Rom wurden selbst noch zur Zeit Plinius' des Ältern mehrere Gefangene auf dem Ochsenmarkt lebendig begraben. Die Morgenländer opferten den Göttern selbst ihre eignen Töchter und Söhne – also die Wesen, für deren Leben man sonst, wie Justinus bei Gelegenheit der karthagischen Menschenopfer bemerkt, am meisten zu den Göttern fleht. Selbst die Israeliten „vergossen unschuldiges Blut", wie es in der Bibel heißt, „das Blut ihrer Söhne und Töchter, die sie opferten den Götzen Kanaans". Aber nicht nur den Götzen, auch dem Herrn selbst opferte Jephta seine Tochter, zwar nur infolge eines unbesonnenen, verhängnisvollen Gelübdes, daß er, wenn er siegen würde, alles das zum Brandopfer opfern wolle, was aus der Haustür zuerst ihm entgegenkomme, und unglücklicherweise war es sein eigenes Kind, seine Tochter, die ihm zuerst begegnete; aber wie hätte er, wie schon viele Gelehrte hinlänglich bemerkten, auf den Gedanken kommen können, seine Tochter zu opfern, wenn das Menschenopfer verpönt gewesen wäre? Unter allen religiösen Menschenschindern und Menschenschlächtern zeichneten sich jedoch die alten Mexikaner durch die Grausamkeit und Unzahl ihrer Menschenopfer aus, deren oft an einem Tage fünf-, ja, zwanzigtausend gefallen sein sollen.

Wie fast aller religiöse Unsinn und Greuel des Altertums sich bis auf die neueste Zeit erhalten hat, so auch das blutige Menschenopfer. So fand man, wie in den Anmerkungen zu „Hindu-Gesetzbuch“ erzählt wird, im Jahre 1791 in einem Tempel des Djos oder Sivas eines Morgens einen enthaupteten Harri, d. i. einen von der niedrigsten Kaste, den man zur Abwendung eines großen Unglücks hingerichtet hatte. Und gewisse wilde Mahrattenstämme nähren und mästen sogar die schönsten Knaben und Mädchen wie Schlachttiere, um sie bei besondern Festen zu opfern. Selbst die so sentimentalen, selbst für das Leben der Insekten zärtlichst besorgten Inder stürzen in Zeiten großen Unglücks, wie Krieg und Hungersnot, die vornehmsten Brahminen von den Pagoden herunter, um dadurch den Zorn der Götter zu versöhnen. „In Tonkin[g] (in Hinterindien) tötet man jährlich“, wie Meiners in seiner „Allgem. Geschichte der Religionen“ aus Reisebeschreibungen angeführt, „Kinder durch Gift, damit die Götter die *Felder segnen* und eine reiche Ernte schenken mögen, oder man haut eins der Kinder in der Mitte durch, um die Götter zu besänftigen oder zu bewegen, daß sie den übrigen nicht schaden wollen. In Laos baut man sogar den Göttern keinen Tempel, ohne die zuerst Vorübergehenden in die Fundamente zu legen und dadurch den Grund und Boden gleichsam zu heiligen.“ „Unter manchen Negervölkern opfert man noch jetzt viele Hunderte und Tausende von Gefangenen in dem Wahn, daß man durch solche Opfer am sichersten sich die Gnade der Götter und dadurch den Sieg über die Feinde verschaffen könne. In andern Gegenden Afrikas schlachtet man bald Kinder, bald erwachsene Menschen, um dadurch die Wiederherstellung kranker Könige oder die Verlängerung ihres Lebens zu erhalten“ (Meiners). Die Khands in Gondvana, ein neuentdeckter Stamm der Ureinwohner Indiens, opfern, wie im „Ausland“, Jahrgang 1849, berichtet wird, ihrem obersten Gott, dem Erdgott Bera Pennu, von welchem ihrem Glauben nach das Gedeihen der Menschen, Tiere und Felder abhängt, regelmäßig jährlich Menschen, außerdem noch in Unglücksfällen, wie wenn z. B. ein Kind von einem Tiger zerrissen wird, um die zornigen Götter zu versöhnen. Auch die Südseeinsulaner waren bis auf die neueste Zeit Menschenopferer und sind es zum Teil noch.

Die christliche Religion wird gewöhnlich deswegen gerühmt, daß sie die Menschenopfer abgeschafft. Sie hat aber an die Stelle der blutigen Menschenopfer nur Opfer *anderer Art*, an die Stelle des körperlichen Menschenopfers das psychologische, geistige Menschenopfer gesetzt, *das* Menschenopfer, welches zwar nicht dem sinnlichen Scheine, aber der Tat und Wahrheit nach ein Menschenopfer ist. (7) Leute, die sich daher nur an den Schein halten, glauben, daß die christliche Religion etwas wesentlich Verschiedenes von der heidnischen Religion in die Welt gesetzt hat, aber es ist nur Schein. Ein Beispiel: Die christliche Kirche hat die Selbstentmannung verworfen, obwohl selbst dieser in der Bibel, sei es nun wirklich oder scheinbar, das Wort geredet wird; wenigstens hat der große Kirchenvater Origenes, der gewiß ebenso gelehrt war wie die jetzigen Herren Theologen, sie so verstanden, daß er sich für verpflichtet erachtete, sich selbst zu entmannen; die christliche Kirche und Religion, sage ich, hat die körperliche Selbstentmannung der heidnischen Religion aufs strengste verboten, aber auch die geistige? Mitnichten. Sie hat der moralischen, geistigen, psychologischen Selbstentmannung zu jeder Zeit das Wort geredet. Selbst Luther setzt noch den ehelosen Stand über den ehelichen. Was ist aber für ein Unterschied zwischen der körperlichen und geistigen Vernichtung eines Organes? Keiner; dort nehme ich einem Organe seine körperliche, anatomische, hier seine physiologische Existenz und Bedeutung. Ob ich aber ein Organ nicht habe oder es nicht zu der von der Natur bestimmten Verrichtung gebrauche, ob ich es leiblich oder geistig töte, ist ganz eins. Dieser Unterschied zwischen der heidnischen und christlichen Selbstentmannung ist aber der Unterschied zwischen dem heidnischen und christlichen Menschenopfer überhaupt. Die christliche Religion hat allerdings keine körperlichen, anatomischen, aber sie hat genug psychologische Menschenopfer auf ihrem Gewissen. – Wo einmal ein abstraktes, vom wirklichen Wesen unterschiedenes Wesen dem Menschen als Ideal vorschwebt, wie sollte da der Mensch nicht alles von sich verbannen, von sich abzustreifen suchen, was diesem seinem Ziel, seinem Ideale widerstrebt! Einem Gott, der kein sinnliches Wesen ist, opfert auch notwendig der Mensch seine Sinnlichkeit; denn ein Gott ist, wie wir später noch besonders entwickeln werden, nichts andres als das Ziel, das Ideal des Menschen. Ein Gott, der nicht mehr ein moralisches, praktisches Vorbild des Menschen, der nicht *ist*, was der Mensch selbst sein soll und will, ist nur ein Namensgott. Kurz, die christliche Religion, wie sie sich überhaupt – versteht sich als Religion, d. h. auf theologischem Glauben beruhende Religion – nicht dem Prinzip nach von den anderen Religionen unterscheidet, so auch nicht in diesem Punkt. Wie das Christentum an die Stelle des sichtbaren, sinnlichen, körperlichen Gottes den unsichbaren, so hat sie auch an die Stelle des sichtbaren, handgreiflichen Menschenopfers das unsichtbare, unsinnliche, aber nichtsdestoweniger wirkliche Menschenopfer gesetzt.

Aus den angeführten Beispielen sehen wir, daß selbst die an sich unsinnigste und schrecklichste Verneinung des Menschen, der *religiöse Mord*, einen menschlichen oder egoistischen Zweck hat. Selbst auch da, wo der Mensch die religiöse Menschentötung nicht an andern, sondern an sich selbst vollzieht, wo er alle irdischen Güter aufgibt, alle sinnlichen und menschlichen Freuden verwirft, ist diese Verwerfung nur das Mittel, die himmlische oder göttliche Seligkeit zu erwerben und zu genießen. So bei den Christen. Der Christ opfert, verneint sich nur, um die Seligkeit zu erwerben. Er opfert sich Gott, heißt: er opfert alle irdischen, vergänglichen Freuden, weil sie dem supranaturalistischen Sinn des Christen nicht genugtun, dem himmlischen Freudenreich auf. So auch die Inder. So heißt es z. B. in „Menus Gesetzbuch": „Wenn der Brahmine alle sinnlichen Vergnügungen zu scheuen anfängt, dann gelangt er zu einer *Glückseligkeit* in dieser Welt, welche auch nach dem Tode fortdauern wird." „Wenn ein Brahmine seinen Körper ..... unvermerkt zerrüttet hat und gleichgültig gegen Kummer und Furcht geworden ist, so wird er in dem göttlichen Wesen höchst erhaben werden." Eins mit Gott, selbst Gott zu werden, ist also das Streben des Brahminen bei seinen Entsagungen und Selbstverneinungen; aber diese phantastische Selbstentäußerung ist zugleich mit dem höchsten Selbstgefühl, der höchsten Selbstbefriedigung verbunden. Die Brahminen sind die hochmütigsten Menschen unter der Sonne, sie sind sich die irdischen Götter, vor denen alle anderen Menschen nichts sind. Die religiöse Demut, die

Demut vor Gott entschädigt sich überhaupt immer durch den geistlichen Hochmut gegen die Menschen. Selbst schon die Absonderung von den Sinnen, das „Nichts Sehen, nichts Fühlen, nichts Riechen", was der Inder erstrebt, ist mit phantastischer Wollust verbunden. In Berniers Memoiren heißt es von den Brahminen: „Sie versinken so tief in Entzückungen, daß sie viele Stunden lang fühllos sind, während dieser Zeit sehen sie, wie sie vorgeben, Gott selbst wie ein glänzendes, unbeschreibliches Licht mit der Empfindung der unaussprechlichsten Wonne und einer gänzlichen Verachtung und Absonderung von der Welt. Dies hörte ich von einem derselben, welcher behauptete, daß er sich in dieses Entzücken versetzen könne, wenn er wolle." Bekannt ist es überhaupt, wie nahe religiöse Grausamkeit und Wollust miteinander verwandt sind. Wenn nun aber schon aus den höchsten Formen des Opfers der menschliche Egoismus als der Zweck desselben hervorleuchtet, so tritt dieser noch mehr bei den niederen Formen des Opfers vor die Augen. „Die Fischer- und Jägervölker in Amerika, Sibirien und Afrika opfern etwas von der erlangten Beute den Göttern oder den Geistern der getöteten Tiere; aber sie opfern gewöhnlich nur in der *Not*, so auf *gefahrvollen* Wegen und Strömen ganze Tiere. Die Kamtschadalen bringen den Göttern gewöhnlich von gefangenen Fischen *nur die Köpfe und Schwänze, welche sie selbst nicht genießen.** Die alten Slawen warfen nur die schlechtesten Teile der Opfertiere ins Feuer. Das Beste verzehrten sie entweder selbst oder gaben es den Priestern. Alle tartarischen und mongolischen Horden in Sibirien, in den Statthalterschaften Orenburg, Kasan und Astrachan, geben den Göttern von den Tieren, die sie opfern, diese mögen nun in Pferden und Kühen oder Schafen und Rentieren bestehen, entweder nichts als die *Knochen* und *Hörner* oder höchstens neben den *Knochen* und *Hörnern* noch die Köpfe oder die Nase und Ohren, die Füße und Gedärme. Die Neger in Afrika lassen den Göttern auch nichts weiter zukommen als die *Häute* und *Hörner*" (Meiners a. a. O.). Die klassischen Völker, die Römer und Griechen, hatten zwar holokausta,

* Nach Stephan Krascheninnikows Beschreibung von Kamtschatka sind jedoch das vornehmste Opfer bei den Kamtschadalen *Lumpen*, die auf einen Pfahl gesteckt werden.

d. h. Opfer, bei welchen nach Abzug der Haut das ganze Opfertier den Göttern zu Ehren verbrannt wurde; aber gewöhnlich gab man den Göttern nur einen Teil, die besten Bissen verzehrte man selbst. Bekannt ist die, jedoch verschieden erklärte, Stelle bei Hesiod, wo es heißt, daß der listige Prometheus die Menschen gelehrt habe, das Fleisch der Opfertiere für sich zu behalten, den Göttern aber nur die Knochen zu opfern. Im Widerspruch mit dieser Kargheit der Opfer stehen scheinbar die verschwenderischen Opfer, welche zu gewissen Zeiten die Griechen und Römer ihren Göttern brachten. So opferte Alexander nach dem Siege über die Lakedämonier eine Hekatombe, und seine Mutter Olympias gewöhnlich 1000 Ochsen. Ebenso opferten die Römer, um zu siegen oder nach erhaltenem Siege, Hunderte von Ochsen oder alles, was im Frühling von Kälbern und Lämmern, Ziegen und Schweinen geboren wurde. Nach dem Tode des Tiberius freuten sich die Römer über ihren neuen Beherrscher so sehr, daß sie sogar, wie Suetonius erzählt, in den ersten drei Monaten der Regierung des Caligula über 160000 Stück Vieh opferten. Meiners macht in seiner angeführten Schrift zu diesen splendiden Opfern die Bemerkung, es mache „den Griechen und Römern keine Ehre, daß sie alle übrigen bekannten Völker in zahlreichen Opfern übertrafen, und noch weniger, daß die größte Verschwendung in Opfern vorzüglich in die Zeit fiel, wo die Griechen und Römer am meisten Kunst und Wissenschaft besaßen". Höchst charakteristisch für die Richtung, welche die Philosophie in neuerer Zeit genommen, bemerkt ein Philosoph aus der Hegelschen Schule in seiner „Naturreligion" zu dieser Äußerung Meiners': „Aber es macht auch Meiners wenig Ehre, nicht eingesehen zu haben, daß eine Hekatombe, eine solche Entäußerung des eigenen Besitzes, eine solche Gleichgültigkeit gegen den Nutzen, eine der Gottheit wie des Menschen höchst würdige Festlichkeit ist." Ja, eine höchst würdige Festlichkeit im Sinne der modernen spiritualistischen Auffassung der Religion, welche den *Sinn* der Religion nur in ihrem *Unsinn* findet und es daher für des Menschen würdiger erklärt, Hunderte und Tausende von Ochsen den nichts bedürfenden Göttern zu opfern als zum Besten der bedürftigen Menschen zu verwenden. Aber selbst diese Opfer, die der religiöse Aristokratismus und Sybaritismus zu seinen Gunsten anführt, bestätigen die von mir entwickelte Ansicht. Was ich über das Gefühl der Not und das Gefühl der Freude über die Erlösung aus der Not angeführt, das erklärt auch vollständig die verschiedenen Erscheinungen der Opfer. Große Furcht, große Freude bringt auch große Opfer; beide Affekte sind maßlos, transzendent, überschwenglich; beide Affekte daher auch die psychologischen Ursachen der überschwenglichen Wesen, der Götter. Maßlose Opfer finden nur statt in Zuständen maßloser Furcht und Freude. Nicht den Göttern im Olymp, nicht außer- und übermenschlichen Wesen, nein, nur den *Affekten der Furcht und Freude* opferten die Griechen und Römer Hekatomben. Im gewöhnlichen Lauf der Dinge, wo der Mensch auch nicht über den gewöhnlichen gemeinen Egoismus sich erhebt, da bringt er auch nur egoistische Opfer im Sinne des gewöhnlichsten Egoismus, aber in außerordentlichen Momenten und ebendeswegen außergewöhnlichen, nicht alltäglichen Affekten bringt er auch außerordentliche Opfer. (8) In der Furcht verspricht der Mensch alles, was er besitzt; im Taumel der Freude, wenigstens im ersten Taumel, solange er noch nicht in das gewöhnliche Gleis des alltäglichen Egoismus eingetreten, erfüllt er dieses Versprechen. Kurz, die Furcht und Freude sind *kommunistische* Affekte, aber Kommunisten aus Egoismus. Die geizigen und schmutzigen Opfer unterscheiden sich daher *nicht* dem *Prinzip* nach von den liberalen und splendiden Opfern. Übrigens ist hiermit allerdings nicht der Unterschied zwischen den Hekatomben, welche die Griechen, und den Fischschwänzen, Hörnern, Klauen und Knochen, welche die unkultivierten Völker den Göttern opfern, erschöpft. So unterschieden die Menschen, so unterschieden sind auch ihre Religionen, und so unterschieden ihre Religionen, so unterschieden ihre Opfer. Der Mensch befriedigt in der Religion *keine anderen Wesen*; er befriedigt in ihr *sein eigenes Wesen*. Der ungebildete Mensch hat keine anderen als Unterleibsbedürfnisse und -interessen; sein *wahrer* Gott ist sein *Magen*. Für die falschen, scheinbaren Götter, für die Götter, die nur in seiner Einbildung existieren, hat er daher nichts, als was sein Magen übrig läßt – Fischschwänze und Fischköpfe, Hörner, Häute und Knochen. Der gebildete Mensch hat dagegen ästhetische Wünsche und Bedürfnisse; er will nicht alles ohne Unterschied, was nur immer seinen

Magen füllt und seinen Hunger stillt, essen; er will Auserlesenes essen; er will überdies Angenehmes riechen, sehen, hören; kurz, er hat Kunstsinn. Ein Volk, welches daher zu seinen Göttern die *Kunstsinne* hat, hat natürlich auch *kunstsinnige Opfer*, Opfer, die Augen und Ohren wohlgefallen. Oder ein luxuriöses Volk hat auch luxuriöse Opfer. So weit die Sinne eines Volkes reichen, so weit reichen auch seine Götter. Wo sich der Sinn, der Blick des Menschen nicht bis zu den Sternen erhebt, da hat er auch keine himmlischen Körper zu seinen Göttern, und wo der Mensch, wie die Ostjaken und Samojeden, selbst Äser ohne Ekel ißt, tote Walfische mit Appetit genießt, da sind auch seine Götter abgeschmackte, unästhetische, ekelhafte Götzen. Wenn man daher die Hekatomben der Griechen und Römer in diesem, die Religion in den Menschen auflösenden Sinne, wenn man sie als Opfer betrachtet, welche sie *ihren eigenen Sinnen* darbrachten, so kann man es allerdings ihnen als Ehre anrechnen, daß sie nicht bloß dem gemeinen Eigennutz und Nützlichkeitsinteresse huldigten.

Wir haben bisher nur das eigentliche religiöse Opfer betrachtet; die Geschichte der Religion stellt uns aber auch noch andere Opfer vor, die wir im Unterschiede von den eigentlichen religiösen *moralische* nennen können. Es sind dies die freiwilligen Selbstaufopferungen zum Besten anderer Menschen, zum Besten des Staats, des Vaterlandes. Der Mensch bringt sich hier den Göttern zwar auch als Opfer dar, um ihren Zorn zu beschwichtigen, aber das diese Opfer Bezeichnende ist doch der moralische oder patriotische Heldenmut. So opferten z. B. bei den Römern die beiden Decier sich für ihr Vaterland auf, bei den Karthagern die beiden Philänen die bei einer Grenzstreitigkeit zwischen Karthago und Cyrene sich lebendig begraben ließen – so wird wenigstens erzäht – und dadurch dem karthagischen Gebiete großen Zuwachs verschafften, desgleichen der Suffete Hamilkar, der sich zur Sühnung der Götter in die Flammen stürzte, dafür aber, wie die beiden Philänen von den Karthagern, göttlich verehrt wurde, bei den Griechen Sperthias, Kodrus, der fabelhafte Menökeus. Aber diese Opfer rechtfertigen am wenigsten die Vorstellung jener supranaturalistischen, phantastischen Verneinung des Menschen, welche die religiösen und spekulativen Absolutisten zum Wesen der Religion machen; denn gerade diese Selbstverleugnungen haben ja augenfällig zu ihrem Inhalt und Zweck die Bejahung menschlicher Zwecke und Wünsche, nur daß hier die Verneinung und die Bejahung, das Opfer und der Egoismus an verschiedene Personen fallen. Aber die Personen, für die ich mich opfere, sind ja meine Mitbürger, meine Landsleute. Ich habe dasselbe Interesse wie sie; es ist mein eigner Wunsch, daß mein Vaterland gerettet werde. Ich opfere daher keinem fremden, von mir unterschiedenen theologischen Wesen, ich opfere meinem eigenen Wesen, meinen eigenen Wünschen, meinem eigenen Willen, mein Vaterland errettet zu wissen, mein Leben auf. So wie die wahren Götter, denen die Griechen und Römer ihre prachtvollen Opfer darbrachten, nicht die Götter außer dem Menschen waren, sondern ihre kunstgebildeten Sinne, ihr ästhetischer Geschmack, ihr Luxus, ihre Liebe zu Schauspielen, so ist auch die wahre Gottheit, der ein Kodrus, ein Decius, ein Hamilkar, die Philänen sich opferten, einzig die Vaterlandsliebe gewesen; aber die Vaterlandsliebe schließt nicht die Selbstliebe aus; mein eigenes Wohl und Wehe ist mit dem Wohl und Wehe desselben innigst verbunden. Daher durfte, wie Herodot erzählt, bei den Persern der Opfernde nicht bloß für sich Gutes erbitten, sondern „für *alle Perser*, denn unter *allen* Persern ist ja auch er". Wenn ich also auch nur für mein Vaterland bitte, so bitte ich doch zugleich auch für mich; denn in normalen Zuständen ist ja mein und der andern Wohl innigst verbunden. Nur in außerordentlichen Unglücksfällen muß sich der einzelne dem Allgemeinen, d. h. der Majorität, opfern. Aber es ist eine Torheit, den außerordentlichen, abnormen Fall zur Norm zu machen, die Selbstverleugnung zum unbedingten, universellen Prinzip und Gesetz zu machen; als wäre das Allgemeine und Einzelne etwas wesentlich Verschiedenes, als bestünde das Allgemeine nicht eben selbst aus den Einzelnen, als ginge daher nicht der Staat, die Gemeinschaft der Menschen zugrunde, wenn jeder Mensch die Forderung der spekulativen, religiösen und politischen Absolutisten, die Forderung der Selbstverneinung, Selbstentleibung an sich erfüllte. Nur der Egoismus ist es, der die Staaten zusammenhält; nur da lösen die Staaten sich auf, wo der Egoismus eines Standes, einer Klasse oder einzelner den Egoismus anderer Menschen, anderer Stände nicht als gleichberechtigt anerkennt. Selbst wo ich aber meine Liebe über die Schranken meines Vaterlandes auf die Menschen überhaupt ausdehne, selbst von der allgemeinen Menschenliebe ist nicht die Selbstliebe ausgeschlossen; denn ich liebe ja in den Menschen mein Wesen, mein Geschlecht; sie sind ja Fleisch von meinem Fleisch und Blut von meinem Blute. Ist nun aber die Selbstliebe ein von jeder Liebe unzertrennliches, überhaupt ein notwendiges, unaufhebbares, universelles Gesetz und Prinzip, so muß dieses auch die Religion bestätigen. Und sie bestätigt es auch wirklich auf jedem Blatte ihrer Geschichte. Überall, wo der Mensch den menschlichen Egoismus in dem entwickelten Sinn bekämpft, sei es nun in der Religion oder Philosophie oder Politik, verfällt er in *puren Unsinn* und *Wahnsinn*; denn der *Sinn*, der allen menschlichen Trieben, Bestrebungen, Handlungen zugrunde liegt, ist die Befriedigung des menschlichen Wesens, die Befriedigung des menschlichen Egoismus.

Zehnte Vorlesung

Der Gegenstand der bisherigen Vorlesungen und der ihnen zugrunde gelegten Paragraphen war, daß der im Menschen liegende Grund und Ursprung der Religion das Abhängigkeitsgefühl, der Gegenstand dieses Abhängigkeitsgefühles aber, solange dieses noch nicht durch hyperphysische Spekulation und Reflexion verfälscht ist, die *Natur* ist; denn in der Natur leben, weben und sind wir; sie ist das den Menschen Umfassende; sie ist es, durch deren Hinwegnahme auch seine eigene Existenz aufgehoben wird; sie ist es, durch die er besteht, von der er in allem seinem Tun und Treiben, bei allen seinen Tritten und Schritten abhängt. Den Menschen von der Natur loszureißen ist ebensoviel, als wenn man das Auge vom Lichte, die Lunge von der Luft, den Magen von den Nahrungsmitteln absondern und zu einem für sich selbst bestehenden Wesen machen wollte. Das aber, wovon der Mensch abhängt, was die Macht über Tod und Leben, die Quelle der Furcht und Freude ist, das ist und heißt der *Gott* des Menschen. Das Abhängigkeitsgefühl führt uns aber auf Grund *der* Tatsache, daß der Mensch die Natur, überhaupt einen Gott nur verehrt wegen seiner Wohltätigkeit oder, wenn auch wegen seiner Schädlichkeit und Schrecklichkeit, doch nur deswegen, um diese seine Schädlichkeit von sich abzuwenden, auf den *Egoismus* als den letzten verborgenen Grund der Religion. Zur Beseitigung von Mißverständnissen und zur tieferen Begründung dieses Gegenstandes noch dieses. Das Abhängigkeitsgefühl scheint dem Egoismus zu widersprechen; denn im Egoismus unterordne ich den Gegenstand mir, im Abhängigkeitsgefühl aber mich dem Gegenstand; im Egoismus fühle ich mich als etwas Gewichtiges, Bedeutendes, aber in dem Abhängigkeitsgefühl empfinde ich ja meine Nichtigkeit vor einem Mächtigern. Aber untersuchen wir nur die Furcht, die der äußerste Grad und Ausdruck des Abhängigkeitsgefühles ist! Warum fürchtet der Sklave seinen Herrn, warum der Naturmensch den Gott des Donners und Blitzes? Weil der Herr das Leben des Sklaven, der Donnergott das Leben des Menschen überhaupt in seinen Händen hat. Was fürchtet er also? Den Verlust seines Lebens. Er fürchtet sich also nur aus Egoismus, aus Liebe zu sich selbst, zu seinem Leben. *Wo kein Egoismus, ist auch kein Abhängigkeitsgefühl.* Wem das Leben gleichgültig, nichts ist, dem ist auch das nichts, wovon dasselbe abhängig; er fürchtet und erwartet nichts davon, es ist daher in seiner Gleichgültigkeit kein Anhalts- und Anknüpfungspunkt für das Abhängigkeitsgefühl gegeben. Wenn ich z. B. die freie Bewegung liebe, so fühle ich mich abhängig von dem, der sie mir nehmen oder geben, der mich einsperren oder ins Freie gehen lassen kann, denn ich möchte oft spazierengehen, kann es aber nicht, weil ein mächtigeres Wesen mir es wehrt; bin ich aber gleichgültig, ob ich eingesperrt oder frei, auf meiner Stube oder im Freien bin, so fühle ich mich nicht abhängig von dem, der mich einsperrt, denn er übt weder durch die Erlaubnis noch das Verbot der freien Bewegung eine erfreuliche oder erschreckliche, also keine das Abhängigkeitsgefühl in mir erzeugende Macht über mich aus, weil der Trieb zum Spazierengehen keine Macht in mir ist. Die äußere Macht setzt also voraus eine innere, psychologische Macht, ein egoistisches Motiv und Interesse, ohne welches sie nichts für mich ist, keine Macht auf mich ausübt, kein Abhängigkeitsgefühl mir einflößt. Die Abhängigkeit von einem anderen Wesen ist in Wahrheit nur die Abhängigkeit von meinem eigenen Wesen, von meinen eigenen Trieben, Wünschen und Interessen. Das Abhängigkeitsgefühl ist daher nichts andres als ein indirektes oder verkehrtes oder negatives Selbstgefühl, kein unmittelbares allerdings, aber ein durch den Gegenstand, von dem ich mich abhängig fühle, vermitteltes Selbstgefühl. Abhängig bin ich ja nur von den Wesen, die ich bedarf zum Behufe meiner Existenz, ohne die ich nicht kann, was ich können will, die die Macht haben, mir zu gewähren, was ich wünsche, was ich bedarf, aber nicht selbst die Macht habe, mir zu gewähren. *Wo kein Bedürfnis, ist kein Abhängigkeitsgefühl*; bedürfte der Mensch die Natur nicht zu seiner Existenz, so würde er sich nicht von ihr abhängig fühlen, so würde er sie folglich auch nicht zum Gegenstande religiöser Verehrung machen. Und je mehr ich einen Gegenstand bedarf, desto abhängiger fühle ich mich von ihm, desto mehr Macht hat er über mich; aber *diese Macht des Gegenstandes* ist selbst eine abgeleitete, eine Folge von *der Macht meines Bedürfnisses*. Das Bedürfnis ist ebenso der Knecht als der Herr seines Gegenstandes, ebenso demütig als hoch- oder übermütig; es bedarf den Gegenstand, es ist unglücklich ohne ihn; darin liegt seine Untertänigkeit, seine Hingebung, seine Selbstlosigkeit; aber es bedarf ihn, um sich an ihm zu befriedigen, um ihn zu genießen, um ihn zu seinem Besten zu verwenden; darin liegt seine Herrschsucht oder sein Egoismus. Diese widersprechenden oder entgegengesetzten Eigenschaften hat auch das Abhängigkeitsgefühl an sich, denn dieses ist nichts andres als das *zum Bewußtsein oder Gefühl gekommene Bedürfnis eines Gegenstandes*. So ist der Hunger nichts als das mir zum Gefühl und darum zum Bewußtsein kommende Nahrungsbedürfnis meines Magens; nichts andres also als das Gefühl meiner Abhängigkeit von Nahrungsmitteln. Aus dieser amphibolischen, d. i. zweideutigen und wirklich zweiseitigen Natur des Abhängigkeitsgefühls erklärt sich auch *die* Tatsache, über die man sich so oft verwundert hat, weil man sich keinen vernünftigen Erklärungsgrund davon hat angeben können*, daß die Menschen Tiere und Pflanzen, die sie doch vernichteten, verzehrten, religiös verehren konnten. Das Bedürfnis, das mich nötigt, einen Gegenstand zu verzehren, hat ja das Doppelte

* Und doch essen die Christen selbst ihren Gott.

in sich, daß es *mich* ebenso dem Gegenstande als den Gegenstand *mir unterwirft*, daß es also ebenso religiös als irreligiös ist. Oder, wenn wir das Bedürfnis in seine Bestandteile, seine Momente, wie die modernen Philosophen sagen, zergliedern, so haben wir in ihm den *Mangel* und den *Genuß* eines Gegenstandes; denn zum Bedürfnis des Gegenstandes gehört ja der Genuß desselben, das Bedürfnis ist ja nichts als das Bedürfnis des Genusses. Der Genuß des Gegenstandes ist nun allerdings frivol oder kann wenigstens so aufgefaßt werden, indem ich hier den Gegenstand verzehre, aber das Bedürfnis, d. h. das Mangelgefühl, die Sehnsucht des Verlangens, das Gefühl der Abhängigkeit von dem Gegenstand, ist religiös, demütig, phantastisch, vergötternd. Solange etwas ja nur Gegenstand des Verlangens, ist es mir das Höchste, schmückt es die Phantasie mit den glänzendsten Farben aus, erhebt es mein Bedürfnis bis in den siebenten Himmel; sobald ich es aber habe, genieße, verliert es als ein Gegenwärtiges alle religiösen Reize und Illusionen, wird es etwas Gemeines; *daher* die gemeine Erfahrung, daß alle, wenigstens rohsinnlichen, d. h. nur augenblicklichen Gefühlen und Eindrücken lebenden Menschen in der Not, im Unglück, d. h. in den Momenten, wo sie etwas bedürfen, hingebend, aufopfernd sind, alles versprechen, aber sowie sie das Vermißte oder Gewünschte *haben*, undankbar, selbstsüchtig sind, alles vergessen; *daher* der Spruch: Not lehrt beten; *daher* die den Frommen so anstößige Erscheinung, daß die Menschen insgemein nur in Not, Mangel, Unglück religiös sind.

Die Tatsache oder Erscheinung, daß die Menschen Dinge oder Wesen, die sie verzehren, als religiöse Gegenstände verehren, ist daher so wenig eine seltsame und verwundersame, daß sie vielmehr die Natur des religiösen Abhängigkeitsgefühles uns nach seinen beiden entgegengesetzten Seiten klar und offen vor die Augen stellt. Der Unterschied zwischen dem christlichen und heidnischen Abhängigkeitsgefühl ist nur der Unterschied zwischen den Gegenständen desselben, *der* Unterschied, daß der Gegenstand des heidnischen ein bestimmter, wirklicher, sinnlicher, der Gegenstand des christlichen – abgesehen von dem fleischgewordenen, eßbaren Gott – ein unbeschränkter, allgemeiner, nur gedachter oder vorgestellter, daher kein körperlich genießbarer oder nutzbarer ist; aber gleichwohl ist er ebensogut ein Gegenstand des

Genusses, eben weil für den Christen ein Gegenstand des Bedürfnisses, des Abhängigkeitsgefühles, nur Gegenstand eines Genusses anderer Art, weil auch Gegenstand eines Bedürfnisses anderer Art; denn der Christ begehrt von seinem Gotte nicht das sogenannte zeitliche, sondern ewige Leben, befriedigt in ihm nicht ein unmittelbar sinnliches oder körperliches, sondern ein geistiges, gemütliches Bedürfnis. „Wir gebrauchen oder benutzen", sagt der Kirchenvater Augustin in seiner Schrift „Vom Staate Gottes", „die Dinge, die wir nicht um *ihretselbst* willen, sondern um etwas anderen willen verlangen und suchen, aber wir *genießen*, was wir auf nichts anderes beziehen, was *durch sich selbst ergötzt*. Das Irdische ist daher ein Gegenstand der Benützung, des Usus, das Ewige, Gott aber ein Gegenstand des Fruktus, des Genusses." Aber wenn wir auch diesen Unterschied gelten lassen, ja, ihn zum Unterscheidungsmerkmal des Heidentums und Christentums machen, so daß dort die Gegenstände der Religion, die Götter, Gegenstände des Nutzens, des Usus sind, hier der Gegenstand nur ein Gegenstand des Genusses ist, so haben wir doch auch hier am Christentum dieselben Erscheinungen, dieselben Gegensätze, die wir in der Natur des Bedürfnisses, des Abhängigkeitsgefühles aufzeigten, die aber den Christen nur in der Religion der Heiden, nicht in der ihrigen auffallen; denn der christliche Gott als Gegenstand des Genusses, im Sinne der Augustinschen Unterscheidung des Genusses von Benützung, ist ebensogut ein Gegenstand des Egoismus wie der Gegenstand des körperlichen Genusses bei den Heiden, der gleichwohl ein Gegenstand der Religion ist. Den Widerspruch, daß der Mensch als Gott verehrt, was er verzehrt – ein Widerspruch, der aber, wie eben gezeigt, dem christlichen Abhängigkeitsgefühl ebensogut eigen ist, nur daß er wegen der Natur seines Gegenstandes nicht so augenfällig ist* –, diesen Widerspruch sprechen manche Völker auf eine wirklich höchst naive, ja, rührende Weise aus. „Trage es uns nicht nach", sagten gewisse Nordamerikaner zu dem Bären, wenn sie einen erlegt hatten, „daß wir dich getötet haben. Du bist verständig und siehst ein, daß unsere Kinder Hunger haben. Sie lieben dich und wollen dich verzehren. Macht es dir nicht

* Im Kultus, im Genusse des Abendmahls ist er auch hier ein augenfälliger.

Ehre, von den Kindern des großen Kapitäns verzehrt zu werden?" „Charlevoix erzählt von anderen, bei welchen der, so einen Bären erlegt hat, dem toten Tiere eine brennende Pfeife ins Maul steckt, in den Kopf der Pfeife bläst, die Kehle des Bären mit Rauch füllt und dann bittet, daß der Bär das Geschehene nicht rächen möge. Während der Mahlzeit, an welcher man den Bären verzehrt, stellt man den mit allerlei Farben bemalten Kopf an einen erhabenen Platz, wo er die Anbetungen und Loblieder aller Gäste empfängt" (Meiners a. a. O.). Die alten Finnen sangen beim Zerstückeln des Bären folgendes Lied: „Du teures, überwundenes, schwerverwundetes Waldtier, bringe unsern Hütten Gesundheit und Raub, wie du ihn liebst, hundertweis', und sorge, wenn [du] zu uns kommst, für unsre Bedürfnisse . . . Ich will dich immerfort ehren und Beute von dir erwarten, damit ich mein gutes Bärenlied nicht vergessen dürfe" (Penannt, „Arktische Zoologie"). Wir sehen hieraus, wie ein Tier, das getötet und verzehrt wird, doch zugleich verehrt werden kann und umgekehrt der Gegenstand der Verehrung zugleich ein Gegenstand der Verzehrung ist, wie also das religiöse Abhängigkeitsgefühl ebensowohl die egoistische Erhebung des Menschen über den Gegenstand, inwiefern er ein Gegenstand des Genusses, als die devote Unterwerfung unter den Gegenstand, inwiefern er ein Gegenstand des Bedürfnisses, enthält und ausdrückt.

Ich kehre nun von dieser langen, keineswegs zufälligen, sondern notwendigen, durch den Gegenstand selbst gerechtfertigten Entwickelung des Abhängigkeitsgefühles und Egoismus zurück zur Natur, zum ersten Gegenstand dieses Abhängigkeitsgefühles. Ich habe schon bemerkt, daß der Zweck meiner Abhandlung über das Wesen der Religion, folglich auch dieser Vorlesungen, kein anderer ist, als zu beweisen, daß der Naturgott, oder der Gott, den der Mensch von seinem Wesen unterscheidet und diesem als Grund oder Ursache voraussetzt, nichts andres als die Natur selbst ist, daß aber der Menschengott oder der geistige Gott oder *der* Gott, dem er menschliche Prädikate, Bewußtsein und Willen, beilegt, den er als ein ihm ähnliches Wesen denkt, den er von der Natur als einem willen- und bewußtlosen Wesen unterscheidet, nichts andres ist als der Mensch selbst. Ich habe aber auch schon bemerkt, daß ich meine Gedanken nicht aus dem blauen Dunst bodenloser Spekulationen herunterhole, sondern sie stets aus historischen, empirischen Erscheinungen erzeuge, daß ich ferner, oder ebendeswegen, meine Gedanken nicht, wenigstens zunächst und unmittelbar, im allgemeinen, sondern stets in wirklichen Fällen, in Beispielen veranschauliche, verkörpert darstelle und entwickele. Die Aufgabe im „Wesen der Religion", wenigstens im ersten Teil, war, zu zeigen, daß die Natur ein ursprüngliches, erstes und letztes* Wesen ist, über das wir nicht hinausgehen können, ohne uns ins Gebiet der Phantasie und gegenstandlosen Spekulation zu verlieren, daß wir bei ihr stehenbleiben müssen, daß wir sie nicht durch ein von ihr unterschiedenes Wesen, einen Geist, ein Denkwesen, vermitteln, von ihm ableiten können, daß daher, wenn wir die Natur aus dem Geiste erzeugen, die Erzeugung nur die Bedeutung einer subjektiven, formellen, wissenschaftlichen Deduktion, aber keineswegs die Bedeutung einer wirklichen, gegenständlichen Erzeugung und Entstehung hat. Aber diese Aufgabe diesen Gedanken knüpfte ich an eine tatsächliche Erscheinung an, die diesen Gedanken schon ausgesprochen oder der er wenigstens zugrunde liegt, an die Naturreligion, an den schlichten, einfachen, unmittelbaren Menschensinn, der die Natur nicht von einem geistigen un- und übernatürlichen Wesen ableitet, sondern die Natur als das erste, als das göttliche Wesen selbst faßt. Der naturreligiöse Mensch nämlich verehrt die Natur als das Wesen nicht nur, durch das er jetzt besteht oder ohne welches er nicht leben, nichts tun kann, er verehrt und betrachtet die Natur auch als das Wesen, durch das er ursprünglich entstanden ist, ebendeswegen als das Alpha und Omega des Menschen. Wird nun aber die Natur als das den Menschen erzeugende Wesen verehrt und gefaßt, so wird die *Natur selbst als nicht erzeugt, nicht hervorgebracht* betrachtet; denn der Mensch geht, wie wir später noch näher sehen werden, nur da *über die Natur* hinaus, leitet sie nur da von einem *anderen* Wesen ab, wo er sein Wesen sich nicht aus der Natur erklären kann. Wenn wir daher zuerst die Natur vom praktischen Standpunkt aus, weil der Mensch nicht ohne sie leben und existieren kann, weil er die Wohltat seiner gegenwärtigen Existenz ihr verdankt, zum Gegenstand der Re-

* Ein letztes a parte ante [in bezug auf das Vorhergehende].

ligion werden sahen, so tritt sie uns dagegen jetzt auch vom theoretischen Standpunkt aus als Gegenstand der Religion vor die Augen. Die Natur ist dem Menschen auf dem Standpunkt der Naturreligion nicht nur das praktisch erste, sondern auch das theoretisch erste Wesen, d. h. *das* Wesen, aus dem er seinen Ursprung ableitet. So betrachten z. B. die Indianer noch jetzt die Erde als ihre allgemeine Mutter. Sie glauben, daß sie im Schoße derselben erschaffen werden. Sie nennen sich daher Metoktheniake, d. h. *Erdgeborene* (Heckewelder, „Indianische Völkerschaften"). Unter den alten Indianern hielten einige das Meer für ihre Hauptgottheit und nannten es Mamacacha, d. i. ihre Mutter, andere, wie die Collas, glaubten sogar, „daß ihre Stammväter aus dem großen Morast an der Insel Titicaca entstanden wären. Andere schrieben ihren Ursprung einem großen Brunnen zu, woraus ihr Stammvater gekommen sein sollte. Wieder andere wollten versichern, daß ihre Vorfahren in gewissen Gräbern und Felsengrüften geboren wären; daher sie diese Orte insgesamt für heilig hielten und ihnen Opfer brachten. Eine gewisse Nation schrieb die Ursache ihres Daseins einem Flusse zu, daher auch niemand einen Fisch daraus töten durfte, weil sie selbige (die Fische) für ihre Brüder hielten" (Baumgarten, „Allgem. Gesch. der Völker und Länder von Amerika", welcher hiezu die richtige Bemerkung macht: „Weil sie nun *verschiedene Dinge zu der Ursache ihrer Abstammung* machten, so hatten sie folglich auch *unterschiedene Gottheiten*, die sie anbeteten"). Die Grönländer glauben, ein Grönländer sei anfangs aus der Erde gewachsen und sei, nachdem er ein Weib bekommen, der Stammvater aller übrigen Grönländer geworden (Bastholm, „Kenntnis des Menschen in seinem wilden und rohen Zustand"). Ebenso betrachteten und verehrten die Griechen und Germanen die Erde als *die Mutter der Menschen*. Sprachforscher leiten selbst das Wort „Erde" von Ord ab, welches in der angelsächsischen Sprache soviel als Prinzip oder Anfang bedeutet, und das Wort „teutsch" von Tud, Tit, Teut, Thiud, Theotisc, welches soviel ist als Irdisch- oder Erdgeborener. Wie sehr sind doch wir Teutsche[n] durch das Christentum, welches uns den Himmel als unser Vaterland anweist, unserem Ursprung, unserer Mutter untreu und unähnlich geworden! Unter den Griechen, muß ich noch bemerken, ließen selbst auch viele, namentlich ältere Philosophen die Menschen und Tiere entweder aus der Erde oder dem Wasser oder aus beiden zugleich unter dem Einfluß der Sonnenwärme entstehen, während andere sie für unentstanden, für gleich ewig mit der Natur oder Welt hielten. Merkwürdig ist es auch, daß die Religion oder vielmehr Mythologie der Griechen und ebenso die der Germanen, wenigstens Nordgermanen, die beide, namentlich die letzte, ursprünglich Naturreligionen waren, nicht nur die Menschen, sondern selbst auch die Götter aus der Natur entspringen ließen – ein deutlicher Beweis, daß die Götter und Menschen eins sind, daß die Götter mit den Menschen stehen und fallen. So ist bei Homer Okeanos, das Meer, die Geburt, d. h. der Erzeuger, der Vater der Götter und Menschen, bei Hesiod dagegen die Erde die Mutter des Uranus, des Himmels, und in Verbindung mit diesem die Mutter der Götter. Bei Sophokles heißt daher die Erde die oberste oder höchste Gottheit. Bei den Nordgermanen geht der Riese Ymir, „offenbar die unentfaltete Gesamtheit der Elemente und Naturkräfte" (Müller a. a. O.), der Entstehung der Götter voran. Bei den Römern heißt, wie bei den Griechen, die Erde die Mutter der Götter. Augustin in seinem „Gottesstaat" spottet darüber, daß die Götter Erdgeborene seien, und folgert daraus, daß *die* recht hätten, welche die Götter für ehemalige Menschen hielten. Aber allerdings sind die Götter, auch die Augustinschen eingeschlossen, nur aus der Erde entstanden, und wenn sie auch gleich keine Menschen gewesen sind im Sinne des Euhemerus, doch nicht früher gewesen als die Menschen. Mit demselben Rechte als die Erde die Mutter der Götter, heißt bei Homer der Schlaf der Bändiger der Götter und Menschen, denn die Götter sind nur für und durch die Menschen existierende Wesen; sie wachen daher nicht über den Menschen, wenn er schläft, sondern wenn die Menschen schlafen, schlafen auch die Götter, d. h., mit dem Bewußtsein der Menschen erlischt auch die Existenz der Götter. Meine Aufgabe im „Wesen der Religion" war nun keine andere, als die Naturreligion, wenigstens den ihr zugrunde liegenden Wahrheitssinn, gegen die theistischen Erklärungen und Ableitungen der Natur zu verteidigen, zu rechtfertigen, zu begründen. Ich tat dies nach allen Seiten hin in nicht weniger als 20 Paragraphen von § 6 [bis][1] 26. Ehe ich nun an den Inhalt dieser Paragraphen gehe,

[1] *Im Original Gedankenstrich.*

muß ich vorausbemerken, daß, was sich übrigens von selbst versteht, der Gang in der Religionsgeschichte auch meinem Gang in der Psychologie, in der Philosophie, in der Menschheitsentwicklung überhaupt entspricht. Wie mir die Natur der erste Gegenstand der Religion, so ist mir auch in der Psychologie, in der Philosophie überhaupt das Sinnliche das erste; aber das erste nicht nur im Sinne der spekulativen Philosophie, wo das erste das bedeutet, worüber hinausgegangen werden muß, sondern das erste im Sinne des Unableitbaren, des durch sich selbst Bestehenden und Wahren. Sowenig ich das *Sinnliche* aus dem Geistigen ableiten kann, sowenig kann ich aus Gott die Natur ableiten; denn das Geistige ist nichts außer und ohne das Sinnliche, der Geist ist nur die Essenz, der Sinn, der Geist der Sinne. Gott ist aber nichts andres als der Geist, im allgemeinen gedacht, der Geist, abgesehen vom Unterschied zwischen mein und dein. Sowenig ich daher den Leib aus meinem Geiste – denn ich muß, um gleich ein Beispiel zu geben, eher essen oder essen können, als ich denke, aber nicht eher denken, als ich esse; ich kann essen, ohne zu denken, wie die Tiere beweisen, aber nicht denken, ohne zu essen –, sowenig ich die Sinne aus meinem Denkvermögen, aus der Vernunft ableiten kann – denn die Vernunft setzt die Sinne voraus, aber nicht die Sinne die Vernunft, denn den Tieren sprechen wir die Vernunft, aber nicht die Sinne ab –, sowenig, ja, noch weniger kann ich aus Gott die Natur ableiten. Der Wahrheit und Wesenhaftigkeit oder Göttlichkeit der Natur, von welcher die Religionsphilosophie und Religionsgeschichte ausgeht, entspricht daher die Wahrheit und Wesenhaftigkeit der Sinne, von welcher die Psychologie, die Anthropologie, die Philosophie überhaupt ausgeht. Und sowenig die Natur eine vorübergehende Wahrheit in der Geschichte der Religion, sowenig ist die Wahrheit der Sinne eine vorübergehende in der Philosophie. Die Sinne sind vielmehr die bleibende Grundlage, auch wo sie in den Abstraktionen der Vernunft verschwinden, wenigstens in den Augen derer, welche, sowie sie an das Denken kommen, nicht mehr an die Sinne denken, vergessen, daß der Mensch nur vermittelst seines sinnlich existierenden Kopfes denkt, die Vernunft an dem Kopf, dem Hirn, dem Sammelpunkt der Sinne einen bleibenden sinnlichen Grund und Boden hat. *Die Natur-*

religion demonstriert uns die Wahrheit der Sinne, und *die Philosophie*, wenigstens die sich als Anthropologie weiß, *demonstriert uns die Wahrheit der Naturreligion*. Der erste Glaube des Menschen ist der Glaube an die Wahrheit der Sinne, kein den Sinnen widersprechender Glaube wie der theistische und christliche Glaube. Der Glaube an einen Gott, d. h. an ein unsinnliches Wesen, ja, ein Wesen, welches alles Sinnliche als etwas Profanes von sich ausschließt, verneint, ist nichts weniger als etwas unmittelbar Gewisses, wie so häufig der Theismus behauptet hat. Die *ersten*, unmittelbar *gewissen* Wesen, ebendarum auch die ersten Götter des Menschen, sind die sinnlichen Gegenstände. *Cäsar* sagt von der Religion der Deutschen: „Sie verehren nur die Wesen, die *sie sehen* und von denen sie augenscheinliche Wohltaten beziehen." Dieser so sehr bekrittelte Satz des Cäsar gilt von allen Naturreligionen. Der Mensch glaubt ursprünglich nur an die Existenz von dem, was sein Dasein durch sinnliche, fühlbare Wirkungen und Zeichen beurkundet. Die ersten Evangelien, die ersten und untrüglichsten, durch keinen Priesterbetrug entstellten Religionsurkunden des Menschen, sind seine Sinne. *Oder vielmehr diese seine Sinne sind selbst seine ersten Götter*; denn der Glaube an die äußeren, sinnlichen Götter hängt ja nur ab von dem Glauben an die Wahrheit und Göttlichkeit der Sinne; in *den* Göttern, die sinnliche Wesen sind, vergöttert der Mensch nur seine Sinne. Indem ich das Licht als ein göttliches Wesen verehre, so spreche ich ja darin und damit, indirekt und unbewußt freilich, nur die Göttlichkeit des Auges aus. Das Licht oder die Sonne oder der Mond ist nur ein Gott, ein Gegenstand für das Auge, nicht die Nase; der Kultus der Nase besteht in himmlischen Düften. Das Auge macht die Götter zu Licht-, Glanz-, Scheinwesen, d. h., es vergöttert nur augenscheinliche Dinge: Die Gestirne, Sonne, Mond haben ja für den Menschen keine andere Existenz als in den Augen; sie sind den anderen Sinnen nicht gegeben; d. h., das Auge vergöttert nur sein eigenes Wesen; die Götter der anderen Sinne sind ihm Götzen oder existieren vielmehr gar nicht für es. Das Geruchsorgan des Menschen vergöttert dagegen die Wohlgerüche. Schon Scaliger sagt in seinen „Exerzitationen" gegen Cardan: „Der Geruch ist *etwas Göttliches* – odor divina res est –, und daß er das ist, das zeigten die Alten durch ihre religiösen Zeremonien, indem sie glaubten, daß durch Räucherungen die Luft und die Räume zur Aufnahme der Gottheiten geschickt gemacht würden." Die Heiden glaubten noch jetzt zum Teil, daß die Götter nur von den Wohlgerüchen, die von den Opfern aufsteigen, leben, sich nähren, daß also die Düfte die Bestandteile der Götter, die Götter folglich nur aus Duft und Dunst bestehende Wesen seien. Wenigstens würde der Mensch, der kein anderes Organ als das Geruchsorgan hätte, das göttliche Wesen allein aus Duft bestehen lassen, abgesehen von allen anderen Eigenschaften, die die übrigen Sinne liefern. So vergöttert jeder Sinn nur sich selbst. Kurz, die Wahrheit der Naturreligion stützt sich nur auf die Wahrheit der Sinnlichkeit. So hängen mit dem „Wesen der Religion" zusammen die „Grundsätze der Philosophie". Wenn ich übrigens der Naturreligion das Wort rede, weil und wiefern sie sich auf die Wahrheit der Sinne stützt, so rede ich damit keineswegs der Art und Weise das Wort, wie sie die Sinne gebraucht, wie sie die Natur ansieht und verehrt. Die Naturreligion stützt sich nur auf den Sinnenschein oder vielmehr nur auf den Eindruck, den der Sinnenschein auf das Gemüt und die Phantasie des Menschen macht. Daher der Glaube der alten Völker, daß ihr Land die Welt oder doch der Mittelpunkt der Welt sei, daß die Sonne laufe, die Erde ruhe, die Erde flach wie ein Teller sei, umflossen vom Ozean.

Elfte Vorlesung

Ich habe es schon erklärt, die Bedeutung der Paragraphen, die mir den Text dieser Vorlesungen bilden, ist lediglich die, wissenschaftlich zu rechtfertigen, zu begründen, was der einfache Sinn der alten und noch jetzigen Naturvölker tatsächlich, wenn auch nicht bewußt, in der Verehrung der Natur als eines göttlichen Wesens ausgesprochen, nämlich, daß sie ein erstes, ursprüngliches, unableitbares Wesen sei. Vor allem muß ich aber zwei Einwendungen begegnen. Erstens kann man mir einwenden: Was, du Ungläubiger willst die Naturreligion rechtfertigen? Stehst du damit nicht auf dem von dir so scharf kritisierten Standpunkt *der* Philosophen, die die Glaubensartikel des Christentums rechtfertigen, nur mit dem Unterschiede, daß du das Dogma der Naturreligion, den Glauben an die Natur rechtfertigen willst? Ich erwidere hierauf: Die Natur ist mir keineswegs deswegen ein Ursprüngliches, *weil* die Naturreligion sie als solches ansieht und verehrt, sondern vielmehr daraus, weil sie ein Ursprüngliches, Unmittelbares ist, folgere ich, daß sie auch dem ursprünglichen, unmittelbaren, folglich der Natur verwandten Sinn der Völker als solches erscheinen *mußte*. Oder anders: Die Tatsache, daß die Menschen die Natur als Gott verehrten, ist mir keineswegs auch zugleich der Beweis für die Wahrheit des dieser Tatsache zugrunde liegenden Sinnes; aber ich finde in ihr die Bestätigung des Eindruckes, den die Natur auf mich als sinnliches Wesen macht; ich finde in ihr die Bestätigung der Gründe, die mich als intellektuelles, als philosophisches Kulturwesen bestimmen, der Natur, wenn auch nicht dieselbe Bedeutung, die ihr die Naturreligion gibt – denn ich vergöttere nichts, folglich auch nicht die Natur –, doch eine analoge, ähnliche, nur durch die Naturwissenschaften und Philosophie veränderte Bedeutung zu geben. Ich sympathisiere allerdings mit den religiösen Verehrern der Natur; ich bin ein leidenschaftlicher Bewunderer und Verehrer derselben; ich begreife es, nicht aus Büchern, nicht aus gelehrten Beweisen, sondern aus meinen unmittelbaren Anschauungen und Eindrücken von der Natur, daß die alten Völker, daß noch heutige Völker sie als Gott verehren können. Ich finde noch heute in meinem Gefühle oder Herzen, wie es von der Natur ergriffen wird, noch heute in meinem Verstande selbst Gründe für ihre Gottheit oder Vergötterung. Ich schließe daraus, weil doch auch die Sonne-, Feuer- und Sternenanbeter ebensogut Menschen sind als wie ich, daß auch ähnliche (wenn auch nach ihrem Standpunkt veränderte) Gründe sie zur Vergötterung der Natur bewegen. Ich schließe nicht, wie die Historiker, von der Vergangenheit auf die Gegenwart, sondern von dieser auf jene. Ich halte die Gegenwart für den Schlüssel der Vergangenheit, nicht umgekehrt, aus dem einfachen Grunde, weil ich ja, wenn auch unbewußt und unwillkürlich, die Vergangenheit immer nur nach meinem gegenwärtigen Standpunkt messe, beurteile, erkenne, daher jede Zeit eine andere Geschichte von der, obgleich an sich toten, unveränderlichen, Vergangenheit hat. Ich anerkenne daher nicht die Naturreligion, weil sie mir eine äußerliche Autorität ist, sondern nur deswegen, weil ich *in mir selbst* noch heute die Motive zu derselben finde, die Gründe, die mich, wenn nicht ihre Macht an der Macht der Kultur, der Naturwissenschaften, der Philosophie scheiterte, noch heute zu einem Naturvergötterer machen würden. Dies scheint arrogant zu sein; aber was der Mensch nicht aus sich selbst erkennt, das erkennt er gar nicht. Wer nicht aus und an sich selbst fühlt, warum die Menschen die Sonne, den Mond, die Pflanzen und Tiere vergöttern konnten, der begreift auch nicht die geschichtliche Tatsache der Naturvergötterung, und wenn er auch noch so viele Bücher über die Naturreligion liest und schreibt. Der zweite Einwand ist der: Du sprichst von der Natur, ohne uns eine Definition von der Natur zu geben, ohne uns zu sagen, was du unter Natur verstehst. Spinoza sagt gleichbedeutend: „Natur oder Gott". Nimmst du vielleicht auch dieses Wort in diesem unbestimmten Sinne, in welchem du uns leicht beweisen kannst, daß die Natur das ursprüngliche Wesen ist, indem du unter Natur nichts andres verstehst als Gott? Ich erwidere hierauf mit wenigen Worten: Ich verstehe unter Natur den Inbegriff aller sinnlichen Kräfte, Dinge und Wesen, welche der Mensch als nicht menschliche von sich unterscheidet; ich verstehe überhaupt unter Natur, wie ich schon in einer der ersten Stunden sagte, allerdings, wie Spinoza, das nicht, wie der supranaturalistische Gott, mit Willen und Verstand seiende und handelnde, sondern nur nach der Notwendigkeit seiner Natur wirkende Wesen, aber es ist mir nicht, wie dem Spinoza, ein Gott, d. h. ein zugleich wieder übernatürliches, übersinnliches, abgezogenes, geheimes, einfältiges, sondern ein vielfältiges, populäres, wirkliches, mit allen Sinnen wahrnehmbares Wesen. Oder das Wort praktisch erfaßt: Natur ist alles, was dem Menschen, abgesehen von den supranaturalistischen Einflüsterungen des theistischen Glaubens, unmittelbar, sinnlich als Grund und Gegenstand seines Lebens sich erweist. Natur ist Licht, ist Elektrizität, ist Magnetismus, ist Luft, ist Wasser, ist Feuer, ist Erde, ist Tier, ist Pflanze, ist Mensch, soweit er ein unwillkürlich und unbewußt wirkendes Wesen, – nichts weiter, nichts Mystisches, nichts Nebuloses, nichts Theologisches nehme ich bei dem Worte „Natur“ in Anspruch. Ich appelliere bei diesem Worte an die Sinne. Jupiter ist alles, was du siehst, sagte ein Alter; Natur, sage ich, ist alles, was du siehst und [was] nicht von menschlichen Händen und Gedanken herrührt. Oder, wenn wir auf die Anatomie der Natur eingehen, Natur ist das Wesen oder der Inbegriff der Wesen und Dinge, deren Erscheinungen, Äußerungen oder Wirkungen, worin sich eben ihr Dasein und Wesen offenbart und besteht, nicht in Gedanken oder Absichten und Willensentschlüssen, sondern in astronomischen oder kosmischen, mechanischen, chemischen, physischen, physiologischen oder organischen Kräften oder Ursachen ihren Grund haben.

Der Inhalt der Paragraphen 6 und 7, die ich zum Text dieser Vorlesung mache, ist eine Verteidigung und Rechtfertigung der Heiden gegen die Vorwürfe der Christen und bezieht sich auf eine frühere Behauptung, nämlich die, daß die christliche Religion sich nicht durch das Prinzip, das Merkmal der Gottheit von der heidnischen unterscheidet, sondern nur dadurch, daß sie nicht einen bestimmten Gegenstand der Natur, selbst nicht die Natur überhaupt, sondern ein von der Natur unterschiedenes Wesen zu ihrem Gotte hat. Die Christen, wenigstens die Vernünftigen derselben, tadelten die Heiden nicht deswegen, daß sie sich an der Schönheit und Nützlichkeit der Natur erfreuten, sondern deswegen, daß sie die Ursache derselben der Natur selbst zuschrieben, daß sie der Erde, dem Wasser, dem Feuer, der Sonne, dem Monde wegen ihrer wohltätigen Eigenschaften ihre Huldigungen darbrachten, da sie diese doch nur von dem Urheber der Natur bekommen hätten, dieser allein also zu ehren, zu fürchten, zu preisen sei. Die Sonne, die Erde, das Wasser seien allerdings Ursachen, daß die Pflanzen und Tiere gediehen, von denen die Menschen lebten, aber sie seien nur untergeordnete Ursachen, Ursachen, die selbst bewirkt seien; die wahre Ursache sei die *erste* Ursache. Dagegen verteidige ich nun die Heiden, indem ich es zunächst dahingestellt sein lasse, ob eine erste Ursache, *wie* sie die Christen sich vorstellen, existiert, und zwar mit einem aus dem Kreis der christlichen Vorstellungen entnommenen Beispiel oder vielmehr Gleichnis. Adam ist der erste Mensch; er ist in der Reihe der Menschen, was die erste Ursache in der Reihe der Naturursachen oder Dinge ist; meine Eltern, Großeltern usw. sind ebensogut Kinder Adams, als die Ursachen in der Natur Wirkungen der ersten Ursache sind; nur Adam hat keinen Vater, wie die erste Ursache keine Ursache. Aber gleichwohl verehre und liebe ich nicht den Adam als meinen Vater; Adam befaßt alle Menschen; in ihm ist alle Individualität ausgelöscht; Adam ist ebensogut der Vater des Negers als des Weißen, des Slawen als des Germanen, des Franzosen als des Deutschen; ich bin aber kein Mensch im allgemeinen; meine Existenz, mein Wesen ist ein individuelles, ich gehöre zur kaukasischen Rasse und unter dieser selbst wieder zu einem bestimmten Stamme, zum deutschen. Die Ursache meines Wesens ist daher notwendig selbst eine individuelle, bestimmte, diese sind aber eben meine Eltern, Großeltern, kurz, die mir nächsten Generationen oder Menschen. Gehe ich weiter zurück, so verliere ich alle Spuren meiner Existenz aus den Augen; ich finde keine Eigenschaften, aus denen ich meine Eigenschaften ableiten kann. Ein Mensch im 17. Jahrhundert könnte nimmermehr, wenn auch nicht die Zeit dazwischenläge, der Vater eines Menschen im 19. Jahrhundert sein, weil der qualitative Abstand, der Abstand zwischen den Sitten, Gewohnheiten, Vorstellungen, Gesinnungen – und diese prägen sich ja selbst leiblich aus – zu groß wäre. Sogut daher der Mensch bei seinen nächsten Vorfahren, als den Ursachen seiner Existenz, mit seiner Verehrung stehenbleibt, nicht bis auf den ersten Stammvater zurückgeht, weil er in diesem nicht seine von ihm unabsonderliche Individualität enthalten und vertreten findet, sogut bleibt er auch bei den sinnlichen Naturwesen stehen, als den Ursachen seiner Existenz. Ich bin, was ich bin, nur in dieser Natur, in der Natur, wie sie jetzt, wie sie seit Menschengedenken ist. Nur den Wesen, die ich sehe, fühle oder [die], wenn ich sie auch nicht selbst sehe und fühle, doch wenigstens an sich sichtbare, fühlbare oder sonstwie sinnliche Wesen sind, verdanke ich, der ich ein sinnliches Wesen bin, der ich ohne Sinne ins nichts versinke, meine Existenz. Wenn auch diese Natur geworden ist, wenn ihr eine Natur anderer Art oder Beschaffenheit vorausging, so verdanke ich doch nur der Natur von dieser Art und Beschaffenheit, in der ich lebe, mit deren Beschaffenheit sich auch die Beschaffenheit meines Wesens verträgt, meine Existenz. Gesetzt, es ist eine erste

Ursache im Sinne der Theologie, so mußte doch erst die Sonne, die Erde, das Wasser, kurz, erst die Natur, und zwar von dieser Art, sein, ehe ich ward; denn ohne Sonne, ohne Erde bin ich selber nichts; ich setze die Natur voraus. Warum soll ich also *über* die Natur hinausgehen? Dazu wäre ich nur berechtigt, wenn ich selbst ein über der Natur existierendes Wesen wäre. Ich bin aber so wenig ein übernatürliches Wesen, daß ich nicht einmal ein *überirdisches* Wesen bin; denn die Erde ist das absolute Maß meines Wesens; ich stehe nicht nur mit meinen Beinen auf der Erde, ich denke und fühle nur auf dem Standpunkt der Erde, nur in Gemäßheit dieses Standpunktes, den die Erde im Universum einnimmt; ich erhebe allerdings meine Blicke bis in den fernsten Himmel; aber ich erblicke alle Dinge im Lichte und Maße der Erde. Kurz, daß ich ein irdisches Wesen, daß ich kein Venus-, kein Merkur-, kein Uranusbewohner bin, das macht, wie die Philosophen sprechen, meine Substanz, mein Grundwesen aus. Wenn also auch die Erde entstanden ist, so verdanke ich doch nur ihr, nur ihrer Entstehung meine Entstehung; denn nur die Existenz der Erde ist der Grund der menschlichen Existenz, nur ihr Wesen der Grund des menschlichen Wesens. Die Erde ist ein Planet, der Mensch ein Planetenwesen, ein Wesen, dessen Lebenslauf nur in der Laufbahn eines Planeten möglich und wirklich ist. Aber die Erde *unterscheidet* sich von anderen Planeten. Dieser ihr Unterschied begründet ihr eigentümliches, selbständiges Wesen, ihre Individualität, und diese ihre Individualität ist das Salz der Erde. Nehmen wir auch, und zwar mit vollem Recht, eine und dieselbe Ursache, Kraft oder Substanz für die Entstehung der Planeten an, so war doch diese Kraft, die die Erde hervorbrachte, eine andere, als die den Merkur oder Uranus hervorbrachte, d. h. eine so eigentümlich bestimmte, daß eben nur dieser und kein anderer Planet sich daraus ergab. Dieser *individuellen*, vom Wesen der Erde nicht zu unterscheidenden Ursache verdankt der Mensch sein Dasein. Der revolutionäre Stoß, der die Erde aus ihrer mystischen Auflösung in den gemeinschaftlichen Grundstoff der Sonne, der Planeten und Kometen herausriß – eine Revolution, die, wie sich Kant in seiner herrlichen „Theorie des Himmels" ausdrückt, in „der *Verschiedenheit* in den Gattungen der Elemente" ihren Grund hatte –, dieser Riß oder Stoß ist es, von dem sich noch heute die Bewegung unsers Bluts und die Schwingungen unserer Nerven herschreiben. Die erste Ursache ist die allgemeine Ursache, die Ursache aller Dinge ohne Unterschied; aber die Ursache, die alles ohne Unterschied macht, macht in der Tat gar nichts, ist nur ein Begriff, ein Gedankenwesen, das nur logische und metaphysische, aber keine physische Bedeutung hat, aus dem ich, dieses individuelle Wesen, mich schlechterdings nicht ableiten lasse. Mit der ersten Ursache – der ersten, setze ich immer hinzu, im Sinne der Theologen – will man dem sogenannten processus causarum in infinitum, dem Verlauf der Ursachen bis ins Unendliche, ein Ende machen. Dieser Verlauf der Ursachen bis ins Endlose hinein läßt sich am besten mit dem schon angeführten Beispiel vom Menschenursprung erläutern. Ich habe zur Ursache meiner Existenz meinen Vater, mein Vater seinen Vater, und so fort. Kann ich nun aber fort bis ins Endlose gehen? Hat nur immerfort der Mensch dem Menschen das Dasein gegeben? Löse ich dadurch die Frage nach dem Ursprung des Menschen? Oder schiebe ich sie nicht vielmehr nur auf, wenn ich immer von Vater zu Vater fortgehe? Muß ich nicht zu einem ersten Menschen oder Menschenpaare kommen? Und woher ist denn dieses? Aber ebenso ist es mit allen anderen Dingen und Wesen, die diese sinnliche Welt ausmachen. Eins setzt das andere voraus; eins hängt vom andern ab; alle sind endlich, alle entstanden, eins aus dem andern; aber woher ist denn, fragt der Theist, das erste in dieser Kette, dieser Reihe? Wir müssen daher einen Sprung machen aus dieser Reihe hinaus zu einem ersten, welches, selbst anfanglos, der Anfang aller entstandenen, endlos oder unendlich, der Grund aller endlichen Wesen ist. Dies ist einer der gewöhnlichsten Beweise für das Dasein eines Gottes, den man den kosmologischen nennt und verschieden ausdrückt, z. B. so: Alles, was ist, oder die Welt ist veränderlich, zeitlich, entstanden, zufällig; aber das Zufällige setzt das Notwendige voraus, das Endliche das Unendliche, das Zeitliche das Ewige; dieses Unendliche, dieses Ewige ist Gott. Oder auch so ausgedrückt: Alles, was ist, alles Sinnliche, Wirkliche, ist eine Ursache bestimmter Wirkungen, aber eine Ursache, die selbst bewirkt ist, selbst eine Ursache wieder hat, und so fort; es ist daher notwendig, es ist ein Bedürfnis unserer Vernunft, endlich stillzustehen bei einer Ursache, die keine Ursache mehr über sich hat, die nicht bewirkt ist, die, wie einige Philosophen sich ausdrücken, die Ursache ihrer selbst oder *aus sich selbst* ist. Die alten Philosophen und Theologen bestimmten daher das Endliche, das Nichtgöttliche als das, was von einem andern ist, das Unendliche, Gott als das, was *von oder aus sich selbst* ist. Allein gegen diesen Schluß ist folgendes zu bemerken. Wenn auch der Fortgang der Ursachen bis ins Endlose in Beziehung auf die Frage von der Entstehung der Menschen, selbst der Erde der Vernunft widerspricht, wir nicht immer den Menschen, nicht immer den jeweiligen Zustand der Erde von einem vorausgegangenen Zustand derselben ableiten können, sondern endlich an einen Punkt kommen müssen, wo der Mensch aus der Natur, die Erde aus der planetarischen Masse, oder wie man sonst den Grundstoff derselben nennen will, entsprungen ist, so widerspricht dieser Fortgang doch keineswegs in seiner Beziehung oder Anwendung auf die Natur oder Welt überhaupt der durch die Anschauung der Welt gebildeten Vernunft. Es ist nur die Beschränktheit und Bequemlichkeitsliebe des Menschen, welche an die Stelle der Zeit die Ewigkeit, an die Stelle des endlosen Fortgangs von Ursache zu Ursache die Unendlichkeit, an die Stelle der rastlosen Natur die stabile Gottheit, an die Stelle ewiger Bewegung den ewigen Stillstand setzen. Allerdings ist's für mich, der ich auf die Gegenwart angewiesen bin, unvernünftig, unersprießlich, langweilig, ja, sogar unmöglich, die Anfanglosigkeit und Endlosigkeit der Welt zu denken oder nur vorzustellen; aber *diese Notwendigkeit für mich*, diesen endlosen Verlauf abzubrechen, ist noch kein Beweis von dem *wirklichen* Abbruch dieses Verlaufs, von einem wirklichen Anfang und Ende. Selbst innerhalb der in das Bewußtsein des Menschen fallenden historischen, ja, vom Menschen selbst produzierten Dinge sehen wir, wie der Mensch, teils aus Unwissenheit allerdings, teils aber auch aus bloßer Abkürzungs- und Bequemlichkeitsliebe, die historischen Untersuchungen abbricht, an die Stelle vieler Namen, vieler Ursachen, die es zu weitläufig, zu lästig wäre zu verfolgen und die sich auch oft gänzlich den Augen des Menschen entziehen, eine Ursache, einen Namen setzt. Wie der Mensch an die Spitze einer Erfindung, der Gründung eines Staats, der Erbauung einer Stadt, der Entstehung eines Volkes den Namen eines Individuums setzt, obgleich eine Menge von unbekannten Namen und Individuen daran mitgewirkt haben, so setzt er auch an die Spitze der Welt den Namen Gottes, gleichwie denn auch alle Erfinder, Städte- und Staatengründer ausdrücklich für Götter galten. Die meisten alten Namen von historischen oder mythischen Menschen, Helden und Göttern sind daher Kollektivnamen, die aber zu Eigennamen wurden. Selbst das Wort „Gott" ist ursprünglich, wie freilich alle Namen, kein Eigenname, sondern ein allgemeiner oder Gattungsname. (9) Selbst in der Bibel werden das griechische Wort „theos" und das hebräische Wort „elohim" von andern Gegenständen als Gott gebraucht. So heißen die Fürsten und Obrigkeiten Götter, der Teufel der *Gott* dieser Welt, der *Bauch* sogar der Gott der oder wenigstens einiger Menschen – eine Stelle, worüber sich selbst Luther entsetzt. „Wer hat jemals", sagt er, „solche Rede gehöret, daß der Bauch Gott sei? Ich dürfte nicht also reden, wenn nicht Paulus zuvor also geredet hätte, denn ich wüßte nicht schändlicher zu reden. Ist's nicht ein Jammer, daß der schändliche, stinkende Dreckbauch soll ein Gott heißen?" Ja, selbst in der philosophischen Bestimmung, daß Gott das allerrealste, d. h. allervollkommenste Wesen, der Inbegriff aller Vollkommenheiten, ist Gott eigentlich nur ein Kollektivname; denn ich brauche von den verschiedenen Eigenschaften, die in Gott zusammengefaßt werden, nur ihre Verschiedenheit hervorzuheben, so machen sie auf mich den Eindruck von verschiedenen Dingen oder Wesen, und ich finde, daß das Wort „Gott" ein ebenso unbestimmtes Kollektiv- oder Sammelwort ist als z. B. das Wort Obst, Getreide, Volk. Jede Eigenschaft Gottes ist ja Gott selbst, wie die Theologie oder theologische Philosophie sagt; jede Eigenschaft Gottes kann daher für Gott selbst gesetzt werden. Selbst im gemeinen Leben sagt man statt Gott die göttliche Vorsehung, die göttliche Weisheit, die göttliche Allmacht. Aber die Eigenschaften Gottes sind sehr verschiedener, ja, widersprechender Natur. Halten wir uns nur an die populärsten Eigenschaften. Wie verschieden sind Macht, Weisheit, Güte, Gerechtigkeit! Man kann mächtig ohne Weisheit und weise ohne Macht, gütig ohne Gerechtigkeit und gerecht ohne Güte sein! Fiat justitia pereat mundus, die Welt mag untergehen, wenn nur das jus, das Recht, gilt, ist ein Ausspruch der Jurisprudenz, der Gerechtigkeit; aber in diesem charakteristischen Ausdruck der Justiz gewiß kein Funke von Güte und selbst nicht von Weisheit; denn der Mensch ist nicht der Gerechtigkeit oder Justiz wegen, sondern die Justiz ist des Menschen wegen. Wenn ich mir daher die Macht Gottes vorstelle, die Macht, welche mich, wenn sie nur will, vernichten kann, oder wenn ich mir die Gerechtigkeit Gottes im Sinne des eben angeführten Ausspruchs vorstelle, so stelle ich mir unter Gott ein ganz anderes Wesen vor, so habe ich in der Tat einen ganz anderen Gott, als wenn ich mir seine Güte nur vorstelle. Es ist daher kein so großer Unterschied zwischen Polytheismus und Monotheismus, als es scheint. Auch in dem einen Gott stecken *kraft der Vielheit und Verschiedenheit seiner Eigenschaften viele Götter*. Der Unterschied ist höchstens nur der, der zwischen einem Sammel- und Gattungswort ist. Oder vielmehr der: Im Polytheismus ist Gott offenbar, augenfällig nur ein Sammelwort; im Monotheismus fallen die sinnlichen Kennzeichen weg, fällt der Schein des Polytheismus, aber das Wesen, die Sache ist geblieben. Daher haben die verschiedenen Eigenschaften des einen Gottes unter den Christen ebensoviele nicht nur dogmatische, sondern auch blutige Kriege miteinander geführt als die vielen Götter auf dem Olymp Homers. Die alten Theologen, Mystiker und Philosophen sagten, Gott fasse alles in sich, was in der Welt sei, aber was in der Welt vielfach, zerstreut, außereinander, sinnlich, an verschiedene Wesen verteilt sei, das sei in Gott auf einfache, unsinnliche, einige Weise vorhanden. Hier haben wir deutlich ausgesprochen, daß der Mensch in Gott die wesentlichen Eigenschaften der vielen verschiedenen Dinge und Wesen zusammenfaßt in ein Wesen, in einen Namen, daß der Mensch in Gott sich ursprünglich oder wahrhaft nicht ein von der Welt unterschiedenes Wesen, sondern sich in ihm die Welt nur auf eine von der sinnlichen Anschauung verschiedene Weise vorstellt; was in der Welt oder in der sinnlichen Anschauung er als ausgedehnt, als zeitlich, als leiblich vorstellt, das denkt er sich in Gott als unausgedehnt, als unzeitlich, als unkörperlich. In der Ewigkeit faßt er nur die in ihrer vollen Ausdehnung gar nicht faßbare unendliche Zeitreihe, in der Allgegenwart nur die Unendlichkeit des Raumes in einen kurzen Gattungsnamen oder Gattungsbegriff zusammen; er bricht aus subjektiven, vollkommen berechtigten Gründen mit der Ewigkeit die für ihn unendlich langweilige Rechnung mit bis ins Unendliche sich anhäufenden Zahlenreihen ab. Aber aus diesem Abbruch, aus dieser Langweiligkeit einer bis ins Unendliche fortgehenden Reihe von Zeiten und Räumen, aus den Widersprüchen selbst, die in unserer Vorstellung oder in der Abstraktion mit dem Begriff ewiger Zeit, unendlichen Raumes verbunden sind, ergibt sich keineswegs die Notwendigkeit eines wirklichen Anfangs oder Endes der Welt, des Raumes, der Zeit; es liegt in der Natur des Denkens, der Sprache, es bringt es selbst die Notwendigkeit des Lebens mit sich, daß wir überall Abbreviatur-, Abkürzungszeichen gebrauchen, daß wir überall an die Stelle der Anschauung den Begriff, an die Stelle des Gegenstandes ein Zeichen, ein Wort, an die Stelle des Konkreten das Abstrakte, an die Stelle des Vielen ein Eins, folglich an die Stelle vieler verschiedener Ursachen *eine* Ursache, an die Stelle vieler verschiedener Individuen *ein* Individuum als Repräsentant, Stellvertreter der übrigen setzen. Man hat insofern ganz recht, wenn man behauptet, daß die Vernunft, wenigstens solange sie ohne Kritik, ohne Unterscheidung ihr Wesen für das Wesen der Welt, das objektive, absolute Wesen hält, solange sie nicht durch die Weltanschauung sich gebildet hat, notwendig auf die Idee der Gottheit führt. Aber man muß nur nicht diese Notwendigkeit, diese Idee für *sich allein* hervorheben, sie nicht isolieren, absondern von anderen Erscheinungen, Ideen und Vorstellungen, die auf *derselben* Notwendigkeit beruhen, die wir aber trotzdem als subjektiv, d. h. als nur in der eigentümlichen Natur des Vorstellens, Denkens, Sprechens begründet erkennen, ihnen daher keine objektive Gültigkeit und Existenz, keine Existenz außer uns zuschreiben. Dieselbe Notwendigkeit, die den Menschen getrieben hat, den Namen *eines* Individuums an die Stelle einer Reihe von Individuen, ja, ganzer Generationen und Geschlechter zu setzen, die ihn getrieben hat, an die Stelle der anschaubaren Größe die Zahl, an die Stelle von Zahlen Buchstaben zu setzen, die ihn getrieben hat, statt Birne, Apfel, Kirsche bloß Obst, statt Heller, Pfennig, Kreuzer, Groschen, Gulden, Taler bloß Geld, statt: Gib mir dieses Messer, dieses Buch, zu sagen: Gib mir dieses Ding!, dieselbe Notwendigkeit hat ihn auch getrieben, an die Stelle der vielen bei der Entstehung der Welt, wenn wir sie entstanden uns denken, und bei deren Erhaltung zusammenwirkenden Ursachen eine Ursache, ein Wesen, einen Namen zu setzen. Aber ebendeswegen ist dieses Eine ebenso nur ein subjektives, d. h. nur im Menschen, nur in der Natur seines Vorstellens, Denkens, Redens begründetes und existierendes Wesen als das Ding, das Geld, das Obst. Daß auf derselben Notwendigkeit, auf denselben Gründen die Idee oder der Gattungsbegriff der Gottheit in ihrer metaphysischen Bedeutung als die Idee oder der Begriff des Dings, des Obstes beruht, beweist schon dies, daß bei den Polytheisten die Götter nichts andres sind denn als Wesen vorgestellte Kollektiv- oder Gattungsnamen und Begriffe. So hatten die Römer, um bei den angeführten Beispielen zu bleiben, eine Geldgöttin: Pecunia; ja, selbst die verschiedenen Hauptsorten oder Gattungen des Geldes, das Erz- und Silbergeld, machten sie zu Göttern. Sie hatten einen Deus Aesculanus oder Aerinus, d. h. einen Erz- oder Kupfergeldgott, einen Deus Argentinus, d. h. einen Silbergott. So hatten sie auch eine Obstgöttin: Pomona. Wenn man nicht alle Gattungsnamen und -begriffe bei den Römern und Griechen als Götter findet, so kommt das nur daher, daß sie, namentlich die egoistischen, bigotten Römer, nur vergötterten, was zugleich eine Beziehung auf den menschlichen Egoismus ausdrückt; daher die Römer selbst einen Mistgott, einen Deus Stercutius, verehrten, damit die Düngung ihren Äckern Segen brächte. Aber der Mist ist ein Gattungsbegriff; es gibt ja viele Mistarten: Taubenmist, Pferdemist, Kuhmist usw.

Jetzt zu dem andern Punkt, den wir gegen den gewöhnlichen Schluß auf eine erste, nicht mehr verursachte Ursache vorzubringen haben. Alles, was ist, ist abhängig oder hat, wie andere es ausdrücken, den Grund seiner Existenz außer sich, besteht nicht aus sich und durch sich selbst, setzt daher ein Wesen voraus, welches nicht von anderen abhängig ist, welches den Grund seiner Existenz in sich selbst hat, welches schlechthin notwendig ist, welches *ist, weil es ist*. Gegen diesen Beweis wende ich wieder das Beispiel vom Menschen an; denn es ist ja zuletzt nur der Mensch, von dem der Mensch ausgeht, dessen Abhängigkeit und Entstehung er zum Muster der Abhängigkeit und Entstehung aller sinnlichen Dinge macht. Allerdings hänge ich von meinen Eltern, meinen Voreltern usw. ab, allerdings bin ich nicht durch mich selbst in die Welt gesetzt; ich wäre nicht, wenn nicht andere vor mir gewesen wären; aber gleichwohl bin ich ein von meinen Eltern unterschiedenes und unabhängiges Wesen; ich bin nicht nur durch andere, ich bin auch durch mich selbst, was ich bin; ich stehe allerdings auf den Schultern meiner Vorfahren, aber auch auf den Schultern derselben stehe ich doch noch auf ***meinen eigenen Beinen***; ich bin allerdings ohne Wissen und Willen gezeugt und empfangen; aber ich bin nicht ohne den, mir freilich jetzt unbewußten, Trieb nach Selbständigkeit und Freiheit, nach Emanzipation von meiner Abhängigkeit vom Mutterleibe auf die Welt gekommen; kurz, ich bin gezeugt, ich bin oder war abhängig von meinen Eltern; aber ich bin selbst auch Vater, selbst auch Mann, und daß ich entstanden, daß ich einst Kind, daß ich einst leiblich und geistig von meinen Eltern abhängig gewesen, das liegt unendlich hinter meinem gegenwärtigen Selbstbewußtsein. Soviel ist gewiß: Soviel auch bewußt und unbewußt meine Eltern auf mich Einfluß gehabt haben mögen, was kümmert mich die Vergangenheit? Jetzt habe ich meinen Vater und meine Mutter nur an und in mir selbst, jetzt hilft mir kein anderes Wesen, kein Gott selbst, wenn ich mir selbst nicht helfe; ich stehe und falle durch eigene Kraft. Die Windeln, die einst die Vorsehung meiner Eltern um meinen Leib gewunden, sind längst verfault; warum will ich also meinen Geist in Banden lassen, die längst meine Füße von sich gestoßen haben?

Zwölfte Vorlesung

Ich habe in der letzten Stunde einen der ersten und gewöhnlichsten, den sogenannten kosmologischen Beweis vom Dasein eines Gottes, welcher sich darauf stützt, daß alles in der Welt endlich und abhängig sei und daher etwas Unendliches und Unabhängiges außer sich voraussetze, an dem Beispiel des Menschen beleuchtet. Der Schluß war, daß der Mensch, obwohl ursprünglich Kind, doch zugleich Vater, obwohl Wirkung, zugleich Ursache, obwohl abhängig, doch zugleich selbständig sei. Was nun aber vom Menschen gilt, das gilt, freilich mit *dem* sich von selbst verstehenden Unterschied, der überhaupt zwischen dem Menschen und anderen Wesen stattfindet, auch von diesen. Jedes Wesen ist trotz seiner Abhängigkeit von anderen ein eigenes, selbständiges; jedes Wesen hat den Grund seiner Existenz – denn wozu wäre es sonst? – in sich selbst; jedes Wesen ist geworden unter Bedingungen und aus Ursachen – sie seien nun, welche sie wollen –, aus denen kein anderes entstehen konnte als eben dieses; jedes Wesen ist entstanden in einem Zusammenhang von Ursachen, welcher nicht wäre, wenn nicht dieses Wesen wäre. Jedes Wesen ist ebenso Folge als Grund. Der Fisch wäre nicht, wenn nicht das Wasser wäre, aber das Wasser wäre auch nicht, wenn keine Fische wären, oder wenigstens keine Tiere, wie die[1] Fische in ihm leben könnten. Die Fische sind vom Wasser abhängige Wesen; sie können nicht existieren ohne Wasser; sie setzen es voraus; aber der Grund ihrer Abhängigkeit liegt in ihnen selbst, in ihrer individuellen Natur, die eben ihnen das Wasser zu ihrem Bedürfnisse, ihrem Element macht. Die Natur hat keinen Anfang und kein Ende. Alles in ihr steht in Wechselwirkung; alles ist relativ, alles zugleich Wirkung und Ursache; alles in ihr ist allseitig und gegenseitig; sie läuft in keine monarchische Spitze aus; sie ist eine Republik. Wer nur an das fürstliche Regiment gewöhnt ist, der kann sich freilich keinen Staat, kein gemeinschaftliches Zusammenleben der Menschen ohne Fürsten denken; ebenso *der* keine Natur ohne Gott, der einmal von Kindesbeinen an diese Vorstellung gewöhnt ist. Aber die Natur ist nicht weniger denkbar ohne Gott, ohne ein außer- und übernatürliches Wesen als der Staat oder das Volk ohne ein außer und über dem Volke stehendes fürstliches Idol. Ja, wie die Republik die geschichtliche Aufgabe, das praktische Ziel der Menschheit, so ist das theoretische Ziel des Menschen, die Verfassung der Natur als eine republikanische zu erkennen, das Regiment der Natur nicht außer sie zu verlegen, sondern in ihrem eigenen Wesen begründet zu finden. Es ist nichts geistloser, als die Natur zu einer einseitigen Wirkung zu machen und ihr in einem außernatürlichen Wesen, das keine Wirkung eines anderen Wesens ist,

[1] *gemeint:* die wie

eine einseitige Ursache gegenüberzusetzen. Und wenn ich einmal mich nicht enthalten kann, immer weiter und weiter fort zu grübeln und zu phantasieren, nicht bei der Natur stehenzubleiben, die Ursachensucht meines Verstandes nicht in der all- und gegenseitigen Wechselwirkung der Natur befriedigt zu finden, was hält mich denn ab, auch über Gott hinauszugehen? Warum soll ich denn hier stehenbleiben? Warum nicht auch nach einem Grunde oder einer Ursache Gottes fragen? Und findet denn bei Gott nicht dasselbe Verhältnis statt, welches in der Verkettung der natürlichen Ursachen und Wirkungen stattfindet und welches ich eben durch die Annahme eines Gottes aufheben wollte? Ist denn Gott nicht, wenn ich ihn als die Ursache der Welt denke, abhängig von der Welt? Ist denn eine Ursache ohne Wirkung? Was bleibt denn überhaupt von Gott übrig, wenn ich die Welt weglasse oder wegdenke? Wo bleibt denn seine Macht, wenn er nichts macht? Seine Weisheit, wenn keine Welt ist, in deren Regierung eben seine Weisheit besteht? Wo seine Güte, wenn nichts ist, dem er gut ist? Wo sein Bewußtsein, wenn kein Gegenstand ist, an dem er sich seiner bewußt wird? Wo seine Unendlichkeit, wenn nichts Endliches ist? Denn er ist ja nur im Gegensatze gegen dasselbe unendlich. Wenn ich daher die Welt weglasse, so bleibt mir auch nichts von Gott übrig. Warum wollen wir also nicht bei ihr stehenbleiben, da wir doch nimmermehr über und außer sie hinauskönnen, da uns selbst die Vorstellung und Annahme eines Gottes auf die Welt zurückwirft, da wir mit der Hinwegnahme der Natur, der Welt alle Wirklichkeit, folglich auch die Wirklichkeit Gottes, inwiefern er als die Weltursache gedacht wird, aufheben? Die Schwierigkeiten, die sich unserm Geiste bei der Frage nach dem Anfang der Welt darbieten, werden daher durch die Annahme eines Gottes, eines außerweltlichen Wesens nur hinausgeschoben oder beseitigt oder vertuscht, aber *nicht gelöst*. Es ist daher das Vernünftigste, anzunehmen, daß die Welt ewig war und ewig sein wird, daß sie folglich den Grund ihrer Existenz in sich selbst hat. „Man kann", sagt Kant in seinen „Vorlesungen über die philosophische Religionslehre", „sich des Gedankens nicht erwehren, man kann ihn aber auch nicht ertragen, daß ein Wesen, welches wir uns als das höchste unter allen möglichen vorstellen, gleichsam zu sich selbst sage: Ich bin von

Ewigkeit zu Ewigkeit; außer mir ist nichts ohne das, was bloß durch meinen Willen etwas ist; aber *woher bin ich denn?*" Das heißt mit anderen Worten: Woher ist denn Gott? Was nötigt mich, bei ihm stehenzubleiben? Nichts; ich muß vielmehr nach seinem Ursprung fragen. Und dieser ist kein Geheimnis; die Ursache der ersten und allgemeinen Ursache der Dinge im Sinne der Theisten, der Theologen, der sogenannten spekulativen Philosophen – ist der Verstand des Menschen. Der Verstand steigt vom Einzelnen und Besonderen zum Allgemeinen, vom Konkreten zum Abstrakten, vom Bestimmten zum Unbestimmten empor. So steigt denn auch der Verstand von den wirklichen, bestimmten, besonderen Ursachen so lange und so weit empor, bis er zu dem Begriffe der *Ursache als solcher*, *der* Ursache, die keine wirklichen, bestimmten, besondern Wirkungen hervorbringt, gekommen ist. Gott ist nicht, wenigstens unmittelbar, wie die Theisten sagen, die Ursache von Blitz und Donner, von Sommer und Winter, von Regen und Sonnenschein, von Feuer und Wasser, von Sonne und Mond; alle diese Dinge und Erscheinungen haben nur bestimmte, besondere, sinnliche Ursachen; er ist nur die allgemeine erste Ursache, die Ursache der Ursachen; er ist die Ursache, die keine bestimmte, sinnliche, wirkliche Ursache ist, *die* Ursache, abstrahiert von allem sinnlichen Stoff und Material, von allen speziellen Bestimmungen, d. h., er ist *die Ursache überhaupt*, der Begriff der Ursache als ein personifiziertes, verselbständigtes Wesen. Sogut der Verstand den von allen bestimmten Beschaffenheiten wirklicher Wesen abgezogenen Begriff des Wesens als *ein* Wesen personifiziert, sogut personifiziert er den von allen Merkmalen wirklicher, bestimmter Ursächlichkeit abgezogenen Begriff der Ursache in einer ersten Ursache. Wie überhaupt auf dem Standpunkt der von den Sinnen absehenden Vernunft subjektiv und logisch ganz richtig der Mensch die Gattung den Individuen, *die* Farbe den Farben, *die* Menschheit den Menschen, so setzt er auch *die* Ursache den Ursachen voraus. „Gott ist der Grund der Welt" heißt: *die Ursache* ist der Grund der Ursachen; wenn keine Ursache ist, so gibt es auch keine Ursachen; das erste in der Logik, in der Verstandesordnung ist *die* Ursache, das zweite, Untergeordnete [sind] die Ursachen oder die *Arten* der Ursache; kurz, die erste Ursache reduziert, führt sich zurück auf den

Begriff der Ursache und der Begriff der Ursache auf den Verstand, welcher das Allgemeine von den besonderen wirklichen Dingen abzieht und dann seiner Natur gemäß dieses von ihnen abgezogene Allgemeine als das erste ihnen voraussetzt. Aber ebendeswegen, weil die erste Ursache ein bloßer Verstandesbegriff oder [ein] Verstandeswesen ist, das keine gegenständliche Existenz hat, so ist sie auch nicht die Ursache meines Lebens und Bestehens; *die* Ursache hilft mir nichts; die Ursache meines Lebens ist ein Inbegriff *vieler verschiedener, bestimmter* Ursachen; die Ursache z. B., daß ich atme, ist subjektiv die Lunge, objektiv die Luft, die Ursache, daß ich sehe, objektiv das Licht, subjektiv das Auge. Ich wende mich daher wieder von dem unerquicklichen, abstrakten Thema der ersten, nichts wirkenden Ursache zur Natur, dem Inbegriff wirklicher Ursachen, um aufs neue auf eine erquicklichere Weise zu beweisen, daß wir bei der Natur als dem letzten Grund unserer Existenz stehenbleiben müssen, daß alle über die Natur hinausgehenden Ableitungen derselben von einem nicht natürlichen Wesen nur Phantasien oder Selbsttäuschungen sind. Diese Beweise sind nun teils direkte, teils indirekte, jene sind aus der Natur geschöpft, beziehen sich unmittelbar auf das Wesen derselben; die anderen zeigen die Widersprüche, die in der gegenteiligen Annahme liegen, die ungereimten Konsequenzen, die sich aus ihr ergeben.

Unsere Welt, aber keineswegs nur die politische und soziale, sondern auch unsere geistige und gelehrte Welt, ist eine verkehrte Welt.* Der Triumph unsrer Bildung, unsrer Kultur bestand größtenteils nur in der größtmöglichen Entfernung und Abirrung von der Natur, der Triumph unserer Wissenschaft, unserer Gelehrsamkeit in der größtmöglichen Entfernung und Abirrung von der einfachen und sinnfälligen Wahrheit. So ist es allgemeiner Grundsatz unserer verkehrten Welt, daß Gott sich in der Natur offenbart, während es umgekehrt heißen muß, daß, ursprünglich wenigstens, die Natur sich dem Menschen als Gottheit offenbart, daß die Natur auf den Menschen den Eindruck macht, welchen er Gott nennt, welchen er unter dem Namen Gottes zum Bewußtsein bringt, vergegenständlicht. So ist es allgemeine Lehre unserer verkehrten Welt, daß die Natur aus Gott entstanden, während es umgekehrt heißen muß, daß Gott aus der Natur entstanden, Gott aus der Natur abgeleitet, ein von ihr abstrahierter, abgezogener Begriff ist; denn alle Prädikate, d. h. alle Eigenschaften oder Bestimmungen, alle Realitäten, wie die Philosophen sagen, d. h. alle Wesenheiten oder Vollkommenheiten, welche in Gott zusammengefaßt werden oder deren Inbegriff, deren Zusammenfassung eben Gott ist oder heißt, alle göttlichen Prädikate also, welche und wiefern sie keine vom Menschen entlehnte sind, sind aus der Quelle der Natur geschöpft, vergegenständlichen, vergegenwärtigen, veranschaulichen uns nichts andres als das Wesen der Natur oder kurzweg die Natur. Der Unterschied ist nur der, daß Gott ein abstraktes, d. h. gedachtes, die Natur ein konkretes, d. h. wirkliches Wesen ist, aber das Wesen, die Sache, der Inhalt ist dasselbe; Gott ist die abstrakte, d. h. von der sinnlichen Anschauung abgezogene, gedachte, zu einem Verstandesobjekt oder Verstandeswesen gemachte Natur; die Natur im eigentlichen Sinne ist die sinnliche, wirkliche Natur, wie sie uns unmittelbar die Sinne offenbaren und darstellen. Betrachten wir nun die Wesensbestimmungen der Gottheit, so werden wir finden, daß sie alle nur in der Natur wurzeln, daß sie nur Sinn und Verstand haben, wenn sie auf die Natur zurückgeführt werden. Eine Wesensbestimmung Gottes ist, daß er ein mächtiges, ja, das mächtigste, in späteren Vorstellungen das allmächtige Wesen ist. Die Macht ist selbst das erste Prädikat der Gottheit oder vielmehr die erste Gottheit. Aber was ist diese Macht? Was drückt sie aus? Nichts als die Macht der Naturerscheinungen; daher sind, wie schon in den ersten Stunden angeführt wurde, Blitz und Donner, als *die* Erscheinung, welche den mächtigsten, furchtbarsten Eindruck auf den Menschen macht, die Wirkung des höchsten, mächtigsten Gottes oder selbst eins mit ihm. Selbst im Alten Testament ist und heißt der *Donner die Stimme Gottes* und an vielen Stellen der *Blitz „das Angesicht Gottes*". Was ist aber ein Gott, dessen Stimme der Donner, dessen Angesicht der Blitz, anders als das Wesen der Natur, respektive des Blitzes und Donners? Selbst bei den christlichen Theisten drückt die Macht trotz der Geistigkeit ihres Gottes nichts anders aus als die sinnliche Macht, die Macht der Natur. So sagt z. B. der christliche Dichter Triller in seinen „Poetischen Betrachtungen":

„Ist es nicht wahr, gesteh' es mir,
Daß dir das Herz im Leibe zittert,
Wann mit erschütternder Gewalt
Der Donner rasselt, rollt und knallt?
Woher mag diese Furcht entstehn?
Wo anders her, als daß dein Geist
Dir sagt, es könne leicht geschehn,
Daß Gott durch seines Donners Kraft
Und durch der Blitzen Schwefelflammen
Dich plötzlich von der Erde rafft?
So ist es demnach zweifelsfrei,
Daß Blitz und Donnerschlag ein Zeichen
Von Gottes Sein und Allmacht sei."

Und wo die Macht der Natur bei den Christen auch nicht so vernehmlich in die Sinne fällt wie hier im Blitz und Donner des geistlichen Trillers, da liegt sie wenigstens zugrunde. So haben die christlichen Theisten, deren Wesen die Abstraktion und ebendeswegen die Entfernung von der Wahrheit der Natur, die Ursache der Bewegung in der Natur, weil sie diese zu einer toten, trägen Masse oder Materie machten, von der Macht oder Allmacht Gottes abgeleitet. Gott, sagten sie, hat der an sich bewegungslosen Materie die Bewegung eingepflanzt, eingedrückt, mitgeteilt, und ebendeswegen haben sie die ungeheure Macht Gottes bewundert, kraft welcher er diese ungeheure Masse oder Maschine in Bewegung gesetzt. Aber ist nicht diese Macht, wodurch Gott den Körper oder die Materie in Bewegung versetzt, abstrahiert, abgezogen von der Kraft oder Macht, womit ein Körper einem anderen, ruhenden seine Bewegung mitteilt? Die diplomatischen Theisten leugneten freilich wieder, daß Gott durch einen Stoß, eine unmittelbare Berührung die Materie bewegt habe; er sei ein Geist, durch seinen bloßen Willen habe er dies bewirkt. Allein sowenig Gott als ein bloßer Geist, sondern zugleich als ein Wesen, und zwar materielles, sinnliches, wenngleich versteckt materielles, versteckt sinnliches Wesen, vorgestellt wird, sowenig hat er durch seinen bloßen Willen die Bewegung verursacht. Wille ist nichts ohne Macht, ohne ein positives, materielles Vermögen. Die Theisten unterscheiden ja selbst ausdrücklich in Gott die Macht vom Willen und Verstand. Was ist denn nun aber diese vom Willen und

Verstande unterschiedene Macht anders als die Naturmacht? Die Vorstellung der Macht als eines göttlichen Prädikats oder als einer Gottheit ergibt oder entwickelt sich im Menschen besonders aus der Vergleichung der Wirkungen der Natur mit den Wirkungen des Menschen. Der Mensch kann nicht Kräuter und Bäume hervorbringen, nicht Sturm und Wetter machen, nicht blitzen und donnern. „Unnachahmlich" nennt daher Virgil Jupiters Blitzstrahl, und den Salmoneus trifft deswegen in der griechischen Mythologie der Blitz des Jupiter, weil er sich erfrechte, wie Jupiter blitzen und donnern zu wollen. Diese Wirkungen der Natur gehen über die Kräfte des Menschen, sind nicht in seiner Macht. Ebendeswegen ist ihm das diese Wirkungen und Erscheinungen hervorbringende Wesen ein *übermenschliches* und als ein übermenschliches ein göttliches Wesen. Aber alle diese Wirkungen und Erscheinungen drücken nichts andres aus als die *Macht der Natur*. Die Christen, die Theisten schreiben zwar diese Wirkungen *mittelbar* oder ihrem Ursprung nach Gott zu einem von der Natur unterschiedenen, mit Willen, Verstand, Bewußtsein wirkenden Wesen; aber das ist nur eine Erklärung, und hier handelt es sich nicht darum, ob ein Geist Ursache dieser Erscheinungen ist oder nicht ist, sein kann oder nicht sein kann, sondern nur darum, daß *die* Naturerscheinungen, *die* Naturwirkungen, welche selbst der Christ, wenigstens der rationalistische, aufgeklärte Christ, zu keinen unmittelbaren Wirkungen Gottes, nur ihrem ersten Ursprung nach zu Wirkungen Gottes, aber ihrer wirklichen Wesenheit und Beschaffenheit nach zu Wirkungen der Natur macht, das Original sind, von welchem der Mensch ursprünglich den Ausdruck und Begriff einer übermenschlichen, göttlichen Macht und Kraft abzieht. Ein Beispiel. Wenn ein Blitz einen Menschen erschlägt, so sagt oder denkt der Christ, daß dies nicht von ohngefähr oder infolge der bloßen Naturordnung geschah, sondern infolge eines göttlichen Beschlusses; denn „es fällt kein Sperling vom Dache ohne Gottes Willen". Gott wollte, daß er starb, und zwar auf diese Weise. Sein Wille ist die Ursache, die letzte oder erste Ursache des Todes, die nächste ist der Blitz, oder der Blitz ist, im Sinn des alten Glaubens, das Mittel, wodurch Gott selbst den Menschen tötete, im Sinne des modernen Glaubens die Mittelursache, welche mit Gottes Willen oder wenigstens Erlaubnis (Zulassung) den Tod bewirkte. Aber die niederschmetternde, tötende, versengende Kraft ist die *eigene* Kraft des Blitzes, so wie die Kraft oder Wirkung des Arseniks, wodurch ich einen Menschen töte, nicht eine Wirkung meines Willens, meiner Kraft, sondern die dem Arsenik eigene Kraft und Wirkung ist. Wir unterscheiden also auf dem theistischen oder christlichen Standpunkt die *Kraft der Dinge* von der Kraft oder, richtiger, dem Willen Gottes; wir halten nicht die Wirkungen und folglich Eigenschaften – denn wir erkennen ja nur die Eigenschaften der Dinge aus ihren Wirkungen – der Elektrizität, des Magnetismus, der Luft, des Wassers, des Feuers für Eigenschaften und Wirkungen Gottes; wir sagen nicht: Gott brennt und wärmt, sondern: das Feuer brennt und wärmt; wir sagen und denken nicht: Gott macht naß, sondern das Wasser; nicht Gott donnert und blitzt, sondern es donnert und blitzt usw. Gerade nun aber diese von Gott als geistigem Wesen, wie ihn der Christ denkt, unterschiedenen Erscheinungen, Eigenschaften und Wirkungen der Natur sind es, welchen der Mensch die Vorstellung göttlicher, übermenschlicher Macht entnimmt, wegen welcher er, solange er seinem ursprünglichen, einfachen, die Natur nicht in Gott und Welt zerspaltenden Sinne treu bleibt, die Natur selbst als Gott verehrt. Bei dem Ausdruck „übermenschlich“ kann ich mich nicht enthalten, eine Bemerkung einzuschalten. Es ist eine der gewöhnlichsten Lamentationen der religiösen und gelehrten Heuler über den Atheismus, daß er ein wesentliches Bedürfnis des Menschen zerstöre oder verkenne, nämlich das Bedürfnis desselben, etwas über sich Seiendes anzunehmen und zu verehren, daß er ebendeswegen den Menschen zu einem egoistischen und hochmütigen Wesen mache. Allein der Atheismus hebt nicht, indem er das theologische Über-dem-Menschen aufhebt, damit auch das moralische und natürliche Über auf. Das moralische Über ist das Ideal, das sich jeder Mensch setzen muß, um etwas Tüchtiges zu werden; aber dieses Ideal ist und muß sein ein menschliches Ideal und Ziel. Das natürliche Über ist die Natur selbst, sind insbesondere die himmlischen Mächte, von denen unsere Existenz, unsere Erde abhängt; ist ja die Erde selbst nur ein Glied derselben und das, was sie ist, nur innerhalb der Stellung, die sie in unserem Sonnensystem einnimmt. Selbst das religiöse überirdische und übermenschliche

Wesen verdankt seinen Ursprung nur dem sinnlichen, optischen Über-uns-Sein des Himmels und der Himmelskörper. Julian beweist bei Cyrillus daraus die Gottheit der Gestirne, daß jeder die Hände in den Himmel erhebt, wenn er betet oder schwört oder irgendwie den Namen der Gottheit anruft. Versetzen doch selbst die Christen ihren „geistigen, allgegenwärtigen" Gott noch in den Himmel; und sie versetzen ihn aus denselben Gründen in den Himmel, aus welchen ursprünglich der Himmel selbst für Gott galt. Aristo von Chios, des Zeno, welcher der Stifter des Stoizismus, Schüler, sagte ausdrücklich: „*Über* uns ist oder geht das Physische (die Natur), denn es ist unmöglich zu erkennen und bringt uns keinen Nutzen." Aber dieses Physische ist hauptsächlich das Himmlische. Die Gegenstände der Astronomie und Meteorologie waren es ja vor allem, welche das Interesse der Naturforscher und Naturphilosophen erregten. So verwarf auch Sokrates die Physik als etwas *über* die Kräfte des Menschen Gehendes und führte die Menschen von der Physik zur Ethik; aber unter dieser Physik verstand er hauptsächlich die Astronomie und Meteorologie, daher der bekannte Spruch, daß er die Philosophie vom Himmel auf die Erde herabgeführt habe, daher auch, daß er alles die Kräfte und Bestimmung des Menschen übersteigende Philosophieren meteorologein (d. h. sich mit himmlischen, überirdischen Dingen beschäftigen) nannte.

Wie aber die Macht, die Übermenschlichkeit, das höchste oder obere, über uns seiende Wesen – superi heißen bei den Römern die Götter –, so sind auch die andern Prädikate der Gottheit, wie die Ewigkeit, die Unendlichkeit, ursprünglich Prädikate der Natur. So ist z. B. bei Homer die Unendlichkeit ein Beiwort des Meeres und der Erde, beim Philosophen Anaximenes ein Beiwort der Luft, im Zendavesta die Ewigkeit und Unsterblichkeit ein Prädikat der Sonne und Sterne. Selbst der größte Philosoph des Altertums, Aristoteles, schreibt im Gegensatz zu der Vergänglichkeit und Veränderlichkeit des Irdischen dem Himmel und den Himmelskörpern Unveränderlichkeit und Ewigkeit zu. Und selbst der Christ erschließt aus (d. h. leitet ab von) der Größe und Unendlichkeit der Welt oder Natur die Größe und Unendlichkeit Gottes, wenn er gleich hernach – aus einem sehr begreiflichen, hier aber nicht zu erörternden Grunde –

jene vor dieser verschwinden läßt. So sagt z. B. Scheuchzer in seiner „Naturwissenschaft Hiobs" mit unzähligen andern Christen: „Seine (Gottes) unendliche Größe zeiget an nicht nur die *unbegreifliche Größe* der Welt und Weltkörper, sondern auch das kleinste Stäublein." Und in seiner „Physika oder Naturwissenschaft" sagt derselbe gelehrte und fromme Naturforscher: „Es leuchtet die *unendliche* Weisheit und Macht des Schöpfers hervor nicht nur aus denen *infinite magnis*, aus der ganzen Welt Masse und jenen großen in freiem Himmel daherschwimmenden Körpern . . ., sondern auch aus denen infinite parvis, aus denen Stäublein kleinen Tierlein . . . Ein jedes Stäublein begreifet eine unendliche Zahl kleinster Welten." Der Begriff der Unendlichkeit fällt zusammen mit dem Begriff allumfassender Allgemeinheit oder Universalität. Gott ist kein partikuläres und darum endliches, kein auf diese oder jene Nation, diesen oder jenen Ort beschränktes Wesen, aber auch nicht die Natur. Sonne, Mond, Himmel, Erde und Meer sind allen gemein, sagt ein griechischer Philosoph, und ein römischer Dichter (Ovid) sagt: „Die Natur hat weder die Sonne, noch die Luft, noch das Wasser jemandem zugeeignet." „Vor Gott gilt kein Ansehen der Person", aber auch nicht vor der Natur. Die Erde bringt ihre Früchte nicht nur dieser oder jener auserlesenen Person oder Nation hervor; die Sonne scheint nicht bloß über das Haupt des Christen, des Juden, sie erleuchtet alle Menschen ohne Unterschied. Eben wegen dieser Unendlichkeit und Allgemeinheit der Natur konnten die alten Juden, welche sich für das von Gott bevorzugte, d. h. einzige berechtigte Volk hielten, welche glaubten, daß nur ihret-, der Juden willen, nicht der Menschen wegen, die Welt geschaffen sei, nicht begreifen, warum die Güter des Lebens nicht ihnen allein, sondern auch den Götzendienern zu Gebote ständen. Auf die Frage, warum Gott nicht den Götzendienst zerstöre, antworteten daher jüdische Gelehrte, er würde die Götzendiener vernichten, wenn sie nicht der Welt notwendige Dinge verehrten; da sie aber Sonne, Mond, Sterne, Wasser, Feuer verehrten, warum sollte Gott wegen einiger Toren die Welt zerstören? D. h. in Wahrheit: Gott muß die Ursachen und Gegenstände der Idolatrie bestehen lassen, weil ohne sie nicht die Juden bestehen könnten. (10) Wir haben hier ein interessantes Beispiel von einigen wesentlichen Charakterzügen der Religion. Erstlich ein Beispiel von dem Widerspruch zwischen Theorie und Praxis, Glauben und Leben, welcher in jeder Religion sich findet. Mit ihrer Theorie, ihrem Glauben stand diese natürliche Gemeinschaft der Erde, des Lichtes, des Wassers, welche die Juden mit den Götzendienern hatten, in direktem Widerspruch; da sie nichts mit den Heiden gemein haben wollten und ihrer Religion nach gemein haben sollten, so hätten sie auch die Lebensgüter nicht mit ihnen gemein haben sollen. Wären sie konsequent gewesen, so hätten sie entweder die Heiden oder sich von dem Genusse derselben ausschließen müssen, um gar nichts mit den profanen Heiden gemein zu haben. Zweitens haben wir hieran ein Beispiel, daß die Natur weit liberaler ist als der Gott der Religionen, daß der naturgemäße Standpunkt des Menschen oder die Naturanschauung weit universeller ist als der religiöse Standpunkt, welcher den Menschen vom Menschen, den Christen vom Juden, den Juden vom Heiden trennt, daß folglich die Einheit des Menschengeschlechts, die alle Menschen umfassende Liebe keineswegs auf den Begriff des himmlischen Vaters oder, wie die modernen Philosophen diesen Ausdruck übersetzen, auf den Begriff des Geistes, sondern ebenso, ja, noch besser auf die Natur sich stützt, ja, ursprünglich sich nur auf sie stützte. Die allgemeine Menschenliebe stammt daher auch keineswegs erst aus dem Christentum. Schon die heidnischen Philosophen lehrten sie; aber der Gott der heidnischen Philosophen war nichts andres als die Welt oder Natur.

Die Christen haben vielmehr denselben Glauben gehabt wie die Juden; sie haben ebenfalls geglaubt und gesagt, daß die Welt nur ihret-, der *Christen willen* erschaffen und erhalten werde; sie haben sich daher konsequent ebensowenig die Existenz der Ungläubigen und Heiden überhaupt erklären können als die Juden, denn wenn die Welt nur der Christen wegen ist, wozu und warum sind denn die anderen Menschen, die keine Christen sind, nicht an den christlichen Gott glauben? Aus einem christlichen Gott läßt sich nur das Dasein von christlichen, aber nicht von heidnischen und ungläubigen Menschen erklären. Der Gott, der über Gerechte und Ungerechte, über Gläubige und Ungläubige, Christen und Heiden seine Sonne aufgehen läßt, ist ein gegen diese religiösen Unterschiede gleichgültiger, nichts von ihnen wissender Gott, ist in Wahrheit nichts andres als die Natur. (11) Wenn es daher in der Bibel heißt: „Gott läßt seine Sonne aufgehen über Gute und Böse", so haben wir in diesen Worten Spuren oder Beweise einer religiösen Naturanschauung, oder unter den Guten und Bösen sind nur moralisch, aber keineswegs dogmatisch unterschiedene Menschen zu verstehen, denn der dogmatische biblische Gott unterscheidet strenge die Böcke von den Schafen, die Christen von den Juden und Heiden, die Gläubigen von den Ungläubigen; denn den einen verheißt er die Hölle, den anderen den Himmel, die einen verdammt er zum ewigen Leben und Glück, die anderen zum ewigen Elend und Tod. Aber ebendeswegen läßt sich auch nicht das Dasein von ihm zum Nichts verdammter Menschen aus ihm ableiten; wir können es nur uns erklären, wir können überhaupt den tausend und abermal tausend Widersprüchen, Verlegenheiten, Schwierigkeiten und Inkonsequenzen, in die uns der religiöse Glaube verwickelt, nur dann entgehen, wenn wir erkennen, daß der ursprüngliche Gott nur ein von der Natur abgezogenes Wesen ist, und daher mit Bewußtsein an die Stelle des mystischen, vieldeutigen Namens und Wesens Gottes den Namen und das Wesen der Natur setzen.

Dreizehnte Vorlesung

Was ich in der gestrigen Stunde von der Macht, von der Ewigkeit, von der Übermenschlichkeit, von der Unendlichkeit und Universalität Gottes gesagt habe, daß sie von der Natur abgezogen seien, ursprünglich nur Eigenschaften der Natur ausdrückten, das gilt auch selbst von den moralischen Eigenschaften. Die Güte Gottes ist nur abgezogen von den dem Menschen nützlichen, guten, wohltätigen Wesen und Erscheinungen der Natur, welche ihm das Gefühl oder Bewußtsein einflößen, daß das Leben, die Existenz ein Gut, ein Glück sei. Die Güte Gottes ist nur die durch die Phantasie, die Poesie des Affekts veredelte, nur die personifizierte, als eine besondere Eigenschaft oder Wesenheit verselbständigte, nur die in tätiger Form ausgedrückte und aufgefaßte Nützlichkeit und Genießbarkeit der Natur. Weil aber die Natur zugleich auch die Ursache von dem Menschen feindlichen, verderblichen Wirkungen ist, so verselbständigt und vergöttert er diese Ursache in einem *bösen* Gott. Dieser Gegensatz findet sich fast in allen Religionen; aber die in dieser Beziehung berühmteste Religion ist die persische, welche an die Spitze ihres Glaubens zwei sich feindliche Götter stellt: den Ormuzd, welcher der Gott oder die Ursache aller dem Menschen wohltätigen Wesen, der nützlichen Tiere, der erfreulichen Erscheinungen, wie des Lichts, des Tags, der Wärme, ist, und den Ahriman, welcher der Gott oder die Ursache der Finsternis, der verderblichen Hitze, der schädlichen Tiere ist. Auch die christliche Religion, deren Glaubensvorstellungen fast insgesamt aus der persischen, überhaupt orientalischen Weltanschauung stammen, hat eigentlich zwei Götter, wovon aber nur der eine vorzugsweise oder ausschließlich Gott, der andere Satan oder Teufel heißt. Und selbst wo man die bösen, verderblichen Wirkungen der Natur nicht von einer selbständigen, persönlichen Ursache, dem Teufel, ableitet, da werden sie wenigstens von dem *Zorne* Gottes abgeleitet. Aber der Gott im Zorne oder der zornige Gott ist nichts andres als der *böse* Gott. Wir haben hier wieder ein Beispiel, daß zwischen Poly- und Monotheismus kein wesentlicher Unterschied ist. Der Polytheist glaubt gute und böse Götter, der Monotheist verlegt die bösen Götter in den Zorn, die guten in die Güte Gottes und glaubt einen Gott, aber dieser eine ist ein guter *und* böser oder zorniger Gott, ein Gott von entgegengesetzten Eigenschaften. Der Zorn Gottes ist nun aber nichts als die *Strafgerechtigkeit* Gottes, vorgestellt, versinnlicht als Affekt, als Leidenschaft. Der Zorn ist ja selbst im Menschen ursprünglich und an sich nichts andres als ein leidenschaftliches Gerechtigkeits- oder Rachegefühl. Der Mensch wird zornig, wo ihm – sei's nun wirklich oder in seiner Meinung – ein Leid, ein Unrecht angetan wird. Der Zorn ist eine Empörung des Menschen gegen die despotischen Eingriffe, die sich ein andres Wesen gegen ihn erlaubt. Wie nun aber die Güte Gottes nur von den guten Wirkungen der Natur, so ist die Gerechtigkeit ursprünglich nur von den bösen, schädlichen, verderblichen Wirkungen der Natur abgezogen. Die Vorstellung der Strafgerechtigkeit erzeugt sich durch Reflexion also. Der Mensch ist ein Egoist; er ist sich selbst unendlich gut und glaubt nun, daß alles auch nur ihm zum Besten dienen müsse, daß es kein Übel geben solle und könne; er findet aber Widersprüche mit diesem seinen Egoismus und Glauben; er glaubt daher, daß ihm nur etwas Böses begegne, wenn er gegen das Wesen oder die Wesen, von denen er alles Gute und Wohltätige ableitet, gefehlt und sie gegen sich in Harnisch gebracht habe. Er erklärt sich daher die Übel der Natur als Strafen, die Gott wegen irgendeines gegen ihn begangenen Fehlers oder Unrechts über die Menschen verhängt habe. Daher auch der christliche Glaube, daß einst die Natur ein Paradies gewesen, wo nichts dem Menschen Feindliches und Schädliches existiert habe, daß aber dieses Paradies infolge der Sünde und des durch sie erregten Zornes Gottes zugrunde gegangen sei. Aber diese Erklärung ist eine theologisch verkehrte. Ursprünglich ist der Zorn oder die Strafgerechtigkeit Gottes im Unterschied von seiner Güte nur abgezogen und abgeleitet von den schädlichen und verderblichen Erscheinungen der Natur. Nicht weil Gott straft, gerecht, zornig, bös ist, ist dieser Mensch vom Blitz getötet worden, sondern umgekehrt, weil er vom Blitz erschlagen, so ist die Ursache dieses Todesfalls ein zorniges, strafendes, böses Wesen. Das ist der ursprüngliche Gang der menschlichen Gedanken. (12) Aber wie die Güte und Gerechtigkeit Gottes von den guten und bösen Erscheinungen der Natur, so ist auch die Weisheit nur von der Natur, und zwar von der Ordnung, in der die Erscheinungen der Natur aufeinander folgen, von dem Zusammenhange der natürlichen Ursachen und Wirkungen, abgeleitet und abgezogen.

Aber wie die bisherigen physischen oder metaphysischen und moralischen, so sind auch die übrigen mehr unbestimmten oder verneinenden Eigenschaften Gottes von der Natur abgezogen. Gott ist nicht sichtbar, aber auch die Luft ist nicht sichtbar. Ebendeswegen ist fast bei allen nur einigermaßen spirituellen Völkern auch die Luft, der Atem, Hauch identisch mit Geist. Und Gott selbst unterscheidet sich wieder nicht vom Geiste, d. h. von der Luft als dem in der ungebildeten sinnlichen Anschauung allein das Leben des Menschen bedingenden oder vielmehr verursachenden und erhaltenden Wesen. Wenn es daher heißt: „Von Gott sollst du dir kein Bildnis machen", so folgt daraus noch nicht, daß unter Gott ein Geist in unserem Sinne, die wir unter Geist ein denkendes, wollendes, erkennendes Wesen verstehen, verstanden wird. Wer kann sich von der Luft ein Bild machen? „Wundre dich nicht", erwidert Minucius Felix auf den Vorwurf der Heiden, daß der Christen Gott nicht gezeigt noch gesehen werden könne, „wenn du Gott nicht siehst; auch Wind und Luft sind unsichtbar, ob sie gleich alles hin und her stoßen, bewegen, erschüttern." Gott ist nicht greifbar, nicht tastbar. Aber ist es denn die Luft, ob sie gleich für die Physiker wägbar ist, ist es das Licht? Läßt sich das Licht, läßt sich die Luft plastisch, d. h. in einer individuellen, körperlichen Gestalt, darstellen? Wie verkehrt ist es daher, daraus, daß Völker von ihren Göttern oder ihrem Gotte keine Bilder, keine Statuen und folglich keine Tempel haben, zu schließen, daß sie ein geistiges Wesen, ein geistiges Wesen in unserem Sinne, verehren? Sie verehren die Natur, sei's nun im ganzen oder in ihren Teilen, ohne sie noch vermenschlicht, ohne sie wenigstens noch in bestimmte menschliche Form und Figur gebracht zu haben; das ist der Grund, warum sie keine menschlichen Bilder und Statuen von den Gegenständen ihrer religiösen Verehrung haben. Gott kann ich nicht in beschränkte Formen, Bilder, Begriffe fassen; aber kann ich denn die Welt, das Universum darein fassen? Wer kann sich von der Natur ein Bild machen, wenigstens ein ihrem Wesen entsprechendes Bild? Jedes Bild ist ja nur von einem Teil der Welt genommen; wie kann ich also das Ganze in einem Teile entsprechend darstellen wollen? Gott ist nicht ein zeitlich und räumlich beschränktes Wesen; aber ist's denn die Welt? Ist die Welt an diesem Orte, in dieser Zeit? Ist sie nicht an allen Orten, in allen Zeiten? Ist die Welt in der Zeit oder nicht vielmehr die Zeit in der Welt? Ist die Zeit nicht eine Form nur der Welt, die Art und Weise, in welcher die einzelnen Wesen und Wirkungen der Welt aufeinander folgen? Wie kann ich also der Welt einen zeitlichen Anfang zuschreiben? Setzt die Welt die Zeit oder nicht vielmehr die Zeit die Welt voraus? Die Welt ist das Wasser, die Zeit die Bewegung des Wassers; ist aber das Wasser nicht der Natur der Sache nach früher als die Bewegung desselben? Setzt nicht die Bewegung des Wassers das Wasser voraus? Ist die Bewegung desselben nicht eine Folge seiner eigentümlichen Natur und Beschaffenheit? Ist es also nicht ebenso töricht, sich die Welt in der Zeit entstanden zu denken, als wenn ich mir das

Wesen eines Dings erst in den Folgen dieses Wesens entstanden denke? Ist es nicht ebenso unsinnig, sich einen zeitlichen Punkt als den Anfang der Welt zu denken, als den Fall des Wassers sich als den Ursprung des Wassers zu denken? Sehen wir nun aber nicht aus dem bisher Angeführten, daß das Wesen und die Eigenschaften der Welt und das Wesen und die Eigenschaften Gottes dieselben sind, daß Gott sich nicht von der Welt unterscheidet, daß Gott nur ein von der Welt abstrahierter Begriff, Gott nur die Welt in Gedanken, die Welt nur der Gott in Wirklichkeit oder der wirkliche Gott ist, daß die Unendlichkeit Gottes nur von der Unendlichkeit der Welt, die Ewigkeit Gottes nur von der Ewigkeit der Welt, die Macht und Herrlichkeit Gottes nur von der Macht und Herrlichkeit der Natur abgezogen, nur aus ihr entstanden, von ihr abgeleitet ist? Der Unterschied zwischen Gott und Welt ist nur der Unterschied zwischen Geist und Sinn, Gedanken und Anschauung; die Welt als Gegenstand der Sinne, namentlich der körperlichen Sinne, wie des groben Tastsinns, ist die Welt, die eigentlich sogenannte Welt, dagegen die Welt als Gegenstand des Gedankens, des das Allgemeine von den Sinnen abziehenden Denkens ist Gott. Aber wie das Allgemeine, das der Verstand von den sinnlichen Dingen abzieht, ein, wenn auch nicht unmittelbar, doch mittelbar Sinnliches, ein dem Wesen, der Sache, wenn auch nicht der Form nach Sinnliches ist (denn der Begriff des Menschen ist ja vermittelst der Menschen, der Begriff des Baumes vermittelst der Bäume, welche die Sinne mir zeigen, etwas Sinnliches), so ist auch das Wesen Gottes, obwohl es nur das gedachte, abgezogene Wesen der Welt ist, doch ein mittelbar sinnliches Wesen. Gott ist allerdings kein sinnliches Wesen wie irgendein sichtbar oder handgreiflich begrenzter Körper, wie der Stein, die Pflanze, das Tier, aber wenn man nur deswegen dem Wesen Gottes die Sinnlichkeit absprechen wollte, so müßte man sie auch der Luft, auch dem Licht absprechen. Selbst da, wo der Mensch sich mit der Vorstellung Gottes über die Natur zu erheben glaubt, wo er Gott, wenigstens seiner Einbildung nach, als ein von allen sinnlichen Eigenschaften abgesondertes, unsinnliches, unkörperliches Wesen denkt, wie die Christen, namentlich die sogenannten rationalistischen Christen, selbst da bildet doch wenigstens die *Grundlage* des geistigen Gottes die *Vorstellung des sinnlichen Wesens.* Wer kann sich überhaupt etwas *als Wesen* denken, ohne es zugleich als *sinnliches* Wesen zu denken, mag er auch alle Beschränkungen und Eigenschaften eines tastbar sinnlichen Wesens von ihm weglassen? Der Unterschied zwischen dem Wesen Gottes und dem Wesen der sinnlichen Dinge ist nur der Unterschied zwischen der Gattung und den Arten oder den Individuen. Gott ist sowenig dieses oder jenes Wesen, als *die* Farbe diese oder jene Farbe, *der* Mensch dieser oder jener Mensch ist; denn im Gattungsbegriff des Menschen sehe ich ab von den Unterschieden der Menschenarten und einzelnen Menschen, im Gattungsbegriff der Farbe von den einzelnen, unterschiedenen Farben. So sehe ich auch in Gottes Wesen ab von den Unterschieden und Eigenschaften der vielen verschiedenen sinnlichen Wesen, denke es bloß *im allgemeinen* als Wesen; aber ebendeswegen, weil der Begriff des göttlichen Wesens nur abgezogen ist von den sinnlichen Wesen, die die Welt enthält, weil er nur ein Gattungsbegriff ist, so unterschieben wir stets auch diesem allgemeinen Begriff die Bilder sinnlicher Wesen, wir stellen uns das Wesen Gottes bald als das Wesen der Natur im ganzen oder des Lichtes oder des Feuers oder des Menschen, namentlich eines alten, ehrwürdigen Mannes, vor, gleichwie uns bei jedem Gattungsbegriff das Bild der Individuen, von denen wir ihn abstrahiert haben, vorschwebt. Ebenso wie mit dem Wesen ist es auch mit der Existenz Gottes, wie sich von selbst versteht, denn die Existenz läßt sich ja nicht vom Wesen absondern. Selbst da, wo Gott als ein Wesen vorgestellt wird, das, weil es selbst Geist, nur für den Geist des Menschen existiere, nur dem Menschen Gegenstand werde, wenn er sich erhebe über die Sinne, von den sinnlichen Wesen seinen Geist abziehe, selbst da liegt der Existenz Gottes die Wahrheit der sinnlichen Existenz, die Wahrheit der Natur zugrunde. Gott soll nicht nur im Denken, im Geist, sondern auch außer dem Geiste, unabhängig von unserem Denken existieren, ein von unserem Geiste, unseren Gedanken und Vorstellungen von ihm unterschiedenes Wesen sein. Darauf, daß er ein von uns unabhängig, außer uns existierendes, gegenständliches Wesen sei, wird aller Nachdruck gelegt. Aber wird denn nicht dadurch selbst in Gott, wo angeblich von allem Sinnlichen abgesehen werden soll, die Wahrheit des sinnlichen Seins eingestanden? Nicht anerkannt, daß es außer sinnlichem Sein kein Sein gibt? Haben wir denn ein anderes Merkmal, ein anderes Kriterium einer Existenz außer uns, einer vom Denken unabhängigen Existenz, als die Sinnlichkeit? Ist eine Existenz ohne Sinnlichkeit nicht der bloße Gedanke, das Gespenst von einer Existenz? Die Existenz Gottes, oder *wie* sie Gott zugeschrieben wird, unterscheidet sich nur so von der Existenz der sinnlichen Wesen außer uns, wie das Wesen Gottes sich von den sinnlichen Wesen nach der eben gegebenen Erklärung unterscheidet. Die Existenz, wie sie von Gott ausgesagt wird, ist die Existenz im allgemeinen, der Gattungsbegriff der Existenz, die von allen besonderen und individuellen Beschaffenheiten oder Bestimmungen abgesonderte Existenz. Diese Existenz ist nun allerdings eine geistige, eine abstrakte, wie jeder Allgemeinbegriff etwas Abstraktes, etwas Geistiges ist; aber gleichwohl ist sie doch nichts andres als die *sinnliche Existenz, nur gedacht im allgemeinen*. Hierin haben wir die Lösung von den Schwierigkeiten, die die Existenz den Philosophen und Theologen gemacht, wie die sogenannten Beweise vom Dasein Gottes zeigen, die Lösung von den Widersprüchen, die sich in den Erklärungen und Vorstellungen über die Existenz Gottes finden; hieraus begreifen wir, warum man Gott eine geistige Existenz zuschreibt, aber gleichwohl wieder zugleich diese geistige Existenz als eine sinnliche, selbst örtliche, als eine Existenz im Himmel vorstellt; kurz, der Widerspruch, der Streit zwischen Geist und Sinnlichkeit in der Vorstellung der göttlichen Existenz, die Zweideutigkeit, die mystische Unbestimmtheit derselben, erklärt sich einfach daraus, daß sie von der sinnlichen Existenz der wirklichen Dinge und Wesen abstrahiert, abgezogen ist, daß aber ebendeswegen sich notwendig dieser abstrakten Existenz das Bild der sinnlichen Existenz unterstellt, wie sich dem Wesen Gottes stets das Bild des sinnlichen Wesens unterstellt. Wenn nun aber, wie wir bisher gesehen haben, alle Eigenschaften, Wesenheiten oder Realitäten, welche zusammen das Wesen Gottes ausmachen, von der Natur abgezogen sind, wenn das Wesen, die Existenz, die Eigenschaften der Natur das Original sind, nach welchem der Mensch das Bild Gottes entworfen hat, oder wenn, tiefer eingegangen, Gott und Welt oder Natur sich nur so unterscheiden wie der Gattungsbegriff und die Individuen, so daß also die Natur, wie sie der sinnlichen Anschauung Gegenstand ist, die eigentliche Natur ist, die Natur aber, wie sie im Unterschiede von der Sinnlichkeit, in der Absonderung von ihrer Materialität und Körperlichkeit Gegenstand des Geistes, des Denkens ist, Gott ist, so erhellt von selbst, so ist ebendamit auch erwiesen, daß die Natur nicht von Gott, das wirkliche Wesen nicht von dem abstrakten, das körperliche, materielle Wesen nicht von dem geistigen entstanden ist. Die Natur von Gott ableiten ist ebensoviel als aus dem Bilde, aus der Kopie das Original, aus dem Gedanken eines Dings dieses Ding ableiten wollen. So verkehrt dieses ist, so beruht doch auf dieser Verkehrtheit das Geheimnis der Theologie. Die Dinge werden in der Theologie nicht gedacht und gewollt, *weil sie sind*, sondern sie *sind, weil sie gedacht* und gewollt werden. Die Welt ist, weil sie Gott gedacht und gewollt hat, weil sie jetzt noch Gott denkt und will. Die Idee, der Gedanke ist nicht von dem Gegenstande desselben abstrahiert, sondern der Gedanke ist das Hervorbringende, die Ursache des von ihm gedachten Gegenstandes. Aber ebendiese Lehre – der Kern der christlichen Theologie und Philosophie – ist eine Verkehrtheit, in der die Ordnung der Natur umgekehrt wird. Wie kommt aber der Mensch auf diese Verkehrtheit? Ich habe schon oben, bei der ersten Ursache, gesagt, daß der Mensch, und zwar subjektiv mit vollem Recht – wenigstens so lange mit vollem Rechte, als er nicht hinter sein eigenes Wesen gekommen ist –, die Gattung, d. h. hier den Gattungsbegriff, den Arten und Individuen, in philosophischer Sprache ausgedrückt: das Abstrakte dem Konkreten, voraussetzt. Hieraus erklären und lösen sich alle die Schwierigkeiten und Widersprüche, die bei der Schöpfung, bei der Erklärung der Welt aus einem Gotte stattfinden. Der Mensch zieht aus der Natur, aus der Wirklichkeit vermittelst der Fähigkeit der Abstraktion das Ähnliche, Gleiche, Gemeinschaftliche heraus, sondert es ab von den Dingen, die sich gleichen oder gleichen Wesens sind, und macht es nun *im Unterschiede von denselben* als ein selbständiges Wesen zu ihrem Wesen. So zieht z. B. der Mensch von den sinnlichen Dingen Raum und Zeit als allgemeine Begriffe oder Formen ab, in welchen sie alle miteinander übereinkommen, indem sie alle ausgedehnt und veränderlich sind, alle außer- und nacheinander sind. So ist jeder Punkt der Erde außer dem anderen und jeder in der Bewegung der Erde nach dem andern; wo jetzt dieser Punkt ist, da ist in dem nächsten Augenblicke der andere. Obgleich aber der Mensch Raum und Zeit von den räumlichen und zeitlichen Dingen abstrahiert hat, so setzt er ihnen doch dieselben als die ersten Gründe und Bedingungen ihrer Existenz voraus. Er denkt sich daher die Welt, d. h. den Inbegriff der wirklichen Dinge, den Stoff, den Inhalt der Welt *im* Raum und *in* der Zeit entstanden. Selbst Hegel noch läßt sogar die Materie nicht nur in, sondern aus Raum und Zeit entspringen. Ebendeswegen, weil der Mensch Zeit und Raum den wirklichen Dingen voraussetzt und die von den einzelnen Dingen abgezogenen Allgemeinbegriffe in der Philosophie als allgemeine Wesen, in der Religion polytheistisch als Götter, monotheistisch als Eigenschaften Gottes verselbständigt, hat er auch Raum und Zeit zu Gott gemacht oder mit Gott identifiziert. Selbst noch der berühmte christliche Mathematiker und Astronom Newton nennt den Raum die Unermeßlichkeit Gottes, selbst das Sensorium Gottes, d. h. das Organ, wodurch Gott allen Dingen gegenwärtig ist, alle Dinge empfindet. Ebenso sieht Newton Raum und Zeit „als Folge von dem Dasein Gottes an, denn das unendliche Wesen ist in allen Orten, also existiert dieser unermeßliche Raum; das ewige Wesen existiert von Ewigkeit, also existiert wirklich eine ewige Dauer". Auch ist wirklich nicht einzusehen, warum nicht die Zeit, abgetrennt von den zeitlichen Dingen, mit Gott identifiziert werden sollte; denn die abstrakte Zeit, in der kein Unterschied zwischen jetzt und dann (denn es fehlt ja der unterscheidende Inhalt), läßt sich nicht von der toten, stabilen Ewigkeit unterscheiden. Ja, die Ewigkeit ist selbst nichts andres als der Gattungsbegriff der Zeit, die abstrakte Zeit, die Zeit, abgesehen von den Zeitunterschieden. Kein Wunder daher, daß die Religion die Zeit zu einer Eigenschaft Gottes oder zu einem selbständigen Gott gemacht hat. So macht der indische Gott Krischna in der Bhagavadgita, freilich unter unzähligen andern Dingen, die Zeit zu einem Prädikat, d. i. Ehrentitel von sich, indem er sagt: „Ich bin die Zeit, die alles erhält und alles zerstört." (13) So ist auch bei den Griechen und Römern die Zeit unter dem Namen von Kronos und Saturnus vergöttert worden. In der persischen Religion steht sogar an der Spitze als das erste, oberste Wesen Zaruano-akarana, d. h. die *unerschaffene* Zeit. Ebenso war bei den Babyloniern und Phöniziern der Gott der Zeit oder der Herr der Zeit, der König der Ewigkeit, wie er auch heißt, der höchste Gott. Wir sehen an diesem Beispiel, wie der Mensch in Gemäßheit oder im Einklang mit der Natur der Tätigkeit, wodurch er abstrahiert, allgemeine Begriffe bildet, aber im Widerspruch mit der Natur der wirklichen Dinge die allgemeinen Begriffe, Vorstellungen oder Anschauungen von Raum und Zeit, wie sie Kant nennt, den sinnlichen Dingen voraussetzt als Bedingungen oder vielmehr die ersten Gründe und Elemente ihrer Existenz, ohne zu bedenken, daß in der Wirklichkeit gerade der umgekehrte Fall gilt, daß nicht die Dinge Raum und Zeit, sondern Raum und Zeit die Dinge voraussetzen, denn der Raum oder die Ausdehnung setzt etwas voraus, das sich ausdehnt, und die Zeit, die Bewegung – die Zeit ist ja nur ein von der Bewegung abgezogener Begriff – setzt etwas voraus, das sich bewegt. Alles ist räumlich und zeitlich, alles ein Ausgedehntes und Bewegtes; gut, aber die Ausdehnung und Bewegung sind so verschieden als die ausgedehnten und bewegten Dinge. Alle Planeten bewegen sich um die Sonne; aber jeder hat seine eigene Bewegung, der eine bewegt sich in kürzerer, der andere in längerer Zeit, je näher der Sonne, desto schneller, je entfernter von ihr, desto langsamer. Alle Tiere bewegen sich, wenn auch nicht alle von Ort und Stelle sich wegbewegen; aber wie unendlich verschiedenartig ist diese Bewegung! Und jede Art der Bewegung entspricht dem Bau, der Lebensart, kurz, dem individuellen Wesen derselben. Wie will ich also aus der Zeit und dem Raum, aus bloßer Ausdehung und Bewegung diese Verschiedenheit erklären und ableiten? Ausdehnung und Bewegung sind ja vielmehr abhängig von dem Etwas, von dem Körper, von dem Wesen, das ausgedehnt und bewegt ist. Was daher für den Menschen, oder wenigstens für seine Abstraktionstätigkeit, das erste ist, das ist für die Natur oder in ihr das letzte; aber weil der Mensch das Subjektive zum Objektiven macht, d. h., das, was *für ihn* das erste ist, auch zu dem *an sich* oder der Natur nach ersten macht, so macht er auch Raum und Zeit zu den ersten Grundwesen der Natur, so macht er überhaupt das Allgemeine, d. h. das Abstrakte, zum Grundwesen des Wirklichen, folglich auch das Wesen mit allgemeinen Begriffen, das denkende, geistige Wesen, zu dem ersten Wesen, zu dem Wesen, welches nicht nur dem Range nach, sondern auch der Zeit nach allen anderen Wesen vorangeht, ja, aller Wesen Grund und Ursache ist, alle Wesen geschaffen, gemacht hat.

Die Frage, ob ein Gott die Welt geschaffen, die Frage nach dem Verhältnis überhaupt Gottes zur Welt, ist die Frage nach dem Verhältnis des Geistes zur Sinnlichkeit, des Allgemeinen oder Abstrakten zum Wirklichen, der Gattung zu den Individuen; jene kann daher nicht ohne diese gelöst werden; denn Gott ist ja nichts andres als der Inbegriff der Gattungsbegriffe. Ich habe diese Frage soeben zwar schon an den Begriffen von Raum und Zeit erläutert; aber sie muß noch weiter behandelt werden. Ich bemerke aber, daß diese Frage zu den wichtigsten und zugleich schwierigsten Fragen der menschlichen Erkenntnis und Philosophie gehört, wie schon daraus erhellt, daß die ganze Geschichte der Philosophie sich eigentlich nur um diese Frage dreht, daß der Streit der Stoiker und Epikuräer, der Platoniker und Aristoteliker, der Skeptiker und Dogmatiker in der alten Philosophie, der Nominalisten und Realisten in dem Mittelalter, der Idealisten und Realisten oder Empiristen in neuerer Zeit nur auf diese Frage hinausläuft. Sie ist aber eine der schwierigsten Fragen nicht nur deswegen, weil die Philosophen, namentlich die neuesten, durch den willkürlichsten Gebrauch der Worte eine unendliche Konfusion in diese Materie gebracht haben, sondern auch, weil die Natur der Sprache, die Natur des Denkens selbst, welches sich ja gar nicht von der Sprache abtrennen läßt, uns gefangennimmt und vexiert, indem jedes Wort ein allgemeines, daher vielen schon die Sprache allein, weil sich das Einzelne nicht einmal aussprechen lasse, ein Beweis von der Nichtigkeit des Einzelnen und Sinnlichen ist. Es hat endlich auf diese Frage und ihre Entscheidung einen wesentlichen Einfluß die Verschiedenheit der Menschen hinsichtlich ihres Geistes, ihrer Beschäftigung, ihrer Anlagen, ihres Temperamentes selbst. Menschen z. B., die sich mehr im Leben als in der Studierstube, mehr in der Natur als in Bibliotheken herumtreiben, Menschen, deren Beruf und Trieb sie an die Beobachtung, die Anschauung der wirklichen Wesen treibt, werden diese Frage stets im Sinne der Nominalisten entscheiden, welche dem Allgemeinen nur eine subjektive Existenz, eine Existenz in der Sprache, der Vorstellung des Menschen einräumen; Menschen von entgegengesetzten Beschäftigungen und Eigenschaften dagegen im entgegengesetzten Sinne, im Sinne der Realisten, welche dem Allgemeinen eine Existenz für sich selbst, eine Existenz unabhängig vom Denken und Sprechen des Menschen, einräumen.

Vierzehnte Vorlesung

Der Schluß der gestrigen Vorlesung war, daß das Verhältnis Gottes zur Welt nur auf das Verhältnis des Gattungsbegriffes zum Individuum sich reduziert, daß die Frage, ob ein Gott ist, keine andere Frage ist, als ob das Allgemeine eine Existenz *für sich* hat. Es ist diese Frage aber nicht nur eine der schwierigsten, sondern auch wichtigsten; denn nur von ihr hängt das Sein oder Nichtsein eines Gottes ab. Bei vielen hängt ihr Gottesglauben nur an dieser Frage, stützt sich die Existenz ihres Gottes nur auf die Existenz der Gattungs- oder Allgemeinbegriffe. Wenn kein Gott ist, sagen sie, so ist kein Allgemeinbegriff eine Wahrheit, so gibt es keine Weisheit, keine Tugend, keine Gerechtigkeit, kein Gesetz, keine Gemeinschaft; so ist alles pure Willkür, so fällt alles ins Chaos, ja, in nichts zurück. Dagegen ist nun aber sogleich zu bemerken, daß, wenn's auch keine Weisheit, keine Gerechtigkeit, keine Tugend im theologischen Sinne gibt, daraus noch keineswegs folgt, daß es keine solche im menschlichen und vernünftigen Sinne gibt. Es ist nicht notwendig, um die Bedeutung der Allgemeinbegriffe anzuerkennen, sie deswegen zu vergöttern, zu selbständigen, von den Individuen oder Einzelwesen unterschiedenen Wesen zu machen. Sowenig ich ein Laster, um es zu verabscheuen, mir als einen Teufel zu verselbständigen brauche, wie die alten christlichen Theologen, welche für jedes Laster einen besonderen Teufel hatten, z. B. für die Trunksucht den Saufteufel, für die Freßbegierde den Freßteufel, für den Neid den Neidteufel, für den Geiz den Geizteufel, für die Spielsucht den Spielteufel, zu einer gewissen Zeit sogar für eine neumodische

Hosentracht einen besonderen *Hosenteufel*, sowenig brauche ich die Tugend, die Weisheit, die Gerechtigkeit mir als Götter oder, was eins ist, als Eigenschaften eines Gottes vorzustellen, um sie zu lieben. Wenn ich mir etwas vorsetze, wenn ich mir z. B. die Tugend der Beständigkeit oder Standhaftigkeit zur Aufgabe mache, brauche ich deswegen, um sie nicht aus den Augen zu verlieren, ihr Altäre und Tempel zu errichten, wie die Römer die Tugend zu einer Göttin machten und selbst wieder einzelne Tugenden vergötterten? Braucht sie überhaupt ein selbständiges Wesen zu sein, um Macht auf mich auszuüben, um mir etwas zu sein? Hat sie nicht auch als eine Eigenschaft des Menschen Wert? Ich selbst will ja standhaft sein; ich will dem Wechsel von Eindrücken, denen mich meine Weichheit und Empfindlichkeit aussetzt, nicht länger unterliegen, ich bin mir selbst als weichlicher, empfindlicher, wandelbarer, launenhafter Mensch zuwider; der standhafte Mensch ist daher mein Ziel. Insofern ich noch nicht standhaft bin, unterscheide ich freilich die Standhaftigkeit von mir, setze sie über mich als Ideal, personifiziere sie mir, rede sie vielleicht sogar in einsamem Selbstgespräch so an, als wäre sie ein Wesen für sich, verhalte mich also zu ihr wie der Christ zu seinem Gotte, der Römer zu seiner Tugendgöttin; aber ich weiß es, daß ich sie personifiziere, und trotzdem verliert sie mir nicht ihren Wert; denn ich habe ja persönliches Interesse an ihr, ich habe in mir selbst, in meinem Egoismus, meinem Glückseligkeitstrieb, meinem Ehrgefühl, mit welchem die allen Eindrücken und Wechselfällen offene Weichlichkeit im Widerspruch steht, Grund genug, standhaft zu werden. Dasselbe gilt von allen anderen Tugenden oder Kräften des Menschen, wie Vernunft, Wille, Weisheit, deren Wert und Realität daher nicht für mich verlorengeht, überhaupt nicht aufgehoben wird, wenn ich sie gleich nur als Eigenschaften des Menschen betrachte und weiß, sie nicht vergöttere, nicht zu selbständigen Wesen mache. Dasselbe, was von den menschlichen Tugenden und Kräften, gilt von allen Allgemein- oder Gattungsbegriffen; sie existieren nicht außer den Dingen oder Wesen, nicht unterschieden, nicht unabhängig von den Individuen, von denen wir sie abgezogen haben. Das Subjekt, d. h. das existierende Wesen, ist immer nur das Individuum, die Gattung nur das Prädikat, die Eigenschaft. Aber eben das

Prädikat, die Eigenschaft des Individuums, trennt das sinnlose Denken, die Abstraktion, von dem Individuum ab, macht sie für sich selbst zum Gegenstand, faßt sie in dieser Abgezogenheit als das Wesen der Individuen, bestimmt die Unterschiede der Individuen voneinander nur als individuelle, d. h. hier zufällige, gleichgültige, unwesentliche, so daß für das Denken, für den Geist alle Individuen eigentlich nur zu *einem* Individuum oder vielmehr zu einem Begriff zusammenschwinden, das Denken sich allein den Kern zueignet, der sinnlichen Anschauung aber, welche uns die Individuen als Individuen, d. h. in ihrer Vielheit, Verschiedenheit, Individualität und Existenz, offenbart, nur die Schale läßt, so daß also das Denken das, was in der Wirklichkeit das Subjekt, das Wesen ist, zum Prädikat, zur Eigenschaft, zur bloßen Mode oder Manier des Gattungsbegriffs, und umgekehrt das, was in der Wirklichkeit nur Eigenschaft, nur Prädikat ist, zum Wesen macht.

Wählen wir außer den angeführten Beispielen noch ein, und zwar sinnliches, Beispiel, um uns klarer zu werden. Jeder Mensch hat einen Kopf, freilich menschlichen Kopf, d. h. einen Kopf mit menschlichen Eigenschaften, denn auch die Tiere haben Köpfe, obwohl der Kopf nicht zu dem charakteristischen Begriff der Tiere überhaupt gehört; denn es gibt Tiere, in denen ein eigentlicher, entwickelter Kopf noch gar nicht vorhanden ist, und selbst bei den höheren Tieren dient der Kopf nur den niederen Bedürfnissen, hat keine selbständige Würde und Bedeutung; es tritt daher der eigentliche Kopf gegen das Gebiß zurück. Der Kopf ist also ein allen Menschen gemeinsames Kennzeichen, ein allgemeines, wesentliches Merkmal oder Prädikat des Menschen; ein Wesen, das ohne Beine und Arme aus dem Mutterleibe kommt, ist wohl ein Mensch, aber ein Wesen ohne Kopf ist kein Mensch. Allein folgt daraus, daß alle Menschen nur *einen* Kopf haben? Und doch ist die *Einheit des Kopfes* eine notwendige Folge von der *Einheit der Gattung*, wie sie der Mensch im abstrakten, d. h. sinnlosen Denken verselbständigt. Zeigt mir aber nicht der Sinn, daß jeder Mensch *seinen* Kopf hat, daß es so viele Köpfe als Menschen, also keinen generellen oder allgemeinen Kopf, sondern nur individuelle Köpfe gibt? Daß der Kopf, *der* Kopf als Gattungsbegriff, der Kopf, von dem ich alle individuellen Unterschiede und Merkmale weggelassen habe, nur *in* meinem Kopfe, *außer* meinem Kopfe aber nur Köpfe existieren? Was ist denn nun aber das Wesentliche an diesem, meinem Kopfe? Daß er ein Kopf überhaupt oder daß er dieser bestimmte Kopf ist? Daß er *dieser* Kopf ist; denn, wer mir meinen Kopf nimmt, der läßt mir überhaupt keinen Kopf mehr. Und nicht der Kopf im allgemeinen, sondern nur der wirkliche, individuelle Kopf wirkt, schafft, denkt. Das Wort *individuell* ist freilich ein zweideutiges; denn wir verstehen darunter auch das gleichgültige, zufällige, unbedeutende Eigentümliche, wodurch sich oft der Mensch von anderen unterscheidet. Daher muß man zuerst, um die Bedeutung der Individualität zu erfassen, den Menschen oder, um bei dem Beispiel zu bleiben, den Kopf des Menschen dem tierischen Kopf gegenüberstellen, die Individualität des menschlichen Kopfes im Unterschiede vom tierischen ins Auge fassen. Aber auch weiter im Vergleich des menschlichen Kopfes zum menschlichen ist doch, ob es gleich individuelle Unterschiede in *dem* Sinne gibt, wo das Individuelle das gleichgültig Eigentümliche bezeichnet, das Wesentliche dieses, *daß jeder* Mensch *seinen eigenen*, diesen bestimmten sinnlichen, sichtbaren, individuellen Kopf hat. Der Kopf als Gattungsbegriff, als allgemeines Attribut oder Merkmal aller Menschen, hat also keine andere Bedeutung, keinen anderen Sinn, als daß alle Menschen darin übereinstimmen, daß *jeder* einen Kopf hat. Wenn ich aber nun trotz dieser Übereinstimmung leugne, daß alle Menschen nur einen Kopf haben – was, nämlich die Einheit des Kopfes, eine notwendige Folge von *der* Vorstellung ist, daß die Einheit der Gattung im Unterschiede von den Individuen etwas Existierendes, Selbständiges ist, namentlich aber von *der* Vorstellung, daß alle Menschen nur eine Vernunft haben –, wenn ich behaupte: Es gibt so viele Köpfe, als es Individuen gibt, wenn ich also den Kopf mit dem Individuum identifiziere, sie nicht voneinander unterscheide oder gar abtrenne, folgt daraus, daß ich die Bedeutung und Existenz des Kopfes leugne, daß ich den Menschen zu einem kopflosen Wesen mache? Im Gegenteil, statt *eines* Kopfes bekomme ich *viele* Köpfe, und wenn vier Augen mehr sehen als zwei, so leisten auch viele Köpfe unendlich mehr als *ein* Kopf; ich habe daher, statt etwas zu verlieren, nur gewonnen. Wenn ich also den Unterschied zwischen Gattung und Individuum aufhebe, wenn ich ihn nur im Denken, im Unterscheiden, im Abstrahieren existieren lasse, so leugne ich deswegen nicht die Bedeutung des Gattungsbegriffes; ich behaupte nur, daß die Gattung nur als Individuum oder Prädikat des Individuums existiert. (14) Ich leugne nicht – um die früheren Beispiele hier wieder anzuwenden – die Weisheit, die Güte, die Schönheit; ich leugne nur, daß sie als diese Gattungsbegriffe Wesen sind, sei es nun als Götter oder Eigenschaften Gottes oder als platonische Ideen oder als sich selbst setzende Hegelsche Begriffe; ich behaupte nur, daß sie nur in weisen, guten, schönen Individuen existieren, also nur, wie gesagt, *Eigenschaften* individueller Wesen sind, daß sie keine Wesen für sich, sondern Attribute oder Bestimmungen der Individualität sind, daß diese Allgemeinbegriffe die Individualität voraussetzen, aber nicht umgekehrt. (15) Der Theismus beruht nun gerade aber darauf, daß er die Gattungsbegriffe, wenigstens den *Inbegriff* derselben, welchen er Gott nennt, als Entstehungsgrund den wirklichen Dingen voraussetzt, daß er das Allgemeine nicht aus den Individuen, sondern umgekehrt diese aus jenem entspringen läßt. Das Allgemeine als solches, der Gattungsbegriff, existiert aber im Denken und für das Denken; *daher* kommt es also, daß der Mensch auf den Gedanken und Glauben kommt, die Welt sei aus den Ideen, aus den Gedanken eines geistigen Wesens entsprungen. Auf dem Standpunkt des von den Sinnen absehenden Denkens erscheint auch nichts natürlicher als dieser Gang, denn dem von den Sinnen abstrahierenden Geiste liegt das Abstrakte, das Geistige, das nur Gedachte näher als das Sinnliche; es ist für ihn früher und höher als dieses, daher ganz natürlich für ihn, das Sinnliche aus dem Geistigen, das Wirkliche aus dem Gedachten entspringen zu lassen. Wir finden ja diesen Gang selbst noch bei den modernen spekulativen Philosophen. Diese erschaffen noch heute, wie einst der christliche Gott, aus ihrem Kopf die Welt.

Der Glaube oder die Vorstellung, daß die Welt, die Natur von einem denkenden oder geistigen Wesen überhaupt hervorgebracht sei, hat aber noch einen andern als diesen eben angeführten Grund, welchen wir den philosophischen oder spekulativen nennen können im Unterschiede von dem jetzt anzuführenden populären Grund. Es ist dieser: Der Mensch bringt Werke außer sich hervor, denen im Menschen der

Gedanke derselben, der Entwurf, der Begriff vorausgegangen ist und eine Absicht, ein Zweck zum Grunde liegt. Wenn der Mensch ein Haus baut, so hat er eine Idee, ein Bild im Kopfe, wonach er baut, welches er verwirklicht, außer sich in Stein und Holz verwandelt oder übersetzt, und ebenso hat er einen Zweck dabei; er baut sich ein Wohnhaus oder Gartenhaus oder Fabrikgebäude; kurz, er baut sich ein Haus zu diesem oder jenem Zwecke. Und dieser Zweck bestimmt die Idee des Hauses, die ich in meinem Kopf entwerfe; denn ein Haus zu diesem Zwecke denke ich mir anders als ein Haus zu einem anderen Zwecke. Überhaupt ist der Mensch ein nach Zwecken tätiges Wesen; er tut nichts, wobei er nicht einen Zweck hat. Der Zweck ist aber im allgemeinen gar nichts andres als eine Willensvorstellung, eine Vorstellung, die nicht Vorstellung oder Gedanke bleiben *soll* und die ich daher vermittelst der Handwerkzeuge meines Körpers realisiere, d. h. verwirkliche. Kurz, der Mensch bringt, wenn auch nicht *aus*, doch mit seinem Geiste, wenn auch nicht aus, doch mit und nach Gedanken Werke hervor, die ebendeswegen schon äußerlich den Stempel der Absichtlichkeit, Plan- und Zweckmäßigkeit an sich tragen. Der Mensch denkt aber alles nach sich; er trägt daher die Anschauung von seinen eigenen Werken auf die Werke oder Wirkungen der Natur über; er betrachtet die Welt wie ein Wohnhaus, eine Werkstatt, eine Uhr, kurz, wie ein menschliches Kunstprodukt. Da er die Naturprodukte nicht von den Kunstprodukten unterscheidet, höchstens nur der Art nach, so setzt er auch als Ursache derselben ein *menschliches*, absichtliches, denkendes Wesen. Weil aber die Produkte und Wirkungen der Natur zugleich über die Kräfte des Menschen gehen, ja, sie unendlich übersteigen, so denkt er sich diese dem Wesen nach *menschliche* Ursache *zugleich* als *ein übermenschliches Wesen*, als ein Wesen, das dieselben Eigenschaften wie die Menschen hat: Verstand, Wille, Kraft, seine Gedanken auszuführen, aber in einem unendlich höheren, das Maß der menschlichen Kräfte und Fähigkeiten unendlich übersteigenden Grade, und nennt nun dieses Wesen Gott. Der Beweis vom Dasein Gottes, der sich auf diese Betrachtungs- oder Anschauungsweise der Natur stützt, heißt der physikotheologische oder teleologische, d. h. der aus der Zweckmäßigkeit der Natur geschöpfte Beweis; denn dieser Beweis beruft sich hauptsächlich auf die sogenannten Zwecke in der Natur. Zwecke setzen aber Verstand, Absicht, Bewußtsein voraus; da aber, so heißt es in diesem Beweise, die Natur, die Welt, die Materie blind sei, ohne Verstand, ohne Bewußtsein wirke, so setze sie ein geistiges Wesen voraus, welches sie geschaffen oder doch, und zwar nach und zu Zwecken, gebildet und geformt habe. Dieser Beweis ist schon von den alten gläubigen Philosophen, den Platonikern und Stoikern, angewandt, in den christlichen Zeiten aber bis zum Überdruß oft wiederholt worden. Es ist der populärste und auf einem gewissen Standpunkt einleuchtendste und überzeugendste Beweis, der Beweis des gemeinen, d. h. ungebildeten, nichts von der Natur wissenden Menschenverstands; er ist daher der einzige, wenigstens theoretische, Grund und Stützpunkt des Theismus im Volke. Wir müssen aber gegen diesen Schluß vor allem geltend machen, daß, obwohl der Vorstellung von Zwecken etwas Gegenständliches oder Wirkliches in der Natur entspricht, doch der Ausdruck und Begriff „Zweck" kein angemessener ist. Was nämlich der Mensch die Zweckmäßigkeit der Natur nennt und als solche auffaßt, das ist in Wirklichkeit nichts andres als die Einheit der Welt, die Harmonie der Ursachen und Wirkungen, der Zusammenhang überhaupt, in dem alles in der Natur ist und wirkt. So wie die Worte nur dann einen Sinn und Verstand haben, wenn sie in einem notwendigen Zusammenhang miteinander stehen, so ist es auch nur der notwendige Zusammenhang, in welchem die Wesen oder Erscheinungen der Natur miteinander stehen, welcher auf den Menschen den Eindruck der Verständigkeit und Absichtlichkeit macht. Die Stoiker gebrauchten in ihren Beweisen von einer verständigen Ursache der Welt gegen die freilich unvernünftige Vorstellung, daß die Welt dem Zufall, dem zufälligen Zusammenkommen von Atomen, d. h. unendlich kleinen, festen und unteilbaren Körpern, ihre Existenz verdanke, das Bild, daß dies ebenso wäre, als wenn man aus einem zufälligen Zusammenwürfeln von Buchstaben sich die Entstehung eines geistigen Werks, z. B. der Geschichtsbücher des Ennius, erklären wollte. Allein obgleich die Welt keinem Zufall ihre Existenz verdankt, so brauchen wir uns deswegen doch keinen menschlichen oder menschenähnlichen Autor derselben zu denken. Die sinnlichen Dinge sind keine Buchstaben oder Lettern, die erst von einem

Setzer außer ihnen zusammengesetzt werden müssen, weil sie in keiner notwendigen Beziehung zueinander stehen; die Dinge in der Natur ziehen sich an, bedürfen und begehren einander, denn eines ist nicht ohne das andere, treten also durch sich selbst in Beziehung, verbinden sich aus eigener Kraft miteinander, wie z. B. der Sauerstoff mit dem Wasserstoff, wodurch er das Wasser, mit dem Stickstoff, wodurch er die Luft bildet, und begründen dadurch jenen bewundrungswürdigen Zusammenhang, welchen der Mensch, der noch nicht ins Wesen der Natur hineingeschaut hat und alles nach sich denkt, als das Werk eines nach Plänen und Zwecken wirkenden und schaffenden Wesens sich erklärt. Was die Menschen am meisten als Beweisgrund eines verständigen oder geistigen Welturhebers anzusehen sich berechtigt glaubten, war nicht bloß die sogenannte innere organische Zweckmäßigkeit, mit welcher die Organe des Leibes ihren Funktionen oder Verrichtungen entsprechen, sondern auch, und zwar hauptsächlich, die sogenannte äußere Zweckmäßigkeit, kraft welcher die unorganische Natur so beschaffen oder, wie der Theist sich ausdrückt, so eingerichtet ist, daß die Tiere und Menschen in ihr, und zwar aufs allerangenehmste, aufs komfortabelste, leben können.

Stände die Erde näher oder entfernter der Sonne, stiege die Temperatur bis auf den Siedpunkt des Wassers oder fiele sie herab unter den Gefrierpunkt, so würde alles vor Hitze vertrocknen oder vor Kälte erstarren. Wie weise hat daher der liebe Gott ausgerechnet, wie weit die Erde von der Sonne abstehen muß, damit die Tiere und Menschen auf ihr leben können! Und wie gütig hat er überall für die Notdurft des Lebenden gesorgt! Selbst in den traurigsten, unfruchtbarsten kältesten Gegenden, da gibt es immer noch wenigstens Moose oder Flechten, Stauden und gewisse Tiere, die dem Menschen zur Nahrung dienen. Und wie sichtbar, wie augenfällig offenbart sich erst in dem Reichtum der wärmeren Länder die Güte und Weisheit Gottes! Wie hat der liebe Gott da für den Gaumen der Menschen gesorgt! Welche Leckerbissen wachsen da auf Sträuchern und Bäumen! Da wächst das Zuckerrohr, da der Reis, von dem allein in China wohl 100 Millionen Menschen leben sollen, da der Ingwer, die Ananas, der Kaffeebaum, der Teestrauch, der Pfefferstrauch, der Kakaobaum, wovon die Schokolade kommt, der Muskatnußbaum, der Gewürznelkenbaum, der Vanillestrauch, die Kokosnußpalme, deren Rinde, wie ein moderner frommer, populärer Botaniker sagt, „die gütige Vorsehung überall mit halbmondförmigen Hervorragungen versehen hat, wodurch es dem *Menschen erleichtert wird*, den hohen Baum zur Gewinnung der köstlichen Frucht und des erquickenden Getränkes, das er darreicht, zu erklettern". Wir bemerken jedoch hierüber folgendes, und zwar zunächst in Beziehung auf den ersten Punkt. Das organische Leben ist nicht zufällig auf die Erde, in die unorganische Natur überhaupt hineingekommen, sondern das organische und unorganische Leben gehört zusammen. Was bin ich denn, vom organischen Leben ausgegangen, ohne die Außenwelt? Sogut die Lunge zu mir gehört, sogut gehört die Luft zu mir, sogut das Auge zu mir gehört, sogut gehört das Licht zu mir; denn was ist die Lunge ohne Luft, das Auge ohne Licht? Das Licht ist nicht, damit das Auge sieht, sondern das Auge ist, weil das Licht ist; ebenso ist die Luft nicht, damit sie eingeatmet werde, sondern weil sie ist, weil ohne sie das Leben nicht bestehen könnte, wird sie eingeatmet. Es findet ein notwendiger Zusammenhang statt zwischen dem Organischen und Unorganischen. Ja, dieser Zusammenhang selbst ist der Grund, ist das Wesen des Lebens. Daher haben wir auch keinen Grund zu der Einbildung, daß, wenn der Mensch mehr Sinne oder Organe hätte, er auch mehr Eigenschaften oder Dinge der Natur erkennen würde. Es ist nicht mehr in der Außenwelt, in der unorganischen Natur als in der organischen. Der Mensch hat gerade soviel Sinne, als eben notwendig ist, um die Welt in ihrer Totalität, ihrer Ganzheit zu fassen. So wie der Mensch, der Organismus nicht, wie die Alten glaubten, aus dem Wasser oder der Erde entsprungen ist, überhaupt aus keinem bestimmten einzelnen Element oder nur aus einer Gattung von Gegenständen, der nur dieser oder jener Sinn entspricht, sondern wie der Mensch nur dem Zusammenwirken der gesamten Natur seine Existenz und Entstehung verdankt, so sind auch seine Sinne nicht auf bestimmte Gattungen oder Arten körperlicher Qualitäten oder Kräfte eingeschränkt, sondern sie umfassen die ganze Natur. Die Natur versteckt sich nicht; sie dringt sich mit aller Gewalt und sozusagen Unverschämtheit dem Menschen auf. Sogut die Luft durch Mund und Nase und alle Poren des Leibes in uns eindringt, sogut würden die Dinge oder Eigenschaften der Natur, die wir der Annahme nach durch unsere jetzigen Sinne nicht wahrnehmen, sich uns fühlbar machen durch ihnen entsprechende Sinne, wenn es anders solche Dinge und Eigenschaften gäbe. Doch wieder zurück! Allerdings würde das Leben auf der Erde erlöschen, wenigstens dieses Leben, das jetzt auf ihr ist, wenn die Erde an die Stelle des Merkurs träte, aber dann wäre auch nicht mehr die Erde die Erde, d. h. dieser individuelle, von den anderen Planeten sich unterscheidende Planet, der sie jetzt ist. Die Erde ist, was sie ist, nur an der Stelle, die sie im Sonnensystem einnimmt, und sie ist nicht deswegen an die Stelle gesetzt worden, damit die Menschen und Tiere auf ihr leben könnten, sondern weil sie, und zwar ihrer ursprünglichen Natur gemäß, notwendig diese Stelle einnimmt, weil sie überhaupt so beschaffen ist, wie sie es jetzt ist, deswegen entstanden und leben auf ihr solche organischen Wesen, als wir auf der Erde finden. Wir sehen ja selbst auf der Erde, wie die besonderen Länder oder Erdstriche auch besondere, nur ihnen angehörige Tiere und Pflanzen hervorbringen, z. B. die heißen Länder die hitzigsten Temperamente, die hitzigsten Getränke, die hitzigsten Gewürze, wie also die organische und unorganische Natur zusammenhängt, unzertrennlich, ja, im Wesen selbst eins ist. Es ist daher gar nicht zu verwundern, daß wir auf der Erde die den Menschen und Tieren entsprechenden, angemessenen Lebensbedingungen und Lebensmittel finden; denn es entspricht ja von vornherein, von Hause aus der Individualität der Erde die Individualität unseres Wesens; wir sind ja keine Kinder des Saturn oder Merkur, sondern Erdgeschöpfe, Erdwesen. Es ist ja dieselbe Erde, dieselbe Sonne, dasselbe Klima, dem z. B. der Affenbrotbaum und der Affe wie der Neger ihren Ursprung und ihre Existenz verdanken. Wo einmal eine solche Temperatur vorhanden ist, daß das Wasser nicht als Dunst oder Eis, sondern als Wasser existieren kann, wo ein Wasser also ist, das getrunken oder von Pflanzen aufgesaugt, eine Luft, die eingeatmet werden kann, ein Licht von der Stärke, dem Maße, welches sich mit dem tierischen oder menschlichen Auge verträgt, da sind auch die Elemente, die ersten Gründe und Ursprünge des tierischen und pflanzlichen Lebens gegeben, da ist es natürlich, ja, notwendig, daß es auch Pflanzen gibt, die der tierischen und menschlichen

Organisation entsprechen, als Nahrungsmittel dienen. Wenn man sich daher darüber verwundern will, so muß man sich überhaupt über die Existenz der Erde verwundern oder seine theologische Verwunderung und Beweisführung nur auf die ersten sozusagen astronomischen Eigenschaften der Erde beschränken; denn haben wir einmal diese, haben wir einmal die Erde als diesen individuellen, selbständigen, von anderen Weltkörpern sich unterscheidenden Planeten, so haben wir an dieser Individualität der Erde die Bedingung oder vielmehr den Ursprung auch der organischen Individuen gegeben; denn nur die Individualität ist das Prinzip, der Grund des Lebens. Worin hat aber die Individualität der Erde ihren Grund? In der Anziehung und Abstoßung, der Attraktion und Repulsion, welche der Materie, den Grundstoffen der Natur wesentlich zukommt, welche der Mensch nur in seinem Verstande von ihr absondert. Materielle Teile oder Körper, die sich anziehen, trennen sich ebendadurch von anderen, stoßen sie ab, bilden dadurch ein besonderes Ganzes. Die Grundstoffe, die Urelemente, die Materie der Welt müssen wir überhaupt nicht als etwas Gleichförmiges, Unterschiedsloses denken; eine solche Materie ist nur eine menschliche Abstraktion, eine Schimäre; das Wesen der Natur, das Wesen der Materie ist ursprünglich schon ein in sich unterschiedenes Wesen; denn nur ein bestimmtes, unterschiedenes, individuelles Wesen ist ein wirkliches Wesen. So töricht die Frage, warum überhaupt etwas ist, so töricht ist die Frage, warum etwas gerade dieses bestimmte Wesen ist, warum z. B. das Sauerstoffgas geruchlos, geschmacklos und schwerer als die atmosphärische Luft ist, warum es beim Zusammendrücken leuchtet, auch durch den stärksten Druck sich nicht in tropfbare Flüssigkeit verwandelt, warum sein Mischungsgewicht durch die Zahl 8 ausgedrückt wird, warum es sich mit dem Wasserstoff stets nur in einer Gewichtsmenge, welche sich verhält wie 8 zu 1, 16 zu 2, 24 zu 3, verbindet. Diese Eigenschaften begründen eben die Individualität des Sauerstoffs, d. h. seine Bestimmtheit, seine Eigentümlichkeit, seine Wesenheit. Wenn ich diese ihn von anderen Stoffen unterscheidenden Eigenschaften von ihm weglasse, so hebe ich seine Existenz, hebe ihn selbst auf. Fragen also, warum der Sauerstoff gerade dieser und kein anderer Stoff ist, heißt fragen, warum der Sauerstoff ist. Aber warum ist er denn?

Darauf antworte ich: Er ist, weil er eben ist; er gehört eben zum Wesen der Natur; er ist nicht deswegen, damit er das Feuer und das Atmen der Tiere unterhalte, sondern weil er ist, deswegen existiert Feuer und Leben. Wo die Bedingung oder der Grund zu etwas gegeben ist, da kann auch die Folge nicht ausbleiben; wo der Stoff, das Material zum Leben gegeben ist, da kann auch das Leben nicht fehlen, so wie, wenn einmal der Sauerstoff und ein brennbarer Körper gegeben sind, auch der Verbrennungsprozeß notwendig erfolgt.

Fünfzehnte Vorlesung

Ich habe in der letzten Stunde einige Andeutungen gegeben, wie sich die Naturerscheinungen, welche sich der Theist aus einem absichtlichen, bewußten Wesen erklärt, physikalisch oder natürlich erklären lassen. Ich bin übrigens weit entfernt, mit dieser oberflächlichen Andeutung eine Erklärung von dem Ursprung und Wesen des organischen Lebens geben zu wollen. Wir sind noch lange nicht auf dem Standpunkt der Naturwissenschaft, wo wir diese Frage lösen können. Nur soviel wissen wir oder können wir wenigstens bestimmt wissen, daß wir ebensogut, als wir jetzt auf natürlichem Wege entstehen und erhalten werden, auch einst auf natürlichem Wege entsprungen sind, daß alle theologischen Erklärungen nichts leisten. Aber auch abgesehen von dieser Kapitalfrage nach dem Ursprung des Lebens, gibt es allerdings viele auffallende und merkwürdige Erscheinungen in der Natur, die ebendeswegen der Theist mit besonderer Begierde aufgreift und den Naturalisten mit den Worten entgegenhält: Hier habt ihr den offenbaren Beweis einer göttlichen Vorsicht und Absicht. Allein es ist mit diesen Erscheinungen in der Natur ebenso wie mit *den* Fällen im menschlichen Leben, in welchen der Theist handgreifliche Beweise einer besonderen, über dem Menschen wachenden Vorsehung erblickt und welche ich schon in meinen Erläuterungen zum „Wesen der Religion" an einem

Beispiel beleuchtet habe. Es sind dies immer nur Fälle, die mit dem menschlichen Egoismus zusammenhängen, und wenn es gleich andere, ebenso merkwürdige Erscheinungen gibt, denen wir gleichwohl kein Bedenken tragen, eine natürliche, nicht absichtliche Ursache zuzuschreiben, so heben wir doch nur diese den menschlichen Egoismus interessierenden Erscheinungen hervor, übersehen ihre Ähnlichkeit mit jenen anderen, für uns aber gleichgültigen Erscheinungen und betrachten sie nun als Beweise einer besonderen, absichtlichen Vorsehung, als sozusagen natürliche Mirakel. „Wir atmen in niederer Temperatur", sagt Liebig, „mehr Kohlenstoff aus wie in höherer, und wir müssen in dem nämlichen Verhältnis mehr oder weniger Kohlenstoff in den Speisen genießen, in Schweden mehr wie in Sizilien, in unseren Gegenden im Winter ein ganzes Achtel mehr als im Sommer. Selbst wenn wir dem Gewicht nach gleiche Quantitäten Speise in kalten und warmen Gegenden genießen, so hat eine unendliche Weisheit die Einrichtung getroffen, daß diese Speisen höchst ungleich in ihrem Kohlenstoffgehalt sind. Die Früchte, welche die Südländer genießen, enthalten in frischem Zustande nicht über 12 Prozent Kohlenstoff, während der Speck und Tran des Polarländers 66–80 Prozent Kohlenstoff enthalten." Aber was ist denn das für eine unendliche Weisheit und Macht, die erst der Folge eines Übels, eines Mangels abhilft? Warum verhindert sie denn nicht das Übel selbst? Warum nicht die Ursache? Wenn der Wagen, in dem ich fahre, zusammenbricht, aber ich breche kein Bein, soll ich davon die Ursache der göttlichen Vorsehung zuschreiben? Hätte sie nicht vorher den Bruch des Wagens verhindern können? Warum verhütet denn nicht die göttliche Weisheit und Güte die Kälte der Polarländer, die selbst Felsen bersten macht? Kann ein Gott nicht ein Paradies schaffen? Was hilft ein göttliches Wesen, das erst hinterdrein, erst post festum hilft? Ist das Leben der Polarländer nicht trotz ihres kohlenstoffreichen Specks und Trans ein höchst erbärmliches Leben? Wie will man also bei solchen Erscheinungen zur religiösen Vorstellung einer göttlichen Weisheit und Güte seine Zuflucht nehmen, da selbst die Religion die Welt, wie sie ist, wegen ihrer Widersprüche mit einer göttlichen Güte und Weisheit nicht so, wie sie jetzt ist, aus Gott kommen läßt, sondern annimmt, daß sie die Sünde, der Teufel entstellt hat, und ebendeswegen eine göttliche, eine bessere Welt in Aussicht stellt? Und läßt sich nicht ein natürlicher Grund von jener Erscheinung angeben? Warum denn nicht? Der arme Polarländer, der zuzeiten, wie z. B. der Grönländer, sein kümmerliches Leben selbst mit alten Zeltfellen und Schuhsohlen fristen muß, genießt freilich keine Südfrüchte und andre Leckerbissen der warmen Länder, aber nur aus dem einfachen Grunde, weil sie eben nicht bei ihm gedeihen; er ist aus trauriger Notwendigkeit hauptsächlich auf den Tran und Speck des Seehunds und Walfisches angewiesen; aber der Speck und Tran findet sich keineswegs nur in den Nordpolarländern. Der Walfisch ist nur durch die Verfolgungen der Menschen bis in den höchsten Norden zurückgedrängt worden, und die Rüsselrobbe z. B., die wegen ihres reichlichen Trans sehr gesucht ist, findet sich auch z. B. an den Küsten von Chile. Wenn sich aber auch eine besondre Menge von Kohlenstoff am Nordpol finden sollte, so hätten wir selbst dafür eine analoge Erscheinung an der Erfahrung, daß im Winter gefälltes Holz dichter, schwerer und folglich reicher an Brenn- oder Kohlenstoff ist als im Frühjahr oder Sommer gefälltes, was offenbar daher kommt, daß zu dieser Zeit unter dem Einflusse des Lichts und der Wärme die Pflanze nicht nur die Kohlensäure zersetzt, d. h. den Kohlenstoff sich aneignet und den Sauerstoff fahrenläßt, sondern auch, namentlich in der Periode des Knospentreibens, der Blüte, der Befruchtung Kohlenstoff verzehrt, verbrennt, daher in dem Zuckerrohr, wie J. Dumas in seinem „Versuch einer chemischen Statistik der organischen Wesen" bemerkt, der in dem Stengel aufgehäufte Zucker ganz verschwunden ist, wenn die Blüte und Befruchtung vollbracht sind. Derselbe Liebig, der in dem Speck und Tran der armen Polarländer die Beweise einer göttlichen Weisheit erblickt, erklärt übrigens andere, ebenso merkwürdige Erscheinungen, die gleichfalls theologisch erklärt werden können und erklärt worden sind, aus höchst einfachen natürlichen Gründen. „Man findet es bewunderungswürdig", sagt derselbe, „daß die Grasarten, deren Samen zur Nahrung dient, dem Menschen wie ein Haustier folgen. Sie folgen dem Menschen durch ähnliche Ursachen wie die Salzpflanzen dem Meeresstrande und Salinen, die Chenopodien den Schutthaufen; so wie die Mistkäfer auf die Exkremente der Tiere angewiesen sind, so bedürfen die Salzpflanzen des Salzes, die Schuttpflanzen des Ammoniaks und salpetersauren Salzes. Keine von unseren Getreidepflanzen kann aber ausgebildete Samen tragen, Samen, welche Mehl geben, ohne eine reichliche Menge phosphorsaurer Bittererde, ohne Ammoniak zu ihrer Ausbildung vorzufinden. Diese Samen entwickeln sich nur in einem Boden, wo diese drei Bestandteile sich vereinigt finden, und kein Boden ist reicher daran als Orte, wo Tiere und Menschen familienartig zusammenwohnen; sie folgen dem *Urin*, den *Exkrementen* derselben, weil sie ohne deren Bestandteile nicht zum Samentragen kommen." Hier haben wir also eine höchst merkwürdige und für den Menschen wichtige Erscheinung, eine Erscheinung, die ein Theist einem Naturalisten als den schlagendsten Beweis einer besondern Vorsehung an den Kopf werfen kann, wenn er nichts von dem natürlichen Grunde weiß, zusammengestellt mit andern, ebenso merkwürdigen, aber dem Menschen gleichgültigen Erscheinungen (denn die Chenopodien, die größtenteils auch in der Nähe der menschlichen Wohnungen vorkommen, haben, höchstens mit Ausnahme einer Art, deren Blätter zu kühlenden Umschlägen gebraucht werden, weder für das Vieh noch für die Menschen einen Nutzen) und erklärt aus dem Zusammenhang des pflanzlichen Lebens mit den tierischen Exkrementen, aus jenem Zusammenhang also, aus welchem wir überhaupt schon in der letzten Stunde die Erscheinung der Zweckmäßigkeit der Natur erklärten oder abzuleiten versuchten. Ich füge dem angeführten Beispiel noch ein anderes bei. „Es sind gerade", sagt der Chemiker Mulder in seiner „Physiologischen Chemie", „diejenigen Salze die verbreitetsten, welche . . . zum Leben ebenso notwendig sind als die organischen vier Elemente . . . Die meisten dieser Salze sind für das Blut ganz unentbehrlich und finden sich sowohl im Trinkwasser als in den Säften der Pflanzen, welche Menschen und Tieren zur Nahrung dienen, wieder, eine Tatsache, welche den innigen Zusammenhang der beiden Naturreiche andeutet, die man in der Wissenschaft zu sehr voneinander zu trennen pflegt!" Und wenn es auch genug Erscheinungen in der Natur gibt, deren physikalischen, natürlichen Grund wir noch nicht entdeckt haben, so ist es töricht, deswegen, weil wir eine Erscheinung nicht physikalisch, nicht natürlich erklären können, zur Theologie seine

Zuflucht zu nehmen. Was wir nicht erkennen, werden unsere Nachkommen erkennen. Wie unzählig vieles, was unsere Vorfahren sich nur aus Gott und seinen Absichten erklären konnten, haben wir jetzt aus dem Wesen der Natur abgeleitet! Selbst auch das Einfachste, Natürlichste, Notwendigste hat man sich einst nur durch die Teleologie und Theologie erklärt. Warum sind denn die Menschen nicht gleich, warum haben sie verschiedene Gesichter?, fragt ein alter Theolog und antwortet darauf: Damit sie voneinander unterschieden, damit sie nicht verwechselt werden können, deswegen hat Gott ihnen verschiedene Gesichter gemacht. Wir haben in dieser Erklärung ein köstliches Beispiel von dem Wesen der Teleologie. Der Mensch verwandelt aus Unwissenheit einerseits, andererseits aus dem egoistischen Hang, alles aus sich zu erklären, alles nach sich zu denken, das Unwillkürliche in ein Willkürliches, das Natürliche in ein Absichtliches, das Notwendige in ein Freies. Daß der Mensch unterschieden ist von anderen Menschen, ist eine notwendige, natürliche Folge seiner Individualität und Existenz; denn wäre er nicht unterschieden, so wäre er auch nicht ein eignes, selbständiges, individuelles Wesen, und wäre er nicht ein Einzelwesen, ein Individuum, so existierte er nicht. Es gibt keine zwei Blätter an einem und demselben Baume, sagt Leibniz, die sich vollkommen gleichen, und mit vollem Rechte; nur unendliche, unübersehbare Verschiedenheit ist das Prinzip des Lebens; die Gleichheit hebt die Notwendigkeit der Existenz auf; kann ich mich nicht unterscheiden von anderen, so ist es ganz eins, ob ich bin oder nicht bin; die anderen ersetzen mich; kurz, ich bin, weil ich unterschieden bin, und bin unterschieden, weil ich bin. Schon in der Undurchdringlichkeit, darin, daß denselben Platz, den ich einnehme, ein anderer nicht einnehmen kann, daß ich diesen von meinem Platz ausschließe, ist meine Selbständigkeit, meine Unterschiedenheit von dem anderen enthalten. Kurz, jeder Mensch hat ein eignes Gesicht, weil er ein eigenes Leben hat, ein eigenes Wesen ist. Wie es aber mit diesem Falle ist, ist es mit unzählig anderen Fällen, welche sich der Mensch teleologisch erklärt, nur daß die Oberflächlichkeit, Unwissenheit und Lächerlichkeit der Teleologie in anderen Fällen nicht so handgreiflich, augenscheinlich ist wie in diesem Beispiel, dem übrigens noch viele andere an die Seite gesetzt werden könnten.

Ich habe soeben gesagt, daß ich die Erscheinungen der Natur, die der Theist teleologisch erklärt, keineswegs durch das Gesagte erklärt wissen will. Ich gehe weiter und behaupte, daß, wenn sich auch viele Erscheinungen der Natur nur teleologisch erklären ließen, sich doch daraus noch lange nicht die Konsequenzen der Theologie ergeben würden. Ich gebe also den Teleologen zu, daß das Auge sich nur erklären lasse aus einem Wesen, welches bei der Bildung oder Schöpfung des Auges den Zweck des Sehens verfolgte, daß also das Auge nicht deswegen sieht, weil es so organisiert ist, wie es ist, sondern daß es so organisiert wurde, damit es sähe. Ich gebe also dieses den Teleologen zu, leugne aber, daß daraus ein Wesen folgt, auf welches der Name Gott paßt, leugne, daß wir damit über die Natur hinauskommen. Die Zwecke und Mittel in der Natur sind immer nur natürliche, wie sollten sie also auf ein über- und außernatürliches Wesen uns verweisen? Ihr könnt euch die Welt nicht erklären, ohne ein persönliches, geistiges Wesen als ihren Urheber anzunehmen, aber ich bitte euch doch, mir gefälligst zu erklären, wie aus einem Gott eine Welt entstehen, wie ein Geist, wie ein Gedanke – die Wirkungen eines Geistes sind ja zunächst nur Gedanken – Fleisch und Blut hervorbringen kann. Ich gebe euch gern zu, daß der Zweck als Zweck, der Zweck, *wie* ihr ihn in eurem Kopfe euch vorstellt, abgesondert von dem Inhalt, dem Gegenstand, der *Materie* des Zwecks, auf einen Gott, auf einen Geist hinweist, aber ich behaupte, daß dieser Zweck und der Urheber desselben, das zwecktätige Wesen, ebensogut nur in eurem Kopfe existieren, als die erste Ursache des Theismus nur der personifizierte Begriff der Ursache, das Wesen Gottes nur das von allen besonderen Bestimmungen abgezogene Wesen der sinnlichen Wesen, die Existenz Gottes nur der Gattungsbegriff der Existenz ist. Denn die Zwecke sind so verschieden, so *materiell als die Organe dieser Zwecke*; wie könnt, wie wollt ihr also die Zwecke von den Organen abtrennen? Wie also z. B. den Zweck des Auges, das Sehen, von der Sclerotica, von der Netzhaut, von der Traubenhaut, von der wässerigen Feuchtigkeit, vom Glaskörper und den übrigen zum Sehen erforderlichen Körpern absondern? Wenn ihr aber den Zweck des Auges nicht von seinen materiellen Mitteln und Organen absondern könnt, wie wollt ihr das Wesen, welches den Zweck des Auges hervorbrachte, absondern und unterscheiden von dem Wesen, welches die vielfältigen, diese Zwecke vermittelnden Materien hervorbrachte? Kann aber ein Wesen, das kein materielles, kein körperliches ist, die Ursache von Zwecken sein, die nur die Folge materieller, körperlicher Mittel oder Organe sind? Wie kann man von Zwecken, die nur von materiellen, körperlichen Bedingungen und Mitteln abhängig sind, auf ein immaterielles, unkörperliches Wesen als Ursache schließen? Ein Wesen, das nur durch materielle Mittel Zwecke verwirklicht, das ist ja notwendig selbst nur ein materielles Wesen. Wie sind, wie können also die Werke der Natur Beweise und Werke eines Gottes sein? Ein Gott ist, wie wir später noch sehen werden, das *verselbständigte* und *vergegenständlichte Wesen der menschlichen Einbildungskraft*; einem Gotte stehen alle Wunder der Einbildungskraft zur Seite und zu Gebote; ein Gott kann alles; er ist an nichts gebunden, sowenig als die Phantasie, als die Wünsche des Menschen; er kann aus Steinen Menschen machen; er schafft sogar aus nichts die Welt. Und wie ein Gott nur Wunder wirkt, so ist er selbst seinem Wesen nach ein Wunder. Ein Gott sieht ohne Augen, hört ohne Ohren, denkt ohne Kopf, wirkt ohne Werkzeuge, kurz, er ist und tut alles, ohne die zu diesem Tun nötigen Mittel und Organe zu gebrauchen und zu haben. Aber die Natur hört nur durch Ohren, sieht nur durch Augen; wie kann man also die Natur aus Gott ableiten? Wie das Organ des Gehörs aus einem Wesen, welches hört ohne Ohren, wie die Bedingungen und Gesetze der Natur, an die alle ihre Erscheinungen und Wirkungen gebunden sind, aus einem *Wesen*, das *an keine Bedingungen und Gesetze* gebunden ist? Kurz, die *Werke eines Gottes sind nur Wunder*, aber *keine Naturwirkungen*. Die Natur ist nicht allmächtig; sie kann nicht alles; sie kann nur das, wozu die Bedingungen vorhanden sind; die Natur, die Erde z. B. kann nicht im Winter aus den Bäumen Blüten und Früchte hervorbringen; denn es fehlt die dazu nötige Wärme; aber ein Gott kann es ohne Umstand. „Gott", sagt Luther, „kann auch das *Leder an der Tasche zu Gold* machen und aus *Staub eitel Korn* machen und die *Luft* mir zum *Keller voll Wein* machen." Die Natur kann keinen Menschen erzeugen, wenn nicht zwei verschiedene, aber gleichberechtigte Organismen, der männliche und weibliche, vorhanden sind und zusammenwirken; aber ein Gott bringt aus dem Leibe einer Jungfrau ohne

Zutun des Mannes einen Menschen hervor. „Sollte dem Herrn etwas unmöglich sein?" Kurz, die Natur ist eine Republik, ein Resultat sich gegenseitig bedürfender und erzeugender, zusammenwirkender, aber gleichberechtigter Wesen oder Kräfte. Der ganze tierische Organismus, um an diesem die Natur darzustellen, läßt sich reduzieren auf Nerven und Blut. Aber der Nerv ist nichts ohne Blut, das Blut nichts ohne Nerv; in der Natur weiß man ebendeswegen nicht, wer Koch oder Kell[n]er ist, weil alles gleich wichtig, gleich wesentlich ist; es gibt da keine Privilegien; das Gemeinste ist so wichtig, so notwendig als das Höchste; wenn meine Sehnerven noch so gut organisiert sind, aber es fehlt an dieser oder jener Flüssigkeit, dieser oder jener Haut, so kann mein Auge doch nicht sehen. Ebendaher, daß der Organismus ein republikanisches Gemeinwesen ist, nur aus dem Zusammenwirken gleichberechtigter Wesen entsteht, kommt das materielle Übel, der Kampf, die Krankheit, der Tod; aber die Ursache des Todes ist auch die Ursache des Lebens, die Ursache des Übels auch die Ursache des Guten.

Ein Gott dagegen ist ein Monarch, und zwar ein absoluter, unbeschränkter Alleinherrscher, der tut und kann, was er will, der über dem Gesetze steht – *princeps legibus solutus est* –, aber seine Willkürgebote zu Gesetzen seiner Untertanen macht, wenn sie auch noch so sehr ihren Bedürfnissen widersprechen. Wie in der Republik nur Gesetze herrschen, welche den eigenen Willen des Volkes ausdrücken, so herrschen auch in der Natur nur Gesetze, welche dem eigenen Wesen der Natur entsprechen. So ist es ein Naturgesetz, wenigstens bei den höher organisierten Tieren, daß die Erzeugung und Fortpflanzung abhängig ist von dem Dasein und Zusammenwirken zweier geschlechtlich verschiedener Individuen, aber dieses Gesetz ist kein despotisches; es liegt in dem Wesen der höheren Organismen, daß sich die Geschlechtsverschiedenheit zu verschiedenen selbständigen Individuen ausbildet, daß sie folglich auf eine schwierigere, vermitteltere Weise ins Dasein kommen als die niederen, die sich, wie z. B. die Polypen, durch bloße Selbstteilung vermehren. Und wenn wir auch für ein Naturgesetz keinen Grund angeben können, so verbindet uns doch die Analogie zu dem Glauben oder vielmehr zu der Gewißheit, daß es einen naturgemäßen Grund hat. Aber ein Gott gibt einer

Jungfrau das Privilegium, ohne Mann einen Menschen hervorzubringen, gebietet dem Feuer, daß es nicht brennt, daß es wirkt wie Wasser, und dem Wasser, daß es wirkt wie Feuer, daß es also Wirkungen hervorbringt, die seiner Natur, seinem Wesen widersprechen, wie die Gebote des Despoten dem Wesen seiner Untertanen widersprechen. Kurz, ein Gott dringt der Natur seinen Willen auf, er führt ein absolut willkürliches Regiment, wie ein Despot den Menschen das Unnatürlichste zumutet. So verordnete z. B. Kaiser Friedrich II. in seiner Ketzerverordnung: „Da das Majestätsverbrechen gegen Gott größer ist als das gegen Menschen und da Gott die Sünden der Väter an den Kindern heimsucht, so sollen die Kinder der Ketzer aller öffentlichen Ämter und Ehrenstellen unfähig sein, *mit Ausnahme* derjenigen *ihrer Kinder*, welche *ihren Vater angegeben haben.*" Gibt es eine der Natur des Menschen widersprechendere Ausnahme und Verordnung als diese? Wilhelm der Eroberer verordnete unter anderen tyrannischen Gesetzen, daß in den Städten alle Gesellschaften auseinandergehen und Feuer und Licht ausgelöscht werden mußten, sobald um 7 Uhr abends die Feierglocken geläutet wurden. Kann es eine des Menschen unwürdigere, unnatürlichere Beschränkung der menschlichen Freiheit geben als diese? Ähnliche Verordnungen haben wir übrigens selbst noch vor wenigen Jahren in unseren monarchischen Staaten erlebt. Thomas Paine erzählt, daß einst ein Braunschweiger Soldat, der im Unabhängigkeitskriege der Nordamerikaner gefangen worden war, zu ihm gesagt: „Ach, Amerika ist ein schönes, freies Land, es ist wert, daß das Volk dafür kämpft; ich weiß den Unterschied, da ich das meinige kenne. Wenn in meinem Lande der Fürst sagt: *Eßt Stroh!, so essen wir Stroh.*" Gibt es aber einen Befehl, der dem Menschen eine größere, anti- und supranaturalistischere Selbstverleugnung gebietet als der Befehl, Stroh zu essen? Ist also nicht das fürstliche, monarchische, wenigstens absolut monarchische Regiment ebenso in der Politik ein Wunderregiment als in der Natur? Wie stimmt aber dieses Regiment zu dem Wesen der Natur? Wo finden wir in der Natur, wo alles natürlich, alles nur in Übereinstimmung mit dem Wesen der natürlichen Dinge geschieht, Spuren eines Wunderregiments? Aus der Natur einen Gott, d. h. ein übernatürliches Wesen, herausbeweisen zu wollen, ist ebenso töricht, ebenso ein Beweis der Unwissenheit nicht nur von dem Wesen der Natur, sondern auch von dem Wesen eines Gottes, als wenn ich aus einer Republik, spezieller gefaßt: aus dem republikanischen Staatsoberhaupte, dem Präsidenten einer Republik, einen Fürsten, einen König oder Kaiser herausklügeln, beweisen wollte, daß derselbe auch ein Fürst, ein Regent im Sinne unserer Staaten wäre und daher kein Staat ohne Fürsten bestehen könnte. Der Präsident stammt aus dem Blute des Volkes; er ist eines Wesens, eines und desselben Geschlechtes mit dem Volke, er ist nur der personifizierte Volkswille; er kann nicht, was er will; er vollstreckt nur die Gesetze, die das Volk beschlossen; aber der Fürst ist ein vom Volke spezifisch oder vielmehr der Gattung nach unterschiedenes Wesen wie der Gott von der Welt; er ist aus fürstlichem Geblüt; er herrscht nicht als der personifizierte Volkswille über das Volk, sondern er herrscht über dem Volke als ein außer dem Volke stehendes, sonderliches Wesen wie Gott über der Natur als besonderes, übernatürliches Wesen; aber ebendeswegen sind die Wirkungen beider nur willkürliche Machtgebote, Wunder, Mirakel. In der Natur ist nun aber nur, wie gesagt, ein republikanisches Regiment. Der Kopf am Menschen ist wohl der Präsident meines Leibes, aber nichts weniger als ein absoluter Monarch oder ein Regent. von Gottes Gnaden; denn der Kopf ist ebensogut ein Wesen von Fleisch und Blut als der Magen, als das Herz; er ist aus derselben Masse, demselben organischen Grundstoffe hervorgegangen, aus welchem die übrigen Organe; er ist wohl über den anderen Organen, er ist das caput [Haupt], das erste Wesen, aber doch kein der Gattung, dem Geschlecht nach von ihnen unterschiedenes Wesen; er übt daher keine despotische Macht aus; er gebietet den anderen Gliedern nur Handlungen, die ihrem Wesen angemessen sind; er ist ebendeswegen nicht unverantwortlich, sondern er wird bestraft, seines Regiments entsetzt, wenn er den Fürsten spielen will und dem Magen, dem Herzen oder sonst einem Organe etwas zumutet, was ihrer Natur widerspricht. Kurz, so wie in der Republik, wenigstens der demokratischen, die wir hier allein meinen, nur volkstümliche Wesen, aber keine Fürsten regieren, so herrschen auch in der Natur keine Götter, sondern nur natürliche Kräfte, natürliche Gesetze, natürliche Elemente und Wesen. Und es ist daher, um das frühere Beispiel zu wiederholen, ebenso töricht, aus dem die Natur beherrschenden Wesen einen Gott herauszudeduzieren, als es töricht wäre, ein Beweis von Mangel an Verstand und Urteilskraft, aus dem Präsidenten einer Republik einen Fürsten oder Monarchen herauszuwittern.

Sechzehnte Vorlesung

Der Glaube oder die Vorstellung, daß ein Gott Urheber, Erhalter und Regent der Welt sei – eine Vorstellung, die der Mensch nur von sich, von dem politischen Regimente abgezogen und auf die Natur übergetragen hat –, beruht auf der Unkenntnis der Menschen von der Natur; sie stammt daher aus der Kinderzeit der Menschheit, ob sie gleich sich bis auf den heutigen Tag erhalten hat, und ist nur da an ihrem Platze, nur da eine wenigstens subjektive Wahrheit, wo der Mensch alle Erscheinungen, alle Wirkungen der Natur in seiner religiösen Einfalt und Unwissenheit Gott zuschreibt. „Es war natürlich", sagt ein moderner rationalistischer Theolog, Bretschneider, in seiner Schrift „Die religiöse Glaubenslehre nach der Vernunft und Offenbarung (oder vielmehr *weder* nach der Vernunft *noch* nach der Offenbarung) für denkende (oder vielmehr nicht denkende) Leser", „daß in den ältesten Zeiten das fromme Gefühl (?) alle oder doch die meisten Naturveränderungen als unmittelbare Wirkungen der Götter oder Gottes ansah. Je weniger man nämlich die Natur und ihre Gesetze kannte, desto gewisser mußte man für die Veränderungen übernatürliche Ursachen, also den Willen der Götter, aufsuchen. So war es bei den Griechen Jupiter, der die Gewitter sendete, die Blitze rechts oder links schleuderte. Auch das fromme Gefühl (?) des israelitischen Volkes bezog alles oder doch das meiste auf Gott als unmittelbare Ursache. Jehovah ist es nach dem A. T., der die Saat wachsen läßt, die Ernte behütet, Korn, Öl und Wein gibt, fruchtbare oder unfruchtbare Jahre, Krankheiten und Seuchen sendet, fremde Völker zu Kriegen erweckt, die Guten mit langem Leben, Reichtum, Gesundheit und anderen Gütern belohnt, die Bösen mit Krankheit, frühem Tod usw. bestraft, die Sonne, den Mond und die Gestirne am Himmel herausführt und die ganze Natur und die Geschicke der Völker und einzelnen Menschen nach seinem Willen leitet." Aber wir müssen sogleich gegen diesen Rationalisten bemerken, daß diese Vorstellungsart im Wesen der Religion begründet ist, daß nur da der Glaube an Gott noch ein wahrer, lebendiger ist, wo alles nur theologisch, aber nicht physikalisch erklärt wird. Wir finden daher diese Vorstellung nicht nur bei den alten Völkern, sondern auch bei den alten Christen, ja, überhaupt bei den frommen Christen, welche die alten, d. h. echten Vorstellungen der Religion und des Gottesglaubens bewahrt haben, in denen noch nicht die Verstandesbildung über die religiösen Vorstellungen gesiegt, zum deutlichen Beweise, daß diese Vorstellung die wahrhaft religiöse ist. Wir treffen sie daher auch bei unseren Reformatoren. Der Unterschied zwischen dem gewöhnlichen Naturlauf und einem Wunder ist ihnen zufolge nur dieser, daß hier die Wirkung Gottes in die Augen fällt, während der gewöhnliche Naturlauf ein ebenso wunderbares Wirken Gottes voraussetzt, nur daß er wegen seiner Gewöhnlichkeit den Augen des Haufens nicht so erscheint. Alle Wirkungen der Natur sind ihnen Wirkungen Gottes; der Unterschied zwischen Wunder und Naturwirkung ist ihnen nur, daß dort im Widerspruch mit der Natur, hier im Einklang wenigstens mit ihrer Erscheinung Gott handelt. „Nicht das Brot", sagt Luther, „sondern das Wort Gottes nähret auch den Leib natürlich, wie es alle Dinge schaffet und erhält. Weil (wenn) es fürhanden ist, so nähret Gott dadurch und darunter, daß man es *nicht sehe* und *meine*, das Brot tue es. Wo es aber nicht fürhanden ist, da nähret er *ohne Brot* allein durchs Wort, wie er tut unter dem Brot. Summa: Alle Kreaturen sind Gottes *Larven* und *Mummereien* (unkräftige Schatten Gottes, wie sich Luther an einer anderen Stelle ausdrückt), die er will lassen mit ihm wirken und helfen allerlei schaffen, das er doch *ohne ihr Mitwirken tun kann und auch tut*." Ebenso spricht sich Calvin in seiner „Institution der christlichen Religion" aus, z. B.: „Die göttliche Vorsehung kommt uns nicht immer nackt entgegen, sondern sie kleidet sich oft in natürliche Mittel, sie hilft uns bald vermittelst eines Menschen oder einer unvernünftigen Kreatur, sie hilft uns auch *ohne ein natürliches Mittel* oder selbst im *Widerspruch* mit der Natur", also auf augenfällig wunderbare Weise, d. h. mit anderen Worten: Alle Wirkungen der Natur sind eigentlich nur Wirkungen Gottes, alle Dinge nur Instrumente, Werkzeuge Gottes, und zwar *gleichgültige* Instrumente, keine Instrumente, wie die Instrumente der Natur sind, welche nur durch das Werkzeug des Auges, aber nicht des Ohres, nicht der Nase sieht, sondern Instrumente, mit welchen Gott nur kraft seines Willens diese oder jene Wirkungen nach Belieben verknüpft hat, Wirkungen, die er daher auch ohne diese Instrumente hervorbringen kann. „Gott könnte," sagt Luther in einer Predigt, „Kinder zeugen ohne Vater und Mutter .... Aber er hat die Menschen dazu erschaffen und zeuget und ernähret die Kinder durch die Eltern, Vater und Mutter. Er könnte auch den Tag machen ohne Sonne, wie die ersten drei Tage in der Schöpfung waren Tag und Nacht, und zwar dennoch weder Sonne noch Mond, noch Sterne dazumal geschaffen. Solches könnte noch Gott tun ....., so er wollte; aber er will es nicht tun." Freilich eine sonderbare Einschränkung, ein sonderbares „aber", daß er nicht tun will, was er tun *kann*. Wir sehen daher an diesen Aussprüchen der alten, echten Gottesgläubigen, wie wenig die Physik oder Physiologie und Theologie zusammenstimmen, wie wenig *die* Erscheinungen selbst, die der rationelle Theist als Zwecke auffaßt und als Beweise für das Dasein eines Gottes anführt, sich aus einem Gotte ableiten lassen. Zwischen dem Organ des Auges oder dem Mittel des Sehens und dem Zweck des Auges, dem Akt des Sehens, ist in der Natur ein *notwendiger Zusammenhang*; es liegt in dem Organismus, in der Natur des Auges, daß nur das Auge und sonst kein anderes Leibesglied sehen kann; aber in der Theologie unterbricht der Wille Gottes diesen notwendigen Zusammenhang; Gott kann auch, wenn er will, den Menschen ohne Augen oder selbst durch ein dem Auge entgegengesetztes Organ, selbst durch ein sinnloses Organ, selbst durch den After sehen lassen. Calvin sagt ausdrücklich, daß Gott in dem A. T. das Licht habe vor der Sonne entstehen lassen, damit die Menschen daraus ersehen könnten, daß keineswegs die wohltätigen Erscheinungen des Lichts an die Sonne notwendig geknüpft wären, daß Gott auch ohne die Sonne leisten könne, was er jetzt, d. h. im gewöhnlichen, aber keineswegs notwendigen Naturlauf, durch die Sonne oder vermittelst der Sonne leiste. Wir haben hieran zugleich einen der überzeugendsten Beweise, wie die Natur das Dasein eines Gottes und umgekehrt das Dasein eines Gottes die Natur aufhebt. Wenn ein Gott ist, wozu ist denn die Welt, wozu die Natur? Wenn ein vollkommenes Wesen ist, ein vollkommenes Wesen, wie man sich's unter Gott vorstellt, wozu ein unvollkommenes? Hebt denn nicht das Dasein eines vollkommenen Wesens die Notwendigkeit, den Grund eines unvollkommenen Wesens auf? Auf die Unvollkommenheit paßt die Vollkommenheit wohl; aber wie paßt auf die Vollkommenheit die Unvollkommenheit? Der Sinn der Unvollkommenheit liegt in der Vollkommenheit; das Unvollkommene will vollkommen, der Knabe will Mann, das Mädchen Weib werden, das, was unten ist, strebt empor, will aufwärtskommen; aber wie kann ich aus dem höchsten Wesen, wenn ich anders bei Sinnen bin, ein unter ihm stehendes, ein niedriges Wesen ableiten? Wie kann ich aus einem Verstandeswesen verstandlose Wesen entstehen lassen, wenn ich anders bei Verstand bin? Wie kann ein Geist geistlose Wesen produzieren? Was kann also ein Gott hervorbringen, wenn ich einen Gott denke und richtig folgern und einmal etwas ihn hervorbringen lassen will, wiewohl die Gottheit immer etwas Unproduktives ist, außer Götter, außer Wesen seinesgleichen? Und wenn ein Gott ist, d. h. ein Wesen, welches sieht ohne Augen, und hört, d. h. alles vernimmt, ohne Ohren zu haben, wie kann ich aus ihm die Augen und Ohren ableiten? Der Sinn, der Zweck, das Wesen, die Notwendigkeit des Daseins der Augen und Ohren ist ja nur das Sehen und Hören; wenn aber nun schon ein ohne Auge sehendes Wesen ist, wozu ist denn das Auge? Fällt nicht damit der Grund seiner Existenz hinweg? „Wer das Ohr gemacht hat, wie sollte der nicht hören? Wer das Auge gemacht hat, wie sollte der nicht sehen?" Wer aber schon sieht, wie braucht der ein Auge zu machen? Das Auge ist, weil ohne dasselbe kein sehendes Wesen ist, aber es ist nicht, weil ein sehendes Wesen ist. Das Auge entspringt aus dem Trieb der Natur zu sehen, aus der Begierde nach Licht, aus dem Bedürfnis, aus der Notwendigkeit eines Auges zum Leben, wenigstens des höheren Organismus. Man hat oft gesagt: Die Welt ist unerklärbar ohne einen Gott; aber gerade das Gegenteil ist wahr; wenn ein Gott ist, so ist das

Dasein einer Welt unerklärlich; denn sie ist vollkommen überflüssig. Die Welt, die Natur ist nur erklärbar, wir finden nur dann einen vernünftigen Grund ihrer Existenz, so wir anders nach einem solchen suchen, wenn wir erkennen, daß es keine Existenz außer der Natur, keine andere als eine körperliche, natürliche, sinnliche Existenz gibt, wenn wir die Natur auf sich beruhen lassen, wenn wir also erkennen, daß die Frage nach dem Grund der Natur eins ist mit der Frage nach dem Grunde der Existenz. Aber die Frage, warum überhaupt etwas existiert, ist eine törichte Frage. Weit gefehlt also, daß die Welt, wie die alten Theisten sagten, in einem Gotte ihren Grund hat, so ist vielmehr der Grund der Welt aufgehoben, wenn ein Gott ist. Aus einem Gotte folgt nichts anderes; alles andere außer ihm ist überflüssig, eitel, nichtig: Wie kann ich es also aus ihm ableiten und begründen wollen? Aber ebenso gilt der umgekehrte Schluß. Ist eine Welt, ist diese Welt eine Wahrheit, und ihre Wahrheit verbürgt ihre Existenz, so ist ein Gott nur ein Traum, nur ein vom Menschen eingebildetes, nur ein in seiner Einbildung existierendes Wesen. Welchen Schluß werden wir aber zu dem unserigen machen? Den letzteren, denn die Welt, die Natur ist etwas unmittelbar, sinnlich Gewisses, etwas Unbezweifelbares. Aus dem Dasein auf die Notwendigkeit und Wesenhaftigkeit eines Gegenstandes schließen, ist doch gewiß weit vernünftiger und sicherer, als aus der Notwendigkeit eines Wesens auf sein Dasein schließen; denn *diese* Notwendigkeit, *die* Notwendigkeit, die sich nicht auf das Dasein gründet, kann eine nur subjektive, nur eingebildete sein. Nun ist aber kein Mensch, kein Leben, wenn kein Wasser, kein Licht, keine Wärme, keine Sonne, kein Brot, kurz, keine Lebensmittel sind. Wir sind also vollkommen berechtigt, aus ihrem Dasein auf ihre Notwendigkeit zu schließen, berechtigt, zu schließen, daß das Leben, das *ohne* sie, ohne die unorganische Natur nicht ist, auch nur *durch* sie ist. Wir fühlen, wir wissen, daß wir verdursten, vertrocknen ohne Wasser, verhungern, vergehen ohne Speisen; wir fühlen, wir wissen also, daß es die eigentümliche, in ihrer individuellen Natur begründete Kraft des Wassers und der Speisen ist, die diese wohltätigen Wirkungen auf uns ausübt. Warum wollen wir also der Natur diese Kraft rauben und einem von der Natur unterschiedenen Wesen, einem Gott zuschreiben? Warum wollen wir leugnen, was so deutlich unsere Sinne und Vernunft uns sagen, daß wir nur diesen Kräften, diesen Wesen der Natur unsere Existenz verdanken, daß wir nicht wären, wenn sie nicht wären, daß sie die notwendigen Elemente oder Gründe unserer Existenz sind, daß nicht ein Gott vermittelst dieser Dinge, sondern diese Dinge vermittelst ihrer eigenen Kraft ohne Gott uns erhalten; denn wozu bedarf ein Gott solche ungöttliche gemeine Mittel, wie Wasser und Brot sind, aber wozu auch bedarf das Wasser, das Brot einen Gott, um die Wirkungen zu äußern, die in seiner eignen materiellen Natur liegen? Doch wieder zurück!

In der Wirkungsweise Gottes haben wir drei Stufen oder Unterschiede zu bemerken, wovon wir die erste die patriarchalische, die zweite die despotische oder absolut-monarchische, die dritte die konstitutionell-monarchische Regierungs- und Wirkungsweise Gottes nennen können. Die erste ist diese, wo Gott eigentlich nur noch ein Ausdruck des Affekts, ein Ausdruck der Bewunderung, ein poetischer Name für jeden Gegenstand der Natur ist, der einen besonderen Eindruck auf den Menschen macht, wo der Mensch zwar statt: „Es donnert oder es regnet", sagt: „Gott donnert, Gott regnet", wo aber dieser Gott noch nichts Distinktes, nichts von der Natur und ihren Erscheinungen Unterschiedenes ausdrückt, weil der Mensch eben noch gar keine Kenntnis, gar keine Ahnung von dem Wesen und den Wirkungen der Natur hat, wo es ebendeswegen noch keine Wunder, im eigentlichen, in unserem Sinne wenigstens, gibt, weil dem Menschen alles noch wunderbar erscheint; denn das Wunder drückt etwas von dem natürlichen, gesetzlichen oder wenigstens gewöhnlichen Lauf Unterschiedenes aus. Ich nenne diese Vorstellung die patriarchalische, weil sie die älteste, einfachste, dem kindlichen, ungebildeten Menschen natürlichste ist, weil die patriarchalische Regierungsform diejenige ist, wo der Regent in demselben Verhältnis zu den Regierten steht wie der Vater zu seinen Kindern, welcher sich nicht dem Wesen nach von den Kindern unterscheidet, sondern nur dem Alter, der größeren Macht und Einsicht nach, und weil ebenso der Regent der Natur und Menschheit sich hier noch nicht von der Natur unterscheidet. Zeus ist der Gott, von dem der Donner und Blitz, Hagelschlag und Sturm, Regengüsse und Schneegestöber kommen. Er ist der Herr,

d. h. die vermenschlichte, personifizierte Ursache dieser Erscheinungen; er gebietet über diese Wirkungen der Natur nach seinem Willen und Gutdünken; er ist also insofern allerdings – jedoch nur *für uns* – ein von ihnen unterschiedenes Wesen, aber sein Unterschied verliert sich in dem Dunst und Blau des Himmels – Jupiter ist und heißt der Himmel, der Äther, die Luft; statt kalte Luft, feuchte Luft sagen die Dichter sogar kalter Jupiter, feuchter Jupiter –, sein Unterschied wird zu Wasser mit jedem Regentropfen, der vom Himmel auf die Erde fällt, verflüchtet sich mit jedem Blitzstrahl zu einem Meteor. So nennt z. B. Plinius den Blitz bald ein *Werk* Jupiters, bald einen Teil Jupiters. Daher war den Römern selbst der Blitz etwas Heiliges, Göttliches; er heißt ausdrücklich bei ihnen der heilige Blitz, das heilige Feuer. Wie wenig sich das Wesen dieser Götter, wenigstens ursprünglich, von den Naturwesen unterscheidet, wie sehr ihr Wesen in dem Wesen der Natur verfließt, keinen persönlichen Bestand hat, zeigt sich, wenn wir näher in die alten Religionen eingehen und bemerken, wie sie selbst Naturerscheinungen, die sich in unsern Augen gar nicht als Personen, als Wesen darstellen und fassen lassen, gleichwohl als Götter verehrten. So vergötterten z. B. die Perser die Tage und Tageszeiten, den Morgen, Mittag, Nachmittag, Mitternacht, die Ägypter selbst die Stunden; die Griechen den Kairos, den günstigen Augenblick, die Bewegung der Luft, die Winde*. Aber was ist ein Gott, dessen Wesen der Wind ist, für ein verschwindendes, vergängliches Wesen? Oder wer kann den Gott des Windes vom Winde unterscheiden? Die griechischen und römischen Geschichtsbücher wimmeln von Wundergeschichten, aber diese Wunder haben keineswegs schon die Bedeutung der Wunder im Sinne des Monotheismus, wenigstens des entwickelten, sie haben mehr einen poetischen, naiven Charakter, sind Werke mehr des naturalistischen als theologischen Aberglaubens, sind keine so doktrinäre[n], absichtliche[n] Wunder** wie die monotheistischen. Im Monotheismus wird nämlich das Wesen Gottes, ob es gleich ursprünglich gar nichts andres ist als das von den

* Auch die Perser, was aber hier ganz gleichgültig.

** Von den Betrügereien der Priester wird hier natürlich abstrahiert.

Sinnen abgezogene und abgesonderte Wesen der Natur oder Welt, als ein von der Welt und ihrem Wesen unterschiedenes Wesen vorgestellt. Hier geht daher die poetische Einfalt und patriarchalische Gemütlichkeit des Polytheismus zugrunde. Hier wird reflektiert, Gott kritisch unterschieden von der Natur; hier tritt an die Spitze der Welt, der Natur ein Despot, dessen Wille[n] sich alles selbst- und willenlos fügt und schmiegt, der durch einen bloßen Befehl die Welt ins Dasein gerufen. „So er spricht", heißt's in der Bibel, „so geschieht's, so er gebeut, so steht's da." „Er gebeut, so wird's geschaffen." „Er kann schaffen, was er will." Auf diesem Standpunkt, wenn auch nicht gleich im Anfang, doch in der weiteren Entwicklung, hat der Mensch schon, eben weil er Natur und Gott unterscheidet, eine Vorstellung von der Wirkungsweise der Natur im Unterschiede von der göttlichen. Er glaubt an besondere Wirkungen Gottes, denen er im Unterschiede von den natürlichen den Namen der Wunder gibt. Aber gleichwohl sind ihm auch auf diesem Standpunkt, solange seine religiösen Vorstellungen noch nicht durch den Verstand, durch den Unglauben beschränkt worden sind, solange er noch im ungeteilten, energischen Glauben lebt, die natürlichen Wirkungen noch Wirkungen Gottes. Halten wir uns nur an das bereits aus Luther angeführte Beispiel von dem Brot. Wenn Gott den Menschen ohne Speise, ohne Brot erhält, so ist das ein augenfälliges Wunder, weil hier offenbar auf eine wunderbare Weise der Mensch erhalten wird; wenn er aber den Menschen mit Brot erhält, so ist hier nicht weniger eine Wirkung Gottes, ein Wunder, vorhanden, denn Gott wirkt hier gleichfalls, nur *unter dem Schein* des Brotes; denn es ist nicht die Kraft des Brotes, sondern die Kraft Gottes, die den Körper ernährt und erhält. Die Naturwesen sind ja nur *Larven, Schatten*, hinter und unter denen Gott wirkt. Obgleich daher hier der Unterschied zwischen der Naturwirkung und Gotteswirkung von dem Menschen schon erkannt wird, so gibt es doch hier eigentlich nur Wunder, Handlungen, Wirkungen Gottes; denn die Naturwirkungen sind nur Scheinwirkungen, die gewöhnlichen Wirkungen und Erscheinungen der Natur nur versteckte, *maskierte* Wirkungen Gottes, die eigentlichen Wunder aber entkleidete, nackte Wirkungen Gottes; dort wirkt Gott nur inkognito, hier aber in seiner göttlichen Majestät.

Kurz, wie auf dem patriarchalischen oder polytheistischen Standpunkt sich Gott in der Natur verliert, sein Unterschied von der Natur ein verschwindender ist, so verliert sich dagegen hier auf dem Standpunkt des eigentlichen Gottesglaubens, des Theismus oder Monotheismus, die Natur; ihr Wesen verschwindet vor dem Wesen Gottes; es wird ihr eigene Kraft und Selbständigkeit abgesprochen. Hier ist Gott das allein Wirkliche, allein Wirkende und Tätige. Der Muhamedanismus hat diesen Gedanken mit aller Energie orientalischer Phantasie und Glut ausgesprochen. So sagt z. B. ein arabischer Dichter: *„Alles, was nicht Gott ist, ist nichts"*, und in El-Senusis „Begriffsentwicklung des muhamedanischen Glaubensbekenntnisses" heißt es: „Es ist unmöglich, daß *neben Gott etwas existiere, was selbstwirkend* wäre." Ebenso wird gegen *die* muhamedanischen Philosophen, welche behaupten, daß Gott nicht in jedem Augenblicke von neuem in der Welt tätig und schaffend sei, sondern daß die Welt durch die Kraft, die Gott einmal in sie gelegt, selbsttätig sich forterhalte, gekämpft und behauptet: „Nichts hat *wirkende* Kraft außer Gott, und wenn der Kausalnexus, den wir in der Welt erkennen, uns glauben macht, daß dies die Selbsttätigkeit der Welt sei, so irren wir; dieser selbst ist nur ein Kennzeichen von der ewig wirkenden Kraft Gottes." Aber auch selbst Philosophen der muhamedanischen Religion haben diese konsequent und streng religiöse Leugnung der selbsttätigen und selbständigen Wirksamkeit der Natur geltend gemacht. So glaubten und lehrten die arabischen orthodoxen Philosophen und Theologen, die Motakhallim, „daß die Welt stets von neuem erschaffen und daher ein beständiges Wunder sei, daß kein unverletzliches Wesen der Dinge, kein notwendiger Zusammenhang zwischen Grund und Folge, Ursache und Wirkung sei", Behauptungen, die eine notwendige Folge sind von der allmächtigen Willenskraft und Wundertätigkeit Gottes; denn wenn alles Gott kann, so kann auch kein notwendiger Zusammenhang zwischen Wesen oder Grund und Folge stattfinden. Diese arabischen Orthodoxen behaupteten daher ganz richtig von dem Standpunkte der Theologie aus, daß es „kein Widerspruch sei, wenn etwas gegen die Natur eines Dinges mit ihm geschehe, weil das, was wir die Natur der Dinge zu nennen pflegen, nichts weiter als der gewöhnliche Lauf der Dinge wäre, von welchem der Wille Gottes abweichen könnte. Es sei nicht unmöglich, daß das Feuer kalt mache, daß der Erdkreis in die Himmelssphäre verwandelt werde, daß ein Floh so groß wie ein Elefant und ein Elefant so klein wie ein Floh sein könnte; jedes Ding könnte anders sein, als es ist." Diese Beispiele bringen sie jedoch, bemerkt Ritter, dessen Schrift „Über unsere Kenntnis der arabischen Philosophie" diese Stellen entnommen sind, nur zur Erläuterung ihres Satzes bei, daß es „Gott habe gefallen können, eine andere Welt und mithin eine andere Ordnung der Natur zu schaffen". Oder vielmehr: Diese Vorstellung, daß alles anders sein könne, als es ist, daß es keine notwendige Natur der Dinge gibt, ist nur die Folge von dem Glauben, daß Gott alles kann, daß alles Gott möglich, daß also vor dem Willen Gottes keine natürliche Notwendigkeit besteht. Auch unter den Christen gab es genug nicht nur Theologen, sondern auch Philosophen, welche keine Naturnotwendigkeit vor dem Willen Gottes bestehen ließen und den Dingen außer Gott alle Ursächlichkeit, alle Selbsttätigkeit und Selbständigkeit absprachen. Aber diese Ansicht, ob sie gleich die konsequent und streng religiöse ist, widerspricht doch zu sehr dem natürlichen Menschenverstand, zu sehr der Erfahrung, zu sehr dem Gefühl, welchem sich die Natur als eine selbsttätige Macht aufdringt, als daß sie der Mensch, der wenigstens dem Verstande und der Erfahrung Gehör gibt, behalten könnte. Der Mensch gibt sie daher auf und spricht der Natur selbsttätige Wirkungen zu; weil ihm aber zugleich das von der Natur unterschiedene Wesen, Gott, ein wirkliches und wirksames Wesen ist, so hat er hier eine zweifache Wirkung, die Wirkung Gottes und die Wirkung der Natur; diese als die unmittelbare, nächste, jene als die mittelbare, entfernte. Gott bringt hier keine unmittelbaren Wirkungen hervor; er handelt nicht ohne die untergeordneten mittleren Ursachen, welche eben die natürlichen Wesen sind. Sie heißen untergeordnete oder zweite Ursachen, weil die erste Ursache Gott ist, mittlere Ursachen oder Mittelursachen, weil sie eben die Mittel sind, durch die und kraft welcher Gott wirkt, aber keine Mittel im Sinne des alten Glaubens, welche nur willkürliche und gleichgültige Instrumente in der Hand der Allmacht sind, sondern Mittel in *dem* Sinne, in welchem man z. B. das Auge das Mittel des

Sehens nennen kann; Mittel mit eigener Natur und Kraft, notwendige Mittel. Gott handelt und wirkt aber hier nicht nur nicht ohne natürliche Ursachen, sondern er handelt auch nur in *Gemäßheit* dieser Ursachen, er handelt hier nicht als unumschränkter, absoluter Monarch, der mit den Dingen nach Belieben schaltet, der ein Ding auch zu dem macht, was seiner Natur zuwider ist, Feuer zu Wasser, Staub zu Korn, Leder zu Gold, sondern er regiert hier nur nach den Gesetzen der Natur; er regiert als *konstitutioneller Monarch*. Der König, heißt es ausdrücklich auf dem Standpunkt des konstitutionellen, namentlich des englischen Staatsrechts, *kann nur gemäß den Gesetzen* regieren, und Gott, heißt es auf dem Standpunkt des Rationalismus – denn der Standpunkt, den wir jetzt vor uns haben, ist nichts andres als der sogenannte Rationalismus, den wir jedoch hier im weitesten Sinn des Worts nehmen –, regiert nur gemäß den Naturgesetzen. Der Konstitutionalismus setzt, wie sich die deutschen Staatsrechtslehren ausdrücken, dem „Mißbrauch der Staatsgewalt" Schranken entgegen, und der Rationalismus setzt dem Mißbrauch der göttlichen Allmacht und Willkür, d. h. der Wundertätigkeit, Schranken entgegen. Der Unterschied zwischen dem Konstitutionalismus und Rationalismus in dieser Beziehung ist nur, daß der rationelle oder konstitutionelle Gott Wunder tun *kann* – denn das Vermögen, Wunder zu tun, spricht der Rationalist nicht Gott ab –, aber keine tut, der konstitutionelle Monarch oder Souverän aber nicht nur einen Mißbrauch von seiner Gewalt machen kann, sondern auch, sooft es ihm beliebt, wirklich macht. Der unumschränkte Monarch regiert und verwaltet oder greift wenigstens, sooft es ihm beliebt, in die Verwaltung ein, der konstitutionelle Monarch dagegen regiert nur, aber verwaltet nicht; so auch der konstitutionelle oder rationelle Gott, der nur an der Spitze steht, ohne unmittelbar, wie der alte absolute Gott, in das Gouvernement der Welt einzugreifen. Kurz, wie die konstitutionelle Monarchie eine durch die Demokratie oder demokratische Institutionen *beschränkte* Monarchie, ebenso ist der Rationalismus der durch den Atheismus oder Naturalismus oder Kosmismus, kurz, durch dem Theismus entgegengesetzte Elemente beschränkte Theismus. Oder: Wie die konstitutionelle Monarchie nur eine beschränkte und gehemmte Demokratie ist, welche daher notwendig in ihrer Entwicklung zu wahrer und vollständiger Demokratie führt, so ist der moderne, rationalistische Theismus oder Gottesglaube nur ein beschränkter und gehemmter, unkonsequenter Atheismus oder Naturalismus. Denn was ist ein Gott, der nur in Gemäßheit der Naturgesetze handelt, dessen Wirkungen nur natürliche Wirkungen sind? Er ist nur ein Gott dem Namen nach, aber dem Inhalt nach unterscheidet er sich nicht von der Natur; er ist ein dem Begriff eines Gottes widersprechender Gott; denn nur ein unumschränkter, an keine Gesetze gebundener, wundertätiger, den Menschen aus allen Nöten, wenigstens dem Glauben, der Einbildung nach, errettender Gott ist ein Gott. Aber ein Gott, der mir z. B. nur in Krankheiten vermittelst der Ärzte und Arzeneien hilft, das ist ein Gott, der auch nicht mehr hilft und vermag als Ärzte und Arzeneien, das ist ein ganz überflüssiger, unnötiger Gott, ein Gott, durch dessen Besitz ich nichts gewinne, was ich nicht ohne ihn durch die bloße Natur hätte, und durch dessen Verlust ich folglich auch nichts verliere. Keine Monarchie *oder* absolute Monarchie! Keinen Gott *oder* einen absoluten Gott, einen Gott, wie der Gott des alten Glaubens es war! Ein den Gesetzen der Natur gehorchender, ein sich dem Weltlauf akkommodierender Gott, wie es der Gott unserer Konstitutionalisten und Rationalisten ist, ein solcher Gott ist ein Unding. (16)

Siebenzehnte Vorlesung

Ich habe dem Inhalt der letzten Stunden noch einige Erläuterungen und Bemerkungen zuzusetzen. Der Mensch geht von dem ihm Nächsten, dem Gegenwärtigen aus und schließt von da auf das Entferntere, das tut der Atheist, das der Theist. Der Unterschied zwischen dem Atheismus oder Naturalismus, überhaupt der Lehre, welche die Natur aus sich oder einem Naturprinzip begreift, und dem Theismus oder der Lehre, welche die Natur aus einem heterogenen, fremdartigen, von der Natur unterschiedenen Wesen ableitet, ist nur der, daß der Theist vom Menschen ausgeht und von da zur Natur übergeht, auf sie schließt, der Atheist oder Naturalist von der Natur ausgeht und erst von ihr aus auf den Menschen kommt. Der Atheist geht einen natürlichen, der Theist einen unnatürlichen Gang. Der Atheist setzt der Kunst die Natur voraus, der Theist aber die Kunst der Natur; er läßt die Natur aus der Kunst Gottes oder, was eins ist, aus der göttlichen Kunst entspringen; der Atheist läßt das Ende erst auf den Anfang folgen; er macht das der Natur nach Frühere zum ersten, der Theist aber macht das Ende zum Anfang, das Späteste zum ersten, kurz, er macht nicht das natürliche, unbewußt wirkende Wesen der Natur zum ersten Wesen, sondern das bewußte, menschliche, künstlerische Wesen; er begeht daher die schon gerügte Verkehrtheit, statt aus dem Unbewußten das Bewußte, aus dem Bewußtsein das Unbewußte entstehen zu lassen. Der Theist schließt nämlich, wie wir schon bei der Beurteilung des teleologischen Beweises sahen, daraus, daß er die Natur, die Welt wie ein Wohnhaus, eine Uhr oder sonst ein mechanisches Kunstwerk ansieht, auf einen Werk- und Kunstmeister als ihren Urheber. Er macht also die Kunst zum Original der Natur, die menschlichen Werke sind es, *nach* denen er die Naturwerke denkt; daher eben der Schluß, daß die hervorbringende Ursache derselben ein persönliches Wesen wie der Mensch, ein Macher, ein Schöpfer sei. Es ist dieser Schluß oder Beweis, wie schon erwähnt, der den Menschen, auf einem gewissen Standpunkt wenigstens, einleuchtendste, daher der, durch welchen die Missionäre den unkultivierten Völkern, die christlichen Lehrer und Eltern den Kindern den Gottesglauben beibringen. Man betrachtet aber diesen Beweis nicht nur als einen der einleuchtendsten, faßlichsten, sondern auch als den untrüglichsten, als den, der unzweifelhaft das Dasein eines Gottes verbürge. Schon den Kinderchen, sagen die Gläubigen, hat der liebe Gott diese Frage: Wer hat die Sterne, wer die Blumen gemacht?, in die Brust gelegt, um sie auf sein Dasein aufmerksam zu machen. Aber es fragt sich, ob diese Frage in den Kindern von selbst entstanden oder nicht vielmehr von den Eltern in sie hineingelegt wurde. Es gibt wenigstens viele Völker und unzählige Menschen, die nicht darnach fragen, woher sind wir entstanden, sondern: woher bekommen wir Nahrung, wovon leben wir? So mochte man die Grönländer noch so viel nach der Entstehung von Himmel und Erde fragen, sie gaben keine andere Antwort, als daß Himmel und Erde von selbst entstanden seien, oder, daß sie sich nicht darum bekümmerten, wenn sie nur Fische und Seehunde genug hätten. So hatten auch die Kalifornier „nicht den mindesten Gedanken von einem Urheber der Natur. Die Frage, ob sie niemals darauf gedacht hätten, wer die Sonne, den Mond oder das, was ihnen am schätzbarsten ist, die Pitahahias, hervorgebracht hätte, beantworteten sie stets mit vara, nein" (Zimmermann, „Taschenbuch der Reisen"). Aber auch davon abgesehen, wenn auch wirklich diese Frage auf dem eigenen Grund und Boden des Kindersinnes entsprungen ist, so hat sie doch eine durchaus unbefangene und kindliche oder kindische Bedeutung, eine Bedeutung, aus der sich durchaus keine christlich-theologischen Folgerungen ziehen lassen. Das Kind fragt, wer hat die Sterne gemacht, weil es nicht weiß, was die Sterne sind, weil es sie nicht von den Lichtern unterscheidet, die in der Wohnstube seiner Eltern brennen und die der Seifensieder gemacht hat; es fragt, wer hat die Blumen gemacht, weil es die Blumen nicht unterscheidet von anderen bunten und farbigen Dingen, die es in seiner Umgebung gesehen und die von Menschenhänden hervorgebracht sind. Und wenn ferner auch wirklich die Antwort: „Der liebe Gott hat das gemacht", den kindlichen Sinn befriedigt, so folgt daraus noch lange nicht, daß sie eine *wahre* ist, sowenig als die Antwort auf die Frage der Kinder nach dem Geber der Weihnachtsgeschenke, daß sie das Christkindchen gebracht habe, oder die Antwort auf die Frage der Kinder nach dem Ursprung ihrer Schwesterchen oder Brüderchen, daß sie aus einem schönen und tiefen Brunnen gefischt würden, eine wahre ist, ob sie gleich die Kinder befriedigt. Wie soll man denn nun aber der Neugierde der Kinder antworten? Solange die Kinder noch wirkliche Kinder sind, solange diese Frage nur noch eine kindliche, solange muß man auch eine kindliche Antwort geben; denn die wahre verstehen sie doch nicht, oder wenn man das nicht will, so muß man den Kindern antworten, daß sie dieses erst erfahren sollen, wenn sie größer geworden und etwas gelernt haben. Wenn aber die Kinder größer geworden, wenn sie einmal so weit an Verstand sind, daß sie nicht mehr glauben, daß die Kinder aus einem Brunnen geschöpft werden, dann muß man ihnen ebenso wie jetzt den alten Kindern, welche den lieben Gott zur Ursache aller Dinge machen, einen Begriff, eine Anschauung von der Natur beizubringen suchen. Man muß dabei nicht vom Menschen ausgehen, oder wenn auch vom Menschen, doch nicht von den Werken, die der Mensch hervorbringt und deren Hervorbringung ja immer schon die Natur voraussetzt, nicht von dem Menschen als Künstler und Handwerker, sondern von ihm als Naturwesen. Man muß vor allem das Kind wie den ungebildeten Menschen überzeugen von dem Unterschied zwischen Kunst und Leben – die unkultivierten Völker halten Kunstwerke für lebendige Wesen, die theistisch kultivierten Völker halten dagegen lebendige Wesen für Kunstwerke, die Welt für eine Maschine –; man muß ihnen zeigen an Beispielen, wie sich das Schiff von einem Fische, die Puppe von einem Menschen, das Uhrwerk von einem tierischen oder lebendigen Gangwerk unterscheidet. Darauf muß man gehen zur Entstehung; die Pflanzen seht ihr entstehen aus einem Keime, das Tier aus einem Ei, also die Pflanze aus einem pflanzlichen das Tier aus einem tierischen Stoffe, der aber gleichwohl noch kein Tier. Ist man nun einmal so weit, daß man den Menschen die Generation, die Erzeugung der Tiere und Pflanzen, veranschaulicht hat, so kann man sie nun auf das Entferntere schließen lassen, ihnen auf den Grund der augenfälligen Tatsache der Erzeugung denkbar und begreiflich machen, daß auch die ersten Pflanzen und Tiere nicht gemacht, nicht geschaffen, sondern aus natürlichen Stoffen und Ursachen, daß überhaupt alle Weltwesen und Weltkörper nicht aus einem außer- und unweltlichen, sondern aus einem selbst weltlichen, natürlichen Wesen entstanden sind. Sollten sie aber dieses unbegreiflich und unglaublich finden, so muß man ihnen entgegnen, daß, wenn der Mensch nicht aus der Erfahrung wüßte, daß die Kinder auf natürlichem Wege entstehen, er diese Entstehung für ebenso unglaublich halten und daher nicht daran zweifeln würde, daß der liebe Gott die Kinder mache, die Kinder unmittelbar von Gott abstammen. In der Tat hat man die Erzeugung, d. h. Entstehung des Menschen aus dem Menschen, für etwas ebenso Unerklärliches und Unbegreifliches erklärt als die erste Entstehung des Menschen aus der Natur und daher ebenso bei jener zu einem Gott seine Zuflucht genommen als bei dieser. Allein mag der Zeugungsprozeß nun begreiflich oder unbegreiflich sein, er ist nichtsdestoweniger ein natürlicher Prozeß, ja, er ist nicht trotz, er ist gerade wegen dieser seiner Unbegreiflichkeit ein natürlicher Prozeß; denn eben das Natürlichste ist dem Menschen, der alles nur nach sich modelt, der keinen Sinn, keinen Verstand für die Natur hat, das Unbegreiflichste. Ist ja selbst der Mensch dem Menschen, der Freigebige dem Geizhals, der Rücksichtslose dem Klugen, der Geniale dem Philister etwas Unbegreifliches; wieviel mehr die Natur! Jeder begreift nur das ihm Gleiche, das ihm Verwandte. Sogut aber der diesem oder jenem Menschen unbegreifliche Mensch doch ein Mensch ist, sogut ist auch die Natur, die wir nicht begreifen, weil sie den beschränkten Begriffen, die wir uns von ihr gemacht haben, widerspricht, noch Natur, nichts Übernatürliches. Das Übernatürliche existiert nur in der Phantasie oder ist nur *die* Natur, welche über die beschränkten Begriffe, die sich der Mensch von ihr gemacht, hinausgeht. – Wie töricht ist es daher, aus diesen Unbegreiflichkeiten in der Natur theologische Konsequenzen ziehen oder dieselben gar durch die Theologie lösen zu wollen! Die Physiker und Physiologen können heute noch eine Menge Erscheinungen der organischen und unorganischen Natur nicht erklären. Aber folgt daraus, daß diese nicht ebensogut ihre physikalischen und physiologischen Gründe haben als andere Erscheinungen, die wir erklären können? Ist ein Teil der Natur physisch, der andere hyperphysisch, ist sie nicht eine Einheit, nicht durch und durch, nicht überall Natur?

Nun zu der zweiten Bemerkung. Der Hauptgrund, warum der Mensch die Welt aus Gott, aus einem Geiste, ableitet, ist, weil er sich nicht aus der Welt oder Natur seinen Geist erklären kann. Woher ist denn der Geist?, rufen die Theisten den Atheisten entgegen, Geist kann ja nur aus Geist kommen. Diese Schwierigkeit der Ableitung des Geistes aus der Natur kommt jedoch nur daher, daß man sich auf der einen Seite von der Natur eine zu despektierliche, auf der andern vom Geiste eine zu hohe, vornehme Vorstellung macht. Wenn man den Geist zu einem Gott macht, so kann er natürlich nur göttlichen Ursprungs sein. Ja, die Behauptung, daß der Geist nicht aus der Natur abgeleitet werden könne, ist schon die indirekte Behauptung, daß der Geist ein nicht natürliches, ein außer- und überweltliches, göttliches Wesen ist. In der Tat ist auch der Geist, wie ihn die Theisten fassen, nicht aus der Natur erklärbar; denn dieser Geist ist ein sehr spätes Produkt, und zwar ein Produkt der menschlichen Phantasie und Abstraktion, und daher so wenig ableitbar, wenigstens unmittelbar ableitbar von der Natur, als ein Leutnant, ein Professor, ein Regierungsrat unmittelbar aus der Natur erklärbar ist, wenn es gleich der Mensch ist. Wenn man aber aus dem Geiste nicht mehr Wesens macht, als sich gehört, wenn man ihn nicht zu einem abstrakten, vom Menschen abgesonderten Wesen macht, so wird man seine Entstehung aus der Natur nicht unbegreiflich finden. Der Geist entwickelt sich ja mit dem Leibe, mit den Sinnen, mit dem Menschen überhaupt; er ist gebunden an die Sinne, an den Kopf, an körperliche Organe überhaupt; soll etwa das körperliche Organ, der Kopf, d. h. der Schädel und das Hirn, aus der Natur, der Geist aber im Kopf, d. h. die Tätigkeit des Hirns, aus einem Wesen von einer ganz anderen Gattung, als die Natur ist, aus einem Denk- und Phantasiewesen, aus einem Gott, abgeleitet werden? Welche Halbheit, welcher Zwiespalt, welche Verkehrtheit! Woher der Schädel, woher das Hirn, daher ist auch der Geist; woher das Organ, daher auch die Verrichtung desselben; denn wie sollte sich beides voneinander trennen lassen? Wenn also das Hirn, wenn der Schädel aus der Natur, ein Produkt derselben ist, so ist es auch der Geist. Wir unterscheiden in der Sprache die Kopftätigkeit als die geistige von den übrigen Verrichtungen als den körperlichen; wir schränken das Wort „Körperlichkeit", „Sinnlichkeit" nur auf besondere Arten der Körperlichkeit und Sinnlichkeit ein und machen nun, wie ich in meinen Schriften zeigte, die sich davon unterscheidende Tätigkeit zur Tätigkeit einer absolut verschiedenen Gattung, zu einer geistigen, d. h. absolut sinn- und körperlosen; aber auch der Geist, auch die geistige Tätigkeit – denn was ist der Geist anders als die von der menschlichen Phantasie und Sprache verselbständigte, als ein Wesen personifizierte geistige Tätigkeit? –, auch die geistige Tätigkeit ist eine körperliche, eine Kopfarbeit; sie unterscheidet sich von den anderen Tätigkeiten nur dadurch, daß sie die Tätigkeit eines *anderen* Organs, die Tätigkeit eben des Kopfes ist. Weil aber die Denktätigkeit eine Tätigkeit eigentümlicher Art ist, die ebendeswegen mit keiner anderen verglichen werden kann, weil in dieser Tätigkeit die sie bedingenden Organe dem Menschen nicht unmittelbar Gegenstand seines Gefühls und Bewußtseins sind, wie z. B. bei dem Essen der Mund und Magen, dessen Leere und Fülle er fühlt, bei dem Sehen das Auge, bei der Handarbeit die Werkzeuge der Hände und Arme, weil die Kopftätigkeit die verborgenste, zurückgezogenste, die geräuschloseste, unvernehmlichste Tätigkeit ist, so hat er diese Tätigkeit zu einem absolut [un]körperlichen, unorganischen, abstrakten Wesen gemacht, dem er den Namen Geist gegeben. Da aber dieses Wesen nur der Unwissenheit des Menschen von den organischen Bedingungen der Denktätigkeit und der diese Unwissenheit ausfüllenden Phantasie seine Existenz verdankt, da dieses Wesen also nur eine Personifikation der menschlichen Unwissenheit und Phantasie ist, so fallen auch in Wirklichkeit alle die Schwierigkeiten weg, die auf die Vorstellung dieses Wesens gebaut sind. Ist der Geist eine Tätigkeit des Menschen, kein Wesen für sich, ist er nicht ohne Organe, nicht abtrennbar vom Leibe, so kann er nur aus dem Wesen der Natur, aber nicht aus Gott abgeleitet werden, denn dieser Gott oder göttliche Geist, aus dem der menschliche abgeleitet werden soll, ist ja selbst nichts andres als ebendiese vom Leibe und allen leiblichen Organen in Gedanken abgezogene, als ein selbständiges Wesen gedachte und vorgestellte geistige Tätigkeit.

Der Geist ist allerdings das Höchste im Menschen; er ist der Adel des Menschengeschlechts, sein Unterscheidungsmerkmal vom Tiere; aber das menschlich erste ist deswegen noch nicht das natürlich oder von Natur erste. Im Gegenteil, das Höchste, Vollendetste ist das letzte, späteste. Den Geist zum Anfang, zum Ursprung machen ist daher eine Umkehrung der Naturordnung. Aber die menschliche Eitelkeit, Selbstliebe und Unwissenheit lieben es, dem ersten der Qualität nach auch den zeitlichen Vorrang vor allen anderen Wesen einzuräumen. Der Trieb des Menschen, seinen Geist aus Gott, d. h. wieder aus Geist abzuleiten, dem Geist eine uranfängliche Existenz, eine Präexistenz, eine Existenz vor der Natur einzuräumen, ist daher eins mit dem Triebe, welcher einst alte adlige Geschlechter, ja, welcher die alten Völker überhaupt, die sich anderen Völkern gegenüber stets als Adelsgeschlechter dachten, bewog und noch jetzt viele

Völker bewegt, mit *ihrer* Existenz, mit *ihrer* Geschichte die *Existenz, die Geschichte überhaupt* zu beginnen, sich einen *unmittelbar göttlichen* Ursprung zuzuschreiben. Die Grönländer gaben sogar, als man ihnen durchaus den Glauben auf- und abdringen wollte, daß doch jemand müsse die Welt gemacht haben, zur Antwort: „Nun ja, so muß sie ein Grönländer gemacht haben." Dieser Gedanke erscheint uns mit Recht lächerlich. Aber gleichwohl beruht er im Grunde auf demselben Triebe, aus welchem ein geistiges, denkendes Volk, ein Volk, das sich des Geistes als seines Adels bewußt ist, dem Geiste eine vorweltliche göttliche Existenz einräumt, die Welt aus dem Geiste entspringen läßt.

Nun zur dritten Bemerkung. Da die Entstehung einer körperlichen Welt aus einem geistigen Gott oder Wesen eine zu sichtliche Unmöglichkeit, da überdem ein Geist ohne Leib eine augenfällige Abstraktion des Menschen ist, so gaben einige gottesgläubige Denker oder Religionsphilosophen der neueren Zeit die alte Lehre der Schöpfung aus nichts auf, welche die notwendige Folge von der Vorstellung der Entstehung der Welt aus dem Geiste ist – denn woher nimmt der Geist die Materie, die körperlichen Stoffe als aus nichts? –, und machten Gott selbst, eben um die materielle Welt aus ihm erklären zu können, zu einem körperlichen, materiellen Wesen. Kurz, sie betrachteten die Gottheit nicht als einen bloßen Geist, oder sie haben nicht *den* Teil des Menschen, welchen er Geist nennt, allein zu Gott gemacht, sondern auch den andern Teil des Menschen, welcher Leib heißt, haben also Gott als ein aus Leib und Geist bestehendes Wesen gedacht, wie der wirkliche Mensch ist. Schelling und Franz Baader haben diese Lehre geltend gemacht. Die Urheber dieser Lehre sind aber einige ältere Mystiker, namentlich Jakob Böhm[e], von Profession ein Schuster, geb. 1575 in der Oberlausitz, gest. 1624. Dieser allerdings höchst merkwürdige Mann unterscheidet in Gott Licht und Finsternis oder Feuer, Positives und Negatives, Gutes und Böses, Mildes und Strenges, Liebe und Zorn, kurz, Geist und Materie, Seele und Leib. Und nun ist es ihm, scheinbar wenigstens, ein leichtes, aus Gott die Welt abzuleiten, denn alle Kräfte, Qualitäten oder Erscheinungen der Natur, wie Kälte und Hitze, Bitterkeit und Schärfe, Härte und Flüssigkeit, nimmt er in Gott auf. Das Merkwürdige an ihm ist, daß er, weil kein Licht ohne Finsternis, kein Geist ohne Materie oder Natur ist, die Natur Gottes dem Geist Gottes, welcher erst der eigentliche Gott sei, voraussetzt, obwohl er stellenweise, infolge seiner Abhängigkeit vom christlichen Glauben, dieser Entstehung widerspricht, wenigstens diese Entstehung oder Entwicklung des Geistes aus der Natur oder Materie als keine zeitliche, als keine wirkliche, wahre also will angesehen wissen. Diese Lehre ist nun darin allerdings vernünftig und stimmt darin mit dem Atheismus oder Naturalismus überein, daß sie von der Natur anhebt und von da an erst zum Menschen übergeht, den Menschen, den Geist sich aus der Natur entwickeln läßt – ein Gang, der mit dem Gang der Natur, folglich mit der Erfahrung übereinstimmt, denn wir alle sind erst Materialisten, ehe wir Idealisten werden, wir alle huldigen zuerst dem Leibe, den niederen Bedürfnissen und Sinnen, ehe wir zu den geistigen Bedürfnissen und Sinnen uns erheben; das Kind säugt, schläft und stiert in die Welt hinein, ehe es sehen lernt. Aber diese Lehre ist darin unvernünftig, daß sie diesen Entwickelungsprozeß, diesen Gang der Natur wieder ins mystische Dunkel der Theologie verhüllt, daß sie *mit Gott verknüpft, was dem Begriff eines Gottes widerspricht*, und *mit der Natur verknüpft, was der Natur widerspricht*; denn die Natur ist körperlich, materiell, sinnlich, aber die göttliche Natur, wie sie ein Bestandteil Gottes ist, soll's nicht sein. Die Natur in Gott oder die göttliche Natur enthält zwar alles, was die ungöttliche, d. h. die materielle, sinnliche Natur enthält, aber die göttliche Natur enthält es auf unsinnliche, immaterielle Weise; denn Gott ist oder soll trotz seiner Materialität ein Geist sein. Es ist daher auch hier wieder zuletzt die alte Unerklärbarkeit, die alte Schwierigkeit vorhanden, wie aus dieser unmateriellen, geistigen Natur die wirkliche, körperliche entspringen soll. Diese Schwierigkeit wird nur gehoben, wenn wir an die Stelle der göttlichen Natur die wirkliche setzen, die Natur, wie sie ist, wenn wir die körperlichen Wesen aus einem wirklich, nicht nur eingebildet körperlichen Wesen entstehen lassen. Aber ebenso, wie die göttliche Natur dem Begriff und Wesen der Natur widerspricht, so widerspricht der Jakob Böhm[e]-sche Gott dem Begriff der Gottheit; denn ein Gott, der sich aus Finsternis zu Licht, aus einem nicht geistigen Wesen zum Geiste entwickelt und emporsteigert, ist kein Gott; ein Gott ist wesentlich ein abstraktes, fertiges, vollkommenes Wesen, ein Wesen, von dem aller Grund, alle Notwendigkeit einer Entwickelung ausgeschlossen ist; denn der Entwickelung ist ja nur ein natürliches Wesen unterworfen. Zwar soll, wie gesagt, diese Entwickelung keine zeitliche sein, aber wer kann von der Entwickelung die Zeit absondern? Kurz, diese Lehre ist eine mystische, eine Naturlehre, die aber zugleich Gotteslehre sein soll, eine Lehre daher voll Widerspruch und konfuser Unklarheit, ein theistischer Atheismus, eine gottesgläubige Gottesleugnung, ein naturalistischer Supranaturalismus oder ein supranaturalistischer Naturalismus, eine Lehre, die uns ebendeswegen nötigt, aus dem Reich der Phantasie und Mystik, worin sie haust und wurzelt, ans Licht der Wirklichkeit hervorzutreten, an die Stelle also der unsinnlichen Natur die sinnliche Natur, an die Stelle der göttlichen Geschichte die wirkliche Geschichte, die Weltgeschichte, an die Stelle überhaupt der Theologie die Anthropologie zu setzen. An der Jakob Böhm[e]schen Lehre haben wir abermals ein deutliches, überzeugendes Beispiel, wie Gott nur ein vom Menschen und von der Natur abgezogenes Wesen ist; der Unterschied zwischen seiner und der gewöhnlichen theistischen Lehre ist nur, daß sein Gott ein nicht nur von den, sei es nun wirklichen oder eingebildeten, Zwecken der Natur, d. h. überhaupt von *den* Erscheinungen der Natur, welche der Mensch sich aus einem zwecktätigen, geistigen Wesen erklärt, sondern auch von den Stoffen, der Materie dieser Zwecke, die ja alle nur materieller, körperlicher Natur sind, abgezogenes Wesen ist, daß daher Jakob Böhm[e] nicht nur den Geist, sondern auch *die Materie vergöttert.* Wie nämlich der Satz: „Gott ist ein Geist", zu seiner Voraussetzung den Satz hat: „Der Geist ist Gott oder göttliches Wesen", so hat der Satz: „Gott ist nicht nur Geist, sondern auch leibliches Wesen", zu seiner Voraussetzung den Satz: „Die Materie, *das leibliche Wesen* ist ein *göttliches Wesen*", oder vielmehr in diesem letzteren Satze liegt erst der wahre Sinn und Aufschluß des ersten Satzes. Wenn nun aber der Gott, der ein Geist ist, nur ein personifizierter Ausdruck von der Göttlichkeit des Geistes ist, der Gott, der Leib, Materie ist, gleichfalls nichts andres ist als die personifizierte Göttlichkeit, d. i. (philosophisch ausgedrückt) Wesenhaftigkeit und Wahrheit der Natur oder Materie, so erhellt, daß die Lehre, die uns die Göttlichkeit der Materie in Gott vordemonstriert, eine mystische, verkehrte Lehre ist, daß die wahre, vernünftige Lehre, *die* Lehre, in welcher jene mystische erst ihren Sinn findet, die atheistische Lehre ist, welche Geist und Materie an und für sich selbst betrachtet, ohne Gott. Und wenn Gott ein materielles, leibliches Wesen ist, wie die Jakob Böhm[e]isten wollen, so ist der wahre Beweis dieser Leiblichkeit nur *der*, daß Gott auch ein Gegenstand unserer *leiblichen Sinne* ist. Was ist ein leibliches Wesen, das nicht Gegenstand des Leibes ist? Wir schließen ja nur aus den leiblichen Eindrücken eines Gegenstandes auf seine Leiblichkeit. Das geben nun aber die materialistischen Theisten natürlich nicht zu; soweit lassen sie ihren Gott nicht in die Materie herabsinken, daß er auch leiblich ergriffen und gesehen würde; das ist ihnen viel zu profan, viel zu ungöttlich. Er würde allerdings auch durch diese Versetzung in die profane materielle Welt seine Existenz einbüßen, denn wo die Augen und Hände anfangen, da hören die Götter auf. Die Grönländer glauben sogar von dem mächtigsten ihrer Götter, dem Tornasuk, daß ihn ein Wind töten, ja, daß er von der bloßen Berührung eines Hundes sterben würde. Aber eben wegen dieser Scheu vor der Experimentalphysik ist auch die Leiblichkeit des Jakob Böhm[e]schen Gottes nur eine phantastische, eingebildete Leiblichkeit. Kurz, diese Lehre ist, wie alle theologischen, eine Verkehrtheit, ein Widerspruch. Sie vergöttert die Natur, die Leiblichkeit, und läßt doch wieder weg, leugnet wieder das ab, was diese Leiblichkeit erst zu einer wahren Leiblichkeit macht. Wollt ihr die Wahrheit der Leiblichkeit anerkennen, nun, so öffnet die Sinne, anerkennt die Wahrheit der Sinne. Aber ihr anerkennt nur die Wahrheit der Phantasie, der Einbildung, des mystischen, unsinnlichen Denkens und Vorstellens; ihr müßt daher gestehen, daß ihr in eurem Gotte trotz seiner Materialität und Leiblichkeit nur eure Phantasie und Einbildungskraft vergöttert. Wie das Organ, so der Gegenstand dieses Organs. Verleugne ich die Sinne, so verleugne ich auch das sinnliche Wesen, so habe ich es immer nur mit einem geistigen oder eingebildeten Wesen zu tun.

Achtzehnte Vorlesung

Den Bemerkungen der letzten Stunden muß ich viertens noch folgendes hinzusetzen. Ich habe gesagt, daß auf dem Standpunkt des Rationalismus wir Gott *und* Natur haben, zwei Wesen, zwei Ursachen und Wirkungsweisen, eine unmittelbare, welche den wirklichen und natürlichen Wesen, eine mittelbare, welche Gott zugeschrieben wird, gerade wie im Konstitutionalismus zwei Mächte herrschen oder um die Herrschaft sich streiten, Volk und Fürst, während im Naturalismus nur die Natur, im echten Theismus nur Gott herrscht, daß daher der Rationalismus, wie der Konstitutionalismus, ein System der Halbheit, des Widerspruchs, der Unentschiedenheit, der Charakterlosigkeit ist. Ich muß aber bemerken, daß auch schon in dem absoluten Glauben oder in *dem* Gott, welcher absoluter Monarch ist, ja, gewissermaßen selbst schon im Polytheismus – man lese nur die römischen und griechischen Historiker und Dichter, welche die göttliche und menschliche Tätigkeit auf eine höchst naive Weise verbinden –, dieser Widerspruch hervortritt, daß nämlich trotz der Alleintätigkeit Gottes doch zugleich den Dingen außer Gott Selbsttätigkeit zugeeignet wird. Und zwar findet sich auch dort schon dieser Widerspruch aus dem einfachen Grunde, weil der Mensch durch seine auch noch so überschwengliche Gläubigkeit doch nimmermehr seinen natürlichen Verstand und Menschen unterdrücken oder aufgeben kann. Dieser schreibt aber den außergöttlichen Dingen oder Wesen ursächliche Selbständigkeit zu. Namentlich gilt dies nun von dem abendländischen und insbesondere von dem germanischen Menschen, dessen höchste Begriffe Selbsttätigkeit, Freiheit und Selbständigkeit sind, Eigenschaften, die er aber sich absprechen müßte, wenn außer Gott nichts selbsttätig wäre. Der Abendländer unterbricht daher durch seinen eingeborenen Hang zu verständiger Selbsttätigkeit die Konsequenzen seiner Religion, seines Gottesglaubens, während der Orientale, seiner Natur gemäß, den Konsequenzen des Glaubens an Gott keine Schranken entgegensetzt, sich daher seiner Freiheit und selbst seines Verstandes beraubt, sich unbedingt dem Fatum des göttlichen Ratschlusses unterwirft, um seinem Gott die Ehre anzutun, daß er nicht nur die *erste* Ursache ist, wie die klugen, egoistischen, rationalistischen Abendländer sagen, sondern auch die *einzige* Ursache, das einzige selbsttätige und wirkende Wesen. Einige Beispiele führte ich schon in der vorletzten Stunde aus dem Muhamedanismus an; freilich gibt es auch muhamedanische, überhaupt orientalische Philosophen und Theologen, welche den Dingen außer Gott Selbsttätigkeit zuschreiben, aber die entgegengesetzte Anschauung ist die herrschende oder doch die charakteristische. „Gott", sagt z. B. der rechtgläubige muhamedanische Philosoph Algazel – eine Stelle, die ich der früheren beifüge –, „Gott ist die einzige wirkende Ursache in der ganzen Natur; durch diese ist es ebenso möglich, daß das Feuer das Werg berührt, ohne daß dieses verbrennt, als daß das Werg verbrennt ohne Berührung des Feuers. Es gibt keinen Naturlauf, kein Naturgesetz; der Unterschied zwischen Wundern und natürlichen Begebenheiten ist nichtig." Die abendländische Theologie laboriert daher an dem erwähnten Widerspruch auch selbst in den streng- und rechtgläubigsten Köpfen. Freilich liegt dieser Widerspruch im Wesen der Theologie; denn ist ein Gott, so ist eine Welt unnötig, und umgekehrt. Wie sollen also diese sich gegenseitig ausschließenden Wesen in ihren Tätigkeiten sich vertragen und vereinigen können? Die Tätigkeit Gottes hebt die Tätigkeit der Welt und umgekehrt die Tätigkeit der Welt jene auf. Habe ich das getan, so hat es nicht Gott getan, hat es Gott getan, so habe ich's nicht getan; eins schließt das andere aus. Wie paßt hierher die Vorstellung des Mittels? Die Vorstellung, daß Gott vermittelst meiner dies getan? Mit einem Mittel verträgt sich keine Selbsttätigkeit. Kurz, Gott und Welt zugleich sein und wirken lassen wollen, das führt auf die ungereimtesten Widersprüche, auf die lächerlichsten Sophismen und Kniffe, wie dies die Geschichte der Theologie in der Lehre vom sogenannten concursus dei, dem Mitwirken Gottes namentlich in den freien Handlungen der Menschen, sattsam bewiesen hat. Ein Beispiel. „Da der Christ", sagt z. B. der stenggläubige, aber ebendeswegen exemplarische Calvin in seiner „Institution der christlichen Religion", „aufs gewisseste überzeugt ist, daß nichts zufällig, sondern alles nach Gottes Anordnung geschieht, so wird er stets seine Blicke auf Gott, als die vorzüglichste oder erste Ursache der Dinge, richten, den untergeordneten Ursachen aber die Stelle einräumen, die ihnen gebührt. Er wird nicht zweifeln, daß eine besondere, sich auf's einzelnste erstreckende Vorsehung über ihn wacht, die nichts zulassen wird, außer was zu seinem Wohl und Heil dient. Alles, was daher glücklich und nach Herzenswunsch vonstatten geht, das wird er allein auf Gott beziehen, davon wird er allein Gott als die Ursache betrachten, mag er nun durch der Menschen Dienst seine Wohltätigkeit empfunden oder von unbeseelten Geschöpfen Hilfe empfangen haben. Denn er wird so in seinem Herzen denken: Wahrlich der Herr ist es, welcher ihre Seele mir geneigt machte, damit sie die Instrumente seiner wohlwollenden Gesinnung gegen mich würden. Er wird also Gott, wenn er Gutes empfängt von Menschen, verehren und preisen als den hauptsächlichen Urheber; aber die Menschen als seine Diener ehren und erkennen, daß er durch Gottes Willen denen verbunden ist, durch deren Hand er ihm Wohltaten erweisen wollte." Wir haben hier das ganze Elend der Theologie, wie es in dieser Materie sich ausspricht, vergegenwärtigt. Wenn Gott die vorzüglichste oder hauptsächlichste Ursache oder vielmehr schlechtweg die Ursache des mir von den Menschen erwiesenen Guten ist – denn nur die causa praecipua ist ja die eigentliche Ursache –, wie soll ich die Menschen ehren, wie mich denen verbunden fühlen, durch die mir Gott Gutes erwies? Es ist ja nicht *ihr* Verdienst; Gott hat sie mir geneigt gemacht, nicht ihr eignes Herz, ihr eignes Wesen; Gott hätte mir ebensogut durch andere, selbst mir übelwollende Menschen oder durch andere als menschliche Wesen, ja, hätte mir ebensogut durch sich selbst ohne Mittel helfen können. Das Mittel ist ganz gleichgültig, ganz wesenlos, ganz unfähig, Gesinnungen der Dankbarkeit, der Verehrung, der Liebe gegen sich zu erwecken, sowenig als es der Topf ist, vermittelst welches man mir, wenn ich am Verdursten bin, einen Trunk Wasser reicht. Finde keiner dieses Gleichnis unpassend! Die Menschen sind ja, wie es in der Bibel heißt, dasselbe im Vergleich zu Gott, was die Töpfe im Vergleich zu dem Töpfer sind. Wir sehen daher an diesem Beispiel, wie die Theologie, im Widerspruch mit ihrem Glauben an Gott als die allmächtige, alles bewirkende Ursache, kapituliert mit dem natürlichen Gefühl und Sinn des Menschen, welcher die Wesen, von denen er Wohltaten empfängt, auch als die

Ursache derselben betrachtet, sich daher zu Dank, Liebe und Verehrung gegen sie verbunden fühlt. Wir sehen, wie sich Gott und Natur, Gottesliebe und Menschenliebe widersprechen, wie sich Gottes Wirkung und Natur- oder Menschenwirkung nicht, außer durch Sophistik, vereinigen lassen. *Entweder* Gott *oder* Natur! Ein Drittes, Mittleres, ein beide Vereinigendes gibt es nicht. Entweder bekennt Gott und leugnet die Natur oder, wenn ihr dieses nicht könnt, wenn ihr wenigstens ihr Dasein zugeben müßt, weil eurem Glauben zum Trotz eure Sinne euch das Dasein der Natur aufdringen, so sprecht ihr wenigstens alle Ursächlichkeit, alles Wesen ab, sagt, daß sie bloßer Schein, bloße Maske ist; *oder* bekennt euch zur Natur und leugnet, daß ein Gott ist, ein Gott hinter ihr sein Wesen treibt, ein Gott durch sie wirkt. Und wenn ihr Gott als die wahre Ursache oder vielmehr schlechtweg als die Ursache des Guten betrachtet – denn nur die wahre Ursache ist die erste Ursache –, so leugnet auch nicht, daß die Ursache des Bösen, das dem Menschen von anderen Menschen oder Wesen geschieht, Gott ist. Aber diese Konsequenz leugnet unkonsequenterweise der Theismus. Derselbe Calvin, welcher die Menschen, die Gutes tun, nur als Instrumente Gottes betrachtet, erklärt es für eine Unsinnigkeit und Gottlosigkeit, zu folgern, daß, wenn z. B. ein Meuchelmörder einen rechtschaffenen Mann ermordet, derselbe nur ein den Beschluß oder Willen Gottes vollstreckendes Werkzeug sei, daß also alle Verbrechen nur durch Gottes Anordnung und Willen geschehen. Und doch ist dieses eine notwendige Konsequenz. Sind die wirklichen, natürlichen Wesen nur Mittel, nur Instrumente Gottes, so sind sie es, sie mögen Gutes oder Böses tun. Leugnet ihr, daß der Mensch aus eigener Kraft, aus eigenem Herzen Gutes tut, so leugnet auch, daß er aus eigenem Herzen Übles, Böses tut; sprecht ihr dem Menschen die Ehre eines Wohltäters ab, so sprecht ihm auch die Schande eines Übel- und Missetäters ab; denn um Böses zu tun, dazu gehört ebensoviel, ja, oft noch mehr Kraft und Macht, als Gutes zu tun; aber alle Kraft, alle Macht ist ja nach euch Gottes Kraft und Macht. Wie lächerlich und zugleich wie boshaft ist es, dem Menschen einerseits die Ursächlichkeit ab-, andererseits wieder zuzusprechen, das Gute ihm als Gnade zu spenden, das Böse als Schuld ihm anzurechnen! Aber das ist das Wesen der Theologie, personifiziert des Theologen, daß er ein Engel gegen Gott, aber ein Teufel gegen den Menschen ist; daß er das Gute Gott, aber das Böse dem Menschen, der Kreatur, der Natur zuschreibt. Allerdings kommt das Gute, was ein Mensch tut, nicht bloß auf seine eigene Rechnung, ist nicht bloß das Werk seines eigenen Willens, sondern auch das Resultat der natürlichen und gesellschaftlichen Bedingungen, Verhältnisse und Umstände, unter denen ein Mensch gezeugt und empfangen, erzogen und gebildet wurde. Aber es ist der rohste, tiefste und abergläubischste Egoismus, zu glauben, daß diese Bedingungen, Verhältnisse und Umstände und die unter ihrem Einfluß in mir erzeugten Neigungen und Gesinnungen in den Absichten und Ratschlüssen eines Gottes ihren Grund haben. Sogut die Zweckmäßigkeit der Natur nur ein menschlicher oder vielmehr theologischer Ausdruck ist von dem innigen und unendlichen Zusammenhang, in dem alles in der Natur miteinander steht, sogut ist der Wille oder Ratschluß Gottes, durch welchen ein Mensch diese oder jene Neigungen, Triebe, Anlagen, Fähigkeiten hat, nur ein Anthropomorphismus, ein populär menschlicher Ausdruck von dem Zusammenhange, in welchem jeder Mensch geworden ist, was er ist. Dies ist der einzige vernünftige Sinn von der Vorstellung oder Lehre, daß der Mensch nicht durch seinen Willen, sondern durch den Willen, die Gnade Gottes ist, was er ist. Die Gnade Gottes ist der personifizierte Zufall oder die personifizierte Notwendigkeit, der personifizierte Zusammenhang, in dem die Menschen werden, leben und weben. Ich bin, was ich bin, nur als ein Sohn des 19. Jahrhunderts, nur ein Teil der Natur, wie sie in diesem Jahrhundert beschaffen ist; denn auch die Natur verändert sich, darum hat jedes Jahrhundert seine eigene Krankheit, und ich bin nicht durch meinen Willen in dieses Jahrhundert versetzt worden. Aber gleichwohl kann ich, sowenig ich mein Wesen von dem Wesen dieses Jahrhunderts absondern, mich als ein außer demselben existierendes, von ihm unabhängiges Wesen denken kann, sowenig meinen Willen von diesem Wesen absondern; ich bin, ich mag wollen oder nicht, ich mag mir dessen bewußt sein oder nicht, mit diesem Los oder Schicksal, mit dieser Notwendigkeit, Glied dieser Zeit zu sein, einverstanden; ich bin, was ich von Natur, was ich ohne Willen bin, zugleich mit Willen; ich kann nichts andres sein wollen, als ich bin, d. h., im wesentlichen oder dem Wesen nach bin. Meine gleichgültigen, zufälligen Beschaffenheiten kann ich mir anders denken, kann ich ändern wollen, aber nicht mein Wesen; mein Wille ist von meiner Natur, meinem Wesen, aber nicht meine Natur von meinem Willen abhängig; mein Wille richtet sich, auch *ohne daß ich es weiß und will*, nach meinem Wesen, aber mein Wesen, d. h. die wesentliche Beschaffenheit meiner Individualität, richtet sich nicht nach meinem Willen, wenn ich auch noch so sehr mich anstrenge und überbiete. Der Mensch kann allerdings, obwohl sein Wesen sich nicht von seiner Zeit absondern läßt, wünschen: Ach, wäre ich doch in Athen zur Zeit eines Phidias und Perikles geboren worden! Aber solche Wünsche sind nur phantastisch, und selbst sie sind bestimmt durch das Wesen der Zeit, in der ich geboren und gebildet wurde, bestimmt durch das Wesen, das ich bin und das ich selbst durch diese phantastische Versetzung an fremde Orte und Zeiten nicht ändere. Denn nur in einer Zeit, die Sinn und Verstand für das alte athenische Leben hat, und nur in einem Menschen, dessen eigenes Wesen sich zu jenem Leben und Wesen hingezogen fühlt, kann ein solcher Wunsch entstehen. Und wenn ich mich auch wirklich in Gedanken nach Athen versetze, so falle ich dadurch nicht außer mein Jahrhundert, außer mein Wesen hinaus, was unmöglich; denn ich denke mir ja dieses Athen nur nach meinem Kopfe, nur im Sinne dieses meines Jahrhunderts, es ist nur ein Abbild meines eigenen Wesens, denn jede Zeit denkt sich die Vergangenheit nur nach sich. Kurz, der Mensch ist das, was er ist, wesentlich ist, auch mit Willen; er kann sich nicht mit seinem Wesen entzweien; selbst seine in der Phantasie darüber hinausgehenden Wünsche sind durch dasselbe bestimmt, fallen immer, soweit sie sich scheinbar von demselben entfernen, auf dasselbe zurück wie der in die Höhe geschleuderte Stein auf die Erde. Also: Soviel ich auch durch Selbsttätigkeit, durch meine Arbeit, durch Willensanstrengung bin, ich bin, was ich bin, geworden nur im Zusammenhang mit diesen Menschen, diesem Volke, diesem Orte, diesem Jahrhundert, dieser Natur, nur im Zusammenhang mit diesen Umgebungen, Verhältnissen, Umständen, Begebenheiten, welche den Inhalt meiner Biographie bilden. Dies ist der einzige vernünftige Sinn, der dem Glauben, daß der Mensch nicht sich, nicht seinem Verdienst, seiner eigenen

Kraft allein, sondern Gott es zu verdanken habe, was er ist und hat, zugrunde liegt. Aber mit demselben Rechte als das Gute kommt auch nicht das Böse allein auf meine Rechnung; es ist nicht meine Schuld, wenigstens nicht allein meine, es ist auch die Schuld der Verhältnisse, die Schuld der Menschen, mit denen ich von Anfang an in Berührung stand, die Schuld der Zeit, in der ich geboren und gebildet wurde, daß ich diese Fehler, diese Schwächen habe. Wie jedes Jahrhundert seine eigenen Krankheiten, so hat es auch seine eigenen vorherrschenden Laster, d. h. vorherrschenden Neigungen zu diesem oder jenem, die an sich nicht schlecht, sondern nur durch ihr Übergewicht, durch ihre Unterdrückung anderer, gleichberechtigter Neigungen oder Triebe schlecht oder lasterhaft werden. Dadurch wird übrigens keineswegs die Freiheit des Menschen aufgehoben, wenigstens die vernünftige, die in der Natur begründete, *die* Freiheit, die sich als Selbsttätigkeit, Arbeitsamkeit, Übung, Bildung, Selbstbeherrschung, Anstrengung, Bemühung äußert und bewährt; denn das Jahrhundert, die Umstände und Verhältnisse, die natürlichen Bedingnisse, unter denen ich geworden, sind keine Götter, keine allmächtigen Wesen. Die Natur überläßt vielmehr den Menschen sich selbst; sie hilft ihm nicht, wenn er sich nicht selbst hilft, sie läßt ihn untergehen, wenn er nicht schwimmen kann, aber ein Gott läßt mich nicht im Wasser untersinken, wenn ich gleich nicht durch eigne Kraft und Kunst mich in ihm erhalten kann. Schon die Alten hatten das Sprichwort: „Wenn's Gott will, kannst du auch auf einer Binse schwimmen." Selbst das Tier muß sich selbst seine Lebensmittel suchen muß es sich höchst sauer werden lassen, muß alle ihm zu Gebote stehenden Kräfte anwenden, bis es seine Nahrung findet; wie muß sich oft die Raupe quälen, bis sie das ihr angemessene Blatt findet, wie der Vogel, bis er ein Insekt oder einen andern Vogel erhascht! Aber ein Gott überhebt die Menschen und selbst die Tiere der Selbsttätigkeit; denn er sorgt für sie; er ist das Tätige; sie sind nur das Leidende, das Empfangende. So brachten die Raben auf Befehl des Herrn dem Elia „Brot und Fleisch des Morgens und des Abends". Aber „wer bereitet dem Raben die Speise"? Gott, „der dem Vieh sein Futter gibt", wie es in den Psalmen und im Hiob heißt, „den jungen Raben, die ihn anrufen". Mit der Natur reimt sich daher wohl die vernünftige Freiheit, die Selbständigkeit und Selbsttätigkeit der Menschen, der individuellen Wesen überhaupt, aber nicht mit einem allmächtigen, alles wissentlich und absichtlich vorausbestimmenden Gotte. All die zahllosen herzverderbenden und kopfverwirrenden Widersprüche, Schwierigkeiten und Sophismen, welche in der Theologie die mit ihrem Gotte als dem allein oder hauptsächlich tätigen Wesen nicht zusammenvereinbare Selbsttätigkeit und Selbstwirksamkeit der Geschöpfe, der Kreaturen verursacht, verschwinden daher oder werden doch wenigstens auflösbar, wenn man an die Stelle der Gottheit die Natur setzt.

Wie die Theisten das moralische Übel, das Böse dem Menschen schuld geben, nur das Gute von Gott ableiten, so haben sie auch das physische Übel, das Übel in der Natur, teils direkt, teils indirekt, teils ausdrücklich, teils stillschweigend, der Materie oder der unvermeidlichen Notwendigkeit der Natur schuld gegeben. Wenn dieses Übel nicht wäre, so wäre auch nicht dieses Gute, sagen sie; wenn der Mensch nicht hungerte, so hätte er auch keinen Genuß vom und keinen Trieb zum Essen; wenn er kein Bein brechen könnte, so hätte er auch keine Knochen, er könnte folglich nicht gehen; wenn er keine Schmerzen empfände bei einer Verwundung, so hätte er keinen Antrieb, sich zu schützen; darum seien die oberflächlichen Wunden viel schmerzhafter als die tiefgehenden. Es ist daher eine Torheit, sagen sie, wenn die Atheisten die Übel, Leiden, Schmerzen des Lebens als Beweise gegen einen gütigen, weisen, allmächtigen Schöpfer anführen. Es ist allerdings auch ganz richtig, daß, wenn dieses oder jenes Übel nicht wäre, auch nicht dieses oder jenes Gut sein könnte; aber diese Notwendigkeit gilt nur für die Natur, nicht für einen Gott. Sogut Gott ein Wesen ist, in dem der Theist sich eine Seligkeit denkt ohne Unseligkeit, eine Vollkommenheit ohne Unvollkommenheit, so gut, so *notwendig* knüpft sich auch an einen Gott die Vorstellung, daß er Gutes ohne Übles, eine Welt ohne alle Leiden und Mängel schaffen könne. Darum glaubt ja der Christ an eine zukünftige Welt, in der das wirklich der Fall ist, in der wirklich das beseitigt ist, was der Atheist als Beweis anführt, daß die Welt keinen göttlichen Ursprung hat. Ja, die alten Christen hatten diese Welt schon im Paradies. Wenn Adam im Stande seiner Unschuld, seiner Vollkommenheit, mit der er aus Gottes Händen kam, geblieben wäre, so würde sein Körper unzerstörbar und unverwundbar, die Natur überhaupt von allen den Übeln und Mängeln, mit denen sie jetzt behaftet ist, verschont geblieben sein. Alle die Gründe, mit welchen die Theisten die Übel der Welt, d. h. hier der natürlichen, nicht der bürgerlichen, rechtfertigen, gelten nur, wenn man die Natur als den Grund der Existenz der Dinge annimmt, die Natur als erste Ursache denkt, aber nicht, wenn man einen Gott als Urheber der Welt annimmt. Allen Theodizeen, allen Rechtfertigungen Gottes liegt daher auch in der Tat, sei es nun bewußt oder unbewußt, die Natur als etwas Selbständiges zugrunde; sie beschränken Gottes Tätigkeit, Gottes Allmacht durch das Wesen und die Wirkung der Natur, die Freiheit Gottes, die doch die Welt ganz anders hätte schaffen können, als sie ist, durch die Vorstellung der Notwendigkeit, die doch nur aus der Natur stammt, nur auf sie paßt. Dies zeigt sich besonders auch in den herrschenden Vorstellungen von der Vorsehung. So erließ z. B. der Erzbischof von Paris 1846 einen Brief, worin er die Gläubigen zu Gebeten auffordert, „auf daß bei der Papstwahl *keine fremdartigen Einflüsse Gottes gnädigen Absichten* widerstreben möchten". So erließ vor kurzem (Januar 1849) der König von Preußen einen Armeebefehl, worin es heißt: „In dem verflossenen Jahr, wo Preußen der Verführung und dem Hochverrat *ohne Gottes Hülfe* erlegen wäre, hat meine Armee ihren alten Ruhm bewährt und neuen geerntet." Aber was ist das für ein schwaches Wesen, dessen gnädigen Absichten fremdartige Einflüsse widerstreben und widerstehen können! Was ist das für eine Hilfe Gottes, die ohne Bajonette und Schrapnells keine Kraft und keinen Erfolg hat? Was das für eine Allmacht, die zu ihrer Unterstützung militärische Macht bedarf? Was das für ein Gott, der seinen Ruhm mit dem Ruhm der königlich preußischen Armee teilt? Entweder gebt Gott allein die Ehre, wie die alten Theisten und Christen, welche glaubten, daß Gott ohne Bajonette und Schrapnells helfen, daß man durch das bloße Gebet Feinde besiegen könne, daß das Gebet, d. h. die Macht der Religion oder, was eins ist, die Macht Gottes, allmächtig ist; *oder* gebt allein der Brutalität der materiellen Kräfte und Mittel die Ehre, daß sie geholfen. Wir sehen an diesen Beispielen, die sich übrigens bis ins Unendliche vermehren ließen – denn jedes Intelligenzblatt liefert dergleichen –, wie gottlos selbst die namentlich modernen Gottesgläubigen sind, wie sie ihren Gott in der Tat verleugnen und herabsetzen, während sie ihm mit dem Munde Elogen machen, indem sie der Materie, der Welt, dem Menschen eine von ihm unabhängige, selbständige Macht und Wirksamkeit zuschreiben, ihrem Gott nur die Rolle eines müßigen Zuschauers oder Inspektors, höchstens nur in der äußersten Not die eines Beispringers und Aushelfers erweisen. Schon der gewöhnliche Ausdruck: „Hilfe Gottes", „Beistand Gottes", charakterisiert diesen häßlichen Zwiespalt zwischen Gott und Natur; denn wer mir hilft, beisteht, der hebt nicht meine Tätigkeit auf; er unterstützt mich nur; er nimmt nur einen Teil der Arbeit, der Last auf sich. Welch eine unwürdige Vorstellung aber, wenn man einmal einen Gott glaubt, ihm die Allmacht, wenigstens der Tat nach, abzusprechen, ihm die Macht der Natur und des Menschen beizugesellen und zu dieser seine Zuflucht zu nehmen! Wenn ein Auge über mir wacht, wozu brauche ich denn selbst ein Auge zu haben, selbst mich vorzusehen? Wenn ein Gott für mich sorgt, warum brauche ich für mich zu sorgen? Wenn ein gütiges und zugleich allmächtiges Wesen ist, was soll mir die beschränkte Macht natürlicher Mittel und Kräfte? Übrigens wollen wir die Abendländer nicht tadeln, daß sie ihren religiösen Glauben nicht bis auf seine praktischen Konsequenzen treiben, daß sie vielmehr eigenmächtig die Folgen ihres Glaubens wegstreichen, ihren Glauben in der Wirklichkeit, in der Praxis verleugnen; denn nur dieser Inkonsequenz, diesem praktischen Unglauben, diesem instinktartigen Atheismus und Egoismus verdanken wir alle Fortschritte, alle Erfindungen, durch die sich die Christen von den Muhamedanern, die Abendländer überhaupt von den Morgenländern auszeichnen. Wer sich auf die Allmacht Gottes verläßt, wer glaubt, daß alles, was geschieht und ist, durch Gottes Willen geschieht und ist, der wird nimmermehr auf Mittel sinnen, den Übeln der Welt abzuhelfen, weder den natürlichen Übeln, soweit diese aufhebbar sind – denn wider den Tod wird kein Arzneimittel gefunden werden –, noch den Übeln der bürgerlichen Welt. „Jedem", sagt Calvin in der schon mehrmals angeführten Schrift, „wird von der Gottheit seine Lage und sein Stand angewiesen. Salomon ermahnt daher mit dem Spruche: ‚Los wird geworfen in den Schoß, aber es fället, wie der Herr will', die Armen zur Geduld, weil diejenigen, welche mit ihrem Lose nicht zufrieden sind, eine ihnen von Gott aufgelegte Last abzuschütteln suchen. So tadelt auch ein anderer Prophet, der Psalmist, die Gottlosen, welche der menschlichen Geschicklichkeit oder dem Glücke es zuschreiben, daß einige zu Ehrenstellen kommen, die andern in Niedrigkeit verbleiben." Dies ist eine notwendige Folge von dem Gottesglauben, von dem Glauben an die Vorsehung, wo dieser Glaube nicht ein bloß theoretischer, tatloser, ungläubiger, sondern ein wahrer, praktischer Glaube ist. Einige Kirchenväter hielten es sogar für eine gottlose Kritik der Werke Gottes, sich den Bart abscheren zu lassen. Ganz richtig! Der Bart verdankt dem Willen und der Absicht Gottes, die sich ja auch auf das einzelnste erstrecken, seine Existenz; wenn ich mir den Bart abscheren lasse, so drücke ich damit ein Mißfallen aus; ich tadle indirekt den Urheber des Bartes; ich empöre mich gegen seinen Willen; denn Gott sagt: Der Bart sei!, indem er ihn wachsen läßt, aber ich sage: Er sei nicht!, indem ich mir ihn abscheren lasse. Alles sein lassen, wie es ist, das ist die notwendige Folge von dem Glauben, daß ein Gott die Welt regiert, alles durch Gottes Willen geschieht und ist. Jede eigenmächtige Veränderung der bestehenden Ordnung der Dinge ist eine frevelhafte Revolution. Wie in einem absolut monarchischen Staate die Regierung nichts dem Volke zu tun überläßt, alle politische Tätigkeit sich aneignet, so läßt auch in der Religion Gott nichts dem Menschen übrig, solange Gott noch ein absolutes, uneingeschränktes Wesen ist. „Darum", sagt Luther in seiner „Auslegung des Predigers Salomonis", „ist dies die beste und höchste Weisheit, *alles Gott heimstellen* und befehlen ... *Gott lassen walten und regieren* und alles, was unrecht geschiehet oder denen Frommen wehe tut, dem befehlen, welcher endlich alles genau und recht richten wird ... Derohalben willst du gern Freude, Friede und gute Tage haben, so warte, bis daß sie dir Gott gibt." Aber, wie gesagt, die Christen haben, zu ihrem und unserem Heil, in Gemäßheit des Geistes und Charakters des Abendlandes, insbesondere des Germanentums, gegen die Konsequenzen ihrer aus dem Morgenlande stammenden religiösen Glaubenslehren und Vorstellungen die *menschliche Selbsttätigkeit* geltend gemacht, freilich aber auch dadurch ihre Religion, ihre Theologie, die sie gleichwohl bis auf diesen Tag wenigstens noch theoretisch festhielten, zu einem Gewebe der albernsten Widersprüche, Halbheiten und Sophismen, zu einem unausstehlichen, charakterlosen Mischmasch von Glauben und Unglauben, Theismus und Atheismus gemacht.

Neunzehnte Vorlesung

Die Kamtschadalen haben, wie uns die theistischen Reisebeschreiber erzählen und sich ausdrücken, einen höchsten Gott, den sie Kutka nennen und für den Schöpfer des Himmels und der Erde halten. Von ihm, sagen sie, sei alles gemacht und entstanden. Sie halten sich aber für viel klüger als Gott und niemanden für törichter, unsinniger und dummer als ihren Kutka. Wenn er, sagen sie, klug und vernünftig gewesen wäre, so würde er die Welt viel besser erschaffen, nicht so viele unübersteigliche Berge und Klippen darein gesetzt, nicht so viel reißende Ströme und anhaltende Sturmwinde gemacht haben. Wenn sie daher im Winter an einem hohen Berge auf- und abfahren, so können sie sich nicht enthalten, ganz entsetzlich auf den Kutka zu schelten. „Wir entsetzen uns billig", bemerkt hiezu ein rationalistischer Schriftsteller, „über diese Tollheiten." Ich entsetze mich darüber aber gar nicht; ich verwundere mich vielmehr darüber, daß die Christen so wenig Selbsterkenntnis besitzen und nicht bemerken, daß sie sich nicht dem Wesen nach von den Kamtschadalen unterscheiden. Sie unterscheiden sich nur darin von ihnen, daß sie ihrem Ärger über die Roheiten und Brutalitäten der Natur nicht in Scheltworten, wie die Kamtschadalen, sondern in Taten Luft machen. Die Christen ebnen Berge oder führen wenigstens gangbare, bequeme Wege über sie; sie setzen reißenden Strömen Dämme entgegen oder leiten sie ab; kurz, sie verändern die Natur nach ihrem Sinn, zu ihrem Besten, soviel sie nur können. Jede solche Tat drückt aber eine Kritik der Natur aus; ich trage keinen Berg ab, wenn ich mich nicht vorher über sein Dasein geärgert, nicht vorher ihn verwünscht, verflucht habe; indem ich ihn abtrage, verwandle ich nur diesen Fluch in die Tat. Gegen anhaltende Sturmwinde, die den Kamtschadalen ein Grund sind, den Urheber derselben zu schelten, haben zwar die Christen noch kein direktes Heilmittel erfunden, wie denn überhaupt das Reich der Lüfte am wenigsten erkannt und bewältigt ist; aber die Christen wissen durch andere Mittel, die ihnen die Kultur an die Hand gibt, sich gegen die Unbilden des Klimas zu schützen. In der Bibel heißt es zwar: „Bleib' im Lande und nähre dich redlich"; aber gleichwohl reisen die Christen, natürlich wenn „die Vorsehung" ihnen die Mittel dazu gegeben, in Bäder, in Länder überhaupt, wo sie ein besseres, ihnen zuträgliches Klima finden. Wenn ich aber einen Ort verlasse, so verfluche, verwünsche ich ihn tatsächlich; ich denke oder sage vielleicht selbst: Hier ist ein ganz verfluchtes Klima; hier kann ich es nicht länger aushalten; hier gehe ich zugrunde; also fort! Wenn nun aber der Christ sein Vaterland verläßt, sei es nun zeitlich oder für immer, so verleugnet er praktisch seinen Glauben an die göttliche Vorsehung; denn sie ist es ja, die ihn an diesen Ort hat gesetzt, weil sie denselben trotz oder vielmehr vielleicht gerade wegen seines unangenehmen und körperlich ungesunden Klimas für den ihm passendsten erkannt und also vorausbestimmt hat. Die Vorsehung erstreckt sich ja über das Besondere und Einzelne; ja, eine Vorsehung, wie sie rationalistische Theisten sich denken, die sich nur auf die Gattung, das Allgemeine, die allgemeinen Naturgesetze erstrecke, ist keine Vorsehung, außer nur dem Namen nach. Wenn ich daher diesen Ort verlasse, an den mich die Vorsehung hingesetzt, wenn ich diesen Berg abtrage, den sie offenbar absichtlich gerade so hoch und gerade an diesen Platz hingestellt hat, wenn ich einen Damm diesem reißenden Strom setze, der doch offenbar seine Gewalt nur durch Gottes Willen und Macht hat, so negiere, so verleugne ich durch meine praktische Tätigkeit meine religiöse Theorie und Glaubensvorstellung, daß alles, was Gott tut, wohlgetan, alles, was Gott macht, weise, untadelhaft, unverbesserlich ist, denn Gott hat ja nicht alles über Bausch und Bogen, so nur im allgemeinen gemacht, sondern alles einzelne. Wie kann ich also eine gewaltsame Veränderung machen, wie die göttlichen Absichten meinen menschlichen Absichten unterwerfen, wie der Macht Gottes, die sich in der Macht dieses reißenden Stromes, in der Größe dieses Berges offenbart, die menschliche Macht entgegensetzen? Ich kann es nicht, wenn ich meinen Glauben durch die Tat bestätigen will. Als die Knider, erzählt Herodot, eine kleine Strecke Landes durchgraben wollten, um aus ihrem Lande eine vollkommene Insel zu machen, wehrte es ihnen die Pythia mit diesen Versen:

„Befestigt nicht den Isthmus und durchgrabt ihn nicht,
Die Insel hätte Zeus gemacht, wenn er's gewollt."

Und als Rom der Vorschlag gemacht wurde, die Zuflüsse der Tiber abzugraben, um ihre Überschwemmungen zu verhindern, da sträubten sich, wie Tacitus in seinen „Annalen" erzählt, die Reatiner dagegen mit den Worten, die Natur, was hier offenbar soviel ist als Gott, habe aufs beste für die menschlichen Interessen gesorgt, indem sie den Flüssen ihre Mündungen, ihren Lauf, ihren Ursprung wie ihr Ende gegeben habe. Alle Kulturmittel, alle Erfindungen, welche der Mensch gemacht, um sich gegen die Brutalität der Natur zu schützen, wie z. B. die Blitzableiter, hat daher der konsequente, religiöse Glaube als Eingriff in das göttliche Regiment verdammt, selbst noch – wer sollte es denken? – in unserer Zeit. Als der Schwefeläther als ein schmerzstillendes Mittel entdeckt und angewandt ward, so protestierten, wie mir von einem vollkommen glaubwürdigen Mann erzählt wurde, die Theologen einer protestantischen Universität, der Universität Erlangen, dagegen, namentlich gegen die Anwendung desselben bei schweren Entbindungen, weil es in der Bibel heiße: „Mit Schmerzen sollst du gebären", weil also das Gebären mit Schmerzen eine ausdrückliche Verordnung, ein Willensbeschluß Gottes sei. So dumm und so teuflisch zugleich macht der theologische Glaube den Menschen! Doch wieder zurück von den protestantischen Theologen und Universitäten zu den Kamtschadalen, die weit mehr Verstand haben; denn sie haben ganz recht, wenn sie den Urheber der steilen, der menschlichen Kultur unzugänglichen Berge, der reißenden, die Saaten und Fluren zerstörenden Ströme, der anhaltenden Sturmwinde für ein verstandloses und unsinniges Wesen halten; denn die Natur ist blind und verstandlos; sie ist, was sie ist, und tut, was sie tut, nicht absichtlich, nicht mit Wissen und Willen, sondern notwendig, oder, wenn wir den Menschen, wie sich gehört, zur Natur rechnen – er ist ja auch ein Naturwesen, ein Naturgeschöpf –, sie hat ihren Verstand nur im Verstande des Menschen. Nur der Mensch ist es ja, der durch seine Anordnungen und Bildungen den Stempel des Bewußtseins und Verstandes der Natur aufdrückt, nur er ist es, der nach und nach im Laufe der Zeiten die Erde zu einem vernünftigen, dem Menschen entsprechenden Wohnorte umgeschaffen [hat] und einst zu einem noch menschlicheren, noch vernünftigeren Wohnort, als sie jetzt ist, umschaffen wird. Selbst das Klima verändert ja die menschliche Kultur. Was ist jetzt Deutschland, und was war es einst, selbst noch zur Zeit Cäsars! Wie vertragen sich aber solche gewaltsame[n] Umgestaltungen, die der Mensch gemacht, mit dem Glauben an eine übernatürliche, göttliche Vorsehung, die alles gemacht und von der es heißt: „Gott sahe an alles, was er gemacht, und siehe da, es war sehr gut." •

Fünftens muß ich noch eine Behauptung mit einigen Worten erläutern. Ich habe gesagt, man habe die Vorsehung hauptsächlich auch aus solchen Erscheinungen der Natur zu beweisen gesucht, welche der Folge eines bestehenden oder naturnotwendigen Übels abhelfen oder vorbeugen. Man hat daher besonders auch in den Waffen der Tiere, womit sie sich gegen ihre Feinde wehren, und in den Schutzmitteln der Organe des menschlichen und tierischen Körpers diese Beweise einer besonderen Vorsehung erblickt. So ist „das Auge durch die Augenwimper vor dem Einfliegen störender Stoffe, durch die Augenbrauen gegen den von der Stirne rinnenden Schweiß, durch die Augenknochen gegen Verletzung geschützt, und durch das Augenlid kann es ganz gedeckt werden". Aber warum ist denn nicht das Auge gegen die verderblichen Folgen eines Faustschlags, eines Steinwurfs oder andere das Auge oder die Sehkraft wenigstens zerstörende Einwirkungen geschützt? Darum, weil das Wesen, welches das Auge bildet, kein allmächtiges und allwissendes Wesen ist, kein Gott. Hätten ein alles sehendes Auge und eine alles vermögende Hand das Auge gemacht, so wäre auch das Auge gegen *alle möglichen* Gefahren geschützt. Aber das Wesen, welches das Auge gebildet, hat bei dessen Bildung nicht an den Steinwurf, nicht an den Faustschlag und unzählige andere zerstörende Wirkungen gedacht, weil die Natur überhaupt nicht denkt, folglich auch nicht die Gefahren vorausweiß, die ein Organ oder Wesen treffen können, wie ein Gott. Jedes Wesen, jedes Organ ist nur gegen bestimmte Gefahren, bestimmte Einwirkungen geschützt, und dieser Schutz ist *eins mit der Bestimmtheit* dieses Wesens, dieses Organs, eins mit seiner Existenz, so daß es ohne diesen Schutz gar nicht existieren könnte. Was einmal existieren soll, muß auch die Mittel der Existenz haben, was einmal, leben soll und leben will, muß auch imstande sein, sein Leben zu behaupten, zu verteidigen also gegen feindliche Angriffe. Das Leben ist ein Kampf, ein Krieg; unmittelbar mit dem Leben ist daher zugleich die *Waffe* als Lebenserhaltungsmittel gegeben. Es ist daher töricht, wenn man die Waffen, die Schutzmittel für sich besonders hervorhebt und zu Beweisen einer Vorsehung macht. Ist das Leben notwendig, so ist auch das Lebenserhaltungsmittel notwendig. Ist der Krieg da, so ist auch die Waffe da; kein Krieg ohne Waffe. Will man sich also über die Schutzmittel eines Organs, eines Tieres verwundern, so muß man sich über das Dasein dieses Organs, dieses Tieres verwundern. Aber alle diese Schutzmittel sind *beschränkter* Natur und eins mit der Beschaffenheit eines Organs, eines Wesens; aber eben wegen dieser ihrer Einheit mit der Natur eines Wesens, eines Organs sind sie keine Beweise von einem absichtlich und willkürlich schaffenden Wesen und eben wegen dieser ihrer Beschränktheit keine Beweise eines allmächtigen und allwissenden Gottes, denn ein Gott schützt ein Wesen, ein Organ gegen alle nur möglichen Gefahren. Jedes Wesen ist geworden unter Bedingungen, die eben *nicht mehr* enthielten, als gerade zur Erzeugung dieses Wesens hinreichte, jedes Wesen sucht sich *nach Kräften* zu behaupten, sucht sich *soviel als möglich*, soviel, als es seine *beschränkte* Natur erlaubt, zu erhalten; jedes Wesen hat einen Selbsterhaltungstrieb. Aus diesem Selbsterhaltungstrieb, der aber eins mit der individuellen Natur eines Organs, eines Wesens, aber nicht aus einem allmächtigen und allwissenden Wesen stammen die Waffen, die Schutzmittel der Tiere und Organe.

Endlich muß ich noch eines Einwandes erwähnen, den die Theisten gegen die früheren Atheisten oder Naturalisten vorbrachten, welche die Menschen und Tiere aus der Natur ohne Gott entstehen ließen, übrigens auf eine Art, die freilich keine genügende war. Wenn die Natur einst durch ursprüngliche Erzeugung ohne schon vorhandene Tiere und Menschen Tiere und Menschen hervorbrachte, warum geschieht es denn jetzt nicht mehr? Ich erwidere: Weil alles in der Natur seine Zeit hat, weil die Natur nur etwas kann, wenn die dazu nötigen Bedingungen gegeben sind; wenn also jetzt nicht mehr geschieht, was einst, so müssen damals Bedingungen vorhanden gewesen sein, die jetzt fehlen. Aber es kann einst eine Zeit kommen, wo die Natur dasselbe tut, wo die alten Tiergeschlechter und Menschen vergehen und neue Menschen, neue Geschlechter erstehen. Die Frage, warum es jetzt nicht mehr geschieht, kommt mir geradeso vor, als wollte man fragen, warum trägt denn der Baum nur Früchte im Herbste, nur Blüten im Frühling, könnte er denn nicht in einem fort, ohne Unterbrechung blühen und Früchte tragen? Oder warum kommt denn dieses Tier nur gerade zu dieser Zeit in die Brunst? Könnte es nicht immerfort brünstig und trächtig sein? Nur die Individualität, nur die Einmalheit, sit venia verbo [mit Verlaub gesagt], ist das Salz der Erde, das Salz der Natur; nur die Individualität ist das Zeugungs- und Schöpfungsprinzip; nur ganz individuelle Bedingungen und Verhältnisse der Erde, Erdrevolutionen, die und wie sie seitdem nicht mehr stattgefunden, waren es, welche die organischen Wesen, wenigstens die und wie sie seit der letzten großen geologischen Epoche auf der Erde sind, hervorbrachten. Auch der Mensch oder menschliche Geist bringt nicht immer, zu jeder Zeit originale Werke hervor; nein, es ist immer nur eine Epoche im Leben des Menschen, die glücklichste, die günstigste; es sind Lebensereignisse, Lebensmomente, Lebenbedingungen, die sich später nie mehr wiederfinden, die sich nicht wiederholen, wenigstens nicht in ihrer ursprünglichen Frische, nur solche Momente sind es, wo er originale Werke produziert; in den meisten andern repetiert er sich nur, vervielfältigt er nur auf dem Wege der gemeinen, gewöhnlichen Fortpflanzung seine Originalschöpfungen.

Mit dieser Anmerkung schließe ich das Kapitel von der Natur. Ich habe damit den ersten Teil meiner Aufgabe erfüllt. Diese war, zu beweisen, daß der Mensch seinen Ursprung nicht vom Himmel, sondern von der Erde, nicht von Gott, sondern von der Natur ableiten, daß der Mensch sein Leben und Denken mit der Natur beginnen müsse, daß die Natur keine Wirkung eines von ihr unterschiedenen Wesens, sondern, wie die Philosophen sagen, Ursache ihrer selbst, daß sie kein Geschöpf, kein gemachtes oder gar aus nichts geschaffnes, sondern ein selbständiges, nur aus sich zu begreifendes, nur von sich abzuleitendes Wesen sei, daß die Entstehung der organischen Wesen, die Entstehung der Erde, die Entstehung der Sonne selbst, wenn wir sie entstanden denken, immer nur ein natürlicher Prozeß gewesen sei, daß wir, um die Entstehung derselben uns zu veranschaulichen und begreiflich zu machen, nicht vom Menschen, vom Künstler, vom Handwerker, vom Denker, der die Welt aus seinen Gedanken aufbaut, sondern von der Natur ausgehen müssen wie die alten Völker, welche ihrem richtigen Naturinstinkt zufolge in ihrer religiösen und philosophischen Weltentstehungslehre wenigstens einen Naturprozeß, den Zeugungsprozeß, zum Urbild und Schöpfungsprinzip der Welt machten, daß, wie die Pflanzen vom Keime, das Tier vom Tiere, der Mensch vom Menschen, so alles in der Natur von einem ihm gleichen, stoff- oder wesensverwandten, natürlichen Wesen entsprungen sei, kurz, daß die Natur nicht aus einem Geiste abgeleitet, nicht aus einem Gotte erklärt werden könne, weil alle Eigenschaften Gottes, soweit diese keine offenbar menschlichen sind, selbst nur von der Natur abgezogen und abgeleitet sind. Aber so einleuchtend es an und für sich ist, daß das sinnliche, körperliche Wesen der Natur nicht von einem geistigen, d. i. abstrakten Wesen abgeleitet werden kann, so ist doch etwas in uns, was uns diese Ableitung glaublich macht, ja, natürlich, selbst notwendig erscheinen läßt, etwas, was sich dagegen sträubt, das natürliche, sinnliche, körperliche Wesen als erstes, uranfängliches, unübersteigliches Wesen zu denken, etwas, woraus auch der Glaube, die Vorstellung entsprungen, daß die Welt, die Natur ein Produkt des Geistes, daß sie sogar aus nichts entstanden sei. Ich habe aber diesen Einwand schon beseitigt und erklärt, indem ich zeigte, daß der Mensch von dem Sinnlichen das Allgemeine abzieht und dieses nun dem Sinnlichen als Grund voraussetzt. Es ist daher das Abstraktionsvermögen des Menschen und die mit demselben verbundene Einbildungskraft (denn nur durch die Einbildungskraft verselbständigt der Mensch die abstrakten, allgemeinen Begriffe, denkt sie als Wesen, als Ideen), welche ihn bestimmen, über das Sinnliche hinauszugehen und die körperliche, sinnliche Welt von einem unsinnlichen, abstrakten Wesen abzuleiten. Aber es ist töricht, diese subjektive, menschliche Notwendigkeit zu einer objektiven zu machen, deswegen, weil der Mensch, wenn er sich einmal vom Sinnlichen zum Übersinnlichen, d. h. zum Gedachten, Abstrakten, Allgemeinen, erhoben hat, vom Allgemeinen, Abstrakten zum Konkreten herabsteigt, dieses aus jenem ableitet, nun auch wirklich, d. h. in natura, dieses aus jenem entstehen zu lassen. Daß dieses verkehrt ist, erhellt ebendaraus, daß man, um das Körperliche, Materielle aus dem Geiste entspringen lassen zu können, zu der hohlen phantastischen Vorstellung einer Schöpfung aus nichts seine Zuflucht nehmen muß. Wenn ich aber sage: Die Welt ist aus nichts geschaffen, so sage ich damit gar nichts; es ist dieses Nichts eine bloße Ausrede, wodurch ich der Frage: Woher hat denn der Geist die nicht geistigen, die materiellen, körperlichen Stoffe der Welt genommen?, ausweiche. Es ist dieses Nichts, ob es gleich einst ein ebenso heiliger Glaubensartikel war als die Existenz Gottes, weiter nichts als einer von den unzähligen theologischen oder pfäffischen Kniffen und Pfiffen, welche Jahrhunderte lang die Menschheit betört haben. Und diesem Nichts weicht man aus, wenn man an die Stelle desselben Gott setzt, wie Jakob Böhm[e] und Hegel, und statt: „Gott schuf die Welt aus nichts", sagt: Er schuf sie *aus sich* als der geistigen Materie. Damit komme ich vielmehr, wie ich auch schon früher zeigte, um keinen Schritt weiter, denn wie kommt aus der geistigen Materie, wie aus Gott überhaupt die wirkliche Materie? Mag man daher noch so viele theologische und spekulative Kniffe und Pfiffe ersinnen, um die Welt von einem Gotte ableiten zu können, es bleibt dabei: Das, was die Welt zur Welt, das Sinnliche zum Sinnlichen, die Materie zur Materie macht, ist etwas, was theologisch und philosophisch nicht weiter deduziert und vermittelt werden kann, etwas Unableitbares, schlechthin Seiendes, nur durch sich selbst zu Fassendes, nur von und durch sich selbst Verständliches. Ich habe hiermit den ersten Teil meiner Aufgabe vollendet.

Ich gehe nun zu dem zweiten und letzten Teil meiner Aufgabe, welche ist, zu beweisen, daß der von der Natur unterschiedene Gott nichts andres ist als das eigene Wesen des Menschen, gleichwie ich im ersten Teil zu zeigen hatte, daß der vom Menschen unterschiedene Gott nichts andres als die Natur oder das Wesen der Natur. Oder, im ersten Teil hatte ich zu beweisen, daß das Wesen der Naturreligion die Natur, daß sich in der Natur und Naturreligion nichts andres offenbart und darstellt als die Natur; jetzt habe ich zu beweisen, daß sich in der Geistesreligion nichts andres ausspricht und offenbart als das Wesen des menschlichen Geistes. Ich habe schon in den ersten Stunden erklärt, daß ich in diesen Vorlesungen von den untergeordneten Unterschieden der Religion absehe, daß ich die Religion nur auf zwei große Unterschiede oder Gegensätze reduziere, auf Naturreligion und Menschen- oder Geistesreligion, auf Heidentum und Christentum. Ich komme daher jetzt vom Wesen der Naturreligion oder des Heidentums zum Wesen des Christentums. Ehe ich aber an dieses selbst komme, müssen die Übergangsstufen, die Gründe, welche den Menschen von der Natur abziehen, den Menschen auf sich zurückführen, den Menschen bestimmen, sein Heil nicht außer sich, sondern in sich zu suchen, wenigstens in kurzem angegeben, dabei aber Momente entwickelt werden, welche ebenso die Geistes- als Naturreligion, also überhaupt die Religion, angehen und von der größten Wichtigkeit sind, um das Wesen der Religion zu begreifen, aber dem sukzessiven Gang gemäß, dem der Mensch im Sprechen und Denken unterworfen ist, erst jetzt wenigstens vollständig zur Sprache kommen können. Der Übergang von der Naturreligion zum eigentlichen Theismus oder Monotheismus erstreckt sich im „Wesen der Religion" von § 26 bis 41.

Die Natur ist der erste Gegenstand der Religion, aber die Natur ist da, wo sie religiös verehrt wird, dem Menschen nicht Gegenstand als Natur, wie sie es uns ist, sondern als ein menschenähnliches oder vielmehr menschliches Wesen. Der Mensch betet die Sonne auf dem Standpunkt der Naturreligion an, weil er sieht, wie alles von ihr abhängt, wie kein Gewächs, kein Tier, kein Mensch ohne sie bestehen kann; aber er würde sie doch gleichwohl nicht religiös verehren, nicht anbeten, wenn er nicht die Sonne sich vorstellte als ein Wesen, das sich von freien Stücken, wie der Mensch, am Himmel bewegt, wenn er nicht die Wirkungen der Sonne sich vorstellte als freiwillige Gabe, die aus reiner Güte sie der Erde spendet. Würde der Mensch die Natur ansehen als das, was sie ist, mit den Augen, womit wir sie ansehen, so würde aller Beweggrund zu religiöser Verehrung hinwegfallen. Das Gefühl, das den Menschen zur Verehrung eines Gegenstandes treibt, setzt ja voraus, daß der Gegenstand für diese Verehrung nicht unempfindlich, daß er also Gefühl, daß er ein Herz, und zwar ein menschliches, für die menschlichen Angelegenheiten empfindliches Herz, hat. So flehten die Griechen im Perserkrieg mit Opfern die Winde an, aber nur, weil sie dieselben für ihre Mitkämpfer, ihre Bundesgenossen gegen die Perser ansahen. Die Athener verehrten besonders den Boreas, den Nordwind, und baten ihn um seinen Beistand, aber sie betrachteten ihn auch, wie Herodot erzählt, als ein ihnen befreundetes, ja, verwandtes Wesen, denn er hatte die Tochter ihres Königs Erechtheus zur Frau. Was ist denn nun aber das, was einen Naturgegenstand in ein menschliches Wesen umschafft? Die Phantasie, die Einbildungskraft. Sie ist es, die ein Wesen uns anders darstellt, als es in Wirklichkeit ist; sie ist es, welche die Natur dem Menschen in jenem den Verstand be- oder verzaubernden, das Auge blendenden Lichte erscheinen läßt, für welches die menschliche Sprache den Ausdruck „Göttlichkeit", „Gottheit", „Gott" erfunden hat; sie also ist es, welche die Götter der Menschen erschafft. Ich habe schon gesagt, daß das Wort „Gott", „Gottheit" ursprünglich nur ein Allgemeinname, aber kein Eigenname ist, daß das Wort „Gott" ursprünglich kein Subjekt, sondern nur ein Prädikat, d. h. kein Wesen, sondern eine Eigenschaft ausdrückt, die auf jeden Gegenstand paßt oder angewendet wird, welcher eben dem Menschen im Lichte der Phantasie als ein göttliches Wesen erscheint, welcher auf den Menschen, sozusagen, einen göttlichen Eindruck macht. Jeder Gegenstand kann daher ein Gott oder, was eins ist, ein Gegenstand religiöser Verehrung werden. Ich sage, es ist eins: ein Gott oder ein Gegenstand der religiösen Verehrung; denn es gibt kein anderes Merkmal der Gottheit als die religiöse Verehrung: Ein Gott ist, was religiös verehrt wird. Aber religiös verehrt wird eben nur ein Gegenstand, wenn und wiefern er ein Wesen, ein Gegenstand der Phantasie oder Einbildungskraft ist.

Zwanzigste Vorlesung

Jeder Gegenstand kann nicht nur, sondern wird auch wirklich vom Menschen als Gott oder, was eins ist, religiös verehrt. Dieser Standpunkt ist der sogenannte *Fetischismus*, wo der Mensch ohne alle Kritik und Unterscheidung alle möglichen Gegenstände und Dinge, seien sie nun künstliche oder natürliche, Produkte der Natur oder des Menschen, zu seinen Göttern macht. So wählen sich z. B. die Neger in Sierra Leona Hörner, Krebsscheren, Nägel, Kieselsteine, Schneckenhäuser, Vogelköpfe, Wurzeln zu ihren Göttern, r agen sie in einem Beutel am Halse, mit Glasperlen und anderen Zierraten geschmückt (Bastholm a. a. O.). „Die Otahaiter beteten die Flaggen und Wimpel der europäischen Schiffe an, die Madagassen hielten mathematische Instrumente für Götter, die Ostjaken bezeugten einer Nürnberger Uhr, welche die Gestalt eines Bären hatte, religiöse Verehrung" (Meiners a. a. O.). Was ist aber der Grund, daß Menschen Schneckenhäuser, Krebsscheren, Flaggen und Wimpel zu ihren Göttern machen? Die Phantasie, die Einbildungskraft, die um so mächtiger, je größer die Unwissenheit des Menschen ist. Die Wilden wissen nicht, was eine Uhr, eine Flagge, ein mathematisches Instrument ist; sie bilden sich daher ein, sie seien etwas andres, als sie in Wirklichkeit sind; sie machen daraus ein phantastisches Wesen, einen Fetisch, einen Gott. Die theoretische Ursache oder Quelle der Religion und ihres Gegenstandes, Gottes, ist daher die Phantasie, die Einbildungskraft. Die Christen bezeichnen das theoretische Religionsvermögen mit dem Worte „*Glauben*". Religiös und gläubig ist ihnen eins, ebenso Unglaube und Gottesleugnung oder Irreligion. Wenn wir aber näher untersuchen, was dieses Wort bedeutet, so ist es nichts andres als die Einbildungskraft. „Der Glaube", sagt Luther, die größte Autorität in dieser Materie, der größte Glaubensheld der Deutschen, der deutsche Apostel Paulus, wie man ihn genannt hat, „der Glaube", sagt er z. B. in seiner „Auslegung des Ersten Buchs Moses", „ist in der Wahrheit *allmächtig* . . . dem Gläubigen alle Dinge möglich sein. Denn der Glaube machet aus dem, das nichts ist, daß es sei, und aus den Dingen, so unmöglich sind, machet er alles möglich." Aber diese Allmacht des Glaubens ist nur die Allmacht der Phantasie, der Einbildungskraft. Die Symbole des christlichen Glaubens sind, wenigstens nach lutherischem Glauben, die Taufe und das Abendmahl. Der Stoff, die Materie der Taufe ist das Wasser, die Materie des Abendmahls Wein und Brot, aber dem Glauben ist das natürliche Wasser der Taufe ein geistliches Wasser, wie Luther sagt, ist das Brot das Fleisch, der Wein das Blut des Herrn, d. h., die Einbildungskraft ist es, die Wein in Blut, Brot in Fleisch verwandelt. Der Glaube glaubt an Wunder, ja, Glaube und Wunderglaube ist eins; der Glaube bindet sich nicht an die Gesetze der Natur; der Glaube ist frei, unumschränkt; er glaubt alles Mögliche. „Sollte dem Herrn etwas unmöglich sein?" Aber diese an keine Gesetze der Natur gebundene Kraft des Glaubens oder Gottes ist eben die Kraft der Einbildung, der nichts unmöglich ist. Der Glaube sieht auf das Unsichtbare; „der Glaube ist nicht derer Dinge, die man siehet", heißt es in der Bibel, „sondern derer, *die man nicht siehet.*" Aber auch die Einbildungskraft ist nicht derer Dinge, die man siehet, sondern derer, die man nicht siehet. Die Einbildungskraft hat es nur mit Dingen und Wesen zu tun, die nicht mehr oder noch nicht oder wenigstens nicht gegenwärtig sind. „Der Glaube", sagt Luther in der angeführten „Auslegung", „hänget sich stracks an das Ding, das noch lauter nichts ist, und wartet darauf, bis daß daraus alles werde." „Der Glaube hat es eigentlich nur", sagt er an einer andern, schon in meinem „Luther" angeführten Stelle, „mit der Zukunft zu tun, nicht mit dem Gegenwärtigen." Darum verzagt der Gläubige nicht, wenn es ihm gegenwärtig schlecht geht; er hofft auf eine bessere Zukunft. Aber der hauptsächliche Gegenstand der Einbildungskraft ist eben die Zukunft. Die Vergangenheit, obwohl auch ein Gegenstand der Phantasie, beschäftigt uns, interessiert uns nicht so sehr wie die Zukunft; denn sie liegt hinter uns; sie ist unabänderlich; sie ist vorbei. Was sollen wir also uns viel um sie kümmern? Aber anders ist es mit der Zukunft, die uns ja erst bevorsteht. Und allerdings hat Luther in dieser Hinsicht vollkommen recht, wenn er den Unglauben an der Zukunft tadelt, wenn er es tadelt, daß der Mensch verzweifelt, wenn er in dem gegenwärtigen Augenblick keinen Ausweg sieht; denn der heutige Tag ist nicht der jüngste Tag, die Gegenwart nicht das Ende der Geschichte. Es kann alles noch ganz anders werden, als es jetzt ist, so traurig auch der Blick in die Gegenwart. Namentlich gilt dies in sozialen und politischen Dingen, in Dingen, die die Menschheit im ganzen betreffen; denn den einzelnen befallen allerdings Unglücksfälle, wo die Hoffnung auf Besserung oder nur Änderung verschwindet, wo „Verzweiflung Pflicht ist".

Gott, sagen die Christen, ist kein Gegenstand der Sinnlichkeit; er kann nicht gesehen, nicht gefühlt werden; aber er ist auch, sagen wenigstens die strenggläubigen Christen, kein Gegenstand der Vernunft; denn sie stützt sich nur auf die Sinne; Gott kann nicht bewiesen, er kann nur geglaubt werden, oder Gott existiert nicht in den Sinnen, nicht in der Vernunft; er existiert nur im Glauben, d. h., er existiert nur in der Einbildung. Luther sagt in seiner „Kirchenpostille": „Ich habe oft gesagt, daß sich Gott eben also gegen den Menschen erzeiget, wie derselbige gesinnt ist, und *wie du denkest und glaubest, so hast du ihn*. Wer ihn gnädig oder zornig, süße oder sauer malet in seinem Herzen, der hat ihn also. Denkst du, er zürne mit dir und wolle dein nicht, so widerfähret dir also. Kannst du aber sagen: Ich weiß, daß er will mein gnädiger Vater sein usw., so hast du es auch also." „Wie wir ihn fühlen", sagt er in seinen „Predigten über das erste Buch Mose", „so ist er uns. *Denkest du*, er sei zornig und ungnädig, so *ist er* ungnädig." „Wenn du ihn", sagt er in seiner „Auslegung der andern Epistel St. Petri", *„für einen Gott hältest, so tut er auch bei dir für einen Gott."* Das heißt: Gott ist so, wie ich ihn glaube, wie ich ihn mir einbilde; oder: Die Beschaffenheit Gottes hängt von der Beschaffenheit meiner Einbildungskraft ab. Was aber von der Eigenschaft, gilt auch von dem Dasein Gottes. *Glaube ich*, daß ein Gott *ist*, so *ist* ein Gott, scl. [versteht sich] für mich; glaube ich *nicht*, daß er ist, so ist auch keiner, scl. für mich. Kurz, ein Gott ist ein *eingebildetes* Wesen, ein Wesen der Phantasie, und weil die Phantasie die wesentliche Form oder das Organ der Poesie ist, so kann man auch sagen: Die *Religion ist Poesie*, ein Gott ist ein poetisches Wesen.

Wenn man die Religion als Poesie auffaßt und bezeichnet, so liegt die Folgerung nahe, daß, wer die Religion aufhebt, d. h. in ihre Grundbestandteile auflöst, auch die Poesie, die Kunst überhaupt aufhebt. In der Tat hat man diese Folgerung aus meinen Aufklärungen über das Wesen der Religion gezogen und daher die Hände über den Kopf zusammengeschlagen vor Entsetzen über die gräßliche Verödung, die in das Menschenleben durch diese Lehre gebracht würde, da sie allen poetischen Schwung der Menschheit raube, mit der Religion auch die Poesie zerstöre. Aber ich wäre der Tollheit, dem Wahnsinn verfallen, wenn ich die Religion in *dem* Sinne aufheben wollte, als meine Gegner mir schuld geben. Ich hebe nicht die Religion auf, nicht die subjektiven, d. i. menschlichen Elemente und Gründe der Religion, nicht Gefühl und Phantasie, nicht den Drang, sein eigenes Inneres zu vergegenständlichen und zu personifizieren – was ja schon in der Natur der Sprache und des Affekts liegt –, nicht das Bedürfnis, die Natur, aber auf eine ihrem Wesen, wie es uns vermittelst der Naturwissenschaft bekannt geworden ist, entsprechende Weise zu vermenschlichen, zu einem Gegenstand religionsphilosophisch-poetischer Anschauung zu machen. Ich hebe nur den Gegenstand der Religion, oder vielmehr der bisherigen Religion, auf; ich will nur, daß der Mensch nicht mehr sein Herz an Dinge hänge, die nicht mehr seinem Wesen und Bedürfnis entsprechen, die er folglich nur im Widerspruch mit sich glauben und verehren kann. Es gibt allerdings viele Menschen, bei denen sich die Poesie, die Phantasie nur an Gegenstände der überlieferten Religion anknüpft, denen man daher mit diesen Gegenständen auch alle Phantasie nimmt. Aber viele sind noch nicht alle, und was für viele notwendig, ist deswegen noch nicht an sich notwendig, und was jetzt notwendig, ist deswegen noch nicht immer notwendig. Liefert uns denn aber nicht das menschliche Leben, nicht die Geschichte, nicht die Natur Stoff genug zur Poesie? Hat die Malerei keinen Stoff mehr, wenn sie nicht mehr die Gegenstände der christlichen Religion zu ihren Stoffen nimmt? Ich hebe so wenig die Kunst, die Poesie, die Phantasie auf, daß ich vielmehr die Religion nur *insofern* aufhebe, als sie *nicht* Poesie, als sie gemeine Prosa ist. Damit kommen wir sogleich auf eine wesentliche Beschränkung des Satzes: Die Religion ist Poesie. Ja, sie ist es; aber mit dem Unterschiede von der Poesie, von der Kunst überhaupt, daß die Kunst ihre Geschöpfe für nichts andres ausgibt, als sie sind, für Geschöpfe der Kunst; die Religion aber ihre eingebildeten Wesen für *wirkliche* Wesen ausgibt. Die Kunst mutet mir nicht zu, daß ich diese Landschaft für eine wirkliche Gegend, dieses Bild des Menschen für den wirklichen Menschen selbst halten soll; aber die Religion mutet mir zu, daß ich dieses Bild für ein wirkliches Wesen halten soll. Der bloße Kunstsinn erblickt in den Götterstatuen der Alten nur Kunstwerke; aber der religiöse Sinn der Heiden erblickte in diesen Kunstwerken, in diesen Statuen Götter, wirkliche, lebendige Wesen, denen sie alles taten, was sie nur immer einem verehrten und geliebten wirklichen Wesen taten. Sie banden die Götterbildnisse an, damit sie ihnen nicht davonliefen, sie kleideten und schmückten sie, bewirteten sie mit kostbaren Speisen und Getränken, legten sie auf weiche Speisesofas hin – wenigstens geschah dies bei den Römern mit den männlichen Göttern, denn die Göttinnen durften sowenig als vor Zeiten die Römerinnen bei Tische liegen –, badeten und salbten sie, versahen sie mit allen Bedürfnissen der menschlichen Toilette und Eitelkeit, mit Spiegeln, Handtüchern, Striegeln, Kammerdienern und Kammerjungfern, machten ihnen des Morgens ihre Aufwartung wie den vornehmen Herren, ergötzten sie mit Schauspielen und andern Lustbarkeiten. Seneca erzählt sogar bei Augustin von einem alten abgelebten Komödianten, der täglich im Kapitolium sein Possenspiel trieb, gleich als könnte er noch den Göttern ein Vergnügen bereiten, nachdem ihn längst die Menschen satt hatten. Ebendeswegen, weil die Götterbilder oder Statuen Götter hießen und waren, hieß auch der Bildhauer oder überhaupt Bildmacher theopoios, d. h. *Gottmacher*, die Bildhauerkunst *Gottmacherkunst*. (17)

Dasselbe, was wir hier bei den gebildetsten Völkern des Altertums sehen, finden wir noch jetzt bei den rohen Völkern, nur daß ihre Götter und Götzen keine Meisterstücke der menschlichen Kunstgeschicklichkeit sind wie die der Griechen und Römer. So haben die Ostjaken* z. B. zu ihren Götzen Puppen von Holz mit einem Menschengesichte. „Und diese ihre Götzen versehen sie *mit Schnupftabak* und legen etwas Bast bei, in der Meinung, daß der Götze, wenn er geschnupft hat, die Nase damit auf ostjakisch verstopfen soll. Ereignet es sich, daß durchreisende Russen in der Nacht, wenn alles

* Die meisten sind jetzt jedoch Christen.

schläft, den Tabak entwenden, so wundern sich die Ostjaken am Morgen, wie der Götze so viel hat schnupfen können" (Bastholm a. a. O.). Aber nicht nur die Heiden, auch die Christen waren und sind noch zum Teil Bilderverehrer, auch sie hielten und halten noch zum Teil die religiösen Bilder für wirkliche Wesen, für die Gegenstände selbst, die diese Bilder vorstellen. Die gelehrten Christen unterschieden wohl das Bild von dem Gegenstande, sagten, daß sie nur den Gegenstand vermittelst des Bildes, nicht das Bild selbst verehrten und anbeteten; aber das Volk ließ diesen subtilen Unterschied fallen. In der griechischen Kirche kämpften bekanntlich die Christen sogar zwei Jahrhunderte lang miteinander für und wider die Bilderverehrung, bis endlich der Bilderdienst siegte. Unter den Christen zeichnen sich besonders unsere lieben östlichen Nachbarn, die Russen, als Bilderverehrer aus. „Jeder Russe hat ..... gewöhnlich einen Abdruck des h. Nikolas oder eines andern Heiligen in Kupfer in seiner Tasche. Überall trägt er ihn bei sich. Zuweilen sieht man einen Soldaten oder Bauern seinen kupfernen Gott aus der Tasche ziehen, darauf spucken, ihn mit der Hand reiben und reinigen, ihn vor sich hinsetzen, sich vor ihm unter tausend Bekreuzungen niederwerfen, Seufzer, ausstoßen und vierzigmal ausrufen: Gospodi Pomiloi, *d. i., Gott erbarm dich meiner*. Dann steckt er seinen Gott wieder in die Tasche und geht weiter." Jeder Russe hat ferner in seinem Hause mehrere Heiligenbilder, vor denen sie Licht anzünden. „Wenn ein Mann bei seiner Frau schlafen will, so bedeckt er die Heiligenbilder vorher mit einem Tuche. Die russischen Freudenmädchen sind gleichfalls sehr ehrerbietig gegen die Heiligen. Wenn sie Besuche haben und sich ihren Freuden überlassen wollen, so verhüllen sie vor allen Dingen ihre Bilder und löschen die vor denselben brennenden Kerzen aus" (Stäulin, „Magazin für Religionsgeschichte"). Wir sehen, nebenbei bemerkt, an diesem Beispiel, wie leicht sich der Mensch in der Religion, mit deren Aufhebung man gewöhnlich die Moral, als hätte diese keinen selbständigen Grund, aufgehoben wähnt, mit der Moral abfindet. Er braucht nur das Bild seines Gottes zu verhängen, oder er braucht nur, wenn er es nicht so plump machen will wie ein russisches Freudenmädchen oder ein russischer Bauer, über die göttliche Strafgerechtigkeit den Mantel der christlichen

Liebe, der göttlichen Barmherzigkeit zu hängen, um ungehindert zu tun, was ihm zu tun beliebt.

Ich habe die angeführten Beispiele vom Bilderdienst nur dazu angeführt, um daran den Unterschied von der Kunst und Religion zu zeigen. Beide sind darin eins, daß sie Bilder schaffen – der Dichter schafft Bilder in Worten, der Maler in Farben, der Bildhauer in Holz, Stein, Metall –; aber der Künstler, wenn sich keine Religion einmischt, verlangt von seinen Bildern nichts weiter, als daß sie richtig und schön sind; er gibt uns einen Schein der Wirklichkeit; aber er gibt diesen Schein der Wirklichkeit nicht für die Wirklichkeit aus; die Religion dagegen betrügt den Menschen, oder vielmehr der Mensch betrügt sich selbst in der Religion; denn sie gibt den Schein der Wirklichkeit für Wirklichkeit aus, sie macht aus dem Bilde ein lebendiges Wesen, ein Wesen, das aber nur in der Einbildung lebendig ist – in Wahrheit ist ja das Bild nur Bild –, ein Wesen, das ebendeswegen ein göttliches Wesen ist und heißt; denn das Wesen eines Gottes ist, daß er ein *eingebildetes*, unwirkliches, phantastisches Wesen ist, das aber gleichwohl ein reales, ein wirkliches Wesen *sein soll*. Die Religion verlangt daher nicht von ihren Bildern, wie die Kunst, daß sie richtig, dem darzustellenden Gegenstand entsprechend und schön sind – im Gegenteil, die eigentlich religiösen Bilder sind die häßlichsten, unförmlichsten; solange die Kunst der Religion dient, nicht sich selbst angehört, bringt sie immer Werke hervor, die auf den Namen von Kunstwerken noch gar keinen Anspruch machen können, wie die Geschichte der griechischen und christlichen Kunst beweist –, die Religion verlangt vielmehr von ihren Bildern, daß sie dem Menschen *nützlich* seien, daß sie ihm in der Not helfen; sie gibt daher – denn nur lebendige Wesen können ja helfen – ihren Bildern Leben, und zwar menschliches Leben, nicht nur dem Schein, der Gestalt nach, wie der Künstler, sondern der Tat nach, d. h. menschliches Gefühl, menschliche Bedürfnisse und Leidenschaften, bringt ihnen daher selbst Speise und Getränke dar. So unsinnig es übrigens ist, wenn der Ostjake von dem Götzen, der alles, was er hat und ist der Gutmütigkeit und Einbildungskraft, der Beschränktheit und Unwissenheit des Ostjaken verdankt, wenn überhaupt der Mensch von Bildern und Statuen Hilfe erwartet, so liegt doch diesem Unsinn wieder

der Sinn zugrunde, daß eigentlich nur der Mensch dem Menschen helfen kann, daß ein Gott, der dem Menschen helfen soll, menschliche Gefühle und folglich menschliche Bedürfnisse haben muß, denn sonst hat er ja selbst auch kein Gefühl für menschliche Not. Wer nie empfunden, was der Hunger, wird auch einem Hungernden nicht aus der Not helfen. Was aber die Macht zu helfen hat, das hat auch die Macht zu schaden. Die Religion betrachtet also im Unterschiede von der Kunst die Bilder, die sie schafft, als Gegenstände des Abhängigkeitsgefühles, als Wesen, welche die Macht, zu nützen und zu schaden, haben, als Wesen, welchen der Mensch daher seine Huldigungen, Opfer darbringt, vor denen er niederkniet, die er anbetet, um sie sich geneigt zu machen.

Ich habe aber die Beispiele aus dem Bilderdienst nicht angeführt, um an ihnen den Unterschied zwischen der Kunst und Religion etwa nur in Beziehung auf die sogenannten götzendienerischen Religionen zu zeigen; ich habe sie angeführt, weil sich in ihnen das Wesen der Religion überhaupt, so auch das Wesen der christlichen Religion, auf eine *sinnfällige Weise* darstellt. Der Mensch muß überall von dem Sinnlichen als dem Einfachsten und Unleugbarsten und Deutlichsten aus- und erst von da zu den komplizierteren, abstrakten, dem Auge entzogenen Gegenständen übergehen. Der Unterschied zwischen der christlichen und heidnischen Religion ist nur, daß die Bilder der christlichen Religion, wenigstens da, wo sie ihren Unterschied vom Heidentum festhält, wo sie nicht selbst heidnisch wird oder ist, keine steinerne[n], metallene[n], hölzerne[n] oder farbige[n], sondern *geistige* Bilder sind. Die christliche Religion stützt sich nicht auf die *Sinne*, sondern, wie ich gelegentlich schon in einer der ersten Vorlesungen sagte, auf das *Wort* – das Wort Gottes, wie die alten, gläubigen Christen die Bibel nannten, welche sie als eine besondere Offenbarung Gottes der Natur entgegensetzten –, nicht auf die Macht der Sinnlichkeit, wie die Heiden, welche der Macht der sinnlichen Liebe und Zeugungskraft das Dasein, die Schöpfung der Welt zuschrieben, sondern auf die Macht des *Wortes*: Gott *sprach*: „Es werde Licht", und es ward Licht, es werde die Welt, und es ward die Welt. „Gottes Wort", sagt Luther, „ist also eine köstliche teure Gabe, welche Gott hochhält und achtet, daß er auch Himmel und Erden, Sonne, Mond und Sterne gegen diese Worte für nichts hält, denn durch das Wort sind alle Kreaturen erschaffen." „*Himmel* und *Erde* werden *vergehen*, aber meine *Worte* werden *nicht vergehen*." Oder, da das Wort (subjektiv für den Menschen) durch das Gehör vermittelt ist, so kann man sagen, wie ich schon früher im Vorbeigehen bemerkte, daß sich die christliche Religion auch auf den Sinn stützt; aber nur auf das Ohr. „Nimm das Wort weg", sagt in seiner „Christlichen Religionslehre" Calvin, „und es bleibt kein Glaube übrig." „Obgleich der Mensch", sagt derselbe, „seine Augen ernstlich auf die Betrachtung der Worte Gottes (d. i. der Natur) wenden soll, so muß er doch vor allem oder insbesondere die *Ohren* auf das *Wort* richten, denn das in der herrlichen Form der Welt eingedrückte Bild Gottes ist nicht wirksam genug." Ebendeswegen eifert Calvin auch gegen jedes körperliche Bild von Gott, weil seine Majestät nicht von dem Auge gefaßt werden könne, und verwirft den von der zweiten Nizänischen Synode ausgesprochenen Satz, daß „Gott nicht durch das Anhören des Wortes allein, sondern auch durch den Anblick der Bilder erkannt werde". Cornelius Agrippa von Nettesheim sagt in seiner Schrift „Von der Ungewißheit und Eitelkeit der Wissenschaften": „Wir (nämlich Christen) dürfen nicht lernen aus dem verbotenen Buch der Bilder, sondern aus dem Buch Gottes, welches ist das Buch der h. Schrift. Wer also Gott kennenlernen will, der suche ihn nicht in den Bildern der Maler und Bildhauer, sondern forsche, wie Johannes sagt, in der Schrift, denn sie zeuget von ihm. Die aber nicht lesen können, sollen das Wort der Schrift hören, denn ihr Glaube kommt, wie Paulus sagt, aus dem Gehör. Und Christus sagt bei Johannes: *Meine Schafe hören meine Stimme*." „Das Wort Gottes", sagt Luther in seiner „Auslegung des 18. Psalms", „ist ein solches Wort, das, wenn man nicht alle Sinne zuschließt und es allein mit dem Gehör vernimmt und ihm Glauben beimißt, so kann man es nicht fassen." Die Sinne außer dem Ohr läßt daher die christliche Religion weg, nimmt sie nicht in den Gegenstand ihrer Verehrung auf. Der heidnische Gott dagegen ist auch ein Gegenstand der anderen, selbst der körperlichen Sinne; der heidnische Gott, der in Bildern von Holz, Stein, Farbe sein Dasein hat, dem Menschen sich offenbart und darstellt, der kann selbst mit Händen gegriffen, er kann aber ebendeswegen auch zertrümmert und zerschlagen werden – die Heiden selbst zertrümmerten oft ihre Götter oder warfen sie in den Kot aus Wut, wenn sie sich von ihnen getäuscht wähnten, wenn sie keine Hülfe erhielten, – der heidnische Gott ist, kurzum, als ein körperliches Ding allen möglichen Unbillen der Natur und Menschenwelt ausgesetzt. Die Kirchenväter verlachten die Heiden, daß sie Wesen oder Dinge als Götter verehrten, vor denen doch selbst die Schwalben und andere Vögel so wenig Respekt hätten, daß sie sie mit ihrem Kot besudelten. Der christliche Gott dagegen ist kein so zerbrechliches und zerstörbares, kein so auf einen Ort beschränktes, in einen Tempel eingeschlossenes oder einschließbares Wesen wie der steinerne oder hölzerne Gott der Heiden; denn er ist ein bloßes Wort- und Gedankenwesen. Das Wort kann ich aber nicht zerschlagen, nicht in Tempel einschließen, nicht mit den Augen sehen, mit den Händen greifen; das Wort ist ein unkörperliches, ein geistiges Wesen. Das Wort ist etwas Allgemeines; das Wort „Baum" bedeutet und umfaßt alle Bäume, Birken, Buchen, Tannen, Eichen ohne Unterschied, ohne Einschränkung; aber das körperliche, sinnliche Ding, das der Heide verehrt, dieser Baum da, diese steinere Statue, ist ein einzelnes Ding, ist etwas Beschränktes und ist nur an *diesem* Orte, aber nicht an anderen Orten. Der christliche Gott ist daher ein allgemeines, allgegenwärtiges, uneingeschränktes, unendliches Wesen; aber alle diese Eigenschaften kommen auch dem Worte zu. Kurz, das Wesen des christlichen, geistigen Gottes, als des Wesens, das nicht mit den Sinnen ergriffen wird, das nicht in der Natur oder Kunst, sondern in der heiligen Schrift sein eigentliches Wesen offenbart, stellt uns nichts dar als das Wesen des Wortes. Oder anders ausgedrückt: Die Unterschiede des christlichen Gottes vom heidnischen reduzieren sich nur auf den Unterschied des Wortes von den sinnlichen Materialien, woraus der heidnische Gott besteht. Aus dem christlichen und jüdischen Gott folgt daher, strenggenommen, keine Kunst – denn alle Kunst ist sinnlich –, höchstens nur die Poesie, als die im Wort nur sich ausspricht, aber nicht Malerei und Bildhauerkunst. „Unser Gesetzgeber", sagt der gelehrte Jude Josephus, „verbot uns, Bilder zu machen, weil er die Kunst, Bilder zu machen, für etwas hielt, das weder Gott noch

Menschen Nutzen bringt". Wo aber der Gott des Menschen nicht sinnlich, bildlich dargestellt werden darf und kann, wo die Sinnlichkeit von dem Verehrungswürdigen, dem Göttlichen, dem Höchsten ausgeschlossen ist, da kann auch die Kunst nicht das Höchste erreichen, da kann sie überhaupt nicht gedeihen, wenigstens nur im Widerspruch mit dem religiösen Prinzip. Aber gleichwohl ist auch der christliche Gott ebensogut ein Produkt der Einbildungskraft, ein Bild wie der heidnische, nur ein geistiges, unfaßliches Bild, ein Bild, wie es das Wort ist. Das Wort, der Name ist ein Produkt der – natürlich mit Verstand und nach dem Eindruck der Sinne wirkenden – Einbildungskraft, das Bild eines Gegenstandes. In der Sprache ahmt der Mensch die Natur nach; der Laut, der Ton, das Geräusch, das ein Gegenstand macht, ist daher das erste, was der Mensch von der Natur aufgreift, was er zum Kennzeichen oder Merkmal macht, wodurch er sich einen Gegenstand vorstellt, womit er ihn benennt. Doch das gehört nicht hierher. Im Christentume handelt es so sich nicht um das Wort, wie es ein Ausdruck, ein Bild des Äußeren, sondern des Inneren ist.

Da nun also der christliche Gott sich nicht in Bildern von Stein oder Holz, auch nicht unmittelbar in der Natur, sondern nur im Worte offenbart und ausspricht, folglich nichts Körperliches, Sinnliches, sondern Geistiges ist, das Wort aber auch ein Bild ist, so folgt, daß auch der christliche, selbst der rationalistische Gott ein Bild der Einbildungskraft, folglich, *wenn* Bilderdienst Götzendienst, auch der geistige Gottesdienst der Christen Götzendienst ist. Das Christentum warf dem Heidentum Götzendienst vor; der Protestantismus warf dem Katholizismus, dem alten Christentum, Götzendienst vor, und der Rationalismus wirft jetzt dem Protestantismus, wenigstens dem alten, orthodoxen, Götzendienst vor, weil er einen Menschen als Gott, ein Bild Gottes also – denn der Mensch ist ja ein solches – statt des eigentlichen Originals, statt des eigentlichen Wesens verehrt habe. Ich aber gehe noch weiter und sage: Auch der Rationalismus, ja, jede Religionsweise, die einen Gott, d. h. ein nicht wirkliches, ein von der wirklichen Natur, dem wirklichen Menschenwesen abgezogenes und unterschiedenes Wesen, an die Spitze stellt, zum Gegenstand ihrer Verehrung macht, ist Bilderdienst und folglich Götzendienst, wenn überhaupt, wie gesagt, Bilderdienst Götzendienst ist. Denn nicht Gott schuf den Menschen nach seinem Bilde, wie es in der Bibel heißt, sondern der Mensch schuf, wie ich im „Wesen des Christentums" zeigte, Gott nach seinem Bilde. Und auch der Rationalist, der sogenannte Denk- oder Vernunftgläubige, schafft den Gott, den er verehrt, nach seinem Bilde; das lebendige Urbild, das Original des rationalistischen Gottes ist der rationalistische Mensch. Jeder Gott ist ein *Wesen* der Einbildung, ein Bild, und zwar *ein Bild des Menschen*, aber ein Bild, das der Mensch außer sich setzt und als ein selbständiges Wesen vorstellt. (18) Sowenig nämlich der Mensch sich Götter erdichtet, um zu dichten, sowenig seine Dichtung, seine religiöse Poesie oder Phantasie eine uninteressierte, uneigennützige ist, sowenig ist sie eine maßlose und unbeschränkte, sondern ihr Gesetz, ihr Maß ist der Mensch. Die Einbildungskraft richtet sich ja nach der wesentlichen Beschaffenheit eines Menschen; der düstere, furchtsame, schreckhafte Mensch bildet sich schreckliche Wesen in seiner Einbildungskraft, schreckliche Götter; der lebensfrohe, heitere Mensch dagegen auch heitere, freundliche Götter. So verschieden die Menschen, so verschieden sind auch die Geschöpfe ihrer Einbildungskraft, ihre Götter; freilich kann man hinterdrein auch umgekehrt sagen: So verschieden die Götter, so verschieden die Menschen.

Einundzwanzigste Vorlesung

Ehe ich in dem Thema der gestrigen Vorlesung fortfahre, muß ich einem möglichen Mißverständnis vorbeugen, welches ich nur deswegen gestern nicht berührte, um mich nicht im Lauf meiner Entwicklung zu unterbrechen. Ich habe gesagt, daß ebenso, wie die Götter, die Gegenstände des heidnischen Glaubens, so auch die Gegenstände des christlichen Glaubens Erzeugnisse der Einbildungskraft seien. Hieraus kann man nun folgern und hat man in der Tat gefolgert, daß die biblische Geschichte sowohl des Alten und Neuen Testaments pure Fabel, pure Erdichtung sei. Aber keineswegs ist diese Folgerung gerechtfertigt, denn ich behaupte nur, daß die

Gegenstände der Religion *so, wie sie* ihr Gegenstand sind, Wesen der Einbildungskraft, nicht aber, daß diese Gegenstände *an und fürsich selbst* Einbildungen sind. Sowenig aus der Behauptung, daß die Sonne, wie sie die heidnische Religion vorstellt, nämlich als ein persönliches, göttliches Wesen, daß also der Sonnengott ein eingebildetes Wesen ist, folgt, daß die Sonne selbst auch ein eingebildetes Wesen ist, sowenig ist aus der Behauptung, daß der Moses, wie ihn die jüdische Religionsgeschichte, der Jesus, wie ihn die christliche Religion und Religionsgeschichte des Neuen Testaments darstellt, Wesen der Einbildungskraft sind, zu folgern, daß deswegen Moses und Jesus an und für sich selbst keine geschichtlichen Personen gewesen. Denn zwischen einer Person als geschichtlicher und religiöser ist derselbe Unterschied wie zwischen dem natürlichen Gegenstand *als solchem* und demselben, wie ihn die Religion vorstellt. Die Phantasie erzeugt nichts aus sich, sonst müßten wir an eine Schöpfung aus nichts glauben; die Phantasie entzündet sich nur an natürlichen und geschichtlichen Stoffen. Sowenig der Sauerstoff ohne einen Brennstoff die das Auge entzückende Erscheinung des Feuers erzeugt, (19) sowenig erzeugt die Einbildungskraft ohne einen gegebenen Stoff ihre religiösen und poetischen Gestalten. Aber eine geschichtliche Person, *wie sie* Gegenstand der Religion, ist eben eine nicht mehr geschichtliche, eine von der Einbildungskraft umgeformte Person. Ich leugne also nicht, daß ein Jesus gewesen, eine historische Person also war, der die christliche Religion ihren Ursprung verdankt, ich leugne nicht, daß er gelitten für seine Lehre; aber ich leugne, daß dieser Jesus ein Christus, ein Gott oder Gottessohn, ein von einer Jungfrau geborenes, wundertätiges Wesen gewesen sei, daß er Kranke durch sein bloßes Wort geheilt, Stürme durch seinen bloßen Befehl beschwichtigt, Tote, die schon der Verwesung nahe waren, erweckt und selbst von dem Tode auferweckt worden sei, kurz, ich leugne, daß er *so* gewesen ist, wie ihn die Bibel uns darstellt; denn in der Bibel ist Jesus kein Gegenstand der schlichten, historischen Erzählung, sondern der Religion, also keine geschichtliche, sondern religiöse Person, d. h. ein in ein Wesen der Erzählung, der Phantasie umgesetztes und umgewandeltes Wesen. Und ein törichtes oder wenigstens unfruchtbares Bestreben ist es, die geschichtliche Wahrheit von den Zusätzen, Entstellungen und Übertreibungen der Einbildungskraft scheiden zu wollen. Es fehlen uns hierzu die historischen Mittel. Der Christus, der oder wie er uns in der Bibel überliefert ist – und wir wissen von keinem andern –, ist und bleibt ein Wesen, ein Geschöpf der menschlichen Einbildungskraft.

Die Einbildungskraft, welche die Götter des Menschen schafft, knüpft sich aber zunächst nur an die Natur an; die Erscheinungen der Natur, namentlich die Erscheinungen, von denen der Mensch am meisten sich abhängig fühlt und erkennt, sind es ja auch, die den größten Eindruck auf die Einbildungskraft machen, wie ich schon in den ersten Stunden zeigte. Was ist das Leben ohne Wasser, Feuer, Erde, Sonne, Mond? Welchen Eindruck machen aber auch diese Gegenstände auf das theoretische Vermögen, auf die Phantasie! Und zunächst ist das Auge, womit der Mensch die Natur betrachtet, nicht der Versuche und Beobachtungen anstellende Verstand, sondern einzig die Einbildungskraft, die Phantasie, die Poesie. Aber was tut nun die Phantasie? Sie bildet alles nach dem Menschen; sie macht die Natur zu einem Bilde des menschlichen Wesens. „Überall", sagt trefflich B. Constant in seiner Schrift „Über die Religion", „wo Bewegung ist, sieht der Wilde auch Leben; der rollende Stein scheint ihm entweder ihn zu fliehen oder zu verfolgen; der tosende Strom stürzt sich auf ihn; irgendein erzürnter Geist wohnt in dem schäumenden Wasserfalle; der heulende Wind ist der Ausdruck des Leidens oder der Drohung; der Widerhall des Felsen prophezeit oder gibt Antwort, und wenn der Europäer dem Wilden die Magnetnadel zeigt, so erblickt dieser darin ein seinem Vaterlande entführtes Wesen, das sich begierig und ängstlich nach ersehnten Gegenständen kehrt." Der Mensch vergöttert daher nur dadurch oder deswegen die Natur, daß er sie vermenschlicht, d. h., er *vergöttert sich selbst*, indem er die Natur vergöttert. Die Natur liefert nur das Material, den Stoff zum Gotte; aber die Form, die diesen rohen Stoff zu einem menschenähnlichen und dadurch göttlichen Wesen umgestaltet, die Seele, liefert die Phantasie. Der Unterschied zwischen dem Heidentum und Christentum, dem Polytheismus und Monotheismus ist nur der, daß der Polytheist die einzelnen Gestalten und Körper der Natur für sich selbst zu Göttern macht und ebendeswegen das sinnliche, wirkliche, individuelle Wesen des Menschen, freilich unbewußt, zum Muster und Maßstab nimmt, wornach seine Phantasie die Naturdinge vermenschlicht und vergöttert. So wie der Mensch ein *körperliches Einzelwesen* ist, so sind auch die Götter des Polytheisten körperliche, leibhafte Einzelwesen; er hat daher unzählig viele Götter, er hat so viele Götter, als er unterschiedene Wesensgattungen in der Natur bemerkt. Ja, er geht noch weiter: Er vergöttert selbst die einzelnen Artunterschiede. Freilich knüpft sich auch diese Vergötterung, dieser religiöse Scholastizismus hauptsächlich an die Dinge an, die für den Egoismus des Menschen die größte Wichtigkeit haben; denn eben an solchen Gegenständen bemerkt der Mensch alles mit Aufmerksamkeit, fixiert er mit seinem Auge die kleinsten Unterschiede und vergöttert sie dann vermittelst seiner Phantasie. Ein köstliches Beispiel hiervon liefern uns die Römer. Diese hatten z. B. für jede Stufe der Entwicklung, welche die den Menschen nützlichsten Gewächse, wie die Getreidearten, von Anfang bis zum Ende durchlaufen, für die Stufe des Keimens, für die des Schossens, für die, wo der Halm den ersten Knoten bildet, kurz, für jeden in die Augen fallenden Abschnitt und Unterschied im Wachstum des Getreides lauter besondere Gottheiten. So hatten sie auch für die Kinder eine Menge Götter – eine Göttin Natio für die Geburt, eine Göttin Educa für das Essen, eine Göttin Potina für das Trinken der Kinder, einen Gott Vagitanus für die schreienden und weinenden, eine Göttin Cunina für die in der Wiege liegenden, eine Göttin Rumia für die säugenden Kinder.

Der Monotheist geht dagegen nicht von dem wirklichen sinnlichen Menschen, der ein lebendiges Einzelwesen ist, aus, sondern er geht von innen nach außen; er geht vom Geiste des Menschen aus, der durch das Wort sich äußert, durch das bloße Wort Wirkungen hervorbringt, dessen bloßes Wort Macht hat zu schaffen. Der Mensch, der über anderen steht, als ihr Herr, dem sie gehorchen, gebietet ja über Millionen durch sein bloßes Wort; er braucht nur zu befehlen, so geschieht durch andere, ihm unterworfene Diener, sein Wille. Der durch das bloße Wort wirkende und schaffende Geist und Wille des Menschen, namentlich des despotisch oder monarchisch gebietenden Menschen, ist also das, wovon der Monotheist ausgeht, ist das Urbild seiner Phantasie, seiner Einbildungskraft. Der Polytheist vergöttert indirekt den menschlichen Geist, die menschliche Phantasie – denn die Naturdinge werden ihm ja nur durch seine Phantasie zu Göttern –, der Monotheist aber direkt, geradezu. Der monotheistische oder christliche Gott ist daher, was zu beweisen war, ebensogut ein Produkt der menschlichen Phantasie, ebenso ein Bild des menschlichen Wesens als der polytheistische, nur daß das menschliche Wesen, wornach der Christ sich seinen Gott denkt und schafft, kein greifbares, faßbares, in den Schranken einer Statue, eines Bildes darstellbares Wesen ist. Vom christlichen und jüdischen Gott läßt sich kein Bild machen; aber wer kann sich vom Geiste, vom Willen, vom Wort ein körperliches Bild machen? Der Unterschied zwischen dem Monotheismus und Polytheismus besteht darin ferner, daß der Polytheismus zum Ausgangspunkt und Fundament die sinnliche Anschauung hat, welche uns die Welt in der Vielheit ihrer Wesen darstellt, der Monotheismus aber von dem Zusammenhang, von der Einheit der Welt ausgeht, von der Welt, wie der Mensch sie im Denken und Einbilden in ein Eins zusammenfaßt. „Es ist nur *eine* Welt und folglich nur *ein* Gott", sagt z. B. Ambrosius. Die vielen Götter sind Geschöpfe der sich unmittelbar an die Sinne anschließenden Einbildungskraft; der eine Gott ist ein Geschöpf der von den Sinnen abgezogenen, der mit dem Abstraktionsvermögen verbundenen Einbildungskraft. Je mehr der Mensch von der Einbildungskraft beherrscht wird, desto sinnlicher ist sein Gott, auch der eine Gott; je mehr der Mensch an abgezogene Begriffe gewöhnt ist, desto unsinnlicher, desto abgezogener, abgefeimter ist sein Gott. Der Unterschied zwischen dem christlichen Gott, wie er ein Gegenstand des Rationalisten, des Denkgläubigen, und zwischen ihm, wie er Gegenstand des Alt- oder Vollgläubigen ist, besteht nur darin, daß der rationalistische Gott ein abgefeimteres, abgezogeneres, unsinnlicheres Wesen ist als der mystische oder rechtgläubige Gott, besteht nur darin, daß der Rationalist seine Einbildungskraft durch die Abstraktionskraft bestimmt, beherrscht, der Altgläubige aber seine Abstraktionskraft oder sein Begriffsvermögen durch die Einbildungskraft überbietet oder beherrscht. Oder mit anderen Worten: Der Rationalist bestimmt, oder besser: beschränkt durch die Vernunft – die Vernunft ist es ja, die wir der gewöhnlichen Sprach- und Denkweise nach als das Vermögen, abgezogene Begriffe zu bilden, bezeichnen und fassen – den Glauben; der Rechtgläubige beherrscht die Vernunft durch den Glauben. Der Gott der Altgläubigen *kann alles* und tut wirklich, was der Vernunft widerspricht; er kann alles, was die unumschränkte Einbildungskraft des Glaubens als möglich vorstellt – und dieser ist nichts unmöglich –, d. h., der altgläubige Gott verwirklicht, was der Gläubige sich einbildet; er ist nur die verwirklichte, vergegenständlichte unbeschränkte Einbildungskraft des vollgläubigen Menschen. Der rationalistische Gott hingegen kann und tut nichts, was der Vernunft des Rationalisten oder vielmehr der durch die rationalistische Vernunft beschränkten Glaubens- und Einbildungskraft widerspricht. Aber gleichwohl ist der Rationalismus ebensogut Bilder- und Götzendienst – wenn Bilderdienst gleich Götzendienst –; denn ebensogut als der eigentliche sinnliche Götzendiener, welcher ein sinnliches Bild für Gott, für ein wirkliches Wesen hält, hält auch der Rationalist seinen Gott, das Geschöpf seines Glaubens, seiner Einbildungskraft und Vernunft, für ein *wirkliches*, außer dem Menschen existierendes Wesen. Er ist wütend und fällt in den Fanatismus des alten Glaubens zurück, wenn man ihm das Dasein eines oder, was eins ist, *seines* Gottes – denn jeder hält nur *seinen* Gott für Gott – abstreitet, wenn man ihm nachweisen will, daß sein Gott nur ein subjektives, d. i. nur eingebildetes, vorgestelltes, gedachtes Wesen ist, daß sein Gott nur ein Bild seines eigenen, rationalistischen, die Einbildungskraft durch die Abstraktionskraft, den Glauben durch das Denkvermögen beschränkenden Wesens ist. Doch nun genug einstweilen von dem Unterschied der Rationalisten und der Orthodoxen, den wir später noch bekommen. Eine Zwischenbemerkung muß ich aber erst noch machen. Ich habe, wo ich Heidentum und Christentum, Glauben an viele Götter und Glauben an einen Gott einander gegenüberstellte, nicht unterschieden zwischen dem Gegenstand der heidnischen Religion, wie er ein Naturgegenstand und wie er ein Kunstgegenstand ist; ich habe gleichbedeutend gesagt: Der Gott des Heidentums ist diese Natur, dieses Bild, dieser Baum. Hierüber also dieses. Ich habe gesagt: Die Einbildungskraft macht die Naturkörper, Sonne, Mond und Sterne, Pflanzen, Tiere, Feuer, Wasser, zu menschlichen, persönlichen Wesen, aber je nach den verschiedenen Wirkungen und Eindrücken, die ein Naturgegenstand macht, vermenschlicht, personifiziert sie auch dieselben verschiedenartig. Der Himmel z. B. befruchtet die Erde durch den Regen, erleuchtet sie durch die Sonne, belebt sie durch die Wärme derselben. Der Mensch stellt sich daher in seiner Einbildung die Erde als empfangendes, weibliches, den Himmel als befruchtendes, männliches Wesen vor. Die religiöse Kunst hat nun keine andere Aufgabe, als die Naturgegenstände oder die Ursachen der Naturerscheinungen und Naturwirkungen, wie sie sich der Mensch einbildet, in seiner religiösen Einbildungskraft vorstellt, sinnlich, anschaulich darzustellen, keine andere Aufgabe, als die religiösen Einbildungen zu verwirklichen. Was der Mensch glaubt, innerlich sich vorstellt, innerlich für wirklich hält, will er auch sehen außer sich als etwas Wirkliches. Durch die Kunst, notabene die religiöse Kunst, will der Mensch *dem* Existenz geben, was *keine* Existenz hat; die religiöse Kunst ist ein Selbstbetrug, eine Selbsttäuschung des Menschen; er will sich durch sie versichern, daß das ist, was nicht ist, gleichwie die gottesgläubigen Philosophen uns durch ihre erkünstelten Beweise vom Dasein eines Gottes weismachen wollen, daß wirklich ein Gott ist, daß wirklich außer uns existiert, was nur in unserm Kopfe ist. Was ist also das, dem die Kunst Existenz geben will? Ist es die Sonne, ist es die Erde, ist es der Himmel, die Luft als die Ursache von Blitz und Donner? Nein, diese existieren, und was hätte es für ein Interesse für den Menschen, namentlich den religiösen, die Sonne darzustellen, wie sie unseren Sinnen erscheint? Nein, die religiöse Kunst will nicht die Sonne, sondern den Sonnengott, nicht den Himmel, sondern den Himmelsgott darstellen; sie will nur das darstellen, was die Phantasie in den sinnlichen Gegenstand hineinlegt, was folglich *nicht sinnlich* existiert; sie will nur den Himmel, nur die Sonne, sofern sie als ein persönliches Wesen gedacht wird, nur die Phantasie, nur die Sonne, wie sie kein Sinnen-, sondern ein Phantasiewesen, ein Wesen der Einbildung ist, versinnlichen. Die Hauptsache in der künstlerischen Darstellung eines Gottes ist seine Person, sein von der Phantasie erzeugtes, menschenähnliches Wesen, die Nebensache ist die Natur; der natürliche Gegenstand, obgleich der Gott nur dessen Personifikation ursprünglich ist, ist nur das Mittel, diesen Gott zu bezeichnen, und wird nur als ein Instrument demselben beigesellt. So wird der Himmels- und Donnergott Zeus in der griechischen Religion, ob er gleich ursprünglich, wie in allen Naturreligionen, eins ist mit dem Donner und Blitz, abgebildet, in der Hand den königlichen Szepter oder den flammenden Donnerkeil haltend. Das ursprüngliche Wesen des Gottes des Donners, die Natur, ist also zu einem bloßen Instrumente der Person herabgesetzt. Aber gleichwohl ist zwischen dem Himmel als Naturwesen und dem Himmelsgott, der in einem Kunstwerk dargestellt wird, diese Gleichheit oder Einheit vorhanden, daß beide sinnliche, körperliche Wesen sind – der Himmelsgott freilich nur der Einbildung nach –, so daß wenigstens vor dem Gott, der kein sinnliches Wesen ist, der Unterschied zwischen dem Kunst- und Naturgegenstand wegfällt oder es wenigstens nicht notwendig war, diesen Unterschied hervorzuheben. Doch wieder zurück zu unserem Gegenstande! Ich habe behauptet, daß die Einbildungskraft das wesentliche Organ der Religion ist, daß ein Gott ein eingebildetes, bildliches Wesen, und zwar ein Bild des Menschen ist, daß auch die Naturgegenstände, wenn sie religiös angeschaut werden, menschenähnliche Wesen, ebendeswegen Bilder des Menschen sind, daß auch der geistige Gott der Christen nur ein durch die Einbildungskraft des Menschen erzeugtes, außer den Menschen hinausgesetztes, als ein selbständiges, wirkliches Wesen vorgestelltes Bild des Menschenwesens ist, daß also die Gegenstände der Religion, natürlich *so, wie* sie ihr Gegenstand sind, nicht außer der Einbildungskraft existieren. Gegen diese Behauptung haben die Gläubigen, insbesondere die Theologen, entsetzlich deklamiert und ausgerufen: Wie ist's möglich, daß das eine bloße Einbildung sei, was Millionen soviel Trost gewährt hat, dem Millionen selbst ihr Leben aufgeopfert haben? Aber das ist gar kein Beweis für die Wirklichkeit und Wahrheit dieser Gegenstände. Die Heiden haben ihre Götter ebensogut für wirkliche Wesen gehalten, haben ihnen Hekatomben von Stieren, haben ihnen sogar das Leben, sei es nun ihr eigenes oder das anderer Menschen, aufgeopfert, und doch gestehen jetzt die Christen, daß diese Götter nur selbstgeschaffene, eingebildete Wesen waren. Was die Gegenwart für Wirklichkeit hält, das erkennt die Zukunft für Phantasie, für Einbildung. Es wird eine Zeit kommen, wo es ebenso allgemein anerkannt sein wird, daß die Gegenstände der christlichen Religion nur Einbildung waren, als es jetzt allgemein von den Göttern des Heidentums anerkannt ist. Es ist nur der Egoismus des Menschen, daß er seinen Gott für den wahren, die Götter anderer Völker für eingebildete Wesen hält. Das Wesen der Einbildungskraft, wo ihr kein Gegengewicht die sinnliche Anschauung und Vernunft entgegensetzt, ist eben das, daß sie das als wirklich dem Menschen erscheinen läßt, was sie ihm vorstellt. Welche Macht die Einbildungskraft über den Menschen ausübt, das mögen uns einige Beispiele aus dem Leben der sogenannten wilden Völker veranschaulichen. „Die Wilden in Amerika und Sibirien unternehmen keinen Zug, machen keinen Tausch, schließen keinen Vertrag, wenn sie nicht durch *Träume* dazu ermuntert sind. Das Kostbarste, was sie haben, was sie *unbedenklich mit ihrem Leben verteidigen* würden, geben sie *auf Treue* und *Glauben eines Traumes hin*. Die kamtschadalischen Weiber überlassen sich demjenigen ohne Widerstand, der sie in seinem Schlafe genossen zu haben versichert. Ein Irokese *träumte*, daß man ihm einen Arm abschneide, und er *schneidet* sich ihn ab; ein anderer, daß er seinen *Freund töte*, und *er tötet ihn*" (B. Constant, a. a. O.). Kann die Macht der Einbildungskraft höher getrieben werden als hier, wo der geträumte Verlust eines Armes zum Grund und Gesetz des wirklichen Verlustes, die träumerisch eingebildete Tötung eines Freundes zum Grund und Gesetz der wirklichen Tötung gemacht wird, wo man also einem bloßen Traum seinen Leib, seine Arme, seinen Freund selbst aufopfert! (20) Wie den Wilden noch jetzt, so galt auch den alten Völkern der Traum für ein göttliches Wesen, für eine Offenbarung, eine Erscheinung Gottes. Selbst die Christen halten zum Teil noch jetzt die Träume für göttliche Eingebungen. Das aber, worin sich ein Gott offenbart, worin ein Gott erscheint, ist nichts andres als das Wesen desselben. Ein Gott daher, der sich im Traume offenbart, ist nichts andres als das Wesen des Traumes. Was ist denn nun aber das Wesen des Traumes? Die nicht durch die Gesetze der Vernunft und sinnlichen Anschauung beschränkte, im Zaum gehaltene Einbildungskraft oder Phantasie. Folgt daraus, daß die Christen sich für ihre Glaubensgegenstände verfolgen ließen, ihnen Gut und Blut opferten, die Wahrheit und Wirklichkeit derselben? Mitnichten; sowenig als daraus, daß der Irokese seinem Traume zulieb seinen Arm abhaut, folgt, daß er diesen Arm wirklich im Traum verloren hat; sowenig überhaupt daraus die Wahrheit der Träume folgt, daß ihnen der Mensch, der sich von Träumen beherrschen läßt, die Wahrheit der vernünftigen Sinnenanschauung aufopfert. Ich habe übrigens die Träume nur angeführt als sinnliche, augenfällige Beispiele von der religiösen Macht der Einbildungskraft über den Menschen. Ich habe aber auch behauptet, daß die Einbildungskraft der Religion nicht die freie des Künstlers ist, sondern daß sie einen praktischen, egoistischen Zweck hat, oder, daß die Einbildungskraft der Religion in dem Abhängigkeitsgefühl ihre Wurzel hat, daß die religiöse Einbildungskraft sich hauptsächlich an die Gegenstände wendet, die das Abhängigkeitsgefühl im Menschen erregen. Das Abhängigkeitsgefühl des Menschen knüpft sich aber nicht nur an bestimmte Gegenstände an. Wie das Herz stets in Bewegung ist, in einem fort pocht und klopft, so ruht auch nie im Menschen, namentlich in dem von der Einbildungskraft beherrschten, das Abhängigkeitsgefühl; denn bei jedem Schritte, den er tut, kann ihm ja ein Übel geschehen, von jedem Gegenstande, er sei auch noch so geringfügig, kann ihm selbst der Tod gebracht werden. Dieses Angstgefühl, diese Unsicherheit, diese den Menschen stets begleitende Furcht vor Übeln ist die Wurzel der religiösen Einbildungskraft, und da der religiöse Mensch alles Übel, was ihm begegnet, bösen Wesen oder Geistern zuschreibt, so ist die Gespenster- und Geisterfurcht das Wesen der religiösen Einbildungskraft, wenigstens bei den ungebildeten Menschen und Völkern. Was der Mensch fürchtet, wovor er erschrickt, das verwandelt ja sogleich die Phantasie in ein böses Wesen, oder umgekehrt: Was ihm die Phantasie als solches vorstellt, das fürchtet er und sucht es daher durch religiöse Mittel sich geneigt oder unschädlich zu machen. So hat man z. B. bei den Chiquitos in Paraguay, wie es in der „Geschichte von Paraguay" von Charlevoix heißt, „keine deutliche Spur von Religion angetroffen, doch fürchteten sie die Dämonen, die ihnen, wie sie sagten, unter den scheußlichsten Gestalten zu erscheinen pflegten. Den Anfang zu ihren Festen und Gastereien machten sie damit, daß sie die Dämonen anriefen, *sie möchten ihre Freude nicht stören.*"

Die Otahaiter glauben, daß, wenn einer mit dem Fuße an einen Stein stößt und es ihn schmerzt, dies ein oder der Eatua, d. h. Gott, getan, so daß man von ihnen, wie es in „Cooks dritter und letzter Reise" heißt, „buchstäblich sagen kann, daß sie bei ihrem *Religionssystem immer auf bezauberten Boden* treten". So glauben auch die Ashantis in Afrika, wenn sie des Nachts im Finstern über einen Stein fallen, ein böser Geist habe sich in den Stein versteckt, um ihnen wehe zu tun („Ausland", 1849 Mai). So verwandelt die Phantasie einen Stein, über den der Mensch in seiner Unbesonnenheit stolpert, in einen Geist oder Gott! Aber wie leicht stolpert der Mensch wieder! Bei jedem Schritte kann ihm dieses Malheur begegnen. Stets sieht sich daher der von seinem Gefühl und seiner Einbildungskraft beherrschte Mensch von bösen Geistern umschwebt! So darf bei den nordamerikanischen Indianern jemand nur Zahn- oder Kopfweh haben, so heißt es gleich: „Die Geister sind unzufrieden und wollen versöhnt sein" (Heckewelder, „Nachricht von der Geschichte, den Sitten und Gebräuchen der indianischen Völkerschaften"). Besonders ausgezeichnet sind durch ihre Geister- und Gespensterfurcht die Völker des nördlichen Asiens, die dem sogenannten Schamanentum huldigen, einer Religion, die in nichts anderem besteht als „in Geisterfurcht, Geisterbann und Geisterbeschwörung"; sie leben in einem fortwährenden Kampf „mit den feindlichen Geistern, die in der Wüste und über die weiten Schneefelder irre umherschweifen" (Stuhr, „Religionssystem der heidnischen Völker des Orients"). Aber keineswegs wurzelt das Schamanentum allein, wie Stuhr ebendaselbst sagt, in diesem Glauben an Gespensterwesen, sondern mehr oder weniger die Religion aller Völker. Merkwürdig ist besonders, was von den nordamerikanischen Wilden erzählt wird. „So tapfer, stolz und unabhängig sich fühlend der nordamerikanische Indianer ist, so macht ihn doch seine Furcht vor Zauberei und Hexerei zu einem der furchtsamsten und schüchternsten Geschöpfe", wie sich Heckewelder ausdrückt. „Es ist unglaublich", fährt er fort, „welchen Einfluß der Glaube der Indianer an Zauberkraft auf sein Gemüt hat. Sie sind nicht mehr dieselben Menschen in demselben Augenblick, wo ihre Einbildungskraft von dem Gedanken ergriffen wird, daß sie behext sind. Ihre Phantasie ist alsdann beständig tätig, die schrecklichsten und niederschlagendsten Bilder zu schaffen." Die Furcht vor Hexerei ist aber nichts als die Furcht, daß einem ein Übel von einem bösen Wesen auf sogenannte übernatürliche, zauberische Weise angetan werden könne. Und dieser Aberglaube, diese Einbildung ist so mächtig bei den Indianern, daß sie oft infolge „der *bloßen Einbildung*, es sei ihnen ein Übel angetan, sie seien behext, *wirklich* sterben". (21) Ebenso wie Heckewelder spricht sich Volney in seinem „Gemälde von Nordamerika" über die nordamerikanischen Wilden aus: „Die Furcht vor bösen Geistern ist eine ihrer herrschendsten und quälendsten Vorstellungen; ihre unerschrockensten Krieger sind in diesem Punkte den Weibern und Kindern gleich; ein Traum, eine Nachterscheinung im Gehölz, ein widriges Geschrei erschrecken sie." Aber ebenso wie bei den genannten Völkern finden wir auch bei den Christen die übertriebensten Vorstellungen und Beschreibungen von den Übeln und Todesgefahren, welche den Menschen auf allen Wegen und Stegen verfolgen und welche ihre religiöse Phantasie als Wirkungen eines dem Menschen feindlichen, bösen Wesens oder Geistes, des Teufels, vorstellt, Wirkungen, welche nur durch die Gegenwirkungen eines guten, dem Menschen wohlwollenden und allmächtigen Gottes aufgehoben werden.

Die Götter sind also allerdings Phantasiegeschöpfe, aber Phantasiegeschöpfe, die mit dem Abhängigkeitsgefühl, mit der menschlichen Not, mit dem menschlichen Egoismus in innigster Verbindung stehen, Phantasiegeschöpfe, die zugleich Gefühlswesen, Wesen oder Geschöpfe des Affekts, insbesondere der Furcht und Hoffnung, sind. Der Mensch verlangt von den Göttern, wie ich schon bei dem religiösen Bilderdienst sagte, daß sie ihm helfen, wenn er sie sich als gute Wesen, daß sie ihm nicht schaden, wenigstens nicht in seinen Plänen und Freuden stören, wenn er sie sich als böse Wesen vorstellt. Die Religion ist daher nicht nur eine Sache der Einbildungskraft, der Phantasie, nicht nur eine Sache des Gefühles, sondern auch eine Sache des *Begehrungsvermögens*, des Bestrebens und Verlangens des Menschen, unangenehme Gefühle zu beseitigen und angenehme Gefühle sich zu verschaffen, das, was er nicht hat, aber haben möchte, zu erlangen und das, was er hat, aber nicht haben möchte, wie z. B. dieses Übel, diesen Mangel, zu verneinen, kurz, sie ist eine

Sache des Bestrebens des Menschen, von den Übeln, die er hat oder fürchtet, befreit zu sein und das Gute, das er wünscht, das seine Phantasie ihm vorstellt, zu bekommen. – sie ist eine Sache des sogenannten *Glückseligkeitstriebes*.

Zweiundzwanzigste Vorlesung

Der Mensch glaubt Götter nicht nur, weil er Phantasie und Gefühl hat, sondern auch, weil er den Trieb hat, glücklich zu sein. Er glaubt ein seliges Wesen nicht nur, weil er eine Vorstellung der Seligkeit hat, sondern weil er selbst selig sein will; er glaubt ein vollkommenes Wesen, weil er selbst vollkommen zu sein wünscht; er glaubt ein unsterbliches Wesen, weil er selbst nicht zu sterben wünscht. Was er selbst nicht ist, aber zu sein wünscht, das stellt er sich in seinen Göttern als seiend vor; die Götter sind die als wirklich gedachten, die in wirkliche Wesen verwandelten Wünsche des Menschen; ein Gott ist der in der Phantasie befriedigte Glückseligkeitstrieb des Menschen. Hätte der Mensch keine Wünsche, so hätte er trotz Phantasie und Gefühl keine Religion, keine Götter. Und so verschieden die Wünsche, so verschieden sind die Götter, und die Wünsche so verschieden, als es die Menschen selbst sind. Wer zum Gegenstande seiner Wünsche nicht Weisheit und Verständigkeit hat, wer nicht weise und verständig sein will, der hat auch keine Göttin der Weisheit zum Gegenstande seiner Religion. Wir haben bei dieser Gelegenheit wieder in Erinnerung zu bringen, was schon in den ersten Stunden vorgetragen wurde, daß wir, um die Religion zu erfassen, alle einseitigen, beschränkten Erklärungsgründe vermeiden oder diesen Gründen keine andere Stelle in der Religion einräumen dürfen, als sie wirklich in ihr einnehmen. Inwiefern die Götter Mächte sind, und zwar ursprünglich Naturmächte, die die menschliche Einbildungskraft in menschenähnliche Wesen umgeformt hat, so wirft sich der Mensch vor ihnen in den Staub nieder; er fühlt vor ihnen sein Nichtsein; sie sind Gegenstände des Nichtigkeitsgefühls, der Furcht, Ehrfurcht, Anstaunung, Bewunderung, furchtbare oder herrliche, majestätische Wesen, die auf den Menschen alle die Eindrücke machen, die überhaupt ein mit den Zauberkräften der Phantasie ausgestattetes Wesen oder Bild auf den Menschen macht; insofern sie aber Mächte sind, welche die Wünsche der Menschen erfüllen, welche dem Menschen geben, was er wünscht und bedarf, sind sie Gegenstände des menschlichen Egoismus. Kurz, die Religion hat wesentlich einen praktischen Zweck und Grund; der Trieb, aus dem die Religion hervorgeht, ihr letzter Grund ist der Glückseligkeitstrieb und, wenn dieser Trieb etwas Egoistisches ist, also der Egoismus. Wer dieses verkennt oder leugnet, der ist blind; denn die Religionsgeschichte bestätigt dies auf jedem ihrer Blätter, sie bestätigt es auf den niedrigsten wie auf den höchsten Standpunkten der Religion. Man erinnere sich hierbei nur an die Zeugnisse, die ich in einer früheren Vorlesung aus den christlichen, griechischen und römischen Schriftstellern anführte. Es ist dieser Punkt der praktisch und theoretisch wichtigste; denn wenn es erwiesen ist, daß der Gott nur dem Glückseligkeitstrieb des Menschen seine Existenz verdankt, daß aber die Religion nicht diesen Trieb, außer in der Einbildung, befriedigt, so ist es notwendige Folge, daß der Mensch auf andere Weise als religiöse, durch andere Mittel als religiöse diesen Trieb zu befriedigen sucht. Also noch einige Belegstellen. Während aber früher meine Aufgabe war, zu beweisen, daß die Selbstliebe der *letzte Grund* der Religion sei, so ist jetzt bestimmter meine Aufgabe, zu beweisen, daß die Religion die menschliche Glückseligkeit zu ihrem *Zwecke* hat, daß der Mensch die Götter nur deswegen verehrt und anbetet, damit sie seine Wünsche erfüllen, damit er durch sie glücklich sei. „Bittet", heißt es in der Bibel, „so wird euch gegeben; wer da bittet, der empfahet. Welcher ist unter euch Menschen, so ihn bittet sein Sohn ums Brot, der ihm einen Stein bietet? So denn ihr, die ihr doch arg seid, könnet dennoch euren Kindern gute Gaben geben, wieviel mehr wird euer Vater im Himmel Gutes geben denen, die ihn bitten." „Wer nun also könnte", sagt Luther in seiner „Kirchenpostille", „Gott und ihm selbst sein Herz nehmen, daß er einen solchen Wahn und Mut gegen Gott dürfte tragen und von Herzen zu ihm sagen: Du bist mein lieber Vater; was sollte er nicht dürfen bitten? Und was könnte ihm Gott versagen? *Sein eigen Herz wird's ihm sagen, daß ja sein soll, was er nur bittet.*" Gott wird also dargestellt als ein die Wünsche erfüllendes, die Bitten erhörendes Wesen. Man betet, damit man Gutes empfange, damit man erlöst werde „aus Gefährlichkeiten, aus Nöten und allerlei Widerwärtigkeiten". Je größer aber die Not, die Gefahr, die Furcht, desto mächtiger regt sich auch der Selbsterhaltungstrieb, desto lebhafter ist der Wunsch, errettet zu werden, desto brünstiger das Gebet. So wenden sich die Indianer, wie Heckewelder in der schon öfter angeführten Schrift als Augenzeuge erzählt, bei der Annäherung eines Sturmes oder Ungewitters an den Manito der Luft (d. h. an den Gott der Luft, an die als ein persönliches Wesen vorgestellte Luft), daß er alle Gefahr von ihnen abwende; so beten die Chippewäer an den Seen von Kanada zu dem Manito der Gewässer, daß er dem zu hohen Anschwellen der Wogen wehren wolle, während sie über das Wasser fuhren. So opferten auch die Römer den Stürmen und den Fluten des Meeres, sooft sie zur See gingen, dem Vulkan, dem Feuergott, wenn sie in Feuersnot waren oder damit sie nicht in solche kämen. Wenn die Lenapen in den Krieg ziehen, so beten und singen sie, nach Heckewelder, vorher folgende Strophen: „O, ich Armer, der ich ausziehe, zu streiten gegen den Feind. Und weiß nicht, ob ich heimkehren werde, mich zu freuen der Umarmung meiner Kinder und meines Weibes. O, armes Geschöpf, dessen Leben nicht in seiner Hand, der über seinen Leib nicht Macht hat, doch aber seine Pflicht zu tun versucht für seines Volkes Wohlfahrt. O, du großer Geist dort oben, habe Mitleid mit meinen Kindern und meinem Weibe! Verhüte, daß sie meinetwegen[1] trauern! Laß es mir in diesem Unternehmen gelingen, daß ich meinen Feind erschlagen möge und heimbringe die Siegeszeichen zu meiner teuern Familie und meinen Freunden, daß wir einander uns freuen. Habe Mitleiden mit mir und behüte mein Leben, und ich will dir ein Opfer bringen." In diesem rührenden, einfachen Gebete haben wir alle angegebenen Momente der Religion beisammen. Der Mensch hat nicht den Erfolg seines Unternehmens in seiner Hand. Zwischen dem Wunsch und seiner Verwirklichung, zwischen dem Zweck und seiner Ausführung liegt eine Kluft von Schwierigkeiten und Möglichkeiten, die seinen Zweck vereiteln können. Mag mein Schlachtplan noch so vortrefflich sein, allerlei

[1] *Folgt versehentlich:* nicht

sowohl natürliche als menschliche Vorfälle, ein Wolkenbruch, ein Beinbruch, zufällig verspätete Ankunft eines Hilfskorps und dergleichen Fälle, können meinen Plan vereiteln. Der Mensch füllt daher durch die Phantasie diese Kluft zwischen dem Zweck und seiner Ausführung, zwischen dem Wunsche und der Wirklichkeit mit einem Wesen aus, von dessen Willen er alle diese Umstände abhängig denkt, dessen Gunst er daher nur zu erflehen braucht, um in seiner Vorstellung des glücklichen Ausgangs seines Vorhabens, der Erfüllung seiner Wünsche, versichert zu sein. (22) Der Mensch hat nicht sein Leben in seiner Hand, wenigstens nicht unbedingt; irgendeine äußere oder innere Ursache, sei es auch nur das Zerreißen eines Äderchens in meinem Kopfe, kann plötzlich mein Leben enden, kann mich wider Wissen und Willen von Weib und Kindern, von Freunden und Verwandten trennen. Aber der Mensch wünscht zu leben; das Leben ist ja der Inbegriff aller Güter! Der Mensch verwandelt daher kraft seines Selbsterhaltungstriebes oder auf Grund seiner Lebensliebe unwillkürlich diesen Wunsch in ein Wesen, das ihn erfüllen kann, in ein Wesen, das Augen hat wie der Mensch, um seine Tränen zu sehen, und Ohren wie der Mensch, um seine Klage zu hören; denn die Natur kann diesen Wunsch nicht erfüllen; die Natur, wie sie in Wirklichkeit ist, ist kein persönliches Wesen, hat kein Herz, ist blind und taub für die Wünsche und Klagen des Menschen. Was kann mir das Meer helfen, wenn ich es mir vorstelle als eine bloße Sammlung von Wassermassen, kurz, als das, was es in Wirklichkeit ist, wie uns das Meer Gegenstand ist? Ich kann nur zu dem Meere flehen, daß es mich nicht verschlinge, wenn ich mir es als ein persönliches Wesen vorstelle, von dessen Willen die Bewegung des Meeres abhängt, dessen Willen, dessen Gesinnung ich mir daher durch Opfer und Gaben der Verehrung geneigt machen kann, wenn ich es mir also vorstelle als einen Gott. Es ist daher keineswegs nur die Beschränktheit des Menschen, gemäß welcher er alles nur nach sich denkt, keineswegs nur die Unwissenheit, seine Unbekanntschaft mit dem, was die Natur ist, keineswegs nur die Einbildungskraft, die alles verpersönlicht; es ist auch das *Gemüt*, die *Selbstliebe*, der menschliche *Egoismus oder Glückseligkeitstrieb* der Grund, daß er die Wirkungen und Erscheinungen der Natur von wollenden, geistigen, persönlichen, menschlich lebendigen

Wesen ableitet, gleichgültig, ob er nun, wie der Glaube an viele Götter, viele persönliche Ursachen oder, wie der Glaube an einen Gott, nur *eine* mit Willen und Bewußtsein wirkende Ursache der Natur annimmt. Denn nur dadurch, daß der Mensch die Natur von einem Gott abhängig macht, macht der Mensch die Natur *von sich selbst* abhängig, bringt er die Natur in seine Gewalt. „Sühnbar", heißt es in Ovids „Fasten", „ist Jupiters Blitz, *lenkbar des Grimmigen Zorn.*" Wenn ein Naturgegenstand, z. B. das Meer, ein Gott ist, wenn von dessen Willen die den Menschen so gefährlichen Stürme und Bewegungen des Meeres abhängen, der Wille des Meergottes aber durch die Gebete und Opfer der ihn verehrenden Menschen zugunsten derselben bestimmt wird – „Geschenke bezwingen selbst die Götter" –, so hängt ja indirekt, d. h. mittelbar, die Bewegung des Meeres vom Menschen ab; der Mensch beherrscht durch Gott oder vermittelst Gottes die Natur. So nahm einst eine Vestalin, welche fälschlich der Blutschuld angeklagt war, ein Sieb in die Hand und rief die Vesta mit den Worten an: „Vesta, wenn ich immer mit keuschen Händen dir diente, so bewirke, daß ich mit diesem Siebe Wasser aus der Tiber schöpfe und in deinen Tempel trage!" – und die *Natur selbst gehorchte*, wie sich Valerius Maximus ausdrückt, den kühnen und unbesonnenen Bitten der Priesterin, d. h., das Wasser lief seiner Natur zuwider nicht durch das Sieb durch. So steht die Sonne im Alten Testamente still auf Josuas Gebet oder Gebot. Gebet und Gebot unterscheidet sich übrigens nicht wesentlich. *Überwinde* (oder bezwinge, besiege), sagt z. B. der göttliche Tiberfluß zu Äneas bei Virgil, mit *demütigen Gebeten* den Zorn der Juno; überwinde, sagt desgleichen Helenus zu ihm, die mächtige Gebieterin mit demütigen Gaben. Das Gebet ist nur ein demütiges Gebot, ein Gebot aber in der Form der Religion. Die modernen Theologen haben zwar das Wunder des Sonnenstillstandes aus der Bibel ausgemerzt, die Stelle für eine poetische Redensart oder sonstwas, ich weiß es selbst nicht mehr, erklärt. Aber es gibt noch genug andere, ebenso starke Wunder in der Bibel, und es ist daher ganz eins, ob man dieses Wunder gläubig stehenläßt oder ungläubig wegschafft. Ebenso erfolgt auf das Gebet des Elias Regen. „Das Gebet des Gerechten", heißt es im Neuen Testament, „vermag viel. Elias betete, daß es nicht regnen sollte, und es regnete nicht auf Erden drei Jahre und sechs Monde. Und er betete abermal, und der Himmel gab den Regen." Und der Psalmist sagt: „Gott *tut den Willen* derer Gottesfürchtigen." „Gott", sagt Luther in seiner „Auslegung des andern Buchs Mose" in Beziehung auf diese Bibelstelle, „Gott *machet es, wie derjenige will*, so da gläubet." Und noch heute beten die Christen bei anhaltender Trockne um Regen, bei anhaltendem Regen um Sonnenschein; sie glauben also, wenn sie es gleich in der Theorie leugnen, daß der Wille Gottes, von dem sie alles abhängig denken, durch das Gebet des Menschen bestimmt werde, Regen und Sonnenschein zu geben, und zwar *wider* den Naturlauf; denn würden sie glauben, daß Regen und Sonnenschein sich dann erst einstellen, wenn es eben die Natur mit sich bringt, so würden sie nicht beten – das Gebet wäre eine Torheit –, nein, sie glauben, daß durch das Gebet die Natur beherrscht, die Natur den menschlichen Wünschen und Bedürfnissen unterwürfig gemacht werden könne. Ebendeswegen gilt dem Menschen, wenigstens dem an die religiösen Vorstellungen gewöhnten, *die* Lehre, welche die Natur durch sich selbst begreift, welche die Welt oder Natur nicht von dem Willen eines Gottes, eines dem Menschen wohlwollenden, menschenähnlichen Wesens abhängig macht, für eine *trostlose* und *deswegen* unwahre Lehre; denn obgleich der Theist in der Theorie die Unwahrheit der Trostlosigkeit voraussetzt, tut, als ob er nur aus Gründen der Vernunft sie verwerfe, so folgt doch in der Praxis, d. h. in der Tat und Wahrheit, die Unwahrheit nur aus der Trostlosigkeit; man verwirft sie deswegen als unwahr, weil sie trostlos, d. h. nicht gemütlich, nicht so behaglich ist, nicht so dem menschlichen Egoismus schmeichelt als die entgegengesetzte Lehre, welche die Natur von einem Wesen ableitet, das den Naturlauf nach den Gebeten und Wünschen des Menschen bestimmt. „Die Epikuräer", sagt schon der gemütliche Plutarch in seiner Schrift „Von der Unmöglichkeit, nach Epikur glücklich zu leben", „sind dadurch allein schon bestraft, daß sie die Vorsehung leugnen, indem sie sich dadurch der Wonne berauben, welche der Glaube an eine göttliche Vorsehung einflößt." „Welche Beruhigung, welche Wonne", sagt Hermogenes bei Plutarch in derselben Schrift, „liegt in der Vorstellung, daß *die* Wesen, *die alles wissen und alles können*, *so wohlwollend gegen mich* sind, daß wegen der

Sorge, die sie für mich tragen, stets ihr Auge über mir wacht, sowohl bei Tag und Nacht, ich mag tun, was ich will, und daß sie mir, um den Ausgang jeder Unternehmung zu offenbaren, allerlei Zeichen geben!" „Ohne Gott leben", sagt desgleichen ein englischer Theologe, Cudworth, „heißt ohne Hoffnung leben. Denn welche Hoffnung oder welches Vertrauen soll der Mensch auf die leblose Natur setzen?" Und führt dabei den Spruch eines griechischen Dichters, des Linus, an: „Alles ist zu hoffen (an nichts zu verzweifeln), denn alles vollbringt Gott mit Leichtigkeit, nichts ist ein Hindernis für ihn."

Ein Glaube, eine Vorstellung, die aber nur deswegen festgehalten wird, nur deswegen, wenn auch nicht den Worten, doch der Tat nach, für wahr gilt, weil sie tröstlich, gemütlich ist, weil sie dem Egoismus, der Selbstliebe des Menschen schmeichelt, ist auch nur aus dem Gemüte, aus dem Egoismus, aus der Selbstliebe entsprungen. Aus dem Eindruck, den eine Lehre auf den Menschen macht, ist sicher der Schluß auf den Ursprung derselben. Worauf ein Ding, d. h. hier ein eingebildetes, vorgestelltes Ding, wirkt, daher stammt es auch. Was das Herz, wie man sagt, kalt läßt, für dasselbe gleichgültig ist, das hat auch in keinem herzlichen oder egoistischen Interesse des Menschen seinen Grund. Nun ist es aber eine der Selbstliebe des Menschen zusagende Vorstellung, daß die Natur nicht mit unabänderlicher Notwendigkeit wirkt, sondern daß über der Notwendigkeit der Natur ein menschenliebendes, menschenähnliches Wesen steht, ein Wesen mit Willen und Verstand, welches die Natur lenkt und regiert, so wie es dem Menschen zuträglich, welches den Menschen in seinen besonderen Schutz nimmt, den Menschen vor den Gefahren schützt, die ihn jeden Augenblick von der rücksichtslos und blind wirkenden Natur bedrohen. Ich gehe ins Freie hinaus; in demselben Augenblick fällt ein Stein vom Himmel herab; nach der Naturnotwendigkeit fällt er auf meinen Kopf und schlägt mich tot; denn ich bin gerade in die Richtung des Falls dieses Steines gekommen, und die Schwere, kraft welcher der Stein herabfällt, hat keinen Respekt vor mir, ich mag noch so vornehm, noch so gescheit sein. Aber ein Gott lähmt die Kraft der Schwere, hebt ihre Wirkung auf, um mich zu retten, weil ein Gott mehr Achtung vor dem Leben des Menschen als vor den Gesetzen der Natur hat, oder er weiß wenigstens, wenn er kein Wunder tun will, so gescheit und klug, so rationalistisch pfiffig die Umstände zu drehen und zu wenden, daß der Stein, ohne die Naturgesetze zu verletzen, vor welchen die Rationalisten einen gewaltigen Respekt haben, mir keinen Schaden tut. Wie gemütlich ist es daher, unter dem Obdach des himmlischen Schutzes einherzuwandeln, wie gemütlos und trostlos, sich unmittelbar, wie der Ungläubige, den impertinenten Meteorsteinen, Hagelschlägen, Regengüssen und Sonnenstichen der Natur auszusetzen! Ich muß aber sogleich den Gang der Entwicklung durch die Bemerkung unterbrechen, daß, wenngleich diese Vorstellung der göttlichen Vorsehung und andere religiöse Vorstellungen wegen ihrer Gemütlichkeit und Herzlichkeit, wegen ihrer der Selbstliebe des Menschen zusagenden Beschaffenheit aus der Selbstliebe, aus dem Herzen entspringen, sie doch daraus nur entspringen, solange das Herz im Dienste der Einbildungskraft steht und ebendeswegen auch nur in religiösen Einbildungen seinen Trost findet. Denn sowie der Mensch seine Augen öffnet, sowie er ungeblendet durch religiöse Vorstellungen die Wirklichkeit ansieht, wie sie ist, so empört sich das Herz gegen die Vorstellung einer Vorsehung wegen ihrer Parteilichkeit, mit der sie den einen rettet, den anderen untergehen läßt, die einen zum Glück und Reichtum, die anderen zum Unglück und Elend bestimmt, wegen ihrer Grausamkeit oder Untätigkeit wenigstens, mit der sie Millionen von Menschen den gräßlichsten Leiden und Martern unterworfen. Wer kann die Greuel der Despotie, die Greuel der Hierarchie, die Greuel des religiösen Glaubens und Aberglaubens, die Greuel der heidnischen und christlichen Kriminaljustiz, die Greuel der Natur, wie den schwarzen Tod, die Pest, die Cholera, mit dem Glauben an eine göttliche Vorsehung zusammenreimen? Die gläubigen Theologen und Philosophen haben zwar allen ihren Verstand aufgeboten, um diese augenfälligen Widersprüche der Wirklichkeit mit der religiösen Einbildung einer göttlichen Vorsehung auszugleichen; aber es verträgt sich weit mehr mit einem wahrheitsliebenden Herzen, weit mehr selbst mit der Ehre Gottes oder eines Gottes, sein Dasein geradezu zu leugnen, als durch die schändlichen und albernen Kniffe und Pfiffe, welche die gläubigen Theologen und Philosophen zur Rechtfertigung der göttlichen Vorsehung ausgeheckt haben, sein Dasein kümmerlich zu fristen. Es ist besser, ehrenvoll zu fallen, als ehrlos zu bestehen. Der Atheist läßt aber Gott ehrenvoll fallen, der Theist, der Rationalist dagegen ehrlos à tout prix [um jeden Preis] bestehen!

Dreiundzwanzigste Vorlesung

Die Religion hat also einen praktischen Zweck. Sie will dadurch, daß sie die Naturwirkungen zu Handlungen, die Naturprodukte zu Gaben, sei's nun eines oder mehrerer persönlicher, menschenähnlicher Wesen macht, die Natur in die Hand des Menschen bringen, dem Glückseligkeitstrieb des Menschen dienstbar machen. Die Abhängigkeit des Menschen von der Natur ist daher wohl, wie ich im „Wesen der Religion" sage, der Grund und Anfang der Religion, aber die Freiheit von dieser Abhängigkeit, sowohl im vernünftigen als unvernünftigen Sinne, ist der Endzweck der Religion. Oder die Gottheit der Natur ist wohl die *Grundlage* der Religion, aber die *Gottheit des Menschen* ist der *Endzweck* der Religion. Was daher der Mensch auf dem Standpunkt der Vernunft durch Bildung, durch Kultur der Natur, erreichen will: ein schönes, glückliches, von den Roheiten und blinden Zufälligkeiten der Natur geschütztes Dasein, das will der Mensch auf dem Standpunkt der Unkultur durch die Religion erreichen. Das Mittel, die Natur den menschlichen Zwecken und Wünschen angenehm zu machen, ist im Anfang der menschlichen Geschichte daher einzig die Religion. Der hilf- und ratlose, der mittellose Mensch weiß sich nicht anders zu helfen als durch Bitten und mit ihnen verbundene Gaben, Opfer, wodurch er den Gegenstand, vor dem er sich fürchtet, von dem er sich bedroht und abhängig fühlt, sich geneigt zu machen sucht, oder durch Zauberei, welche aber eine irreligiöse Form der Religion ist; denn die Zauberkraft, d. h. die durch bloße Worte, durch den bloßen Willen die Natur beherrschende Macht, welche der Zauberer sich zuschreibt oder selbst ausübt, versetzt der religiöse Mensch in den Gegenstand außer sich. Übrigens kann auch Beten und Zaubern verbunden sein, so daß die Gebete nichts andres sind als Beschwörungs- und Zauberformeln, wodurch man die Götter auch wider ihren Willen zwingen kann, die Wünsche des Menschen zu erfüllen. Selbst auch bei den frommen Christen hat das Gebet nicht immer den Charakter religiöser Demut, sondern es tritt auch oft gebieterisch auf. „Wenn wir", sagt z. B. Luther in seiner „Auslegung des ersten Buchs Mose", „in der Not und Anfechtung sind, da haben wir nicht sonderliche Acht auf die hohe Majestät (Gottes), sondern sagen stracks: Hilf, lieber Gott! Nun hilf, Gott! Laß dich das erbarmen im Himmel! Da machen wir keine lange Vorrede."

Gebet und Opfer sind also Mittel, wodurch der rat- und hilflose Mensch aller Not abzuhelfen und die Natur zu bezwingen sucht. So beten die Chinesen, wie Sonnerat erzählt, bei einem Seesturm, wo die Gefahr am meisten Tätigkeit und Geschicklichkeit erfordert, den Kompaß an und gehen betend mit demselben zugrunde; so bitten die Tungusen zur Zeit einer Epidemie andächtig und mit feierlichen Verbeugungen die Krankheit, sie möchte an ihren Hütten vorübergehen; so bringen die schon früher erwähnten Khands, wenn die Blattern ausbrechen, der Gottheit der Blattern das Blut von Ochsen, Schafen und Schweinen dar, und die Einwohner der Insel Amboina, einer ostindischen Insel, oder spezieller einer der Gewürzinseln, „bringen bei dem Ausbruch bösartiger Krankheiten allerlei Gaben und Opfer zusammen, packen sie in ein Schiff und stoßen es in das Meer, in der Hoffnung, daß die Seuchen, dadurch versöhnt, den ihnen gebrachten Gaben und Opfern folgen und die Insel Amboina verlassen würden" (Meiners a. a. O.). So wendet sich also der sogenannte Götzendiener sogar statt gegen an den Gegenstand, an die Ursache des Übels mit frommen Gebeten, um ihn zu bezwingen. Das tut nun freilich der Christ nicht; aber er unterscheidet sich darin nicht von dem Polytheisten oder Götzendiener, daß er – statt durch Selbsttätigkeit, durch Kultur, durch eigenen Verstand – durch das Gebet an den allmächtigen Gott die Übel der Natur beseitigen, die Natur überhaupt sich willfährig machen will. Freilich müssen wir hier sogleich auf den Unterschied zwischen den alten und modernen oder den ungebildeten und gebildeten Christen aufmerksam machen; denn jene verließen und verlassen sich nur auf die Allmacht des Gebetes oder Gottes; diese aber beten zwar auch noch: „Behüte uns vor Übeln, behüte uns vor Feuersgefahr!", in der Praxis jedoch verlassen sie sich nicht mehr auf die Kraft des Gebetes, sondern suchen sich durch Feuerassekuranzen und Lebensversicherungsanstalten zu schützen. Freilich muß ich sogleich hinzusetzen, um Mißverständnisse zu beseitigen, daß die Kultur nicht allmächtig ist wie der religiöse Glaube oder die religiöse Einbildung. Sowenig die Natur aus Leder Gold, aus Staub Korn machen kann wie der Gott, der Gegenstand der Religion, sowenig tut die Kultur, die die Natur nur durch die Natur, d. h. natürliche Mittel, bemeistert, Wunder. Aber soviel steht fest, daß unzählige Übel, die sonst der Mensch durch religiöse Mittel beseitigen wollte, aber nicht beseitigen konnte, die Bildung, die menschliche Tätigkeit durch Anwendung natürlicher Mittel gehoben oder doch gemildert hat. Die Religion ist daher das kindliche Wesen des Menschen. Oder: In der Religion ist der Mensch ein Kind. Das Kind kann nicht durch eigene Kraft, durch Selbsttätigkeit seine Wünsche erfüllen, es wendet sich mit Bitten an die Wesen, von denen es sich abhängig fühlt und weiß, an seine Eltern, um vermittelst derselben zu erhalten, was es wünscht. Die Religion hat ihren Ursprung, ihre wahre Stellung und Bedeutung nur in der Kindheitsperiode der Menschheit, aber die Periode der Kindheit ist auch die Periode der Unwissenheit, Unerfahrenheit, Unbildung oder Unkultur. Die in späteren Zeiten entstandenen Religionen, wie die christliche, die man als neue bezeichnet, waren keine wesentlich neue[n] Religionen; sie waren kritische Religionen; sie haben die aus den ältesten Zeiten der Menschheit stammenden religiösen Vorstellungen nur reformiert, vergeistigt, dem fortgeschrittenen Standpunkt der Menschheit angepaßt. Oder wenn wir auch die späteren Religionen als wesentlich neue fassen, so ist doch die Periode, wo eine neue Religion entspringt, im Verhältnis zu der späteren Zeit die Periode der Kindheit. Gehen wir nur auf das uns Nächste, auf die Zeit zurück, wo der Protestantismus entstanden. Welche Unwissenheit, welcher Aberglaube, welche Roheit herrschten damals! Welche kindische[n] rohe[n], pöbelhafte[n], abergläubische[n] Vorstellungen hatten selbst unsere gotterleuchteten Reformatoren! Aber ebendeswegen hatten sie auch gar nichts andres im Sinne als nur eine *religiöse* Refomation; ihr ganzes Wesen, namentlich Luthers war nur von dem religiösen Interesse in Beschlag genommen. Die Religion entspringt also nur in der Nacht der Unwissenheit, der Not, der Mittellosigkeit, der Unkultur*, in Zuständen, wo ebendeswegen die Einbildungskraft alle anderen Kräfte beherrscht, wo der Mensch in den überspanntesten Vorstellungen, den exaltiertesten Gemütsbewegungen lebt; aber sie entspringt zugleich aus dem Bedürfnis des Menschen nach Licht, nach Bildung oder wenigstens nach den Zwecken der Bildung, sie ist selbst nichts andres als die erste, aber selbst noch rohe, pöbelhafte Bildungsform des Menschenwesens; daher eben jede Epoche, jeder gewichtige Abschnitt in der Kultur der Menschheit mit der Religion beginnt. Alles daher, was später Gegenstand der menschlichen Selbsttätigkeit, Sache der Bildung wird, war ursprünglich Gegenstand der Religion; alle Künste, alle Wissenschaften, oder vielmehr die *ersten Anfänge*, die *ersten Elemente* derselben – denn sowie eine Kunst, eine Wissenschaft sich entwickelt, vervollkommnet, so hört sie auf, Religion zu sein –, waren anfänglich Sache der Religion und ihrer Vertreter, der Priester. So war die Philosophie, die Poesie, die Sternkunde, die Politik, die Rechtskunde, wenigstens die Entscheidung schwieriger Fälle, die Ermittlung von Schuld und Unschuld, ebenso die Arzneikunde einst eine religiöse Sache und Angelegenheit. So hatte z. B. bei den alten Ägyptern die Arzneikunde „einen religiös-astrologischen Charakter. Wie jeder einzelne Teil des Jahres, so stand auch jeder einzelne Teil des menschlichen Körpers unter dem Einfluß einer besonderen Gestirngottheit ... Ein Rechtsstreit, eine Heilung konnte nicht unternommen werden, ohne die Gestirne zu befragen" (E. Röth, „Die ägytische und zoroastrische Glaubenslehre"). So sind noch heute bei den Wilden die Zauberer oder Hexenmeister, welche mit den Geistern oder Göttern in Verbindung stehen, welche also die Geistlichen, die Priester der Wilden sind, die Ärzte. Auch bei den Christen war sonst die Heilkunst, oder die Kraft wenigstens, zu heilen, eine Sache der Religion, des Glaubens. In der

* Selbst noch heute greifen unsere in allen tiefern menschlichen Angelegenheiten *unwissenden* und *rohen* Regierungen, um dem Elend der Welt zu steuern, zur Religion statt zu positiven Hülfs- und Bildungsmitteln.

Bibel haften sogar an den Kleidungsstücken der Heiligen, der Glaubenshelden, der Gottesmänner Heilkräfte. Ich erinnere hier nur an das Kleid Christi, dessen Saum man nur zu berühren brauchte, um zu genesen, an die Schweißtüchlein und Koller des Apostels Paulus, die man, wie es in der Apostelgeschichte heißt, nur über die Kranken zu halten brauchte, und die Seuchen wichen von ihnen, und die bösen Geister fuhren aus. Die religiöse Medizin beschränkt sich jedoch keineswegs nur auf sogenannte übernatürliche Mittel, auf Beschwörung, Zauberei, Gebet, Glaubens- oder Gotteskraft; sie wendet auch *natürliche Heilmittel* an. Aber im Anfange der menschlichen Bildung haben ebendiese natürlichen Heilmittel religiöse Bedeutung. So hatten die Ägypter, bei welchen, wie wir eben sahen, die Medizin ein Teil der Religion war, allerdings auch natürliche Heilmittel – wie sollte sich denn auch der Mensch nur mit religiösen Mitteln, mit Gebet und Zauberformeln begnügen können? Sein Verstand, sei er auch noch so unentwickelt oder noch so sehr durch den Glauben unterdrückt, sagt ihm ja, daß man überall auf Mittel, und zwar dem Gegenstand, dem Zweck entsprechende Mittel, sinnen müsse –; aber die „Bücher, in denen die Heilmittel und Heilarten der Ägypter aufgezeichnet waren, wurden zu den *heiligen* Büchern gerechnet, daher waren *alle Neuerungen* aufs strengste verboten; ein Arzt, der ein neues Mittel anwandte und so unglücklich war, seinen Patienten nicht zu retten, ward mit *dem Tode bestraft*". Wir haben an dieser ägyptischen Heilighaltung der herkömmlichen Arzneimittel ein deutliches Beispiel, wie die ersten Bildungs- oder Kulturmittel *Sakramente* sind. Bei uns Christen sind Wasser, sind Wein und Brot nur Mittel der Sakramente; aber ursprünglich war das Wasser wegen der wohltätigen Wirkungen und Eigenschaften, die man an ihm entdeckte und die zur Bildung des Menschen und seiner Wohlfahrt beitrugen, ein Sakrament, d. h. etwas Heiliges, ja, Göttliches. Das Waschen und Baden war bei den alten Völkern eine religiöse Pflicht und Angelegenheit. (23) Man machte sich ein Gewissen daraus, die Gewässer zu verunreinigen. Die alten Perser ließen ihr Wasser nie in einen Fluß, spuckten nie hinein. Auch bei den Griechen durfte man nicht mit ungewaschenen Händen durch einen Fluß gehen, noch in die Mündung eines Flusses oder in eine Quelle sein

Wasser lassen. Ebenso, ja, noch heiliger als das Wasser waren das Brot und der Wein, weil zu ihrer Entdeckung schon eine größere Bildung erforderlich war als zur Entdeckung der wohltätigen Eigenschaften des Wassers, die ja schon die Tiere kennen. Das „heilige Brot" gehört zu den Mysterien der griechischen Religion. Selbst „noch unter uns", bemerkt richtig Hüllmann in seiner „Theogonie, Untersuchung über den Ursprung der Religion des Altertums" (Berlin 1804), „herrscht ein *gewisses religiöses Gefühl* für Brot und Getreide, das unter anderen den Kornwucher für die gehässigste von allen Arten des Wuchers erklärt, das bei dem gemeinen Manne, sobald derselbe etwas von dieser Frucht umkommen sieht, in den Ausruf übergeht: Das liebe Brot! das liebe Getreide!" Die Erfindung des Brotes wie des Weines ward einem Gotte zugeschrieben, weil das Brot, weil der Wein selbst für etwas Göttliches und Heiliges galt. Heißt es ja doch selbst in der Bibel: „Der Wein erfreut des Menschen Herz." Alles Wohltätige, alles Nützliche, alles Erfreuliche, alles das menschliche Leben Verschönernde und Veredelnde war aber den Alten, wie wir eben an dem Beispiel des Brotes und Weines sehen, etwas Göttliches, Heiliges, Religiöses. Je unwissender die Menschen waren, je entblößter an Mitteln, sich Genüsse zu verschaffen, sich ein menschenwürdiges Dasein zu geben, sich gegen die Roheiten der Natur zu schützen, desto höhere Verehrung mußten sie gegen die Erfinder solcher Mittel hegen, desto heiliger das Mittel selbst halten. Daher war den sinnigen Griechen alles, was den Menschen zum Menschen macht, ein Gott, so z. B. das häusliche Feuer, weil es die Menschen um den Herd versammelt, den Menschen dem Menschen nähert, kurz, ein für den Menschen wohltätiges Wesen ist. Aber eben weil der Mensch die ersten Heilmittel, die ersten Elemente der menschlichen Bildung und Glückseligkeit zu Sakramenten machte, so wurde im Laufe der Entwickelung der Menschheit stets die Religion der Gegensatz eigentlicher Bildung, der Hemmschuh der Entwickelung; denn jeder Neuerung, jeder Veränderung in der alten hergebrachten Weise, jedem Fortschritt setzte sich die Religion feindlich entgegen.

Das Christentum kam zu einer Zeit in die Welt, wo Wein und Brot und andere Kulturmittel längst erfunden waren, wo es also nicht mehr Zeit war, die Erfinder derselben zu vergöttern, wo diese Erfindungen bereits ihre religiöse Bedeutung verloren hatten; das Christentum brachte ein anderes Kulturmittel in die Welt: die Moral, die Sittenlehre; das Christentum wollte ein Heilmittel geben wider die moralischen, nicht wider die physischen und politischen Übel, gegen die Sünde. Bleiben wir bei dem Beispiel vom Weine, um hieran den Unterschied des Christentums vom Heidentume, d. h. dem gemeinen, volkstümlichen, zu erläutern. Wie könnt ihr, sagten die Christen zu den Heiden, den Wein vergöttern? Was ist er für eine Wohltat? Unmäßig genossen, bringt er Tod und Verderben. Er ist nur eine Wohltat, wenn er mit Mäßigkeit, mit Weisheit, wenn er moralisch getrunken wird; also hängt die Nützlichkeit und Schädlichkeit eines Dings nicht von ihm selbst, sondern nur von seinem moralischen Gebrauch ab. Das Christentum hatte darin recht. Aber das Christentum machte die Moral zur Religion, d. h. das Sittengesetz zu Gottes Gebot, die Sache der menschlichen Selbsttätigkeit zu einer Sache des Glaubens. Der Glaube ist ja im Christentum das Prinzip, der Grund der Sittenlehre; *„aus dem Glauben kommen die guten Werke"*, heißt es. Das Christentum hat keinen Weingott, keine Brot- oder Getreidegöttin, keine Ceres, keinen Poseidon oder Gott des Meeres und der Schiffahrt; es kennt keinen Gott der Schmiede- oder Feuerkunst wie der Vulkan; aber es hat doch noch einen Gott im allgemeinen oder vielmehr einen *moralischen Gott*, einen Gott der Kunst, moralisch und selig zu werden. Und mit diesem Gotte setzen sich die Christen noch heute aller radikalen, aller gründlichen Bildung entgegen, denn der Christ kann sich keine Moral, kein sittliches oder menschliches Leben denken ohne Gott; er leitet daher die Moral von Gott ab, wie der heidnische Dichter die Gesetze und Arten der Dichtkunst von den Göttern und Göttinnen der Dichtkunst, der heidnische Schmied und Feuerkünstler die Kunstgriffe seines Handwerks von dem Gotte Vulkan ableitete. Aber wie sich jetzt die Schmiede und Feuerkünstler überhaupt, ohne einen besondern Gott zu ihrem Schutzpatron zu haben, auf ihr Handwerk verstehen, so werden auch einst die Menschen sich auf die Kunst verstehen, ohne einen Gott moralisch und selig zu werden. Ja, erst dann werden sie wahrhaft moralisch und selig werden, wenn sie keinen Gott mehr haben, keine Religion mehr bedürfen; denn nur solange eine Kunst noch unvollkommen, noch in den Windeln liegt, bedarf sie des religiösen Schutzes; denn eben durch die Religion füllt der Mensch die Mängel seiner Bildung aus; nur aus Mangel an universeller Bildung und Anschauung macht er, wie der ägyptische Priester seine beschränkten Arzneimittel, seine moralischen Heilmittel zu Sakramenten, seine beschränkten Vorstellungen zu heiligen Dogmen, die Eingebungen seines eignen Geistes und Gemütes zu Geboten und Offenbarungen Gottes. Kurz, Religion und Bildung widersprechen sich, obgleich man allerdings die Bildung insofern, als die Religion die erste, älteste Kulturform ist, die *wahre, die vollendete Religion* nennen kann, so daß nur der *wahrhaft* Gebildete der wahrhaft *Religiöse* ist. Indes ist dies doch ein Mißbrauch der Worte, denn mit dem Worte „Religion" verknüpfen sich immer abergläubische und inhumane Vorstellungen; die Religion hat wesentlich der Bildung widerstrebende Elemente in sich, indem sie die Vorstellungen, Gebräuche, Erfindungen, die der Mensch in seiner Kindheit machte, auch dem Menschen in seinem Mannesalter noch zu Gesetzen machen will. Wo ein Gott dem Menschen sagen muß, daß er etwas tue, wie er den Israeliten befahl, daß sie ihrer natürlichen Notdurft sich an einem besonderen Orte, an einem Abtritte, entledigen sollten, da befindet sich der Mensch auf dem Standpunkt der Religion, aber zugleich auch der tiefsten Roheit; wo aber der Mensch etwas aus sich selbst tut, weil es ihm seine eigene Natur, seine eigene Vernunft und Neigung sagt, da hebt sich die Notwendigkeit der Religion auf, da tritt an ihre Stelle die Bildung. Und so, wie es uns jetzt lächerlich und unbegreiflich ist, wie ein Gebot des natürlichen Anstandes einst ein religiöses war, so wird es einst den Menschen, wenn sie aus dem Zustande unserer Scheinkultur, aus dem Zeitalter der religiösen Barbarei heraus sein werden, unbegreiflich vorkommen, daß sie die Gebote der Moral und Menschenliebe, um sie auszuüben, als Gebote eines Gottes denken mußten, der sie für das Halten derselben belohnt, für das Nichthalten derselben bestraft.

„Wer", sagt Luther, „auf gut säuisch leben will,
Wie Epicurus steckt das Ziel,
Der halt von Gott und Menschen nichts,
Glaub's sei kein Gott, der's sicht und richt,

Glaub, daß kein Leb'n nach diesem sei,
Obgleich dein Herz dawider schrei,
Denk, bist geboren dir allein,
Was du siehst, g'hör in Kragen dein,
Sauf, friß, spei, scheiß, bis voll und toll,
Gleichwie ein Sau, pfleg dein nur wohl."

Wir haben hier ein eklatantes Beispiel, wie die Kultur des rohen Menschen die Religion ist, wie aber diese Kultur, die Religion, selbst noch Roheit, Barbarei ist. Der religiöse Mensch wird vom Fressen und Saufen abgehalten, nicht weil er eine Abneigung dagegen hat, nicht weil er etwas dem Menschenwesen Widersprechendes, Häßliches, Tierisches darin findet, sondern aus Furcht vor den Strafen, die ein himmlischer Richter, sei's nun in diesem oder jenem Leben, darauf gesetzt hat, oder aus Liebe zu seinem Herrn, kurz, aus religiösen Gründen. Die Religion ist der Grund, daß er *kein* Tier, die Scheidewand zwischen der Humanität und Bestialität; *d. h., in sich selbst* hat er die Bestialität, *außer* und *über* sich die Humanität. Der Grund seiner Menschlichkeit, seines Nicht-Saufens, Nicht-Fressens, ist ja nur Gott, ein Wesen außer ihm, ein Wesen, das er als ein von sich unterschiedenes, außer ihm existierendes Wesen wenigstens vorstellt; wenn kein Gott ist – das ist der Sinn der angeführten Worte Luthers –, so bin ich eine Bestie, d. h. eben, der Grund und das Wesen meiner Humanität liegt außer mir. Wo aber der Mensch den Grund seiner Humanität außer sich hat in einem, wenigstens seiner Vorstellung nach, nicht menschlichen Wesen, wo er also aus nicht menschlichen, aus religiösen Gründen menschlich ist, da ist er eben auch noch kein wahrhaft menschliches, humanes Wesen. Ich bin nur dann Mensch, wenn ich aus mir selbst das Menschliche tue, wenn ich die Humanität als die notwendige Bestimmung meiner Natur, als die notwendige Folge meines eigenen Wesens erkenne und ausübe. Die Religion hebt nur die Erscheinungen des Übels, aber nicht die Ursachen desselben auf; sie verhindert nur die Ausbrüche der Roheit und Bestialität, aber sie hebt nicht ihre Gründe auf, sie kuriert nicht radikal. Nur wo die Handlungen der Menschlichkeit aus in der Natur des Menschen liegenden Gründen abgeleitet werden, ist eine Harmonie zwischen Prinzip und Konsequenz, Grund und

Folge; ist Vollkommenheit. Dies tut oder bezweckt aber die Bildung. Die Religion soll die Bildung ersetzen, ersetzt sie aber nicht; die Bildung aber ersetzt wirklich die Religion, macht sie überflüssig. „Wer Wissenschaft hat", sagt schon Goethe, „braucht die Religion nicht." Ich setze statt des Wortes „Wissenschaft" Bildung, weil Bildung den ganzen Menschen umfaßt, wenngleich auch dieses Wort beanstandet werden kann, wenn man wenigstens an das denkt, was man jetzt gewöhnlich unter Bildung versteht. Doch welches Wort ist makellos? Nicht die Menschen religiös zu machen, sondern zu bilden, Bildung durch alle Klassen und Stände zu verbreiten, das ist daher jetzt die Aufgabe der Zeit. Mit der Religion vertragen sich, wie die Geschichte bis auf unsere Tage beweist, die größten Greuel, aber nicht mit der Bildung. Mit jeder Religion, die auf theologischen Grundlagen beruht, und nur mit der Religion in diesem Sinne haben wir es immer zu tun, ist Aberglaube verbunden; aber der Aberglaube ist jeder Grausamkeit und Unmenschlichkeit fähig. Man kann sich hier nicht mit dem Unterschiede von falscher und wahrer Religion oder Religiosität helfen. Die wahre Religion, von welcher man alles Schlechte und Greuelhafte wegläßt, ist nichts als die durch Bildung, durch Vernunft beschränkte und erleuchtete Religion. Und wenn daher Menschen, welche sich zu dieser Religion bekennen, die Menschenopfer, die Ketzerverfolgungen, die Hexenverbrennungen, die Todesstrafen „armer Sünder" und dergleichen Greueltaten theoretisch und praktisch, mit Worten und mit der Tat verwerfen, so kommt das nicht auf Rechnung der Religion, sondern auf Rechnung ihrer Bildung, ihrer Vernunft, ihrer Gutmütigkeit und Menschlichkeit, die sie nun natürlich auch in die Religion hineintragen.

Gegen die bisherige Entwickelung, daß die Religion nur in den ältesten Zeiten der Menschheit, überhaupt nur in den Zeiten der Roheit und Unbildung ihren Ursprung nehme und daher nur in solchen Zeiten in voller Frische und Lebenskraft dastehe, daß Religion und Bildung Gegensätze seien, kann man anführen, daß ja gerade oft die gebildetsten, die gelehrtesten, die weisesten Menschen im höchsten Grade religiös waren. Allein diese Erscheinungen erklären sich – abgesehen von den andern Gründen, die in meiner ganzen bisherigen Entwickelung enthalten sind (denn hier handelt es sich nur um den Gegensatz der Religion und Bildung, einen Gegensatz, den niemand leugnen kann und wird, denn man kann Religion ohne Bildung und Bildung ohne Religion haben) –, erklären sich, sage ich, daraus, daß überhaupt oft im Menschen sich die größten, unvereinbarsten Widersprüche vorfinden. Die Geschichte der Menschheit, namentlich aber eben die Religionsgeschichte liefert hiervon die merkwürdigsten Beispiele, und nicht nur an einzelnen, sondern selbst an ganzen Nationen. Die gebildetsten Völker des Altertums, deren Schriften noch heute die Grundlage der gelehrten Bildung ausmachen, die kunstsinnigen, geistreichen Griechen und die praktischen, tatkräftigen Römer, welchem lächerlichen, unsinnigen religiösen Aberglauben huldigten sie nicht, und selbst in ihren besten Zeiten! Der römische Staat selbst beruhte eigentlich nur auf der Weissagerei* aus der Beschaffenheit der Opfertiere, aus den Blitzen und andern gewöhnlichen und ungewöhnlichen Naturerscheinungen, aus dem Gesang, Flug und Fraß der Vögel, denn die Römer unternahmen nichts Wichtiges, z. B. keinen Krieg, wenn ihre heiligen Hühnchen keinen Appetit hatten. In vielen ihrer religiösen Gebräuche und Vorstellungen unterscheiden sich die Griechen und Römer nicht von den rohsten, ungebildetsten Völkern. Man kann daher in einer gewissen Sphäre ein gebildeter und gescheiter Mann sein und doch auf dem Gebiete der Religion dem törichtsten Aberglauben unterworfen sein.

Wir finden diesen Widerspruch besonders im Beginne der neueren Zeit. Die Reformatoren der Philosophie und Wissenschaften überhaupt waren Freigeister und Abergläubige zugleich; sie lebten in dem unseligen Zwiespalt zwischen Staat und Kirche, Weltlichem und Geistlichem, Menschlichem und Göttlichem. Das sogenannte Weltliche unterwarfen sie ihrer Kritik; in kirchlichen und religiösen Dingen aber waren sie so gläubig wie die Kinder und Weiber, unterwarfen sie demütig ihre Vernunft den unsinnigsten,

* D. h. auf religiösem Lug und Trug, worauf übrigens auch jetzt noch der christliche Thron und Altar beruht. Ist es nicht z. B. ein offenbarer Betrug, wenn man jetzt noch, nach den Resultaten der selbst von Theologen angestellten Untersuchungen über die Bibel, dieselbe bei dem Volke für das Wort Gottes ausgibt?

phantastischsten Vorstellungen und Glaubensartikeln. Der Grund dieser widerwärtigen Erscheinung ist leicht zu erklären. Die Religion heiligt ihre Vorstellungen und Gebräuche, macht von ihnen das Heil der Menschen abhängig, dringt sie dem Menschen als Gewissenssache auf. So vererben sie sich unverändert und unangetastet von Geschlecht zu Geschlecht fort. So waren in dem religiösen Ägypten, wie Plato in seinen „Gesetzen" bemerkt, die Kunstwerke seiner Zeit und die schon vor Jahrtausenden gefertigten vollkommen gleich, weil jede Neuerung verpönt war, und in Ostindien darf noch heute nach Paullinus a. S. Bartholomäo („Brahmanensystem", 1791) kein Maler und Bildhauer ein religiöses Bild verfertigen, wenn es nicht mit den uralten Bildern in den Tempeln übereinstimmt. Während daher in allen andern Stücken der Mensch fortgeschritten ist, bleibt er in der Religion stockblind und stockdumm auf dem alten Flecke stehen. Die religiösen Einrichtungen, Gebräuche und Glaubensartikel bestehen noch als heilig fort, wenn sie gleich mit der fortgeschrittenen Vernunft und dem veredelten Gefühle des Menschen im schreiendsten Widerspruche stehen, wenn selbst längst der ursprüngliche Grund und Sinn dieser Einrichtungen und Vorstellungen gar nicht mehr bekannt ist. Auch wir leben noch in diesem widerwärtigen Widerspruch zwischen Religion und Bildung; auch unsere religiösen Lehren und Gebräuche stehen im größten Gegensatze zu unserem gegenwärtigen geistigen und materiellen Standpunkt; aber diesen häßlichen und grundverderblichen Widerspruch aufzuheben, das ist eben unsere Aufgabe jetzt. Die Aufhebung dieses Widerspruchs ist die unerläßliche Bedingung der Wiedergeburt der Menschheit, die einzige Bedingung einer, sozusagen, neuen Menschheit und neuen Zeit. Ohne sie sind alle politischen und sozialen Reformen eitel und nichtig. Eine neue Zeit bedarf auch einer neuen Anschauung und Überzeugung von den ersten Elementen und Gründen der menschlichen Existenz, wenn wir das Wort „Religion" beibehalten wollen – einer *neuen Religion*!

Vierundzwanzigste Vorlesung

Die Erscheinung, daß Verstand wenigstens in gewissen Lebenssphären sich mit dem unverständigsten Aberglauben, politische Freiheit mit religiösem Knecht[s]sinn, naturwissenschaftliche, industrielle Fortschritte mit dem religiösen Stillstande, selbst mit der Bigotterie vertragen, hat manche auf die oberflächliche Ansicht und Behauptung gebracht, daß die Religion für das Leben, namentlich das öffentliche, politische Leben, ganz gleichgültig sei; das einzige, was man in dieser Beziehung erstreben müsse, sei unbedingte Freiheit, zu glauben, was man wolle. Ich erwidere aber dagegen, daß solche Zustände, wo politische Freiheit mit religiöser Befangenheit und Beschränktheit verbunden ist, keine wahren sind. Ich für meinen Teil gebe keinen Pfifferling für politische Freiheit, wenn ich ein Sklave meiner religiösen Einbildungen und Vorurteile bin. Die wahre Freiheit ist nur da, wo der Mensch auch religiös frei ist; die wahre Bildung nur da, wo der Mensch seiner religiösen Vorurteile und Einbildungen Herr geworden ist. Das Ziel des Staats kann aber kein anderes sein, als wahre, vollkommene Menschen – vollkommen freilich nicht im Sinne der Phantastik – zu bilden; ein Staat daher, dessen Bürger bei freien politischen Instituten religiös unfrei sind, kann daher kein wahrhaft menschlicher und freier Staat sein. Der Staat macht nicht die Menschen, sondern die Menschen machen den Staat. *Wie* die Menschen, *so* der Staat. Wo einmal ein Staat besteht, da werden freilich die einzelnen, die durch Geburt oder Einwanderung Glieder desselben werden, durch den Staat bestimmt; aber was ist der Staat im Verhältnis zu den einzelnen, die in ihn kommen, anders als die Summe und Verbindung der bereits existierenden, diesen Staat bildenden Menschen, die kraft der ihnen zu Gebote stehenden Mittel, kraft der von ihnen geschaffenen Einrichtungen die Zu- und Nachkommenden nach ihrem Geist und Willen bestimmen? Wo daher die Menschen politisch frei, religiös unfrei sind, da ist auch der Staat kein vollkommener oder noch nicht vollendeter. Was aber den zweiten Punkt betrifft, die Glaubens- und Gewissensfreiheit, so ist's allerdings die erste Bedingung eines freien Staates, daß „jeder nach seiner façon selig werden", jeder glauben kann, was er will. Aber diese Freiheit ist eine sehr untergeordnete und inhaltslose; denn sie ist nichts andres als die Freiheit oder das Recht, daß jeder auf eigene Faust ein Narr sein kann. Der Staat in unserem bisherigen Sinne kann allerdings nichts weiter tun, als sich aller Eingriffe in das Gebiet des Glaubens zu enthalten, als unbedingte Freiheit in dieser Beziehung zu geben. Aber die Aufgabe des Menschen im Staate ist, nicht nur zu glauben, was er will, sondern zu glauben, was vernünftig ist; überhaupt nicht nur zu glauben, sondern auch zu wissen, was er wissen kann und wissen muß, wenn er ein freier und gebildeter Mensch sein will. Nicht kann man sich hier mit der Schranke des menschlichen Wissens helfen. Im Gebiete der Natur gibt es allerdings noch genug Unbegreifliches; aber die Geheimnisse der Religion, die aus dem Menschen entspringen, kann auch der Mensch bis auf den letzten Grund erkennen. Und eben weil er es kann, soll er es auch. Endlich ist [es] eine durchaus oberflächliche, von der Geschichte, selbst von dem gewöhnlichen Leben tagtäglich widerlegte Ansicht, daß die Religion keinen Einfluß auf das öffentliche Leben habe. Diese Ansicht stammt daher nur aus unserer Zeit, wo der religiöse Glaube nur noch eine Chimäre ist. Wo ein Glaube freilich keine Wahrheit im Menschen mehr ist, da hat er auch keine praktischen Folgen, da bringt er keine weltgeschichtlichen Taten mehr hervor. Aber wo das der Fall, wo der Glaube nur eine Lüge noch ist, da befindet sich der Mensch im häßlichsten Widerspruch mit sich, da hat der Glaube daher wenigstens *moralisch* verderbliche Folgen. Eine solche Lüge ist aber der moderne Gottesglaube. Nur die Aufhebung dieser Lüge ist daher die Bedingung einer neuen, tatkräftigen Menschheit.

Die eben erwähnte Erscheinung, daß Religiosität im gewöhnlichen Sinne des Worts oft mit den entgegengesetztesten Eigenschaften verbunden ist, hat viele zu der Hypothese oder Annahme geführt, daß es ein besonderes Organ der Religion oder ein ganz spezifisches, besonderes religiöses Gefühl gebe. Allein mit größerem Rechte könnte man ein besonderes Organ des Aberglaubens annehmen. In der Tat heißt der Satz: Die Religion, d. h. der Glaube an Götter, an Geister, an sogenannte höhere, unsichtbare Wesen, welche über den Menschen herrschen, ist dem Menschen eingeboren wie irgendein anderer Sinn, – dieser Satz heißt, in vernünftiges und ehrliches Deutsch übersetzt: Der Aberglaube ist dem Menschen eingeboren, wie schon Spinoza behauptete. Die Quelle und Stärke des Aberglaubens ist aber die Macht der Unwissenheit und Dummheit, welche die größte Macht auf Erden ist, die Macht der Furcht oder des Abhängigkeitsgefühls und endlich die Macht der Einbildungskraft, welche aus jedem Übel, dessen Ursache der Mensch nicht kennt, aus jeder Erscheinung, sei es auch nur eine flüchtige Lufterscheinung, eine Gasart, die den Menschen erschreckt, weil er nicht weiß, was es ist, ein böses Wesen, Geist oder Gott macht, aus jedem Glücksfall, aus jedem Fund, jedem Gut, das ihm der Zufall zuführt, ein gutes Wesen, einen guten Geist oder Gott, oder wenigstens das Werk eines solchen, macht. So glaubten z. B. die Karaïben[1], daß es ein böser Geist sei, der durch das Schießgewehr wirke, daß ein böser Geist bei einer Mondfinsternis den Mond verschlinge, daß der *böse Geist* selbst da gegenwärtig sei, wo sie einen *üblen Geruch* bemerkten. Im entgegengesetzten Sinne heißt es aber bei Homer, wenn einem der Zufall irgendetwas Erwünschtes plötzlich in die Hand spielt, ein Gott habe es gebracht. Der Glaube an Teufel ist daher dem Menschen ebenso eingeboren oder natürlich als der Glaube an Gott, so daß, wenn man ein besonderes Gottesgefühl oder Gottesorgan annimmt, man auch ein besonderes Teufelsgefühl oder Teufelsorgan im Menschen annehmen muß. Bis auf die neueste Zeit war auch in der Tat beider Glaube unzertrennlich; noch im vorigen Jahrhundert war einer, der das *Dasein des Teufels* leugnete, ebensogut ein *Gottloser*, als der das Dasein eines guten oder eigentlich sogenannten Gottes leugnete. Noch im vorigen Jahrhundert verteidigten die Gelehrten den Teufelsglauben mit demselben Aufwand von Scharfsinn, mit welchem die heutigen Gelehrten den Gottesglauben verteidigen. Noch im vorigen Jahrhundert bezeichneten die Gelehrten, selbst die protestantischen, mit derselben Dünkelhaftigkeit die Teufelsleugnung als einen Unsinn, mit welcher sie jetzt den Atheismus als Unsinn bezeichnen. Ich verweise deshalb auf die in den Anmerkungen zu meinem „P. Bayle" enthaltenen Beweisstellen aus Walchs „Philosophischem Lexikon". Nur die Halbheit und Charakterlosigkeit des modernen Ratio-

[1] *Feuerbachs Schreibung:* Caraiben

nalismus hat den einen Teil des religiösen Glaubens behalten, den andern fallenlassen, hat dieses Band zwischen dem Glauben an gute und böse Geister oder Götter zerrissen. Wenn man daher die Religion, d. h. den Gottesglauben, deswegen in Schutz nimmt, weil er menschlich sei, weil fast alle Menschen an ihn glaubten, weil es notwendig für den Menschen sei, sich eine *„freie"*, d. h. menschliche Ursache der Natur zu denken, so muß man auch so konsequent, so ehrlich sein und aus demselben Grunde den Glauben an Teufel und Hexen, kurz, den Aberglauben, die Unwissenheit und Dummheit des Menschen in Schutz nehmen; denn nichts ist menschlicher, nichts allgemein verbreiteter als die Dummheit, nichts natürlicher, nichts mehr dem Menschen angeboren als die Unwissenheit, die Ignoranz. Die negative theoretische Ursache oder Bedingung wenigstens aller Götter ist ja die Unwissenheit des Menschen, seine Unfähigkeit, sich in die Natur hineinzudenken; und je unwissender, je beschränkter, je roher der Mensch ist, desto mehr denkt er von sich in die Natur hinein, desto weniger kann er von sich abstrahieren. So glaubten die Peruaner, wenn sie eine Sonnenfinsternis sahen, daß die Sonne wegen eines von ihnen begangenen Fehlers *bös auf sie sei.* Sie glaubten also, daß die Sonnenfinsternis nur die Folge einer freien Ursache, d. h. eines Unwillens, einer üblen Laune sei. Wenn sich aber der Mond verfinsterte, so hielten sie ihn für *krank* und besorgten, er möge sterben, alsdann vom Himmel fallen, sie alle erschlagen und das Ende der Welt verursachen. Wenn er aber wieder sein Licht bekam, so freuten sie sich darüber als ein Zeichen seiner *Wiedergenesung.* So trägt der Mensch auf dem Standpunkte der Religion, auf dem Standpunkt, worin der Gottesglaube wurzelt, seine Krankheit selbst auf die himmlischen Körper über. Die Indianer am Orinoko halten sogar Sonne, Mond und Sterne für lebendige Geschöpfe. „Einer sagte einstmals zu Salvator Gilii: ‚Diese da oben sind Menschen wie wir.'" Die Patagonier glauben, daß die Sterne ehemalige Indianer gewesen und daß die Milchstraße ein Feld sei, wo sie auf der Straußenjagd sind; die Grönländer glauben desgleichen, daß Sonne, Mond und Sterne ihre Vorfahren gewesen, die bei einer besonderen Gelegenheit in den Himmel versetzt worden; ebenso glaubten andere Völker, daß die Sterne die Wohnungen oder selbst die Seelen der großen

Toten seien, die wegen ihrer Verdienste in den Himmel versetzt worden, also dort ewig leuchteten und glänzten. So glaubten, wie Sueton erzählt, die Römer, als nach Cäsars Tod sich ein Komet am Himmel zeigte, daß dieser Stern die anima, die Seele, des Cäsar sei. Kann der Mensch die Anmaßung seiner Unwissenheit, die Vermenschlichung der Natur, die Unterwerfung derselben unter eine freie Ursache, d. h. unter die menschliche Einbildungskraft und Willkür, weiter treiben, als wenn er in den Sternen seine Kollegen oder Ahnen oder die Ordenssterne erblickt, womit die Menschen nach dem Tode wegen ihrer Verdienste dekoriert werden? Die modernen Gottesgläubigen lächeln über solche Vorstellungen; aber sie sehen nicht ein, daß ihr Gottesglaube auf demselben Standpunkt, demselben Grunde beruht, auf welchem diese Vorstellungen, nur daß sie nicht den Menschen mit Haut und Haaren, nicht, wie ich schon entwickelte beim Unterschiede von Polytheismus und Monotheismus, das Individuum, das körperliche Einzelwesen, sondern das vermittelst des Absonderungsvermögens vom Individuum, vom Leibe abgezogene Wesen des Menschen zum Grunde der Natur machen, hinter ihr spuken lassen. Es ist aber im Grunde ganz eins, ob ich, wie die Patagonier, die Erscheinungen des Himmels von Gemütsstimmungen und Willensbestimmungen, den Schein der Sonne von ihrer Gutmütigkeit und Freundlichkeit, ihre Verfinsterung von ihrer Bosheit, ihrer Ungnade gegen den Menschen ableite oder, wie der Christ, der Gottesgläubige, die Natur überhaupt von einer freien Ursache oder dem Willen eines persönlichen Wesens – denn nur ein persönliches Wesen hat Willen – ableite. Wo der Gottesglaube noch ein wahrer, wo er daher ein konsequenter, ein strenger, zusammenhängender Glaube ist, kein liederlicher, zerrissener Glaube wie der moderne Gottesglaube, da ist alles willkürlich, da gibt es keine physikalischen Gesetze, keine Naturmacht, da werden die den Menschen in Furcht versetzenden, die schrecklichen, Unglück verursachenden Erscheinungen der Natur von dem Zorne Gottes oder, was eins ist, dem Teufel, die entgegengesetzten Erscheinungen der Natur von der Güte Gottes abgeleitet. Aber diese Ableitung des Naturnotwendigen von einer freien Ursache hat ihren theoretischen Grund nur in der Unwissenheit und Einbildungskraft des Menschen. Daher die Menschen, nachdem sie sich einige Kenntnisse von den gewöhnlichen Erscheinungen der Natur erworben hatten, hauptsächlich nur in den ungewöhnlichen und unbekannten Naturerscheinungen, d. h. in den Erscheinungen der menschlichen Unwissenheit, die Spuren und Beweise einer willkürlichen oder freien Ursache erblickten. So war es z. B. mit den Kometen. Weil diese selten erschienen, weil man nicht wußte, was man aus ihnen machen sollte, so erblickten noch bis zu Anfang des vorigen Jahrhunderts die Menschen, selbst auch der gelehrte Pöbel, in ihnen *willkürliche* Zeichen, willkürliche Erscheinungen, die Gott zur Besserung und Züchtigung des Menschen am Himmel hervorbringe. Der Rationalismus dagegen hat die willkürliche, freie Ursache bis auf den Anfang der Welt zurückgedrängt, außer dem erklärt er sich alles natürlich, alles ohne Gott, d. h., er ist zu faul, zu liederlich, zu oberflächlich, als daß er bis auf den Anfang, bis auf die Prinzipien seiner natürlichen Erklärungsweise und Anschauung zurückginge; er ist zu faul, um darüber nachzudenken, ob die Frage nach dem Anfange der Welt überhaupt eine vernünftige oder kindische, nur in der Unwissenheit und Beschränktheit des Menschen begründete Frage ist; er weiß sich diese Frage nicht vernünftig zu beantworten; er füllt daher die Leere in seinem Kopfe mit der Einbildung einer „freien Ursache" aus. Aber er ist so inkonsequent, sogleich wieder diese freie Ursache aufzugeben, die Freiheit mit der Notwendigkeit der Natur abzubrechen, statt daß der alte Glaube die erste Freiheit in einer ununterbrochenen Kette von Freiheiten, d. h. von willkürlichen Handlungen, von Wundern, fortsetzt. Nur die Bewußtlosigkeit, die Charakterlosigkeit, die Halbheit kann den Gottesglauben mit der Natur und Naturwissenschaft verbinden wollen. Glaube ich einen Gott, eine „freie Ursache", so muß ich auch glauben, daß der Wille Gottes allein die Notwendigkeit der Natur ist, daß das Wasser nicht durch seine Natur, sondern durch den Willen Gottes naß macht, daß es daher jeden Augenblick, so Gott will, brennen, die Natur des Feuers annehmen kann. Ich glaube an Gott, heißt: Ich glaube, daß keine Natur, keine Notwendigkeit ist. Entweder lasse man den Gottesglauben fahren, oder man lasse die Physik, die Astronomie, die Physiologie fahren! Niemand kann zwei Herren dienen. Und wenn man den Gottesglauben in Schutz nimmt, so nehme man auch, wie gesagt, den

Teufels-, Geister- und Hexenglauben in Schutz. Dieser Glaube ist nicht nur wegen seiner gleichen Allgemeinheit, sondern auch wegen seiner gleichen Beschaffenheit und Ursache unzertrennlich vom Gottesglauben. Gott ist der Geist der Natur, d. h. der personifizierte Eindruck der Natur auf den Geist des Menschen, oder das geistige Bild des Menschen von der Natur, das er aber von der Natur absondert und als ein selbständiges Wesen denkt. Ebenso ist der Geist des Menschen, der nach dem Tode umgeht, d. h. das Gespenst, nichts andres als das Bild von dem gestorbenen Menschen, das auch noch nach dem Tode übrigbleibt, das aber der Mensch personifiziert, als ein von dem wirklichen, lebendigen, leiblichen Wesen des Menschen unterschiedenes Wesen vorstellt. Wer also sich zu dem einen Geist oder Gespenst, dem großen Naturgespenst, bekennt, der bekenne sich auch zu dem anderen Geiste oder Gespenst, dem Menschengespenst! Doch ich bin infolge einer äußeren Veranlassung von meiner eigentlichen Aufgabe abgekommen. Ich habe nur sagen wollen, daß, wenn man ein besonderes Organ für die Religion im Menschen annehmen will, man vor allen Dingen ein besonderes Organ für den Aberglauben, für die Unwissenheit und Denkfaulheit im Menschen annehmen muß. Nun gibt's aber Menschen, welche in dieser Beziehung rationalistisch, ungläubig, in anderer Beziehung abergläubisch sind, weil sie eben über gewisse Dinge nicht klar geworden sind, weil gewisse, oft ganz unbekannte Einflüsse und Gründe sie eben nicht über diesen oder jenen Punkt hinauskommen lassen. Wollte man diese Widersprüche organisch erklären, so müßte man daher zwei sich geradezu entgegengesetzte Organe oder Sinne in einem und demselben Menschen annehmen. Ja, es gibt Menschen, welche in der Tat verleugnen, verwerfen, verlachen, was sie im Kopfe bekennen, und umgekehrt im Kopfe leugnen, was sie im Herzen bekennen, welche sich z. B. vor Gespenstern fürchten, während sie doch leugnen, daß es Gespenster gibt, ja, über sich selbst sich ärgern und schämen, daß sie ein Hemd bei der Nacht für einen Geist, für ein Gespenst ansahen. Wenn man zur Erklärung einer besonderen Erscheinung sogleich zu einem besonderen Sinne oder Organ seine Zuflucht nehmen wollte, so müßte man daher in diesen Menschen ein besonderes Organ für die heilige Geisterwelt und Gespensterfurcht und ein anderes Organ für die profane Leugnung der Gespensterwelt annehmen. Es ist allerdings nichts bequemer, als für eine auffallende Erscheinung sogleich eine ganz besondere Ursache ausfindig zu machen; aber diese Bequemlichkeit muß uns schon diese Erklärungsweise verdächtig machen. Was nun aber insbesondere die Religion betrifft, so berechtigt uns gar nichts, sie aus einem besonderen Gefühl, einem besonderen Sinne oder Organ abzuleiten, wie unsere ganze Erklärung derselben gezeigt hat. Zum deutlichen Beweise appelliere ich jedoch noch an die Sinne. Nur aus seinen Erscheinungen, aus seinen Wirkungen, seinen in die Sinne fallenden Äußerungen können wir ja so etwas erkennen, so auch die Religion. Der wichtigste, ihr Wesen am meisten offenbarende und zugleich augenfälligste Akt der Religion ist aber das Gebet oder die Anbetung; denn die Anbetung ist ja das in die Sinne fallende, in sinnlichen Gebärden und Zeichen sich darstellende Gebet. Betrachten wir daher die verschiedenen Anbetungsweisen der Völker, so werden wir finden, daß die religiösen Gefühle sich nicht von den Gefühlen unterscheiden, die der Mensch auch außer und ohne Religion im eigentlichen Sinne hat. „Der allgemeinste, natürlichste Ausdruck", sagt Meiners, der hierüber wie über andere Punkte in seiner angeführten Schrift das Wichtigste gesammelt hat, „der allgemeinste, natürlichste Ausdruck der Demütigung vor höheren Naturen wie vor unumschränkten Beherrschern war das Niederwerfen des ganzen Körpers auf die Erde. Das Niederfallen auf die Knie war, wenn auch nicht so gemein als das Niederwerfen des ganzen Körpers, doch sehr häufig unter den verschiedensten Völkern. Die Ägypter ehrten durch Knien ihre Götter wie ihre Könige und deren Vertraute. Die Juden durften sich ebensowenig als die heutigen Muhamedaner beim Beten hinsetzen, weil der *Wohlstand* es von jeher im Morgenlande untersagte, daß Untertanen sich in Gegenwart ihrer Beherrscher, Klienten vor ihren Patronen, Weiber, Kinder und Knechte vor ihren Männern, Vätern und Herren niederließen. Im alten Orient wie im alten Griechenlande und Italien drückten von undenklichen Zeiten her Untertanen ihren Beherrschern, Knechte ihren Herren, Frauen und Kinder ihren Männern und Vätern Ehrfurcht und Ergebenheit dadurch aus, daß sie ihnen entweder die Hände oder die Knie und den Saum der Kleider oder endlich die Füße küßten. Was Untergebene ihren Vorgesetzten taten, das taten die Menschen überhaupt den Göttern. Sie küßten also entweder die Hände oder die Knie oder die Füße der Bildnisse der Götter. Die freien Griechen und Römer erlaubten sich sogar, das Kinn und den Mund von Götterstatuen zu küssen." Wir sehen an diesem Beispiele, daß die Menschen keine anderen Ehrenbezeigungen, keine anderen Ausdrucksweisen ihrer Empfindungen und Gesinnungen gegen die göttlichen Wesen haben als gegen die menschlichen Wesen, daß daher die Gesinnungen und Gefühle, die der Mensch einem religiösen Gegenstande, einem Gotte gegenüber hat, er auch nichtreligiösen Gegenständen gegenüber empfindet, also die Gefühle der Religion keine besonderen sind oder daß es kein spezifisch religiöses Gefühl gibt. Der Mensch wirft sich auf die Knie nieder vor seinen Göttern; aber dasselbe tut er auch vor seinen Herrschern, vor denen überhaupt, die sein Leben in der Hand haben; er fleht auch sie um Erbarmen demütigst an; kurz, er bezeigt dieselbe Ehrfurcht den Menschen als den Göttern. So verehrten die Römer mit der nämlichen Pietät oder Frömmigkeit, mit welcher sie die Götter verehrten, das Vaterland, die Blutsverwandten, die Eltern. Die Frömmigkeit, die Pietät ist, wie Cicero sagt, die Gerechtigkeit gegen die Götter, aber sie ist auch, wie derselbe an einer anderen Stelle sagt, die Gerechtigkeit gegen die Eltern. (24) Bei den Römern war daher auch, wie Valerius Maximus bemerkt, *dieselbe* Strafe auf die Verletzung der Götter und Eltern gesetzt. Aber noch höher als die Würde der Eltern, die doch den Göttern gleichgeachtet waren, stand, wie derselbe sagt, die Majestät des Vaterlandes, d. h., der höchste Gott der Römer war Rom. Bei den Indiern gehört zu den fünf großen religiösen Zeremonien oder Sakramenten, die nach „Menus Gesetzbuch" ein Hausvater täglich feiern soll, *„das Sakrament der Menschen"*, das Sakrament der Gastfreundschaft, die Hochachtung und Ehrerbietung gegen Gäste. Namentlich hat aber der Orient die Verehrung der Fürsten bis auf den höchsten Grad des religiösen Servilismus getrieben. So müssen z. B. in China alle Untertanen, selbst die tributpflichtigen Staatsoberhäupter, vor dem Kaiser dreimal niederknien und neunmal die Erde mit dem Kopfe berühren, und an gewissen Tagen des Monats erscheinen die vornehmsten Mandarinen vor dem

Kaiser, und wenn er auch nicht selbst gegenwärtig sein sollte, so erweisen sie doch dem *leeren Throne* dieselbe Ehrfurcht. Ja, selbst vor den kaiserlichen Mandaten und Schreiben muß man niederknien und neunmal mit dem Kopf die Erde berühren. Die Japaner halten ihren Kaiser für so erhaben, daß „selbst nur die Großen der ersten Klasse das Glück genießen, des *Kaisers Füße* sehen zu dürfen, ohne indes ihren Blick höher richten zu dürfen". Ebendeswegen, weil der Mensch, namentlich der Orientale, die höchste Ehrfurcht, deren nur der Mensch fähig ist, seinem[1] Regenten gegenüber empfindet, so hat sie[2] auch seine Phantasie zu Göttern gemacht, sie mit allen Eigenschaften und Titeln der Gottheit ausgeschmückt. Allgemein bekannt sind die hyperbolischen Titel der Sultane und der Kaiser von China. Aber selbst kleine ostindische Fürsten heißen „König der Könige, Brüder der Sonne, des Mondes und der Sterne, Herren der Ebbe und Flut und des Weltmeeres". Auch bei den Ägyptern wurde das Königtum mit der Gottheit identifiziert, und zwar so sehr, daß der König Ramses sogar dargestellt wird, wie er *sich selbst als Gott anbetet.* Die Christen haben von den Orientalen wie die Religion, auch diese Vergötterung der Fürsten ererbt. Die Eigenschaften oder Titel der Gottheit, welche die heidnischen Kaiser führten, waren auch die Titel der ersten christlichen Kaiser. Und noch heute drücken die Christen sich ihren Fürsten gegenüber so demütig, so servil aus, als man sich nur einem Gott gegenüber ausdrücken kann. Noch heute sind die Titel ihrer Fürsten ebenso phantastische Hyperbeln und Übertreibungen als die Titel, womit von jeher die religiöse Schmeichelei die Götter zu verherrlichen suchte. Noch heute sind die Unterschiede, die sie zwischen den Titeln der göttlichen und fürstlichen Macht machen, nur diplomatische Rang-, aber keine Wesensunterschiede. Ebendaher, weil es kein besonderes religiöses Gefühl, keinen besonderen religiösen Sinn und folglich auch keinen besonderen religiösen Gegenstand, keinen Gegenstand gibt, der ausschließlich und allein auf religiöse Verehrung Anspruch machte, kommt auch der Unterschied zwischen Götzen- und Gottesdienst.

[1] *Offenbar gemeint: seinen*
[2] *Gemeint: die Regenten*

Fünfundzwanzigste Vorlesung

Der Unterschied zwischen Götzendienst und Gottesdienst entspringt da, wo der Mensch einen Gegenstand, er sei nun ein natürlicher, sinnlicher oder geistiger, vor allen anderen bevorzugt und diesem allein die Gefühle, die der Mensch auch einem anderen Gegenstande gegenüber empfinden, die Ehrenbezeigungen, die er auch einem anderen Gegenstande beweisen kann, zueignen will. Die Religion, d. h. die Religion, die sich in öffentlichen Bekenntnissen, in bestimmten, gottesdienstlichen Formen ausspricht, sage ich im „Wesen des Christentums", ist ein öffentliches Liebesbekenntnis. Den Gegenstand, das Weib, das die höchste Macht über den Mann ausübt,das, in seinen Augen wenigstens, das vorzüglichste und höchste Weib ist, das in ihm ebendeswegen ein Abhängigkeitsgefühl erzeugt, das Gefühl, daß er ohne dasselbe nicht leben, wenigstens nicht glücklich sein kann, das erwählt er zum Gegenstande seiner Liebe und macht es, wenigstens solange er es nicht besitzt, solange es nur ein Gegenstand seiner Wünsche und Einbildungen ist, zu einem Gegenstande auch der höchsten Verehrung, zu einem Gegenstande, dem er dieselben Opfer und Huldigungen darbringt als der Religiöse seinem Gott. Mit der Religion – auch die Liebe ist Religion – ist es nun ebenso. Die Religion, wenigstens die eklektische, kritische, unterscheidende, verehrt den Baum, aber nicht jeden ohne Unterschied, sondern den erhabensten, höchsten; den Fluß, aber den mächtigsten, wohltätigsten, wie z. B. die Ägypter den Nil, die Inder den Ganges; die Quelle, aber nicht jede, sondern die durch besondere Eigenschaften sich auszeichnende Quelle, wie z. B. die alten Deutschen besonders die Salzquellen verehrten; die leuchtenden Himmelskörper, aber nicht jeden, sondern den hervorragendsten, die Sonne, den Mond, die Planeten oder sonst ausgezeichnete Gestirne; oder sie verehrt das menschliche Wesen, aber nicht in jeder beliebigen Person, sondern in der Person eines schönen Menschen, wie die Griechen, z. B. die Aegestaner, den Philipp von Kroton, ob er gleich in ihr Land eingefallen, vergötterten, weil er der schönste Mann war, oder in der Person eines Fürsten, eines Despoten, wie die Orientalen, oder in der Person eines um das Vaterland verdienten Helden, wie die Griechen und Römer, oder das Wesen des Menschen im allgemeinen, den Geist, die Vernunft, weil sie diese für das Herrlichste, Vorzüglichste, Höchste hält. Aber wie ich die Liebe, die Ehre, welche ich *diesem* Weibe erweise, auch einem anderen Weibe erweisen kann, so kann ich auch die Ehre, die ich diesem Baume erweise, auch einem anderen erweisen, gleichwie die Deutschen die Eiche, die Slawen die Linde verehrten; so kann ich die Ehre, die ich dem abgezogenen Wesen des Menschen, dem Geiste, bezeige, auch dem wirklichen, individuellen Menschenwesen, die Ehre, die ich dem abgezogenen Wesen der Natur und [dem] als Ursache derselben gedachten Wesen, dem Gott, dem Schöpfer, bezeige, auch dem sinnlichen Wesen der Natur, der Kreatur, bezeigen; denn das sinnliche Wesen, die Kreatur, hat alle Sinne des Menschen *für sich*, das unsinnliche Wesen aber alle Sinne *gegen sich* und übt daher eine weit geringere Macht über den Menschen aus. Daher entspringt die Eifersucht der Religion, die Eifersucht ihres Gegenstandes, Gottes. Ich bin ein eifersüchtiger Gott, heißt es von Jehovah im Alten Testamente. Und diesen Spruch haben die Juden und Christen in tausendfältigen Variationen wiederholt. Eifersüchtig ist aber Gott oder wird er vorgestellt, weil die Gefühle oder Affekte und Gesinnungen der Ergebenheit, der Liebe, der Verehrung, des Vertrauens, der Furcht man ebensogut auch auf einen anderen Gegenstand, auf andere Götter, andere Wesen, wie die natürlichen und menschlichen Wesen, übertragen kann, Gott aber ebendiese für sich allein in Anspruch nimmt. Erst durch sogenannte positive, d. i. willkürliche Gesetze entsteht daher der Unterschied zwischen Götzen- und Gottesdienst. Ihr sollt nicht auf Menschen trauen, sondern auf mich; ihr sollt euch nicht fürchten vor Naturerscheinungen, sondern vor mir allein; ihr sollt nicht die Sterne anbeten, als käme von ihnen euer Wohl und Heil, sondern mich, der ich die Sterne zu eurem Dienste gemacht habe, so spricht der Gott Jehovah, der monotheistische Gott überhaupt zu seinen Dienern, um sie vor dem Götzendienste zu bewahren. Aber er brauchte nicht so zu reden, nicht zu gebieten, daß die Menschen nur ihm allein vertrauten und dienten, wenn es ein besonderes religiöses Gefühl, ein besonderes religiöses Organ gäbe. Sowenig ich dem Auge zu befehlen brauche: Du sollst nicht hören, nicht dem Schalle dienen, oder dem Ohre: Du sollst nicht sehen, nicht dem Lichte die Aufwartung machen, sowenig brauchte der Gegenstand der Religion dem Menschen zu sagen: Du sollst mir nur dienen, wenn es ein besonderes religiöses Organ gäbe; denn dieses würde sich ebensowenig irgendeinem andern, nicht religiösen Gegenstande zuwenden, als sich das Ohr dem Lichte oder das Auge dem Gegenstande des Ohres zuwendet. Und sowenig das Auge eifersüchtig ist auf das Ohr, sowenig es befürchtet, daß das Ohr ihm seinen Gegenstand entführen und sich zueignen werde, sowenig könnte Gott auf die natürlichen und menschlichen Wesen eifersüchtig sein oder gedacht werden, wenn es ein ausschließlich religiöses oder göttliches, nur ihm entsprechendes Organ gäbe. Das Organ der Religion ist das Gefühl, ist die Einbildungskraft, ist das Verlangen oder Bestreben, glücklich zu sein; aber diese Organe erstrecken sich keineswegs nur auf besondere Gegenstände, auf die Gegenstände, die man als religiöse bezeichnet, gleich als wenn es solche gäbe, da doch jeder Gegenstand, jede Kraft, jede Erscheinung, sowohl menschliche als natürliche, Gegenstand der Religion werden kann. Aber Gegenstand der Religion, der Religion wenigstens im eigentlichen Sinne, wird ein Gegenstand der Phantasie, des Gefühls, des Glückseligkeitstriebs nur unter besondern Bedingungen, unter den eben bisher entwickelten Bedingungen, unter der Bedingung *des* Standpunkts, wo dem Menschen aus Mangel an Bildung, an Wissenschaft, an Kritik, an Unterscheidung zwischen dem Subjektiven und Objektiven ein Gegenstand oder Wesen nicht zugleich als das, was es selbst, was es in Wirklichkeit, was es als ein Objekt des Verstandes und Sinnes ist, sondern *nur als* Gefühlswesen, als Phantasiewesen, als Glückseligkeitswesen Gegenstand ist. Denn allerdings ist auch dem Naturalisten die Natur ein Gegenstand des Glückseligkeitstriebes – denn wer kann glücklich sein z. B. in einem Kerkerloch ohne Raum, ohne Luft, ohne Licht? –, ein Gegenstand der Einbildungskraft, selbst der Phantasie, ein Gegenstand des Gefühles, selbst des Abhängigkeitsgefühles, aber nur auf Grund ihres wirklichen, gegenständlichen Wesens, und ebendeswegen wird er nicht von seinem Glückseligkeitstrieb hinters Licht geführt, nicht von seinem Gefühl übermannt, nicht von seiner Phantasie überflügelt, so daß ihm die Natur als sujektives, d. i. persönliches, willkürliches, gnädiges und ungnädiges, strafendes und belohnendes Wesen erschiene, folglich als ein Wesen, welches notwendig, seiner Natur nach ein Gegenstand von Opfern und Bußen, von Lob- und Dankliedern, von ehrfurchtsvollen Bitten und Kniebeugungen, d. h. ein Gegenstand der Religion ist. Auch der Naturalist oder Humanist verehrt, um noch ein anderes Beispiel zu geben, die Toten noch, aber nicht religiös, nicht als Götter, weil er nicht, wie die religiöse Einbildungskraft, die nur vorgestellten Wesen zu wirklichen, persönlichen Wesen macht, weil er nicht die Empfindungen, die der Tote *auf ihn* macht, auf den Gegenstand überträgt, nicht die Toten für furchtbare, schreckliche Wesen, überhaupt nicht für Wesen hält, die noch Willen, noch Vermögen, zu schaden oder [zu] nützen, haben, die man ehren, fürchten, bitten und besänftigen muß *wie* ein wirkliches Wesen.

Doch nun zurück zu unserem eigentlichen Thema. Den Übergang von dem Heidentum zum Christentum, von der Religion der Natur zu der Religion des Geistes oder des Menschen machte ich vermittelst der Einbildungskraft. Zuerst zeigte ich, daß ein Gott ein Bild, ein Wesen der Einbildung sei, wobei ich zugleich den Unterschied zwischen dem christlichen oder monotheistischen und dem heidnischen oder polytheistischen Gotte zeigte, nämlich daß der heidnische Gott ein materielles, körperliches, einzelnes Bild, der christliche Gott aber ein geistiges Bild, das Wort, sei, daß man daher, um das Wesen des christlichen Gottes zu erkennen, nur das Wesen des Wortes zu begreifen brauche. Hierauf beschränkte ich aber meine Ableitung der Religion aus der Einbildungskraft, unterschied die Erzeugnisse der religiösen Einbildungskraft von bloßen dichterischen Einbildungen oder Fiktionen, zeigte, daß die religiöse Einbildungskraft nur im Bunde mit dem Abhängigkeitsgefühl wirkt, daß die Götter keineswegs nur Wesen der Einbildung, sondern auch Gegenstände der Herzensnot, Gegenstände *der* Gefühle sind, die in den wichtigsten Momenten des Lebens, in Glück und Unglück den Menschen ergreifen, daß die Götter ebendeswegen, weil der Mensch Angenehmes, Gutes zu erhalten, Unangenehmes, Übles zu beseitigen sucht, auch Gegenstände des Strebens, des Verlangens nach Glückseligkeit sind. Dieser Punkt brachte uns auf den Unterschied zwischen Religion und Bildung, Gebet und Arbeit: Die Religion stimme darin mit der Bildung, der Kultur, der Arbeit überein, daß sie die Zwecke der Kultur habe, aber die Zwecke ohne Kulturmittel erreichen wolle. Nachdem ich also diesen Unterschied angedeutet, kehre ich zur Religion als einer Sache des Glückseligkeitstriebes zurück. Ich sprach bei dieser Gelegenheit den kühnen Satz aus: Die Götter sind die verwirklichten oder die als wirkliche Wesen vorgestellten Wünsche der Menschen; der Gott ist nichts als der in der Phantasie befriedigte Glückseligkeitstrieb des Menschen. Ich bemerkte aber, daß die Götter so verschieden seien als die Wünsche der Menschen oder Völker, denn obgleich alle Menschen glücklich sein wollen, so macht doch der eine dieses, der andere jenes zum Gegenstande seiner Glückseligkeit. Die Heiden haben daher andere Götter als die Christen, weil sie andere Wünsche haben. Oder: Der Unterschied des christlichen Gottes von dem heidnischen beruht nur auf dem Unterschiede der christlichen Wünsche von den Wünschen der Heiden. „Wie dein Herze, so dein Gott", sagt Luther. „Alle Völker", sagt Meiners in der angeführten Schrift, „baten die Götter bis auf Entstehung des Christentums bloß um zeitliche Güter und um die Abwendung von zeitlichen Übeln. (25) Wilde Fischer- und Jägervölker beteten zu den Göttern, daß sie den Fischfang und die Jagd, Hirtenvölker, daß die Götter ihre Weiden und Herden, ackerbauende Nationen, daß die Götter ihre Gärten und Felder beglücken möchten. Alle ohne Ausnahme baten um Gesundheit und langes Leben für sich und die Ihrigen, um Reichtum, günstige Witterung und Sieg über die Feinde und Widersacher." D. h., die Heiden hatten beschränkte Wünsche, sinnliche, materielle, in der Sprache der Christen: irdische, fleischliche Wünsche. Aber ebendeswegen hatten sie auch materielle, sinnliche, beschränkte Götter und ebensoviele Götter, als es sinnliche, wünschenswerte Güter gibt. So hatten sie einen Gott des Reichtums, einen Gott der Gesundheit, einen Gott des Glücks, des guten Erfolgs usw., und, da die Wünsche der Menschen sich nach ihrem Stande, ihrer Beschäftigung richten, so hatte jeder Stand bei den Griechen und Römern seine besondern Götter, der Hirte Hirtengötter, der Ackerbauer Bauerngötter, der Kaufmann seinen Merkur, den er um Profit anflehte. (26) Die Gegenstände der heidnischen Wünsche sind übrigens keine „unsittlichen"; es ist nicht unsittlich, Gesundheit zu wünschen, im Gegenteil, es ist dies ein ganz vernünftiger Wunsch; es ist auch nicht unsittlich, zu wünschen, reich zu sein – danken ja doch die frommen Christen selbst ihrem Gotte, wenn sie eine reiche Erbschaft oder sonst einen glücklichen Fund machen –; unsittlich oder vielmehr unmenschlich – denn nur das Unmenschliche ist das Unsittliche – waren nur dann die Wünsche oder Gebete der Heiden um Reichtum, wenn sie die Götter baten, sie möchten z. B. ihre Verwandten, ihre Eltern sterben lassen, um dadurch in den Besitz ihrer Güter zu kommen. Die heidnischen Wünsche waren Wünsche, die nicht die Natur des Menschen, nicht die Grenzen dieses Lebens, dieser wirklichen, sinnlichen Welt überstiegen. Aber ebendeswegen waren auch ihre Götter keine so unbeschränkte[n] supranaturalistische[n], d. i. übernatürliche[n] Wesen wie der christliche Gott. Nein, wie die Wünsche der Heiden keine außer- und überweltlichen Wünsche waren, so waren es auch nicht ihre Götter; sie waren vielmehr eins mit der Welt, Weltwesen. Der christliche Gott macht mit der Welt, was er will, er schafft sie selbst aus nichts, weil sie selbst nichts für ihn ist, weil er selbst war, als die Welt noch nichts war; aber der heidnische Gott ist in seinem Schaffen und Wirken an den Stoff, an die Materie gebunden; selbst *die* heidnischen Philosophen, welche sich am meisten den Vorstellungen des Christentums näherten, glaubten an die Ewigkeit der Materie, des Grundstoffs der Welt, gaben ihrem Gotte nur die Rolle eines Weltbildners, aber nicht eigentlichen Schöpfers. Der Gott der Heiden war aber an die Materie gebunden, weil die heidnischen Wünsche und Gedanken an den Stoff, den Inhalt der wirklichen Welt gebunden waren. Der Heide trennte sich nicht von der Welt, von der Natur ab; er konnte sich nur als einen Teil derselben denken; er hatte daher keinen von der Welt unterschiedenen und losgerissenen Gott. Die Welt war ihm ein göttliches, herrliches Wesen oder vielmehr das Höchste, Schönste, was er sich denken konnte. Gleichbedeutend gebrauchen daher die heidnischen theistischen Philosophen die Worte „Gott", „Welt", „Natur". Wie der Mensch, so sein Gott; der heidnische Gott ist das Bild des heidnischen Menschen oder, wie ich mich im „Wesen des Christentums" ausdrücke, das vergegenständlichte, als ein selbständiges Wesen vorgestellte Wesen des heidnischen Menschen. Das Gemeinschaftliche oder Gleiche in den verschiedenen Göttern oder Religionen ist nur das Gleiche der menschlichen Natur. So verschieden die Menschen, so sind sie doch alle Menschen, diese Gleichheit und Einheit des Menschengeschlechts, der menschlichen Organisation ist die Gleichheit der Götter; der Äthiopier malt sich Gott schwarz wie er selbst, der Kaukasier so wie seine Farbe; aber alle geben ihren Göttern menschliche Gestalt oder menschliches Wesen. Übrigens ist es oberflächlich, von der Verschiedenheit der Götter abzusehen; dem Heiden ist nur der *heidnische* Gott, *der* Gott, der eins ist mit seinem Unterschiede von anderen Völkern und Menschen, *Gott*, dem Christen nur der *christliche* Gott. Viele strenge Christen haben daher den Heiden geradezu den Gottesglauben abgesprochen, denn die Götter der Heiden sind keine Götter im Sinne der Christen, widersprechen vielmehr schon wegen ihrer Vielheit dem christlichen Begriffe der Gottheit. Der christliche Gott ist nun aber nichts andres als das personifizierte oder vergegenständlichte, als ein selbständiges Wesen von der Einbildungskraft vorgestellte Wesen des christlichen Menschen. Der Christ hat überirdische, übersinnliche, übermenschliche, überweltliche Wünsche. Der Christ, wenigstens der wahre Christ, der keine heidnischen Elemente in sich aufgenommen wie die modernen Welt- und Maulchristen, wünscht sich nicht Reichtum, nicht Ehrenstellen, nicht langes Leben, nicht Gesundheit. Was ist Gesundheit in den Augen der Christen? Dieses ganze Leben ist ja selbst nichts als eine Krankheit, nur im ewigen Leben ist wahre Gesundheit, wie der heilige Augustin sagt. Was ist langes Leben im Sinne des Christen? Im Vergleich mit der Ewigkeit, die der Christ in seinem Kopfe hat, ist ja das längste Leben ein verschwindender Augenblick. Was ist irdischer Glanz und Ruhm? Im Vergleich zu der himmlischen Glorie dasselbe, was ein Irrlicht im Vergleich zum Himmelslicht ist. Aber eben wegen dieser seiner Wünsche hat der Christ auch einen überirdischen, übermenschlichen, außer- und überweltlichen Gott. Der Christ betrachtet sich selbst nicht, wie der Heide, als ein Glied der Natur, als einen Teil der Welt. „Wir haben hier keine bleibende Stätte", heißt es in der Bibel, „sondern die *zukünftige* suchen wir." „Unser Wandel (d. h. unser Indigenat, unser Heimatsrecht) ist im Himmel." Der Mensch, sagt der Kirchenvater Laktanz ausdrücklich, ist kein Erzeugnis der Welt, noch ein Teil der

Welt; der Mensch, sagt Ambrosius, ist „über der Welt". „Eine Seele", sagt Luther, „ist besser denn die ganze Welt." Der Christ hat eine freie Ursache der Natur, einen Herrn der Natur, dessen Willen, dessen Wort die Natur pariert, einen Gott, der nicht an den sogenannten Kausalnexus, an die Notwendigkeit, an die Kette gebunden ist, welche die Wirkung an Ursache und Ursache an Ursache knüpft, während der heidnische Gott an die Notwendigkeit der Natur gebunden ist, selbst seine Lieblinge nicht von dem Los der Notwendigkeit zu sterben erlösen kann. Der Christ hat aber eine freie Ursache, weil er sich in seinen Wünschen nicht an den Zusammenhang, nicht an die Notwendigkeit der Natur bindet. Der Christ wünscht sich und glaubt eine Existenz, ein Leben, wo er allen Bedürfnissen, aller Notwendigkeit der Natur überhaupt entrissen ist; wo er lebt, aber ohne atmen, ohne schlafen, ohne essen, ohne trinken, ohne zeugen und gebären zu müssen, während bei den Heiden selbst Gott der Notwendigkeit des Schlafes, der Liebe, des Essens und Trinkens unterworfen ist, weil eben der Heide sich nicht von der Notwendigkeit der Natur losriß, sich keine Existenz ohne die natürlichen Bedürfnisse denken konnte. Der Christ verwirklicht daher diese seine Wünsche, frei zu sein von allen Bedürfnissen und Notwendigkeiten der Natur, in einem Wesen, das wirklich frei ist von der Natur, das alle der Verwirklichung dieser christlichen Wünsche widerstrebenden Schranken und Hindernisse der Natur aufheben und beseitigen kann und einst wirklich aufhebt. Die Natur ist ja die einzige Schranke der menschlichen Wünsche. Die Schranke des Wunsches, zu fliegen wie ein Engel oder in einem Nu an einem erwünschten, entfernten Orte zu sein, ist die Schwere; die Schranke des Wunsches, immer mich mit religiösen Betrachtungen und Gefühlen zu beschäftigen, das leibliche Bedürfnis; die Schranke des Wunsches, sündlos oder, was eins ist, selig zu sein, (27) die Fleischlichkeit und Sinnlichkeit meiner Existenz; die Schranke des Wunsches, ewig zu leben, d. h. die der Verwirklichung dieses Wunsches entgegenstehende Schranke der Tod, die Notwendigkeit der Endlichkeit, der Sterblichkeit. Alle diese Wünsche verwirklicht also – oder: die Möglichkeit ihrer Verwirklichung verschafft sich – der Christ in einem Wesen, das seiner Einbildung nach über und außer der Natur ist, gegen dessen

Willen die Natur nichts ist und vermag. Was der Mensch nicht wirklich ist, aber zu sein wünscht, das macht er zu seinem Gotte, oder das ist sein Gott. Der Christ wünscht, ein vollkommenes, sündloses, unsinnliches, keinen leiblichen Bedürfnissen unterworfenes, seliges, unsterbliches, göttliches Wesen zu sein, aber er ist es nicht; er stellt sich daher das, was er selbst zu sein wünscht und einst zu werden hofft, als ein von ihm unterschiedenes Wesen vor, welches er Gott nennt, welches aber im Grunde nichts andres ist als das Wesen seiner eigenen übernatürlichen Wünsche, also sein eigenes, über die Grenzen der Natur hinausgehendes Wesen. Der Glaube an den Anfang der Welt von einem freien, außerweltlichen, übernatürlichen Wesen hängt daher aufs innigste zusammen mit dem Glauben an das ewige, himmlische Leben. Die Bürgschaft, daß die übernatürlichen Wünsche des Christen in Erfüllung gehen, liegt ja eben nur darin, daß die Natur selbst von einem übernatürlichen Wesen abhängt, nur der Willkür dieses Wesens ihre Existenz verdankt. Ist die Natur nicht von einem Gott, ist sie aus sich, ist sie notwendig, so ist auch der Tod notwendig, so sind überhaupt alle die Gesetze oder Naturnotwendigkeiten, denen die menschliche Existenz unterworfen ist, unabänderlich, unüberwindbar. Wo die Natur keinen Anfang hat, da hat sie auch kein Ende. Der Christ glaubt und wünscht aber das Ende der Natur oder Welt; er glaubt und wünscht, daß alle Naturverrichtungen und Naturnotwendigkeiten aufhören werden, er muß daher auch an einen Anfang, und zwar einen geistigen, willkürlichen Anfang, der Natur, des leiblichen Wesens und Lebens glauben. Die notwendige Voraussetzung des Endes ist der Anfang, die notwendige Voraussetzung des Unsterblichkeitsglaubens der Glaube an die göttliche Allmacht, die selbst die Toten erweckt, der nichts unmöglich, vor der kein natürliches Gesetz, keine Notwendigkeit besteht. Vermittelst der Schöpfung aus nichts, die ja das größte Meisterstück der göttlichen Allmacht, gibt sich der Mensch die Gewißheit, sage ich im „Wesen des Christentums", oder, besser ausgedrückt, bringt er sich den tröstlichen Glauben bei, daß die Welt nichts ist und vermag gegen den Menschen. „Wir haben einen Herrn", sagt Luther, „der größer ist denn die ganze Welt; wir haben einen so mächtigen Herrn, daß, wenn er nur spricht, alle Dinge geboren werden. Wofür sollten wir uns denn *fürchten*, wenn uns der *günstig* ist?" „Wer da gläubet", sagt derselbe in seiner „Auslegung Mose", „daß Gott ein Schöpfer sei, der aus dem, das nicht ist, alles macht, der muß von Not wegen also schließen und sagen: Darum kann Gott auch Tote auferwecken." Eins mit dem Glauben an Gott, wenigstens im Sinne des Christen, also an den christlichen Gott, ist darum der Glaube an *Wunder*.

Sechsundzwanzigste Vorlesung

Der Begriff des Wunders ist einer der wichtigsten, um das Wesen der Religion, insbesondere der christlichen, zu erkennen. Wir müssen uns daher etwas bei demselben aufhalten. Vor allem müssen wir uns hüten, die Wunder der Religion mit den sogenannten Wundern der Natur zu verwechseln, z. B. mit den „Wundern des Himmels", wie ein Astronom seine Astronomie überschrieb, mit den „Wundern der Geologie" oder Erdgeschichte, wie ein Engländer seine Geologie betitelte. Die Wunder der Natur sind Dinge, die unsere Be- und Verwunderung erregen, weil sie über den Kreis unserer beschränkten Begriffe, unserer nächsten, gewöhnlichen Erfahrungen und Vorstellungen hinausgehen. So bewundern wir z. B. die versteinerten Gerippe von den Tiergeschlechtern, die einst auf der Erde hausten, von den Dino- und Megatherien, von den Ichthyo- und Plesiosauriern, diesen ungeheuern Eidechsenarten, weil ihre Größe weit über das Maß hinausgeht, das wir von den gegenwärtig lebenden Tiergeschlechtern abgezogen haben. Aber die religiösen Wunder haben nicht das mindeste gemein mit den Dino- und Megatherien, den Ichthyo- und Plesiosauriern der Geologie. Die sogenannten Wunder der Natur sind Wunder für uns, aber keine Wunder an sich oder für die Natur; sie haben ihren Grund im Wesen der Natur, mögen wir nun diesen entdecken und begreifen oder nicht. Allein die theistischen, religiösen Wunder übersteigen die *Kräfte der Natur*; sie haben nicht nur keinen Grund im Wesen der Natur, sondern sie widersprechen demselben; sie sind

Beweise, sind Werke eines *von der Natur unterschiedenen*, eines außer- und übernatürlichen Wesens. „Obgleich", sagt z. B. der gelehrte Vossius in seiner Schrift „Über den Ursprung und Fortgang des Heidentums", „Gott den Himmeln ihre Ordnung vorgeschrieben hat, so hat er sich doch nicht das Recht genommen, dieselbe abzuändern, da er selbst der Sonne stillzustehen gebot. Wider die Ordnung der Natur, welche man eine notwendige nennt, wider die Naturnotwendigkeit also, gebar auf seinen Befehl eine Jungfrau, wurden die Blinden sehend, die Toten öfters lebendig." Um das religiöse Wunder glaublich zu machen, hat man allerdings stets die natürlichen Wunder, die doch keine Wunder sind, vorgeschützt. Dieser Kniff gehört zu den vielen frommen Betrügereien, die man sich zu allen Zeiten, in allen Religionen erlaubte, um die Menschen zu betören und in der religiösen Knechtschaft zu erhalten. Der Unterschied zwischen beiden Wundern geht aber auf eine augenfällige Weise schon daraus hervor, daß das natürliche Wunder etwas ganz Gleichgültiges für den Menschen ist, aber bei dem religiösen Wunder der Mensch interessiert, sein Egoismus beteiligt ist. Das religiöse Wunder hat daher seinen Grund nicht in der äußeren Natur, sondern im Menschen. Das religiöse Wunder hat zu seiner Voraussetzung einen *menschlichen Wunsch*, ein menschliches Bedürfnis. Die religiösen Wunder geschehen in der Not, geschehen nur da, wo der Mensch von einem Übel erlöst sein will, von einem Übel, von dem er aber, solange es nur natürlich zugeht, nicht erlöst sein kann. In den Wundern versinnlicht sich das Wesen der Religion. Wie diese ist auch das Wunder nicht nur eine Sache des Gefühls und der Phantasie, sondern auch des Willens, des Glückseligkeitstriebes. Das Wunder bestimme ich daher im „Wesen des Christentums" als einen realisierten supranaturalistischen, d. h. als einen verwirklichten oder als verwirklicht vorgestellten übernatürlichen Wunsch. Ich sage: einen übernatürlichen, weil des Christen Wünsche ihrem Gegenstand und Inhalt nach über die Grenze der Natur und Welt hinausgehen. Übrigens sind die Wünsche überhaupt, wenigstens der Form, der Art und Weise nach, wie sie erfüllt sein wollen, Supranaturalisten. Ich wünsche z. B., zu Hause zu sein, während ich weit davon in der Fremde herumschweife. Der Gegenstand dieses Wunsches ist nichts

Un- und Übernatürliches; denn ich kann ihn ja auf dem natürlichen Wege erreichen; ich darf nur nach Hause reisen. Aber das Wesen des Wunsches ist gerade, daß ich jetzt ohne Zeitverlust zu Hause sein möchte, daß ich da, wo ich in Gedanken bin, sogleich auch in Wirklichkeit sein möchte. Betrachten wir nun die Wunder, so werden wir finden, daß in ihnen nichts andres vergegenständlicht, versinnlicht, verwirklicht ist als das Wesen des Wunsches. Christus heilt Kranke; Kranke heilen ist kein Wunder – wie viele Kranke[1] genesen auf natürlichem Wege! –; aber er heilt sie so, wie der Kranke wünscht, geheilt zu sein: augenblicklich, nicht auf dem langweiligen, beschwerlichen und kostspieligen Weg der natürlichen Heilmittel. „Er spricht", sagt Luther, „sei gesund!, und man wird gesund. Also daß er *keiner Arznei* bedarf, sondern spricht sie mit seinem *Wort* gesund." Christus heilt Kranke selbst aus der Ferne; er braucht gar nicht leiblich sich an Ort und Stelle zu bewegen, um zu heilen; aber der Kranke kann auch seinen Arzt nicht erwarten; der Wunsch ist es eben, der den Menschen auch noch aus der Ferne herzaubert, herwünscht; der Wunsch bindet sich nicht an die Schranke von Raum und Zeit; der Wunsch ist unumschränkt, ungebunden, frei wie ein Gott. Christus heilt aber nicht nur Krankheiten, die an sich auch auf natürlichem Wege hätten behoben werden können; er heilt auch unheilbare Krankheiten; er macht Blingeborene sehend.* „Von der Welt an ist's nicht erhöret, daß jemand einem geborenen Blinden die Augen aufgetan habe. Wäre dieser nicht von Gott, er könnte nichts tun." Aber auch diese göttliche Wunderkraft versinnlicht, vergegenwärtigt uns nur die Kraft der menschlichen Wünsche. Dem menschlichen Wunsch ist nichts unmöglich, nichts unheilbar. Christus weckt die Toten auf, so den Lazarus, „der schon vier Tage im Grabe gelegen war", „der selbst schon stank, denn er ist vier Tage gelegen". Aber wir wecken in unseren Wünschen, in unserer Phantasie täglich geliebte Tote auf. Freilich bleibt es bei uns nur beim Wunsche, nur bei der Phantasie. Aber ein

[1] *Im Original:* Kranken

* Die Kunst heilt auch Blindgeborene, aber nur in dem Falle, wo die Blindheit heilbar, die Heilung folglich kein Wunder ist.

Gott kann, was der Mensch wünscht, d. h., die religiöse Einbildungskraft verwirklicht in ihren Göttern die Wünsche des Menschen. *Gottesglauben* und *Wunderglauben* ist daher *eins*; Wunder und Gott unterscheiden sich nur wie Handlung und handelndes Wesen. Die Wunder sind die Beweise, daß das wunderwirkende Wesen ein allmächtiges Wesen ist, d. h. ein Wesen, das alle Wünsche des Menschen erfüllen kann und ebendeswegen als ein göttliches Wesen von den Menschen bezeichnet und verehrt wird. Ein Gott, der keine Wunder mehr tut, also keine Wünsche erfüllt, keine Gebete erhört, außer deren Erfüllung schon im Laufe der Natur gegründet, natürlich möglich ist, die also auch ohne ihn, ohne Gebet in Erfüllung gehen würden, ist ein unbrauchbarer, nutzloser Gott. Nichts ist oberflächlicher, willkürlicher als die Weise, wie die modernen Christen, die sogenannten Denkgläubigen oder Rationalisten, mit den Wundern umgehen, wie sie dieselben wegschaffen und doch noch das Christentum, den christlichen Gott behalten wollen, wie sie dieselben natürlich erklären, also den Sinn, den das Wunder hat und haben soll, vernichten oder sonstwie auf die leichtfertigste Weise sich über sie hinwegsetzen. Ein moderner, schon früher erwähnter Denkgläubiger führt sogar für seine oberflächliche und leichtfertige Behandlung des Wunders folgende Stelle aus Luther an: „Weil viel mehr am Worte gelegen ist denn an den Werken und Taten Christi, und wenn man deren eines geraten müßte, besser wäre, daß wir der Werke und Historien ermangelten denn des Worts und der Lehre, so sind die Bücher billig am höchsten zu loben, die am meisten die Lehre und das Wort des Herrn Christi handeln. Denn wenngleich die Wunderwerke Christi nicht wären und wir nichts davon wüßten, hätten wir dennoch genug an dem Worte, ohne welches wir nicht könnten das Leben haben." Wenn Luther hier und da gleichgültig ist gegen das Wunder, so meint er nur das Wunder, wie es ohne religiösen Sinn, ohne Glauben nur als eine historische, d. h. vergangene, tote Begebenheit betrachtet wird. Was haben die anderen Menschen davon, daß dieser oder jener Jude wunderbar geheilt, dieser oder jener wunderbar gespeist wurde? Das Wunder erstreckt sich, als historisches Faktum, nur auf diese Zeit und diesen Ort, wo es geschehen; es hat insofern allerdings, wie die Denkgläubigen sagen, einen relativen, nur auf die Zeitgenossen, denen diese Wunder zu Augen und zugute kamen, bezüglichen Wert. Aber das ist eben nicht der wahre religiöse Sinn des Wunders. Das Wunder soll der tatsächliche Beweis sein, daß der Wundertäter ein allmächtiges, übernatürliches, göttliches Wesen ist. Nicht das Wunder sollen wir anstaunen, sondern die Ursache, das Wesen, das dieses Wunder tut und ähnliche Wunder tun kann, wenn es die Not des Menschen erfordert. Das Wort, die Lehre ist freilich insofern mehr als Werk, inwiefern das Werk nur einzelnen zugute kommt, an Zeit und Raum gebunden ist, während das Wort überall hindringt, seinen Sinn auch nicht in unserer Zeit verliert. Aber gleichwohl sagt das Wunder, wenn ich es recht verstehe, dasselbe, was das Wort, die Lehre, nur daß die Lehre allgemein, in Worten sagt, was das Wunder in sinnlichen Beispielen ausspricht. Das Wort sagt: „Ich bin die Auferstehung und das Leben. Wer an mich glaubt, der wird leben, ob er gleich stürbe. Und wer da lebet und glaubet an mich, der wird nimmermehr sterben." Was sagt aber das Wunder der Auferweckung des Lazarus von den Toten? Was die eigene Auferstehung Christi aus dem Grabe? Es sagt dasselbe, aber in Beispielen und bestätigt sinnlich, in einzelnen Taten, was das Wort im allgemeinen sagt. Das Wunder ist daher ebensogut eine Lehre, ein Wort, nur ein dramatisches, ein Schauspiel. Das Wunder, sage ich im „Wesen des Christentums", hat allgemeine Bedeutung, die Bedeutung eines Exempels. „Diese Wunder sind *vor uns*, die wir erwählet sind, geschrieben", sagt Luther. „Diese Tat, als der Durchgang durch das Rote Meer, ist zur Figur, zum Exempel und Beispiel geschehen, uns anzuzeigen: daß es uns auch also gehen werde", d. h., daß in ähnlichen Notfällen ähnliche Wundertaten Gott tun werde. Wenn also Luther geringschätzend von den Wundern spricht, so gilt dies nur von den Wundern, inwiefern sie als tote, historische, uns nichts angehende Begebenheiten betrachtet werden. Aber mit derselben Geringschätzung spricht Luther auch von anderen Gegenständen, ja, von allen Lehren, allen Glaubensartikeln, wenn sie nur historisch betrachtet, wenn sie nicht in Beziehung auf die Gegenwart, auf den lebendigen Menschen gesetzt werden, selbst von Gott, wenn er nur als Wesen an sich, nicht als ein Wesen für den Menschen betrachtet wird. Man vergleiche die besonders im „Wesen des Glaubens im Sinne Luthers" angeführten Stellen. Wenn also Luther geringschätzend von den Wundern spricht, so ist der Sinn seiner Geringschätzung dieser: Was hilft es dir, zu glauben, daß Christus den Lazarus vom Tode erweckt hat, wenn du nicht glaubst, daß er auch dich, auch deinen Bruder, dein Kind vom Tode erwecken kann, wenn er will? Was hilft's zu glauben, daß Christus 5000 Mann mit fünf Gerstenbroten sättigte, wenn du nicht glaubst, daß er dich, daß er überhaupt alle Hungerleider mit ebenso wenigen oder ohne alle Mittel sättigen kann, so er natürlich will? Die Kraft, Wunder zu tun, schrieb daher auch Luther keineswegs nur der ersten Zeit des Christentums zu, wo es nach der gewöhnlichen Annahme allein notwendig gewesen sei, zur Ausbreitung des christlichen Glaubens Wunder zu tun. Eine alberne Unterscheidung, nebenbei bemerkt! Die Wunder sind entweder *immer* notwendig oder *nie* notwendig. So wären z. B. zu keiner Zeit Wunder notwendiger als zu unserer Zeit, wo es so viele und gründliche Ungläubige gibt wie vielleicht zu keiner anderen Zeit. Luther schrieb also keineswegs nur die Wunderkraft der ersten Zeit des Christentums zu: „Wir haben", sagt er, „noch die Macht, solche Zeichen zu tun", freilich nur dann, wie er woanders sagt, wenn sie nötig sind. Es ist daher nichts willkürlicher, gesetzloser, unwahrer, als wenn man den Gottesglauben vom Wunderglauben, die christliche Lehre von dem christlichen Wunder abtrennen will. Das ist geradeso, als wenn man den Grund von seinen Folgen, die Regel von ihrer Anwendung, die Lehre von den Beispielen, in denen sie sich erst bewährt, abtrennen und für sich festhalten will. Wollt ihr keine Wunder, nun, so wollt auch keinen Gott! Geht ihr aber über die Welt, über die Natur zur Annahme eines Gottes hinaus, nun, so geht auch über die Wirkungen der Natur hinaus! Ist ein Gott, d. h. ein von der Natur, von der Welt unterschiedenes Wesen Ursache der Natur oder Welt, so muß es auch notwendig von den Naturwirkungen unterschiedene Wirkungen geben, welche eben Beweise, Handlungen dieses von der Natur unterschiedenen Wesens sind. Diese Wirkungen sind aber die Wunder. Es gibt keine anderen Beweise vom Dasein eines Gottes als Wunder. Gott ist nicht nur ein von der Natur unterschiedenes, sondern auch ein ihr entgegengesetztes Wesen. Die Welt ist ein sinnliches, körperliches, leibliches, Gott aber, dem Glauben selbst unserer Denkgläubigen zufolge, ein nichtsinnliches, nichtkörperliches Wesen; wenn es nun aber ein solches Wesen gibt, so muß es notwendig auch Wirkungen dieses Wesens geben, also Wirkungen, welche den Naturwirkungen entgegengesetzt sind, widersprechen. Diese Widersprüche mit dem Wesen der Natur sind aber die Wunder. Leugne ich Wunder, so muß ich bei der Natur, bei der Welt stehenbleiben, und wenn ich mir auch gleich selbst die Natur, die Welt, d. h. diese in unsere Sinne fallenden Körper, diese Sterne, diese Erde, diese Pflanze[n], diese Tiere, entstanden, verursacht denke, so kann ich doch nur eine nicht dem Wesen nach von der Natur unterschiedene Ursache derselben annehmen, auf die ich daher nur mißbräuchlich den Namen Gottes anwende; denn ein Gott bezeichnet immer ein willkürliches, geistiges, phantastisches, von der Natur unterschiedenes Wesen. Um über die Natur hinaus, d. h. zu einem Gotte zu kommen, muß ich einen Satz, einen Sprung machen. Dieser Sprung ist das Wunder. Der Rationalismus, der Denkgläubige glaubt aber einen Gott; er glaubt, wie der angeführte Rationalist sich ausdrückt, daß man „das, was wir Gesetz, Weltordnung nennen, *ohne allen Grund in die Natur der Dinge selbst* legt, die doch kein Gesetz geben, sondern nur dasselbe empfangen kann". Die Natur gibt allerdings keine Gesetze, aber sie empfängt auch keine. Gesetze geben nur menschliche Herrscher, und Gesetze empfangen nur menschliche Untertanen; aber beide Begriffe sind nicht auf die Natur anwendbar, aus dem einfachen Grunde, weil eben Sonne, Mond und Sterne und die sie zusammensetzenden Stoffe keine Menschen sind. Es war kein Gesetzgeber, der dem Sauerstoff geboten, sich nur in dieser bestimmten Gewichtsmenge mit anderen Stoffen zu verbinden, noch hat der Sauerstoff dieses Gesetz empfangen, sondern es liegt in seiner Beschaffenheit, die eins mit der Natur und Existenz des Sauerstoffes ist. Der Rationalismus nimmt aber einen Gott an, welcher der Welt, wie der König seinen Untertanen, Gesetze gibt, die nicht in der Natur der Welt, der Dinge liegen; er muß also auch annehmen, wenn er konsequent sein will, daß es *Beweise* von der Existenz eines solchen Gesetzgebers gibt, Beweise, daß das, was wir Gesetz, Weltordnung nennen, nicht in der Natur der Dinge liegt; *diese Beweise* sind aber die *Wunder*. Der Beweis z. B., daß es kein notwendiges, in der Natur des Weibes begründetes Gesetz ist, sondern vom Willen Gottes allein abhängt, daß dasselbe nur durch einen Mann Mutter wird, dieser Beweis wird nur dadurch gegeben, das es auch ohne Mann schwanger wird. Die Wunder glaubt aber der Denkgläubige nicht; die leugnet er, d. h., er leugnet die in die Sinne fallenden, handgreiflichen ungereimten Wirkungen und Folgen des Gottesglaubens; aber die Ursachen dieser Ungereimtheiten, weil diese nicht in die Augen fallen, weil diese erst durch gründliches Denken und Forschen ermittelt werden und er dazu zu faul, zu beschränkt, zu oberflächlich ist, die läßt er bestehen. Und doch muß ich, will ich konsequent sein, mit den Wirkungen auch die Ursache aufheben oder mit der Ursache auch die Wirkungen gelten lassen. Die Natur von Gott abhängig machen heißt die Weltordnung, heißt die Notwendigkeit der Natur vom Willen abhängig machen; heißt an die Spitze der Natur einen Fürsten, einen König, einen Herrscher stellen. Aber so, wie der Fürst nur dadurch beweist, daß er ein wirklicher Herrscher ist, daß er Gesetze geben und aufheben kann, so beweist auch ein Gott nur seine Gottheit dadurch, daß er Gesetze abschaffen oder wenigstens augenblicklich, wenn es die Not erheischt, suspendieren kann. Der Beweis, daß er sie gegeben, ist nur, daß er sie *aufhebt*. Diesen Beweis aber liefert das Wunder. „Gott", sagt der Bischof Nemesius in seiner Schrift „Von der Natur des Menschen", „ist nicht nur außer aller Notwendigkeit, sondern er ist auch Herr und Macher (sc. der Notwendigkeit); denn da er ein Wesen ist, welches alles kann, was er will, so tut er nichts weder aus Notwendigkeit der Natur noch aus Verordnung des Gesetzes; alles ist für ihn möglich (zufällig), selbst das Notwendige. Und damit dies gezeigt würde, hielt er einst auf den Lauf der Sonne und des Mondes, die sich notwendig bewegen und immer auf dieselbe Weise verhalten, um zu zeigen, daß nichts für ihn notwendig, sondern alles nach Willkür möglich ist."

Der Denkgläubige sucht der Notwendigkeit des Wunders durch die Ausrede auszuweichen, daß er sagt: „Der göttliche Wille ist der vollkommenste, als solcher kann er nicht sich ändern, sondern er muß unveränderlich auf ein Ziel hinwirken; der göttliche Wille muß daher auch der stetigste sein, er muß uns als unabänderliches Gesetz, als feststehende Regel erscheinen, die nie eine Ausnahme zuläßt." Wie lächerlich! Ein Wille, der *nicht als Wille*, der als *unabänderliches Gesetz erscheint*, ist eben auch kein Wille, ist nur eine geistliche Phrase und Umschreibung der Naturnotwendigkeit, ist nur ein Ausdruck der rationalistischen Halbheit und Ungründlichkeit, welche zu sehr von der Theologie beherrscht ist, um die Natur in ihrer vollen Wahrheit, und zu sehr von der Natur, um die Theologie in ihren Konsequenzen anzuerkennen, welche daher ein Ebenbild ihrer eigenen Unentschiedenheit, *einen Willen*, der *kein* Wille, und *eine Notwendigkeit*, die *keine* Notwendigkeit ist, an die Spitze der Welt stellt. Ein Wille, der *immer dasselbe* tut, ist kein Wille Wir sprechen nur deswegen der Natur den Willen, die Freiheit ab, weil sie immer und immer dasselbe tut. Wir sagen, daß nur deswegen der Apfelbaum aus Notwendigkeit, nicht aus Willensfreiheit, Äpfel trägt, weil er nur Äpfel, und zwar immer nur Äpfel derselben Art und Beschaffenheit, trägt; wir sprechen nur deswegen dem Vogel die Freiheit des Singens ab, weil er immer dieselben Lieder singt, also keine anderen singen kann. Der Mensch aber bringt nicht immer dieselben Früchte hervor, wie der Baum; er singt nicht immer dieselben Lieder, wie der Vogel; er singt bald dieses, bald jenes, bald ein trauriges, bald ein lustiges. Verschiedenheit, Mannigfaltigkeit, Veränderlichkeit, Unregelmäßigkeit, Gesetzwidrigkeit sind allein *die* Erscheinungen, *die* Wirkungen, als deren Ursache wir uns ein freies, wollendes Wesen denken. So schlossen die Christen aus dem unveränderlichen und regelmäßigen Lauf der Gestirne, daß sie keine göttlichen, freien Wesen wären, wie die Heiden glaubten, denn wenn ihre Bewegung eine freie wäre, so würden sie sich bald dahin, bald dorthin bewegen. Sie hatten recht: Ein freies Wesen bewahrheitet sich nur in freien, unstetigen Äußerungen. Der Fluß, die Quelle, die vor unserem Auge und Ohre vorbeirauscht, macht, höchstens nur bald schwächer, bald stärker, je nachdem sich die Wassermasse vermehrt oder vermindert, also dem Wesen nach immer denselben Eindruck auf mich. Aber wie verschieden wirkt auf mich der Gesang des Menschen! Bald stimmt er mich so, bald so; bald erregt er die, bald jene ganz widersprechende Empfindung; bald fällt er in diese, bald in jene Tonart. Ein monotones Wesen, ein Wesen, das sich immer gleichbleibend äußert, immer gleichförmig wirkt, ist daher sowenig ein freies, als das immer in seinen Wirkungen sich gleichbleibende, unveränderliche Wasser ein freies, menschliches Wesen ist. Töricht ist es, wenn der Vernunftgläubige die Wundertätigkeit deswegen von Gott entfernt, weil sie eine zu menschliche Vorstellung sei. Wenn man die Menschlichkeit oder Menschenähnlichkeit Gottes aufhebt, so hebt man auch die Gottheit auf. Was Gott von den Menschen unterscheidet, das ist eben die Natur, das sind nur die von der Natur abgezogenen Eigenschaften oder Kräfte, wie z. B. die Kraft der Natur, durch welche das Gras wächst, das Kind im Mutterleibe sich bildet. Will man also ein Wesen, das nichts mit dem Menschen gemein hat, so setze man an die Stelle Gottes die Natur; will man aber ein Wesen, das Wille, Verstand, Bewußtsein, Persönlichkeit wie der Mensch hat, so wolle man auch ein vollkommenes, ganzes menschliches Wesen, so leugne man also auch nicht, daß Gott Wunder wirkt, daß er zu verschiedenen Zeiten und in verschiedenen Umständen auch Verschiedenes tue und beabsichtige, kurz, daß sein Wille so veränderlich sei als der Wille eines Monarchen, eines Menschen überhaupt, denn nur ein *veränderlicher* Wille ist Wille. Voluntas hominis, sagen die Juristen, est ambulatoria usque ad mortem, d. h., der Wille des Menschen ist veränderlich bis an seinen Tod. Was ich immer, *unveränderlich* will, brauche ich nicht zu wollen; das „immer“, die Unveränderlichkeit ist die Aufhebung, der Tod des Willens. Ich will gehen, weil ich bis jetzt gesessen oder gestanden, arbeiten, weil ich bis jetzt geruht und gefaulenzt, ruhen, weil ich bisher gearbeitet habe. Wille ist nur, wo Gegensätze, wo Unstetigkeiten, wo Ab- und Unterbrechungen stattfinden. Dieser Wechsel, diese Unterbrechung des ewigen Einerleis der Natur ist aber auf dem Gebiete des religiösen Glaubens, welcher ein wollendes Wesen an die Spitze der Welt setzt, das Wunder. Das Wunder läßt sich daher nicht vom Gottesglauben losreißen ohne die größte Willkür. Aber ebendiese Willkür, diese Halbheit, dieser Mangel an Gründlichkeit ist das Wesen unserer Denkgläubigen oder Rationalisten, unserer modernen Christen überhaupt. Noch ein Beispiel, um diese meine Behauptung zu rechtfertigen. Derselbe angeführte Rationalist läßt sich, im Widerspruch übrigens mit manchen anderen Rationalisten, welche die Auferstehung so erklären, daß Christus nicht wirklich gestorben sei am Kreuze, die Auferstehung gefallen, nimmt sie als ein historisches Faktum an, aber nicht nur ohne die Folgerungen zu ziehen, die mit der Annahme dieser Auferstehung verbunden sind, sondern auch ohne die näheren Umstände, welche in der h. Schrift dieses angeblichen Faktum begleiten, anzunehmen. Daß, wie Markus, Matthäus, Lukas einstimmig erzählen, beim Tode Jesu der Vorhang im Tempel vor dem Allerheiligsten von oben bis unten in zwei Stücke gerissen, daß, wie Matthäus erzählt, die Felsen zerrissen, die Gräber sich auftaten, die Erde selbst erbebte, sowohl beim Tode als bei der Auferstehung Christi, das erklärt er für Ausschmückung der mündlichen Überlieferung. Allein wenn Christus wirklich von den Toten auferstanden ist, nicht aus einem bloßen Scheintod wieder zum Leben erwachte, so war diese Auferstehung von den Toten ein Wunder, und zwar ein ungeheuer großes und wichtiges Wunder; denn es war ja der Sieg über den Tod, der Sieg über die Naturnotwendigkeit, und zwar die allerhärteste, die allerunbeugsamste, welche selbst die heidnischen Götter aufzuheben zu schwach waren. Wie ist es daher möglich, daß ein so großes Wunder vereinzelt dasteht? Müssen mit diesem Wunder nicht noch andere Wunder verbunden gewesen sein? Ist es nicht natürlich, nicht notwendig, wenn man einmal dieses Wunder annimmt, zu glauben, daß die ganze Natur erbebte, als die Kette der Naturnotwendigkeit, die Kette, welche den Toten an den Tod, an das Grab fesselt, gewaltsam zerrissen wurde? Wahrlich, unsere gläubigen Vorfahren waren weit denkgläubiger als unsere jetzigen Denkgläubigen; denn ihr Glaube war ein zusammenhängendes Ganzes; sie dachten, wenn ich dieses glaube, so muß ich auch jenes glauben, ob es mir gleich nicht behagt; wenn ich den Grund annehme, so muß ich auch die Folge auf mich nehmen, kurz, wenn ich A sage, so muß ich auch B sagen.

Siebenundzwanzigste Vorlesung

Ich habe in der vorigen Stunde behauptet, daß die wundervollen Ereignisse beim Tode Jesu mit der Auferstehung im innigsten Zusammenhange stehen. Ist nämlich Christus auferstanden von den Toten, so ist die Auferstehung ein Wunder, ein Beweis der göttlichen Allmacht, vor welcher der Tod nichts ist; ein Wunder kann aber nicht für sich allein dastehen und bedarf zu seiner Beglaubigung anderer wunderbarer und außerordentlicher Ereignisse. Die Auferstehung stünde ganz sinnlos da, wenn sie nicht durch andere Wunder vorbereitet und unterstützt würde. Bei dem Tode eines Wesens, das von den Toten wieder aufersteht und dadurch den Beweis der Welt geben soll, daß es keinen Tod gibt – denn das ist der Sinn der Auferstehung –, kann es nicht so gewöhnlich und natürlich zugehen wie bei dem Tode irgendeines gemeinen Menschen. Wenn ich daher einmal so weit gehe, wie der genannte Rationalist, daß ich die mit der Auferstehung in einem innigen Zusammenhang stehenden Wunder für Sagen, für dichterische Ausschmückung, für Werke der Phantasie erkläre, so muß ich notwendig noch einen Schritt weiter gehen und auch die Auferstehung selbst für ein Werk der religiösen Einbildungskraft erklären. Was der Mensch wünscht, notwendig wünscht – notwendig nach dem Standpunkt, worauf er steht –, das glaubt er. Der Wunsch ist das Verlangen, daß etwas sei, was nicht ist; die Einbildungskraft, der Glaube stellt es dem Menschen als seiend vor. So wünschten sich die Christen ein himmlisches Leben; sie hatten keine irdischen Wünsche wie die Heiden, kein Interesse weder an der natürlichen noch der politischen Welt. „Die Definition", sagt z. B. der griechische Kirchenvater Theodoret, „die Plato vom wahren Philosophen gibt, daß er sich nicht um das politische Wesen und Treiben bekümmere, paßt nicht auf die heidnischen Philosophen, sondern nur auf die Christen; denn Sokrates, der größte Philosoph, trieb sich in Gymnasien und Werkstätten herum, diente selbst als Soldat. Aber die, welche die christliche oder evangelische Philosophie ergriffen, haben sich von dem politischen Getümmel zurückgezogen und in einsamen Orten der religiösen Beschauung und der dieser entsprechenden Lebensart gewidmet, ohne durch die Sorge für Weiber, Kinder und irdische Güter zerstreut zu werden." Die Wünsche der Christen gingen nach einem anderen, besseren Leben, und sie glaubten daher, daß es ein solches gebe. Wer kein anderes Leben wünscht, glaubt auch keines. Der Gott, die Religion ist aber nichts als der in der Phantasie befriedigte Glückseligkeitstrieb, Glückseligkeitswunsch des Menschen. Den christlichen Wunsch eines himmlischen, seligen Lebens, eines Lebens ohne Ende, ohne die Schranke des Todes, stellte daher die religiöse Einbildungskraft als erfüllt vor in dem vom Tode auferstandenen Christus; denn von seiner Auferstehung hängt ja die Auferstehung, die Unsterblichkeit des Christen ab; er ist ja das Vorbild derselben. Die Erfüllung dieses Wunsches, oder vielmehr der Glaube an die Erfüllung desselben, die wirkliche Auferstehung Christi, mag nun allerdings – abgesehen davon, daß der Glaube an eine Auferstehung überhaupt schon lange vor dem Christentum bestand, schon ein Glaubensartikel der zoroastrischen oder persischen Religion war – eine historische Veranlassung gehabt haben, nämlich die, daß Christus von den Seinigen für tot gehalten, als tot betrauert worden war und daher, als er wiederkam, von ihnen als ein wirklich vom Tode Auferstandener angesehen wurde. Aber es ist Pedantismus und gänzlicher Mißverstand der Religion, die religiösen Tatsachen, die nur im Glauben existieren, auf geschichtliche Tatsachen zurückführen, die ihnen zugrunde liegende geschichtliche Wahrheit ermitteln zu wollen. Das Geschichtliche ist nichts Religiöses und das Religiöse nichts Geschichtliches, oder eine geschichtliche Person, ein geschichtliches Ereignis ist, sowie es Gegenstand der Religion wird, nicht mehr Geschichtliches, sondern ein Ding, ein Geschöpf des Gemüts, der Einbildungskraft. So ist auch der Jesus, wie ich schon in einer frühern Stunde sagte, der und wie er uns in der Bibel überliefert wird, keine geschichtliche Person mehr, sondern eine religiöse; er ist uns dargestellt hier als ein wundervolles, wundertätiges, allmächtiges Wesen, welches alle Wünsche des Menschen, d. h. alle die Wünsche, die nichts Schlechtes, nichts im Sinne des Christen Unsittliches wollen, erfüllen kann und wirklich erfüllt, als ein Wesen folglich der Phantasie, der Einbildungskraft.

Um das Wunder wegzuschaffen, hilft sich der Denkgläubige auch mit diesem Grunde, daß, wie der angeführte Rationalist sagt, „der Wunderbegriff, wenn er einen wissenschaftlichen Beweis (?) für die Offenbarung geben soll, bestimmt werden muß als eine solche Tatsache in der Sinnenwelt, welche nicht durch den natürlichen Zusammenhang wirkender Ursachen erklärt werden kann, wo also zu schließen ist, daß Gottes Hand unmittelbar eingegriffen und gewirkt habe. Um aber gewiß zu sein, daß eine Tatsache nicht nach der Naturordnung erfolgt sein könne, müßte man die ganze Natur und alle Gesetze derselben vollständig kennen. Da nun aber kein Mensch eine solche Erkenntnis hat oder haben kann, so kann auch das Urteil, daß eine Tatsache schlechthin nicht aus dem Zusammenhange der Dinge entsprungen sein könne, sondern durch eine außerordentliche Einwirkung der göttlichen Allmacht entsprungen sein müsse, niemals zu völliger Evidenz gebracht werden." Allein die Wunder unterscheiden sich auf eine so augenfällige und unverkennbare Weise von den Wirkungen der Natur, daß man schlechtweg, ohne Bedenken behaupten kann, daß sie nicht aus dem Zusammenhang der natürlichen Dinge und Ursachen entsprungen sein können, weil eben die Wünsche und Einbildungen des Menschen, welche uns die Wunder als wirkliche Tatsachen vorstellen, außer und über dem Zusammenhange der Dinge, außer und über der Notwendigkeit der Natur stehen, gleichwie der Wunsch des unheilbaren Blinden, zu sehen, außer allem natürlichen Zusammenhang mit der Natur der Blindheit, ja, in direktem Widerspruch mit den natürlichen Bedingungen und Gesetzen der Erfüllbarkeit dieses Wunsches steht, daher die Bestimmung der alten Theologen, daß das Wunder nicht nur über, sondern auch gegen die Naturordnung, gegen das Wesen der Natur sei, vollkommen richtig ist; denn sie stellt uns die Natur des Wunsches dar. Allerdings kann man also apodiktisch, wie die Philosophen sprechen, d. h. mit unbedingter Gewißheit und Entschiedenheit, behaupten, daß die Wunder nicht aus der Natur, d. h. der äußeren Natur, erklärt werden, daß sie nur durch außerordentliche Einwirkung der göttlichen Allmacht entstanden sein können; nur ist zu bemerken, daß diese göttliche, übernatürliche Macht eben die Macht der menschlichen Wünsche und Einbildungskraft ist. Kurz, das Wesen der Religion, das Wesen der Gottheit offenbart nur das Wesen des Wunsches und der mit ihm unzertrennlich verbundenen Einbildungskraft; denn nur die Einbildungskraft ist es, welche auch den Gott des Denkgläubigen, den Gott des philosophischen Denkers, der nichts ist als sein eigenes Denkwesen, als ein außer dem Denken existierendes Wesen vorstellt. Aus der gegebenen Erklärung erhellt auch, wie töricht die Frage oder der Streit um die Möglichkeit, Wirklichkeit und Notwendigkeit der Wunder ist. Dieser Streit, diese Frage kann nur entstehen, wenn man das Wunder *an sich selbst* betrachtet oder nur an die äußere Erscheinung sich hält, ohne auf den inneren psychologischen oder menschlichen Grund, dem diese äußere Erscheinung allein ihre Existenz verdankt, zurückzugehen. Der psychologische oder menschliche Ursprung des Wunders erhellt übrigens auf augenscheinliche Weise auch schon daraus, daß die Wunder *durch Menschen* oder, wie sich der religiöse Glaube ausdrückt, durch Gott vermittelst der Menschen geschehen. Hierin liegt auch der augenfällige Unterschied zwischen den sogenannten natürlichen und den religiösen Wundern, den wir früher berührten. Die religiösen Wunder sind nicht denkbar ohne den Menschen; denn sie beziehen sich nur auf den Menschen. Die natürlichen Wunder, d. h. die von uns bewunderten Erscheinungen der Natur, sind, auch wenn kein Mensch ist und sie bewundert. Die Wunder der Geologie, die Mega- und Dinotherien, die Ichthyosaurier existierten, wenigstens nach der Annahme unserer gegenwärtigen Geologie, ehe noch die Menschen existierten; aber ehe es einen Josua gab, wurde auch nicht die Sonne in ihrem natürlichen Lauf unterbrochen.

Es scheint auf den ersten, oberflächlichen Blick paradox, d. h. auffallend und sonderbar, die Religion aus den Wünschen des Menschen abzuleiten, ja, sogar die Gottheit, das gegenständliche Wesen der Religion, als eins mit dem Wunsche zu erklären; denn in der Religion, wenigstens der christlichen, betet ja der Mensch: Herr, nicht mein, sondern dein Wille geschehe!; die Religion gebietet ja Aufopferung der menschlichen Wünsche. Aber der Christ – natürlich der echte, antike, nicht der moderne Christ – opfert nur auf den Wunsch des Reichtums, den Wunsch, Kinder zu bekommen, den Wunsch der Gesundheit oder des langen Lebens, aber nicht den Wunsch der Unsterblichkeit, den Wunsch göttlicher Vollkommenheit und Seligkeit. Er unterordnet alle diese in seinem Sinne zeitlichen, irdischen, fleischlichen Wünsche dem einen Haupt- und Grundwunsch der Seligkeit; und von diesem Wunsche, von der Vorstellung, von der Phantasie eines ewigen himmlischen Lebens, unterscheidet sich nicht die christliche Gottheit; sie ist nur dieser personifizierte, als ein wirkliches Wesen vorgestellte Wunsch. Gottheit und Seligkeit ist daher dem wahren Christen eins. Selbst der Mensch, der keine solche überschwenglichen, überirdischen Wünsche hat wie der Christ, der auf dem Boden der Wirklichkeit, dem Boden des wirklichen Lebens und Menschen mit seinen Wünschen stehet, ja, selbst der, welcher ganz gemein egoistische Wünsche hat, muß unzählige Nebenwünsche seinem Hauptwunsch, wenn er ihn verwirklichen will, aufopfern. Ein Mensch, der keinen andern Wunsch hat, als reich zu werden oder gesund zu bleiben, muß unzählige Wünsche unterdrücken, wenn er wirklich reich werden, wirklich gesund bleiben will. Sosehr er in diesem Augenblick dieses Vergnügen sich zu verschaffen wünscht, er muß es sich versagen, wenn er über der Befriedigung eines augenblicklichen Triebs, Reizes oder Wunsches nicht seinen Grundwunsch vereiteln will. Wenn es daher heißt in der christlichen Religion: „Nicht mein, sondern dein Wille geschehe!"– so ist der Sinn dieser Worte nur *der*: Nicht *der* Wille, nicht *der* Wunsch, der dieses oder jenes will und, wenn er erfüllt wird, mir vielleicht später zum Verderben gereicht, nicht der Wille der überhaupt sogenannten zeitlichen Güter geschehe. Aber keineswegs ist damit gesagt, daß nicht der Wille des Glückseligkeitstriebs überhaupt, nicht der Wunsch des bleibenden, ewigen Glücks, der himmlischen Glückseligkeit, geschehen soll. Der Christ setzt ja voraus, wenn er wünscht oder betet, daß der Wille Gottes geschehe, daß dieser Wille nur das Beste, das Wohl des Menschen, wenigstens sein ewiges Wohl und Heil wolle. (28) Der Zurückführung der Religion und der Götter auf die Wünsche der Menschen widerspricht also keineswegs die Resignation, die Verzichtung auf Befriedigung dieser oder jener einzelnen Wünsche, welche die Religion gebietet. Es steht fest: Wo der Mensch aufhört, hört auch die Religion auf, aber wo der Wunsch aufhört, hört auch der Mensch auf. Keine Religion, kein Gott ohne Wunsch, aber auch kein Mensch ohne Wunsch! Der Unterschied zwischen den Wünschen, *ohne welche es keine Religion oder Gottheit*, und den Wünschen, *ohne welche es keine Menschheit gibt*, ohne welche der Mensch nicht Mensch ist, ist nur der, daß die Religion Wünsche hat, die nur in der Einbildungskraft, im Glauben sich erfüllen, der Mensch aber als solcher oder der Mensch, der an die Stelle der Religion die Bildung, die Vernunft, die Naturanschauung, an die Stelle des Himmels die Erde setzt, Wünsche hat, die nicht die Grenzen der Natur und Vernunft überspringen, die im Bereiche der natürlichen Möglichkeit und Verwirklichung liegen.

Der scheinbare Widerspruch zwischen dem Wesen des Wunsches und dem Wesen der Religion läßt sich auch so ausdrücken: Die Wünsche des Menschen sind willkürlich, gesetz- und zügellos; aber die Religion gibt Gesetze, legt dem Menschen Pflichten, Beschränkungen auf. Allein die Pflichten sind nichts andres als die Grundtriebe, die Grundanlagen, die Grundwünsche des Menschen, welche in den Zeiten und Zuständen der Unbildung die Religion oder Gott, in den Zeiten der Bildung die Vernunft, die eigene Natur des Menschen zu Gesetzen macht, denen er diese oder jene besondern Begierden, Wünsche und Leidenschaften unterwerfen soll. Alle Religionen, vorzüglich aber die, welche in der Geschichte der menschlichen Kultur von Bedeutung sind, hatten nichts andres im Sinne als das Wohl des Menschen. Die Pflichten, die Beschränkungen, die sie den Menschen auferlegten, legten sie ihnen nur auf, weil sie ohne dieselben nicht den Grundzweck, den Grundwunsch des Menschen, glücklich zu sein, erreichen und erfüllen zu können glaubten. Es gibt allerdings Fälle im Leben, wo die Pflichten und der Glückseligkeitstrieb im Menschen in Widerspruch geraten, wo man seiner Pflicht selbst sein Leben opfern muß; aber solche Fälle sind tragische, unglückliche oder überhaupt besondere, außergewöhnliche Fälle. Man kann sie nicht als Grund anführen, um damit den Widerspruch von Pflicht und Moral und Glückseligkeitstrieb zum Gesetz, zur Norm, zum Prinzip zu erheben. Die Pflicht hat ursprünglich und gesetzmäßig nichts andres im Sinne und Auge als das Wohl, als das Glück des Menschen. Was der Mensch wünscht, vor allem anderen wünscht, das macht er sich zum Gesetz, zur Pflicht. Wo die Existenz oder, was eins ist, das Wohl eines Volkes – denn was ist die Existenz ohne Wohl, ohne Glück? – und ebendamit auch des einzelnen Menschen an den Ackerbau gebunden war, wo der Mensch nicht glücklich, nicht Mensch sein konnte – denn nur der glückliche Mensch ist Mensch, voller, freier, wahrer, sich als Mensch fühlender Mensch – ohne Ackerbau, wo also der Hauptwunsch des

Menschen das Gedeihen und Gelingen des Ackerbaus war, da war derselbe auch eine *religiöse Pflicht und Angelegenheit*. Und wo der Mensch seine menschlichen Wünsche und Zwecke nicht erreichen kann, ohne die ihn belästigenden wilden Tiere zu vernichten, da ist diese Vernichtung eine *religiöse* Pflicht, da ist das Tier selbst, das dem Menschen zur Erfüllung dieser Wünsche, zur Verwirklichung seiner Glückseligkeit, zur Erreichung seiner menschlichen Zwecke verhilft, der Hund, wie in der alten persischen Religion, ein religiöses, ein heiliges, ein göttliches Tier. Kurz, der Gegensatz von Pflichten und Wünschen ist nur ein von besonderen Fällen des Menschenlebens abgezogener, hat keine allgemeine Wahrheit und Gültigkeit. Im Gegenteil: Was der Mensch im Grunde seines Herzens wünscht, das ist die einzige Regel und Pflicht seines Lebens und Tuns. Die Pflicht, das Gesetz verwandelt nur in einen Gegenstand des Willens und Bewußtseins, was der unbewußte Trieb des Menschen will. Ist es, um auf den Grund der geistigen Unterschiede und Neigungen des Menschen dieses im Beispiel zu zeigen, dein – versteht sich begründeter – Wunsch, dein Trieb, ein Künstler zu werden, so ist es auch deine Pflicht, einer zu werden und darnach deine ganze Lebensweise zu bestimmen. Wie kommt denn nun aber der Mensch dazu, daß er seine Wünsche in Götter, in Wesen verwandelt, wie z. B. den Wunsch, reich zu werden, in einen Gott des Reichtums, den Wunsch der Fruchtbarkeit in eine Gottheit, die fruchtbar macht, den Wunsch, selig zu werden, in einen seligen Gott, den Wunsch, nicht zu sterben, in ein den Tod überwindendes, unsterbliches Wesen? Was der Mensch wünscht, je nach seinem Standpunkt notwendig, wesentlich wünscht, das glaubt er, wie gesagt, das hält er auf dem Boden, in dem die Religion wurzelt, für etwas Wirkliches oder Mögliches; er zweifelt nicht, daß es sein kann; die Bürgschaft seiner Möglichkeit ist ihm eben sein Wunsch. Der Wunsch gilt ihm an und für sich selbst schon für eine Zaubermacht. In der altdeutschen Sprache ist „Wünschen soviel als Zaubern". In der altdeutschen Sprache und Religion hieß der höchste Gott sogar unter anderem auch *Wunsch*, womit die alte Sprache, wie Jakob Grimm in seiner „Deutschen Mythologie" sagt, den „Inbegriff von Heil und Seligkeit, die Erfüllung aller Gaben ausdrückte", und er glaubt, daß das Wort „Wunsch" abstammt von „Wunjo", welches Freude, Wonne oder Vollkommenheit jeder Art bedeutet. Grimm betrachtet es daher als einen Überrest des alten heidnischen Sprachgebrauchs, daß mehrere Dichter des 13. Jahrhunderts den Wunsch personifizieren, als ein gewaltiges, schöpferisches Wesen darstellen, und bemerkt dabei, daß man bei ihnen in den meisten Fällen an die Stelle des Namens „Wunsch" den Namen Gottes setzen könne. Wenn er aber dabei die Bedeutung des Wunsches in der späteren Sprachweise, wo er das Streben nach den Gaben und Vollkommenheiten, die Gott besitzt, bedeutet, von der ursprünglichen Bedeutung unterscheidet, so ist nicht zu übersehen, daß ursprünglich im Sinne der Sprache und Religion der Wunsch und der *Gegenstand* des Wunsches eins ist. Was ich zu haben wünsche, das habe ich ja in der Einbildung, was ich zu sein wünsche – gesund, reich vollkommen –, das bin ich ja wirklich in der Einbildung; denn indem ich mir Gesundheit wünsche, stelle ich mich als gesund vor. Ebendeswegen ist der Wunsch als Wunsch ein göttliches Wesen, eine übernatürliche Zaubermacht, denn alle nur immer wünschenswerten Kräfte und Gaben schüttet er aus dem Füllhorn der Phantasie über mich aus. Es hat mit dem heidnischen Wunsch dieselbe Bewandtnis wie mit dem christlichen Segen. Segnen ist soviel als Gutes wünschen, Segen also soviel als Wunsch, aber der Segen bedeutet auch den *Gegenstand*, das Gute, das man sich und anderen wünscht. „Daher auch in der Schrift", sagt Luther in seiner „Auslegung des Segens", „die gemeine Weise zu reden ist: *Gib mir einen Segen. Hast du nicht mehr Segen?* Das ist: Gib mir etwas als Gut, Brot. Kleid. Denn es ist alles eitel Gottes Gaben, und durch seinen Segen haben wir, was wir haben, und heißet auch darum ein Segen, das ist eine Gottesgabe, die er uns durch seinen Segen gibt." Der Unterschied zwischen dem göttlichen Wunsch oder Segen und dem menschlichen Wunsch oder Segen ist nur der, daß der göttliche Wunsch der *erfüllte*, verwirklichte menschliche Wunsch ist. Gott heißt daher Wunsch aus demselben Grunde, aus welchem Gott überhaupt als der in der Phantasie befriedigte Glückseligkeitswunsch des Menschen bezeichnet werden kann, ja, muß, aus demselben Grunde, aus welchem „das *Gebet allmächtig*" heißt, aus welchem die göttliche Allmacht selbst nur die in ein gegenständliches Wesen verwandelte oder als solches vorgestellte Allmacht des menschlichen Gebetes und Wunsches ist. Die Religion stellt wie die Dichtkunst das als wirklich, als sinnlich existierend vor, was nur in der Vorstellung existiert, verwandelt Wünsche, Gedanken, Einbildungen, Gemütszustände in wirkliche, vom Menschen unterschiedene Wesen. Der Glaube an Hexerei und Zauberei kommt ebendaher, daß die Menschen dem Wunsche eine über den Menschen hinausgehende, nach außen wirkende Macht und Kraft zuschrieben, daß sie glaubten, daß einem Menschen wirklich das Übel *geschehe*, welches man ihm *anwünsche*. Die Römer und Griechen stellten die Wünsche des Rachegefühls, die *Verwünschungen*, die *Flüche* selbst als Götter oder vielmehr Göttinnen vor, d. h. als Wesen, welche die Flüche vollstreckten, die Wünsche der Rache erfüllten. Dort hießen sie Dirae, hier Arae. Was vom Fluch, gilt auch vom Segen. „In der heil. Schrift", sagt Luther in seiner „Auslegung Mose", „sind *tätliche* Segen, nicht allein Wünsch-Segen, sondern die dasjenige gewißlich bestimmen, mit der Tat geben und mitbringen, wie die Worte lauten. . . . Wenn ich also sagte: Wollte Gott, daß dir deine Sünden vergeben würden . . ., das möchte man einen Segen der Liebe nennen. Aber der Segen der Verheißung und des Glaubens und der gegenwärtigen Gaben lautet also: Ich absolviere dich von deinen Sünden." Das heißt eben: Der Glaube, die Einbildungskraft verwandelt das Subjektive in Objektives, das Vorgestellte in Wirkliches, das „O, wär' ich! O, hätt' ich!" in das „Ich bin, ich habe", das Wunschwesen in Tatwesen. Weil aber der Mensch, wie sich von selbst versteht, seine Wünsche, seien sie nun gute oder böse, Segnungen oder Verwünschungen, in gewisse Worte und Formeln faßt, so schreibt er ebendiesen Formeln, Worten, Namen außer den Menschen hinausgehende, gegenständliche Wirkungen, d. i. Zauberkräfte zu. So glaubten z. B. die religiösen Römer, daß man durch gewisse Gebets- oder Zauberformeln Regen und Wetter machen und vertreiben, die Früchte auf dem Felde verhexen, Häuser vor Feuerbrunst schützen, Wunden und Krankheiten heilen, Menschen, die davonlaufen wollen, bannen könne. So glauben noch jetzt die Altbayern, daß man einen „zu tot beten", d. h. durch Gebete töten, könne. Eben aus diesem Glauben oder Aberglauben kommt es auch, daß die Menschen sich scheuen, die Worte oder Namen von

Dingen, die sie fürchten, auszusprechen, weil sie mit dem Namen auch den Gegenstand, den er bezeichnet, herbeizuzaubern oder sich auf den Hals zu laden wähnen. Die nordamerikanischen Wilden fürchten sich zum Teil so sehr vor den Toten, daß sie auch nicht einmal den Namen der Verstorbenen aussprechen, daß Lebende von gleichem Namen einen andern Namen annehmen. Sie glauben also, daß der Tote – als Toter, als Gespenst – solange existiert, als er genannt und vorgestellt wird, daß er dagegen nicht mehr existiert, wenn er *für sie* nicht mehr existiert, daß er nicht ist, wenn sie ihn nicht denken, nicht nennen. So glaubten auch die Griechen und Römer, daß ein Omen, ein Vorbedeutungszeichen, nur dann eine Wirkung habe, wenn man es beachte, was freilich ganz richtig ist, denn es hat nur eine gute oder schlimme Wirkung, wenn ich demselben eine erfreuliche oder traurige Bedeutung gebe. Ebenso glauben viele Völker, ja, die meisten im kindlichen oder rohen Zustand, daß, wenn sie von den Toten träumen, die Toten ihnen wirklich erscheinen; sie halten überhaupt das Bild, die Vorstellung von einem Wesen, von einem Gegenstand für dieses Wesen, für diesen Gegenstand selbst. Ungebildete Völker glauben selbst, daß die Seele im Traume außer den Leib hinausspaziere und an Orte sich hinbegebe, wohin die Phantasie den Menschen im Traume versetzt; sie halten also diese Traumfahrten für wirkliche Fahrten, die Lügen und Märchen, die ihnen die Phantasie vorsagt, für Wahrheiten und Tatsachen. Die Grönländer glauben sogar, daß auch im Wachen die Seele sich vom Leibe trenne und Reisen mache, weil man ja auch im Wachen oft in Gedanken sich an ferne Orte versetzt, nicht da geistig ist, wo man leiblich ist. Wir haben an diesen Vorstellungen übrigens nur sinnliche, rohe, augenfällige Beispiele, wie überhaupt der Mensch das Subjektive in Objektives verwandelt, d. h., das, was nur in ihm, nur in seinem Denken, Vorstellen, Einbilden existiert, zu etwas außer dem Denken, Vorstellen, Einbilden Existierendem macht, namentlich, wenn das, was er vorstellt, ein Gegenstand ist, der mit dem Glückseligkeitstrieb zusammenhängt, ein Gegenstand, den er wünscht als ein Gut, fürchtet als ein Übel; denn wie die Furcht macht auch die Liebe, das Verlangen, die Sehnsucht nach etwas den Menschen blind, so daß er nichts andres sieht, als was er eben liebt und wünscht, alles andere darüber vergißt. Oder anders ausgedrückt: Der Mensch verwandelt nicht gleichgültig jede Vorstellung, jede Einbildung, jeden Gedanken und Wunsch, sondern hauptsächlich nur solche *in Wesen*, die mit *seinem eignen* Wesen aufs innigste zusammenhängen, welche ein charakteristischer Ausdruck seines Wesens sind, die ebendeswegen für ihn so wirklich sind als sein eigenes Wesen, die für ihn den Charakter der Notwendigkeit haben, weil ebendiese Vorstellungen in seinem Wesen begründet sind. So hielten die Heiden ihre Götter für wirkliche Wesen, weil sie sich *keine anderen* Götter denken *konnten*, weil diese nur mit ihrem heidnischen Wesen übereinstimmten, den heidnischen Bedürfnissen und Wünschen entsprachen. Die Christen dagegen zweifeln nicht, daß die Götter der Heiden nur *eingebildete* Wesen sind, aber nur, weil die Güter, welche diese Götter spendeten, die Wünsche, welche diese Götter erfüllten, im Sinne der wahren Christen eitle, nichtige Wünsche sind. Es ist im Sinne des wahren Christen nicht notwendig, gesund zu sein, wozu also einen Gott der Gesundheit?, nicht notwendig, reich zu sein, wozu also einen Gott des Reichtums? Es ist in ihrem Sinne nur notwendig, was zur ewigen himmlischen Seligkeit verhilft. Kurz, der Christ hält nur *die* Gedanken, Vorstellungen, Einbildungen für *wirkliche* Wesen, welche mit seinem christlichen Wesen übereinstimmen und zusammenhängen, welche ein Abbild seines eigenen Wesens sind, welche sein eigenes Wesen vergegenständlichen. So zweifelt der Christ nicht an der Wahrheit und Wirklichkeit der Unsterblichkeit, eines anderen Lebens nach dem Tode, und doch existiert dieses Leben nur in seiner Vorstellung, seiner Einbildung. Und er zweifelt deswegen nicht, weil diese Einbildung mit dem christlichen, über die Wirklichkeit hinausschweifenden Wesen zusammenhängt. Ebendeswegen, weil der Mensch nur einen Gott glaubt, der das eigene Wesen des Menschen ausdrückt und abspiegelt, weil er nur *das* gedachte, vorgestellte oder eingebildete Wesen, welches mit seinen innersten Herzenswünschen in Einklang steht, für ein wirkliches Wesen hält, ebendeswegen habe ich im „Wesen des Christentums" den Satz ausgesprochen, daß der Glaube an Gott nichts andres sei als der Glaube des Menschen an sich selbst, daß er in seinem Gotte nichts verehrt, nichts liebt als sein eigenes Wesen, daß es aber ebendeswegen jetzt notwendig, jetzt unsere Aufgabe sei, diese unbewußte, verkehrte, phantastische Verehrung und Liebe des Menschen in bewußte, gerade, vernünftige Verehrung und Liebe zu verwandeln.

Achtundzwanzigste Vorlesung

Der Mensch verwandelt also seine Gefühle, Wünsche, Einbildungen, Vorstellungen und Gedanken in Wesen, d. h., das, was er wünscht, vorstellt, denkt, gilt ihm für ein Ding, selbst außer seinem Kopfe, wenn es gleich nur *in* seinem Kopfe steckt. „Alle *Gegenstände* des *Gedankens*", sagt Kleuber in seinem „Zendavesta" von der Ormuzdreligion – aber es gilt von jeder, nur daß die Gegenstände nicht dieselben sind –, „alle Gegenstände des Gedankens (d. h. hier alle Gedankenunterschiede oder Gedankenwesen) sind hier zugleich *wirkliche Wesen* und damit auch Gegenstände der Huldigung." Daher kommt es auch, daß der Mensch selbst das Nichts, welches nur ein Gedanke, ein Wort ist, außer sich hinausgesetzt hat und zu der unsinnigen Vorstellung gekommen ist, daß vor der Welt nichts gewesen, daß die Welt sogar aus nichts geschaffen sei. Aber der Mensch verwandelt hauptsächlich nur *die* Gedanken und Wünsche in Wesen, in Dinge, in Götter, welche mit seinem Wesen zusammenhängen. So verwandelt z. B. der Wilde jede schmerzliche Empfindung in ein böses, den Menschen peinigendes Wesen, jedes Bild seiner Einbildungskraft, das ihn in Furcht und Schrecken versetzt, in ein teuflisches Gespenst. So verwandelt der humane Mensch seine menschlichen Gefühle in göttliche Wesen. Unter allen Griechen hatten allein die Athener, nach Vossius, dem Mitleid, dem Mitgefühl einen Altar errichtet. So verwandelt der politische Mensch seine politischen Wünsche und Ideale in Götter. So gab es in Rom eine Freiheitsgöttin, der Gracchus einen Tempel erbaute; so hatte auch die Eintracht einen Tempel; so auch das öffentliche Wohl, so die Ehre, kurz, alles, was dem politischen Menschen von besonderer Wichtigkeit ist. Das Reich der Christen war dagegen kein Reich von dieser

Welt; sie betrachteten den Himmel als ihr Vaterland. Die ersten Christen feierten daher nicht, wie die Heiden, den Geburtstag, sondern den Todestag des Menschen, weil sie in dem Tode nicht nur das Ende dieses Lebens, sondern zugleich den Anfang des neuen, himmlischen Lebens erblickten. Das ist ihr Unterschied von den Heiden, deren ganzes Wesen in das Wesen der natürlichen und bürgerlichen Welt versunken war. Die Christen verwandelten daher nur die mit diesem ihrem Unterschied, diesem ihrem Wesen zusammenhängenden Wünsche, Gedanken und Vorstellungen in Wesen. Die Heiden machten den Menschen mit Haut und Haaren zum Gotte, die Christen machen nur das geistige und gemütliche Wesen des Menschen zum Gotte. Die Christen lassen alle sinnlichen Eigenschaften, Leidenschaften und Bedürfnisse von ihrem Gott weg, aber nur, weil sie dieselben von ihrem eigenen Wesen wegdenken, weil sie glauben, daß auch ihr Wesen, ihr Geist sich, wie sie sich ausdrücken, von dieser körperlichen Schale und Hülle abschäle, daß sie einst Wesen werden, welche nicht mehr essen, nicht mehr trinken, welche reine Geister sind. Das, was der Mensch noch nicht wirklich ist, aber einst zu werden hofft und glaubt, einst werden will, was daher nur ein Gegenstand des Wunsches, der Sehnsucht, des Strebens und ebendeswegen kein Gegenstand der sinnlichen Anschauung, sondern nur der Phantasie, der Einbildung ist, das nennt man ein *Ideal*, auf deutsch: ein Ur-, Vor- und Musterbild. Der Gott des Menschen oder Volkes, wenigstens des Volkes, welches nicht, wie der Wilde, stets auf dem alten Fleck, auf dem Boden der Roheit, stehenbleibt, das weiterkommen will, das ebendeswegen eine Geschichte hat – denn die Geschichte hat ihren Grund nur in dem Trieb und Bestreben des Menschen, sich zu vervollkommnen, sich ein angemessenes Dasein zu verschaffen –, der Gott eines solchen Volkes ist nichts andres als sein Ideal. „Ihr sollt vollkommen sein, gleichwie euer Vater im Himmel vollkommen ist", heißt es im Neuen Testament. Und im Alten Testament heißt es: „Ich bin der Herr, euer Gott, darum sollt ihr euch heiligen, daß ihr heilig seid, denn ich bin heilig." Wenn man daher unter Religion gar nichts andres versteht als überhaupt Kultus eines Ideals, so hat man vollkommen recht, wenn man die Aufhebung der Religion unmenschlich nennt, denn daß sich der Mensch ein Ziel seines Strebens, ein Vorbild setzt, ist notwendig. Aber das Ideal, wie es Gegenstand der Religion, so auch der christlichen Religion, kann nicht unser Muster sein. Der Gott, das religiöse Ideal, ist zwar immer ein menschliches Wesen, aber doch so, daß eine Menge dem wirklichen Menschen zukommende Eigenschaften an ihm weggelassen sind; er ist nicht das ganze menschliche Wesen; er ist nur *etwas* vom Menschen, etwas aus dem Ganzen Herausgerissenes, ein Aphorismus der menschlichen Natur. So reißen die Christen den Geist, die Seele dem Menschen aus dem Leibe heraus und machen diesen herausgerissenen, entleibten Geist zu ihrem Gotte. Selbst die Heiden, wie z. B. die Griechen, welche den Menschen sozusagen mit Haut und Haaren zum Gotte machten, selbst diese machten doch nur die menschliche Gestalt, wie sie ein Gegenstand des Auges, aber nicht, wie sie ein Gegenstand des körperlichen Tastsinns ist, zur Gestalt ihrer Götter. Ob sie gleich in der Praxis, im Leben, im Kultus ihre Götter wie wirkliche Menschen behandelten, ihnen sogar Speise und Trank darbrachten, so waren die Götter doch in ihrer Vorstellung, ihrer Dichtkunst abgezogene Wesen, Wesen ohne wirkliches Fleisch und Blut. Namentlich gilt dies aber vom christlichen Gott. Wie kann nun aber ein abgezogenes, unsinnliches, unkörperliches Wesen, ein Wesen ohne sinnliche Bedürfnisse, Triebe und Leidenschaften, mir zumuten, daß ich, ein körperliches, sinnliches, wirkliches Wesen, ihm gleichen, ihm ähnlich sein soll? Wie kann es für mich das Gesetz, das Muster meines Lebens und Tuns sein, wie überhaupt mir Gesetze geben? Der Mensch begreift nicht Gott, sagt die Theologie, aber Gott begreift auch nicht die Menschen, sagt die Anthropologie. Was weiß ein Geist von sinnlichen Trieben, Bedürfnissen und Leidenschaften? Woher sind denn die Gesetze der Moral, schreien die Gläubigen, wenn kein Gott ist? Die Toren! Gesetze, die der menschlichen Natur entsprechen, sind auch nur aus dem Menschen entsprungen. Ein Gesetz, das ich nicht erfüllen kann, das über meine Kräfte geht, das ist auch kein Gesetz für mich, kein menschliches Gesetz; aber ein menschliches Gesetz hat ebendeswegen auch einen menschlichen Ursprung. Ein Gott kann alles Mögliche, d. h. alles nur immer Einbildbare, und kann daher auch alles Mögliche dem Menschen zumuten. Sogut er zu den Menschen sagen kann: Ihr sollt vollkommen und heilig sein wie ich!, sogut kann er auch zu den Menschen sagen: Ihr sollt nicht essen und trinken; denn ich, der Herr, euer Gott, esse und trinke auch nicht. In den Augen eines Gottes ist ja das Essen und Trinken etwas höchst Unanständiges, Unheiliges, Tierisches. Gesetze, die ein Gott dem Menschen gibt, d. h. Gesetze, die ein abgezogenes und ebendeswegen nur in der Einbildung existierendes Wesen zu ihrem Grund und Ziel haben, taugen daher nichts für den Menschen, haben zu ihrer Folge die größte Heuchelei, denn ich kann nicht Mensch sein, ohne meinen Gott zu verleugnen, oder die größte Unnatur, wie die Geschichte des Christentums und anderer ähnlicher Religionen bewiesen hat. Die notwendige Folge eines geistigen, d. h. abstrakten, abgezogenen Wesens oder Gottes, welches der Mensch zum Gesetz seines Lebens macht, ist die Mazeration, die Mortifikation, die Selbstentfleischung, die Selbstentleibung. Das materielle Elend der Christenwelt hat daher zuletzt seinen Grund nur in ihrem geistigen Gott oder Ideal. Ein geistiger Gott kümmert sich nur um das Seelenheil, aber nicht um das körperliche Wohl des Menschen. Ja, das Körperwohl steht sogar in größtem Widerspruch mit dem Seelenheil, wie die frömmsten und ausgezeichnetsten Christen gesagt haben. Statt des religiösen Ideals muß sich der Mensch daher jetzt ein anderes Ideal setzen. Unser Ideal sei kein kastriertes, entleibtes, abgezogenes Wesen, unser Ideal sei der ganze, wirkliche, allseitige, vollkommene, ausgebildete Mensch. Nicht nur das Seelenheil, nicht nur die geistige Vollkommenheit, auch die körperliche Vollkommenheit, die körperliche Wohlfahrt und Gesundheit gehöre zu unserem Ideal! Die Griechen leuchten uns auch hierin mit ihrem Beispiel voran. Körperliche Spiele und Übungen gehörten zu ihren religiösen Festen.

Mit dem religiösen Ideal verknüpfen sich ferner immer allerlei unvernünftige, selbst abergläubische Vorstellungen. Die Religion stellt nämlich zugleich dieses Ideal als ein Wesen vor, von dessen Willen das Schicksal des Menschen abhängt, als ein persönliches oder doch selbständiges, vom menschlichen Wesen unterschiedenes Wesen, das der Mensch verehren, lieben und fürchten soll, kurz, dem er alle die

Empfindungen und Gesinnungen zuwenden soll, die man nur einem wirklichen, lebendigen Wesen gegenüber empfinden kann. Der Mensch hat keine Vorstellung, keine Ahnung von einer anderen Wirklichkeit, einer anderen Existenz als einer sinnlichen, physischen. Die Religion stellt daher das Ideal, obwohl es nur ein Gedankenwesen oder nur moralisches Wesen ist, zugleich als ein physisches Wesen vor. Sie macht das im Sinne des Menschen höchste Wesen oder Vorbild auch zu dem an sich ersten Wesen, zu dem Wesen, woraus alle anderen sinnlichen, körperlichen Wesen entsprungen sind und von dem sie in ihrem Sein abhängen. Dies ist der Unsinn der Religion, daß sie das Ziel des Menschen zum Anfang der Welt, zum Prinzip der Natur macht. Weil er sich abhängig fühlt und weiß von seinem Ideal, weil er fühlt, daß er ohne dies Ziel nichts ist, daß er mit ihm den Zweck und Grund seines Daseins verliert, so glaubt er auch, daß die Welt überhaupt nicht ohne dieses Urbild bestehen kann, daß sie ohne dasselbe nichts ist. Es ist die menschliche Eitelkeit, die keineswegs nur in der glänzenden Uniform des Staats, sondern auch in dem demütigen Mönchs- oder Priestergewand der Religion sich geltend macht, es ist, ein modernes Wort gebraucht, die Romantik, welche ihrem religiösen Ideal den ersten Platz einräumt, ja, alle anderen Dinge zum Opfer darbringt, um damit ihre Verehrung auszudrücken. Wie der Liebhaber, wenigstens der romantische Liebhaber, die Tugenden und Reize aller anderen Frauen im Vergleich zu seiner Geliebten in nichts verschwinden sieht, wie sie in seinen Augen die einzige, die Unvergleichliche, die namenlos, die unbeschreiblich Schöne, der Ausbund, der Inbegriff aller weiblichen Tugenden und Reize ist, so daß für die anderen Frauen nichts übrigbleibt als der Mangel an allen jenen Reizen, die eben die einzige in sich schon verschlungen hat, so geht es dem Menschen auch mit dem Ideal seiner religiösen Liebe. Alle anderen Dinge und Wesen verschwinden vor demselben in nichts; denn es ist der Inbegriff aller Tugenden, aller Vollkommenheiten. Das Dasein aller anderen Dinge ist an sich ihm unerklärlich, weil gleichgültig, wie dem romantischen Liebhaber das Dasein aller anderen Frauen; aber weil sie nun einmal da sind, trotz seines religiösen Ideals, welches allein wert ist zu existieren, so muß er sich doch einen, wenn auch noch so schlechten Grund ihres

Daseins ausfindig machen; und er findet diesen nur in ihrer, freilich sehr entfernten, Ähnlichkeit mit dem religiösen Ideal, nur darin, daß sie doch etwas Göttliches, etwas, wenn auch sehr wenig, Vollkommenes in sich haben, gleichwie der romantische Liebhaber den anderen Frauen wenigstens die Gnade antut, sie doch auch neben seiner einzigen existieren zu lassen, weil sie doch auch Ähnlichkeit mit der einzigen haben. Die andern Frauen sind ja doch wenigstens auch Frauen, gleichwie die anderen Wesen auch *Wesen* sind sogut als das göttliche Wesen. Aus diesem eben entwickelten Grunde also, freilich nicht aus diesem allein, kommt es also, daß der Mensch seinem religiösen Ideal den ersten Rang unter allen Wesen einräumt und deswegen nicht nur alle anderen Wesen *nach* ihm, sondern auch *aus* ihm entstehen läßt. *Nach* ihm läßt er sie entstehen, weil sie nach ihm dem Range nach kommen, weil er das dem Range nach erste Wesen auch zu dem der Zeit nach ersten Wesen macht, weil der Mensch, namentlich der Mensch der alten Welt, aus welcher die Religion entsprungen, das Ältere, Frühere als ein höheres Wesen ansieht als das Jüngere, Neuere*; *aus* ihm aber läßt er sie entstehen nur aus einem negativen, d. i. nichtigen Grunde, nur aus dem Grunde seiner Unwissenheit, nur weil er *nicht* weiß, woher er sie sonst entstehen lassen soll. *Ein* Bock zieht immer einen anderen nach sich. Der erste Bock der Religion ist, daß sie das religiöse Ideal zum Urwesen, zum ersten Wesen macht, der zweite, daß sie die anderen Wesen aus ihm kommen läßt; aber der erste zieht notwendig den zweiten nach sich. „Dem Anfange leiste Widerstand!" Dieser Satz gilt auch in der Religion, gilt auch in der Politik. Aber sosehr dieser Satz in der Medizin, Moral und Pädagogik allgemein angenommen und gepriesen wird, sosehr verschrien ist er in der Politik, in der Religion. Der Rationalismus, um ein Beispiel aus der Religion, die ja unser Gegenstand ist, zu geben, kuriert und bemerkt überall richtig die handgreiflichen Böcke des religiösen Glaubens, die aber eben nur Böcke zweiten, untergeordneten Ranges sind; die Grundböcke aber, welche erst die anderen Böcke zur Folge haben, läßt er als unantastbare Heiligtümer bestehen. Auf

* Z. B.: „Antiquitas proxime accedit ad deos [das Altertum steht den Göttern am nächsten]" (Cicero, „De legibus").

die Frage des Rationalisten an den Atheisten, was der Atheismus sei, ist daher die Antwort die: Der Rationalismus ist ein unausgebackener, halber, ungründlicher Atheismus; der Atheismus ist der vollendete, gründliche Rationalismus. Oder die Antwort ist diese: Der Rationalismus ist ein Chirurg, der Atheist ein Mediziner. Der Chirurg heilt nur die handgreiflichen Übel, der Mediziner die inneren, nicht mit Fingern und Zangen faßbaren Übel. Doch wieder von dieser Episode zurück zu unserem Thema.

Der Gott, das religiöse Ideal des Christen ist der Geist. Der Christ beseitigt sein sinnliches Wesen; er will nichts wissen von dem gemeinen, „tierischen" Trieb des Essens und Trinkens, dem gemeinen, „tierischen" Trieb der Geschlechts- und Kinderliebe; er betrachtet den Leib als einen Makel und Schandfleck, der seinem Adel, seiner Ehre, an sich ein geistiges Wesen zu sein, von Geburt an anklebt, als eine nur zeitlich notwendige Herablassung und Verleugnung seines wahren Wesens, als einen schmutzigen Reisekittel, als ein pöbelhaftes Inkognito seines himmlischen Staates. Er will bloß Geist sein und werden. Zwar haben die alten Christen an die Auferstehung des Fleisches geglaubt, ja, der Unterschied des Glaubens der Christen, wenigstens der alten, von dem Glauben der heidnischen Philosophen besteht darin, daß sie nicht nur eine Unsterblichkeit des Geistes, des Denkvermögens, der Vernunft, sondern auch eine leibliche Unsterblichkeit glaubten. „Ich will nicht allein der Seele nach, sondern auch dem Leibe nach leben. Das corpus will ich mit haben", sagt Luther. Aber dieser Leib ist eben ein durchaus himmlischer, geistiger Leib, d. h. ein eingebildeter Leib, ein Leib, der, wie überhaupt die religiösen Gegenstände, uns nichts darstellt und vergegenwärtigt als das Wesen der menschlichen Wünsche und Einbildungskraft. Der geistige Leib ist ein Leib, der, wie die Phantasie, die Einbildung des Menschen, in einem Nu an einem entfernten Orte ist, der, wie die Vorstellung, die Phantasie, durch verschlossene Türen hindurchdringt, denn die verschlossene Türe, die Wand ist ja kein Hindernis, mir vorzustellen, mir in der Einbildung zu vergegenwärtigen, was hinter der Wand, hinter der Türe vorgeht; ein Leib, dem kein Faustschlag und Fußtritt, keine Hieb- und Schußwunden beigebracht werden können, sowenig als einer Einbildung, einem Phantasie-, einem Traumbild Fußtritte und Faustschläge gegeben werden können; er ist daher ein ganz wunderbarer Körper, der verwirklichte übernatürliche Wunsch des Menschen, einen Körper zu haben ohne Krankheit, ohne Übel, ohne Leiden, ohne Verwundbarkeit und Sterblichkeit und folglich auch ohne alle Bedürfnisse; denn aus den mannigfaltigen Bedürfnissen unseres Leibes entspringen ja auch die mannigfaltigen Krankheiten und Übel desselben, wie z. B. aus dem Bedürfnis der Luft und folglich einer Lunge die Leiden und Übel der Lunge. Brauchten wir keine Luft und hätten daher keine Lunge, so hätten wir eine Quelle und Klasse von Krankheiten weniger, als wir jetzt haben. Aber das himmlische, geistige corpus braucht keine Luft, keine Speisen, keine Getränke; es ist ein bedürfnisloses, göttliches, geistiges corpus; kurz, es ist ein nicht vom Wesen der menschlichen Einbildungen und menschlichen Wünsche unterschiedenes Ding, ein Leib, der in Wahrheit *kein* Leib ist. Trotz des himmlischen Leibes können wir daher als das Ideal, das Ziel des Christen, des alten selbst, den Geist setzen. Der Unterschied zwischen den verschiedenen Sorten der Christen besteht nur darin, daß die alten, wundergläubigen Christen hauptsächlich den Geist der Einbildungskraft, den mit sinnlichen, gemütlichen Bildern geschwängerten Geist, die christlichen, gottesgläubigen Philosophen den Geist, der aus den Bildern allgemeine Begriffe abzieht, den denkenden Geist, die Rationalisten und Moralisten den Geist, der in Handlungen sich äußert, den praktischen, moralischen Geist, zu ihrem Ideal oder Muster haben.

Weil also dem Christen der Geist, das fühlende, denkende, wollende Wesen, sein höchstes Wesen, sein Ideal ist, so macht er es auch zu dem ersten Wesen, zur Ursache der Welt; d. h., er verwandelt seinen Geist in ein gegenständliches, außer ihm existierendes, von ihm unterschiedenes Wesen, von welchem er daher auch die außer ihm existierende gegenständliche Welt entspringen läßt, ableitet. Gott, sagt der Christ, Gott, d. h. der vergegenständlichte, außer dem Menschen existierend gedachte Geist, hat die Welt durch seinen Willen und Verstand hervorgebracht. Diesen weltschöpferischen Geist unterscheidet der Christ aber als den vollkommenen, unendlichen Geist von seinem oder dem menschlichen Geist überhaupt als dem unvollkommenen, beschränkten, endlichen Geist. Dieser Prozeß der Unterscheidung, dieser Schluß von dem „endlichen" Geist auf einen unendlichen Geist, *dieser* Beweis vom Dasein eines Gottes, d. h. hier eines vollkommenen Geistes, ist der *psychologische*. Während der sogenannte kosmologische Beweis von der Welt im allgemeinen, der physiologische oder teleologische Beweis von der Ordnung und dem Zusammenhang, der Zweckmäßigkeit der Natur ausgeht, so geht dagegen der psychologische Beweis, welcher der das Wesen des Christentums charakterisierende Beweis ist, von der Psyche oder der Seele, dem Geiste des Menschen aus. Der heidnische Gott ist ein von der Natur abgezogener, aus der Natur entsprungener, der christliche Gott ein von der Seele, dem Geiste abgezogener, aus der Seele entsprungener Gott. Der Schluß ist kürzlich dieser: Der menschliche Geist ist; an seinem Dasein können wir nicht zweifeln; es ist etwas Unsichtbares, Unkörperliches in uns, das denkt, will und fühlt; aber das Wissen, Wollen und Können des menschlichen Geistes ist mangelhaft, beschränkt durch die Sinnlichkeit abhängig vom Leibe; das Beschränkte, Endliche, Unvollkommene, Abhängige setzt aber etwas Unbeschränktes, Unendliches, Vollkommenes voraus; also setzt der endliche Geist einen unendlichen Geist als seinen Grund voraus; also ist ein solcher, und dieser ist Gott. Aber folgt hieraus die Selbständigkeit, die wirkliche Existenz eines solchen Geistes? Ist der unendliche Geist nicht eben der unendlich, der vollkommen sein wollende Geist des Menschen? Kommen bei der Entstehung dieses Gottes nicht auch die Wünsche des Menschen in Betracht? Wünscht nicht der Mensch, frei von den Schranken des Leibes, wünscht er nicht, allwissend, allmächtig, allgegenwärtig zu sein? Ist also nicht auch dieser Gott, dieser Geist der verwirklichte Wunsch des Menschen, unendlicher Geist zu sein? Haben wir nicht also auch in diesem Gotte das menschliche Wesen vergegenständlicht? Schließen denn nicht die Christen, selbst die heutigen denk- oder vernunftgläubigen Christen, aus dem Alles-wissen-Wollen, dem unendlichen Wissensdurst des Menschen, welcher aber hier nicht befriedigt werde und nicht befriedigt werden könne, aus dem unendlichen, durch kein Gut, kein Glück der Erde befriedigten Glückseligkeitstrieb, aus dem Verlangen nach vollkommener, durch keine sinnlichen

Triebe befleckter Moralität auf die Notwendigkeit und Wirklichkeit eines nicht auf die Zeit dieses Lebens und den Ort dieser Erde beschränkten, nicht an den Leib, nicht an den Tod gebundenen, unendlichen Lebens und Daseins des Menschen? Sprechen sie aber nicht dadurch, wenn auch nicht geradezu, die Gottheit oder Göttlichkeit des menschlichen Wesens aus? Ist denn ein ewig dauerndes, nie endendes, an keine Zeit und keinen Ort gebundenes, ein der Allwissenheit, überhaupt unendlicher Vollkommenheit fähiges Wesen nicht ein Gott oder göttliches Wesen? Ist also ihr Gott, ihr unendlicher Geist etwas andres als das Vor- und Musterbild von dem, was sie einst selbst werden wollen, das Urbild und Abbild ihres eigenen, in der Zukunft sich entfaltenden Wesens? Was ist denn der Unterschied zwischen dem göttlichen und menschlichen Geist? Einzig die Vollkommenheit oder Unendlichkeit; die Eigenschaften, die Wesensbestimmungen sind in beiden gleich; der Geist hat nach den christlichen Psychologen nichts mit der Materie, dem Körper gemein; er ist, wie sie sich ausdrücken, ein vom sinnlichen, leiblichen Wesen absolut unterschiedenes Wesen; Gott ist es aber desgleichen; Gott kann nicht gesehen, gefühlt, betastet werden; der Geist auch nicht; der Geist denkt, Gott auch; die Christen, selbst die vernunftgläubigen, erblicken ja in den Dingen nur verwirklichte, versinnlichte, verkörperte Gedanken Gottes; der Geist hat oder ist Bewußtsein, Wille, Persönlichkeit; Gott auch; der Unterschied ist nur, daß das, was im Menschen beschränkt, endlich, in Gott unbeschränkt, unendlich ist. Was offenbart sich denn nun aber in dieser Unendlichkeit der göttlichen Eigenschaften? Die Unendlichkeit oder Unbeschränktheit der menschlichen Wünsche, der menschlichen Einbildungskraft und der menschlichen Abstraktionskraft, der Kraft oder Fähigkeit, das Allgemeine von dem Einzelnen und Besonderen abzuziehen, wie ich z. B. von den vielen verschiedenen Bäumen den Allgemeinbegriff des Baumes abziehe, indem ich alle Unterschiede, alle Besonderheiten, wodurch sich die einzelnen Bäume in der Wirklichkeit unterscheiden, weglasse. Der unendliche Geist ist nichts als der Gattungsbegriff des Geistes, welcher aber von der Einbildungskraft, auf Befehl der menschlichen Wünsche und Glückseligkeitstriebe, als ein selbständiges Wesen versinnlicht wird. „Je weniger bestimmt", sagt der heilige Thomas Aquino, „je allgemeiner, je abgezogener ein Wort oder eine Bestimmung ist, desto mehr eignet sie sich für Gott, desto angemessener ist sie ihm." Wir haben schon früher dies gesehen bei der Frage von der Existenz, von dem Wesen Gottes überhaupt. Jetzt, wo wir im Wesen des Christentums uns befinden, dessen Wesen der Geist ist, haben wir dieses an den geistigen Bestimmungen Gottes nachzuweisen. „Gott", heißt es z. B. in der Bibel, „ist die Liebe", d. h., Gott ist die Liebe im allgemeinen gedacht; die menschliche Liebe besteht in verschiedenen Arten, als Freundesliebe, als Vaterlandsliebe, als Geschlechtsliebe, als Kinder- und Elternliebe, als wohlwollende Gesinnung gegen die Menschen überhaupt, als Menschenfreundlichkeit; sie gründet sich im Menschen auf Neigung, Empfindung, Sinnlichkeit; die Liebe nun, abgesondert von allen diesen ihren Arten, von allen sinnlichen und speziellen Bestimmungen, die Liebe, rein für sich selbst gedacht, ist die Liebe, wie sie Gott zugeschrieben oder als Gott gedacht wird. Ein anderes Beispiel ist das Wort Gottes oder das göttliche Wort. Die alten Christen, welche weit folgerichtiger dachten als die modernen, welche fast die ganze Psychologie und Anthropologie in die Theologie verlegten, schrieben dem göttlichen Geist auch ein *göttliches Wort* zu, und zwar ganz richtig. Der Geist äußert sich auf die geistigste, ihm entsprechendste Weise nur im Worte, ja, Denken und Reden, wenn auch nicht äußerlich mit den Lippen, ist unzertrennlich; mit dem Worte verschwindet auch der Gedanke, mit dem Namen die Sache, die er bezeichnet; die Menschen fingen daher erst zu denken an, als sie zu sprechen anfingen, als sie Worte bildeten. Wenn man daher Gott Geist, Verstand zuschreibt, wenn man von Gedanken Gottes spricht, so muß man auch so konsequent sein, von *Worten* Gottes zu reden. Schämt man sich nicht, die Welt, die sinnliche, körperliche, durch den Gedanken und Willen eines Geistes entstehen zu lassen, schämt man sich nicht, zu behaupten, daß die Dinge nicht deswegen gedacht werden, weil sie sind, sondern deswegen sind, weil sie gedacht werden, so schäme man sich auch nicht, dieselben durch das Wort entspringen zu lassen, so schäme man sich auch nicht, zu behaupten, daß nicht die Worte sind, weil die Dinge sind, sondern die Dinge nur der Worte wegen sind. Der Geist als Geist wirkt nur durch das Wort, tritt nur durch dasselbe aus sich heraus in die Welt, in die Erscheinung. Die alte Theologie und Religion ließen daher auf die dem Wesen Gottes als eines Geistes entsprechende Weise die Welt entspringen, indem sie dieselbe durch das Sprechen Gottes, das göttliche Wort, entspringen ließen. Diese Vorstellung von der Entstehung der Welt durch das Wort ist übrigens keineswegs nur der jüdischen oder christlichen Religion eigentümlich, sie kommt schon in der alten persischen Religion vor. Was im Griechischen „logos", heißt dort „Honover", was auch nach den neuesten Forschern, wie Röth („Die Ägyptische und Zoroastrische Glaubenslehre"), nichts anderes bedeutet als „das Wort" im eigentlichsten Sinn. Das Wort Gottes ist nun aber, wenigstens in der christlichen Theologie, nichts anderes als der Begriff des Worts überhaupt; das göttliche Wort ist nicht dieses oder jenes bestimmte Wort, kein lateinisches, deutsches, hebräisches, griechisches Wort, kein einzelnes oder besonderes, kein in der Luft verhallendes, kein zeitliches Wort; aber all diese und ähnliche Eigenschaften, womit die Theologen das Wort Gottes ausstatten, gelten von dem Begriff des Wortes oder von dem, was das Wort überhaupt, das Wort an sich ist. Diesen Gattungsbegriff nun aber, dieses allen den unzähligen verschiedenen Worten gemeinsame Wesen des Wortes verselbständigt die religiöse und theologische Einbildungskraft als ein *besonderes*, persönliches, selbst wieder vom Worte oder dessen Wesen unterschiedenes Wesen, gleichwie sie das Wesen Gottes, obwohl es ursprünglich und in Wahrheit nichts andres ist als das Wesen der Welt, als ein vom Wesen der Welt unterschiedenes, besonderes Wesen vorstellt. Dasselbe, was von dem Worte, von der Liebe, dasselbe gilt von dem Geiste überhaupt, von dem Verstande, von dem Willen, von dem Bewußtsein, von der Persönlichkeit, wie sie Gott zugeschrieben oder vergöttert, als Gott vorgestellt werden. Es ist immer nur eine menschliche Kraft, Eigenschaft, Fähigkeit, die vergöttert wird, aber wie sie vergöttert wird, so wird sie abgesondert von allen den besonderen Bestimmungen, die diese Kraft, Fähigkeit, Eigenschaft als eine wirkliche, menschliche hat, so daß, wenn diese Verflüchtigung bis aufs höchste oder äußerste getrieben wird, zuletzt nichts übrigbleibt als der *bloße Name*, der Name des Willens, der

Name des Bewußtseins, aber nicht das Wesen des Bewußtseins, das Wesen des Willens, nicht das, was eben erst Bewußtsein und Willen zu wirklichem Bewußtsein und Willen macht, so daß also die Theologie zuletzt nur auf eine hohle, aber erbauliche Phraseologie hinausläuft.

Neunundzwanzigste Vorlesung

Der Sinn oder Kern meiner Entwickelung des psychologischen Beweises vom Dasein Gottes, welchen ich als den das Wesen des Christentums charakterisierenden bezeichnete, war der, daß der Beweis von dem Dasein eines Gottes oder vielmehr unendlichen Geistes – denn als solcher wird ja Gott im Christentum bestimmt – nur ein indirekter, ungerader Beweis von der Unendlichkeit des menschlichen Geistes sei, der Beweis dagegen von der Unsterblichkeit auf unmittelbare, gerade Weise die Unendlichkeit als eine Eigenschaft des menschlichen Geistes ausspreche. Die Christen schließen nämlich, es müsse ein unendlicher Geist sein, weil ein endlicher, ein vollkommner, weil ein unvollkommner, ein allwissender, weil ein einiges wissender, ein alles könnender, weil ein einiges vermögender Geist sei. Aber ebenso schließen sie: Es muß ein ewiges, unendliches Leben des Menschen geben, weil die geistigen Kräfte und Anlagen des Menschen innerhalb der Schranken dieses Lebens, dieses Leibes nicht Platz haben, nicht nach Wunsch und Vermögen sich entfalten können; es muß einst der Mensch alles wissen, weil er alles wissen will, weil er einen unbeschränkten Wissensdurst hat; es muß einst der Mensch oder menschliche Geist vollkommen sittlich und glücklich werden oder, wie sich die modernen Denkgläubigen kluger- und halberweise ausdrücken, wenn auch nicht absolut vollkommen, doch wenigstens von Stufe zu Stufe bis zur Unendlichkeit fort immer vollkommener werden, weil er nicht nur eine unendliche Vervollkommnungsfähigkeit, sondern auch einen unendlichen Vervollkommnungs- und Glückseligkeitstrieb hat, einen Trieb, der auf dieser kleinen Erde, in dieser kurzen Lebenszeit, in diesem Jammertal aber unerfüllt bleibt. Wir sehen hieraus, daß der Schluß auf einen Gott und der Schluß auf die Unsterblichkeit im Grunde *ein und derselbe* Schluß ist, daß ebendeswegen die Idee der Gottheit und die Idee der Unsterblichkeit im Wesen, im Grunde eine und dieselbe ist. Der Schluß auf einen Gott geht nur dem Schluß auf Unsterblichkeit voraus; die Gottheit ist die Voraussetzung der Unsterblichkeit, ohne Gott keine Unsterblichkeit. Aber die Unsterblichkeit ist erst der Sinn und Zweck von dem Dasein Gottes oder von dem Schluß auf dessen Dasein. Ohne Gott hat der Unsterblichkeitsglaube keinen Anhaltspunkt, keinen Anfang, keinen Grund und Boden, kurz, kein Prinzip. Die Unsterblichkeit ist ein dem Zeugnis der Sinne, welche die Wahrheit des Totseins verbürgen, widersprechender, ein übersinnlicher, überschwenglicher Wunsch und Gedanke. Wie kann ich an die Wahrheit dieses Gedankens, an die Verwirklichung dieses Wunsches glauben, wenn kein diesem Wunsch, diesem Gedanken entsprechendes, kein wider- und übersinnliches, überschwengliches Wesen ist? Wie kann ich an die Natur, an die Welt diesen Glauben anknüpfen? In der Natur gibt es keine andere Unsterblichkeit als die der Fortpflanzung, als die, daß ein Wesen nur in den Wesen seinesgleichen, nur der Art, der Gattung nach fortdauert, d. h., daß immer an die Stelle des verstorbenen Individuums ein neues tritt. Bei den niederen Tieren, wie z. B. bei den Schmetterlingen, ist sogar unmittelbar mit dem Zeugungsakt der Tod verbunden. Der Schmetterling stirbt, sowie er andere Schmetterlinge oder wenigstens die Eier, die Keime derselben, in die Welt gesetzt hat. Gäbe es keine Fortpflanzung, so gäbe es auch keinen Tod; denn in der Zeugung erschöpft ein Wesen seine Lebenskraft; in der Vervielfältigung seiner selbst oder, anders ausgedrückt, dadurch, daß es viele Wesen seinesgleichen, seiner Art in die Welt setzt, hebt es die Einzigkeit und damit Notwendigkeit seiner eigenen Existenz auf. Der Mensch überdauert allerdings noch lange den Verlust seiner Zeugungskraft; aber wo das Zeugungsvermögen des Menschen erschöpft ist, da beginnt auch das Alter, da nähert er sich, wenn auch langsam, dem Ende. Wie kann ich also an die Natur den Unsterblichkeitsglauben anknüpfen? Die Natur gibt den Tod, aber Unsterblichkeit gibt nur ein Gott. Freilich, wenn der Mensch einmal Unsterblichkeit glaubt, so findet er in der Natur auch genug Beispiele und Beweise dieses seines Glaubens, d. h., er legt die Natur nach seinem Sinne, zugunsten seines Glaubens aus. Worin daher die Christen, wie in dem Wechsel der Jahreszeiten, in dem Unter- und Wiederaufgang der Sonne, Beweise oder Bilder ihrer Unsterblichkeit, ihrer Auferstehung erblicken, weil sie an dieselbe glauben, alles daher mit der Brille dieses Glaubens ansehen, darin erblickten die Heiden, welche keine Unsterblichkeit glaubten, gerade die Beweise oder Bilder ihrer Vergänglichkeit und Sterblichkeit. „Das Eis", sagt z. B. Horaz, „schmelzen die Zephyre, den Frühling zertritt der Sommer, der verschwindet, sobald der obstreiche Herbst seine Früchte ausgeschüttet, und gleich darauf kehrt wieder der leblose Winter. Doch die Verluste des Himmels ersetzen neue Mondläufe; wir nur, sinken wir einmal hinab, wo der fromme Aeneas, wo der reiche Tullus und Ancus, sind Staub und Schatten." Wie kann ich ferner glauben, daß nach dem sichtbaren, augenfälligen, unleugbaren Untergang des Leibes die sogenannte Seele, der Geist, das Wesen des Menschen noch übrigbleibt, wenn ich nicht glaube, daß es eine Seele, einen Geist ohne Leib gibt und daß dieser Geist ohne Leib das höchste und mächtigste Wesen ist, *das* Wesen, im Vergleich zu welchem alle sinnlichen, körperlichen Wesen nichts sind und vermögen? Der Glaube an die Unsterblichkeit setzt daher den Glauben an die Gottheit voraus, d. h., der Mensch denkt sich einen Gott, weil er sich ohne einen Gott keine Unsterblichkeit denken kann. In der Vorstellung, in der *Doktrin*, in der Lehre ist die *Unsterblichkeit nur eine Folge* von dem Glauben an Gott; aber in der *Praxis* oder in Wahrheit ist der *Unsterblichkeitsglaube* der *Grund* des Glaubens an einen Gott. Der Mensch glaubt nicht an die Unsterblichkeit, weil er an Gott glaubt, sondern er glaubt an Gott, weil er an die Unsterblichkeit glaubt, weil er ohne den Gottesglauben den Unsterblichkeitsglauben nicht begründen kann. Dem Scheine nach ist das erste die Gottheit, das zweite die Unsterblichkeit; aber der Wahrheit nach ist das *erste* die *Unsterblichkeit*, das *zweite* die *Gottheit*. Die Gottheit ist nur das erste insofern, als sie das Mittel, die Bedingung zur Unsterblichkeit ist, oder, anders ausgedrückt: Sie ist das erste, weil sie die *personifizierte*, *verselbständigte Seligkeit* und *Unsterblichkeit*, das als *gegenwärtiges* Wesen vorgestellte und verwirklichte zukünftige Wesen des Menschen ist, so daß der Glaube an Unsterblichkeit und Gottheit nicht besondere Glaubensartikel oder Glaubensgegenstände sind, sondern der Glaube an Gott unmittelbar der Glaube an Unsterblichkeit und umgekehrt der Glaube an Unsterblichkeit der Glaube an Gott ist.

Gegen diese Behauptung, welche Gott und Unsterblichkeit für eins, für nicht verschieden erklärt, kann man anführen, daß man an Gott glauben könne, ohne an Unsterblichkeit zu glauben, wie nicht nur viele Individuen, sondern selbst ganze Völker bewiesen. Allein ein Gott, mit dem sich nicht die Vorstellung oder der Glaube der Unsterblichkeit des Menschen verbindet, ist noch kein wahrer, eigentlicher Gott, ist nur ein vergöttertes Naturwesen; denn die Gottheit und Ewigkeit eines Naturwesens schließt allerdings nicht die Unsterblichkeit des Menschen in sich; denn die Natur hat kein Herz, ist unempfindlich für die Wünsche des Menschen, kümmert sich nicht um den Menschen. Wenn ich mir Sonne, Mond und Sterne als ewige Wesen denke, wie die alten Parsen und andere Völker, was folgt daraus für mich? Sonne, Mond und Sterne waren, ehe sie ein menschliches Auge erblickte, sie sind nicht, weil ich sie sehe, sondern ich sehe sie, weil sie sind; ob sie gleich nur sind für ein sehendes Wesen, so sind sie doch nicht für mein Auge ohne jene Einwirkung auf das Auge, der wir den Namen Licht geben; kurz, mein Sie-Sehen setzt ihr Dasein voraus; sie waren, ehe ich sie sah, und sie werden sein, wenn ich sie auch nicht mehr sehe; denn sie sind hoffentlich nicht dazu [da], um von mir gesehen zu werden. Was folgt daraus also für die Unsterblichkeit meines Auges oder meines Wesens überhaupt? Der Gott, aus dem keine Unsterblichkeit erfolgt, ist also entweder irgendein Naturgegenstand, oder er ist zwar ein menschliches, aber aristokratisches Einzelwesen wie die Götter der Polytheisten, namentlich der Griechen. Bei den Griechen heißen die Menschen die Sterblichen, die Götter die Unsterblichen. Die Unsterblichkeit ist hier auch eins mit dem Begriff der Gottheit; aber sie ist ein Privilegium der Gottheit; sie geht nicht auf den Menschen über, weil die Götter Aristokraten sind, die nichts von ihren Vorrechten ablassen, weil sie eifersüchtige, selbstsüchtige, neidische Wesen sind. Sie sind zwar durch und durch menschliche Wesen, sie haben alle

Laster und Leidenschaften der Griechen an sich; aber sie bilden doch eine besondere Klasse von Wesen und lassen daher das gemeine Menschenpack nicht an ihrer Seligkeit und Unsterblichkeit teilnehmen. „Die Götter haben den elenden Menschen die Angst und den Schmerz zugeteilt; sie selbst leben glücklich und sorglos", heißt es in der „Ilias". Übrigens hat, wenigstens bei Homer, dem Vater oder Taufpaten der griechischen Götter, die Unsterblichkeit der Götter auch nicht viel zu sagen; denn, ob sie gleich nicht wirklich sterben, so *können* sie doch sterben. Oder der Gott, mit dem nicht der Glaube an Unsterblichkeit verbunden ist, ist nur ein Nationalgott wie der Gott der alten Juden. Die Juden glaubten keine Unsterblichkeit, sondern nur eine Fortdauer des Geschlechts durch die Zeugung; sie wünschten sich nur ein langes Leben und Nachkommenschaft, wie überhaupt die alten, namentlich orientalischen Völker, bei denen es für das größte Unglück galt und noch jetzt gilt, kinderlos aus der Welt zu scheiden. Aber der Gott Jehovah, der alte wenigstens, unterscheidet sich seinem Wesen nach nicht von dem Wesen der alten Israeliten. Was der Israelite haßte, das haßte auch sein Gott; was der Israelite gerne roch, das war auch dem Herrn ein lieblicher Geruch. „Noah opferte beim Herausgehen aus der Arche, und der Herr roch den lieblichen Geruch." Ja, die Speisen, die sie selbst aßen, die Hebräer, waren auch die Speise Gottes. An einen Nationalgott kann sich nur der Gedanke an die unendliche Ausdehnung und Dauer der Nation knüpfen. „Ich will", sagte Jehovah zu dem Stammesvater der Juden, Abraham, „ich will deinen Samen segnen und mehren wie die Sterne am Himmel und wie den Sand am Ufer des Meeres." Oder: Der Gott, der dem Menschen nicht das Bewußtsein seiner Unsterblichkeit einflößt, in dem der Mensch nicht die Bürgschaft findet, daß er ewig leben wird, ist nur noch ein Gott dem Namen, aber nicht der Tat nach. Ein solcher Namensgott ist z. B. der Gott mancher sogenannter spekulativer Philosophen, welche die Unsterblichkeit leugnen und Gott festhalten; aber sie halten ihn nur deswegen fest, weil sie sich ohne denselben vieles nicht denken und erklären können, weil er die Lücken ihres Systems und Kopfs ausfüllen muß; er ist daher nur ein theoretisches, philosophisches Wesen. Ein solcher Gott ist ferner der Gott mancher rationalistischer

Naturforscher, welcher nichts andres ist als die personifizierte Natur oder Naturnotwendigkeit, das Universum, das Weltall, womit sich freilich nicht die Vorstellung der Unsterblichkeit verträgt – denn in der Vorstellung des Weltalls verliert der Mensch sich aus dem Auge, sieht er sich verschwinden—, oder nichts andres als die *erste Ursache* der Natur oder Welt; aber eine erste Weltursache ist noch lange kein Gott. Als die erste Ursache der Welt kann ich mir eine bloße Naturkraft denken. Ein Gott ist wesentlich ein Gegenstand der Verehrung, der Liebe, der Anbetung; aber eine Naturkraft kann ich nicht lieben, nicht religiös verehren, nicht anbeten. Ein Gott ist kein Naturwesen, keine Naturkraft, sondern ein Gott ist Abstraktionskraft, Einbildungskraft und Herzenskraft. Ein Gott ist wesentlich ein herzliches Wesen; ein Gott, sage ich im vorletzten Paragraph[en] der diesen Vorlesungen zugrunde gelegten Abhandlung vom „Wesen der Religion", ist kein Ding, das du mit dem Fernrohr am Himmel der Astronomie oder mit dem Suchglas in einem botanischen Garten oder mit dem mineralogischen Hammer in den Bergwerken der Geologie oder mit dem anatomischen Messer in den Eingeweiden der Tiere und Menschen finden kannst, du findest ihn nur im Glauben, nur in der Einbildungskraft, nur im Herzen des Menschen; denn er ist selbst nichts andres als das Wesen der Phantasie oder Einbildungskraft, das Wesen des menschlichen Herzens. Ein Gott ist daher wesentlich ein die Wünsche des Menschen, erfüllendes Wesen. Nun gehört aber vor allem zu den Wünschen des Menschen, wenigstens *des* Menschen, der seine Wünsche nicht durch die Naturnotwendigkeit beschränkt, der Wunsch, nicht zu sterben, ewig zu leben; ja, dieser Wunsch ist der letzte und höchste Wunsch des Menschen, der Wunsch aller Wünsche, wie und weil das Leben der Inbegriff aller Güter ist; ein Gott, der daher nicht diesen Wunsch erfüllt, der nicht den Tod aufhebt oder wenigstens durch ein anderes, neues Leben ersetzt, ist *kein* Gott, wenigstens kein wahrer, dem Begriffe eines Gottes entsprechender Gott. So *grundlos* der Glaube an die Unsterblichkeit ohne den Glauben an die Gottheit, so *sinnlos* ist der Glaube an Gott ohne den Glauben an eine Unsterblichkeit. Gott ist wesentlich ein Ideal, ein Urbild des Menschen; aber das Urbild des Menschen ist *nicht für sich*, sondern *für den*

Menschen da; seine Bedeutung, sein Sinn, sein Zweck ist ja nur der, daß der Mensch werde, was das Urbild vorstellt; das Urbild ist nur das personifizierte, als ein eigenes Wesen vorgestellte zukünftige Wesen des Menschen. Ein Gott ist daher wesentlich ein kommunistisches, kein aristokratisches Wesen; er teilt alles, was er ist und hat, mit dem Menschen; alle seine Eigenschaften werden Eigenschaften des Menschen; und zwar mit vollem Rechte: Sie sind ja aus dem Menschen entstanden, sie sind vom Menschen abgezogen, sie werden am Ende den Menschen wieder zurückgegeben. „Gott ist selig", sagt z. B. Luther, „aber er will nicht für sich allein selig sein."

Die Religion stellt Gott als ein selbständiges, persönliches Wesen vor; sie stellt daher auch die Unsterblichkeit und andere göttliche Eigenschaften, deren der Mensch teilhaftig ist oder wird, als eine Gabe, als ein Geschenk gleichsam der göttlichen Liebe und Güte vor und dar. Aber der wahre Grund, daß der Mensch am Schlusse der Religion, bei dem wir jetzt stehen, in der Lehre von den letzten Dingen, göttliches Wesen wird, der wahre Grund davon ist, weil Gott, wenigstens der christliche, nichts andres als das *Wesen des Menschen*. Ist aber das Wesen des Menschen göttliches Wesen, so ist die notwendige Folge, daß auch die Individuen, die einzelnen Menschen Götter sind oder werden. Das Ideal oder Vorbild und zugleich die Bürgschaft von der Gottheit und Unsterblichkeit nicht nur des Wesens des Menschen im allgemeinen, des abgezogenen Wesens des Menschen, welches der Geist, die Vernunft, der Wille, das Bewußtsein ist und welches in dem unsichtbaren, unfaßbaren Gott, dem sogenannten Gott Vater vergöttert wird, sondern auch des einzelnen, d. i. wirklichen Menschen, des Individuums, ist im Christentum der *Gottmensch Christus*, in welchem es sich daher augenfällig zeigt und offenbart, daß das göttliche Wesen ein nicht vom Menschen unterschiedenes Wesen ist. Der moderne Denkglaube hat in seiner Halbheit, Taktlosigkeit und Oberflächlichkeit den Gottmenschen aufgegeben, aber den Gott festgehalten, d. h., er hat die Konsequenz, die notwendige Folge des Gottesglaubens aufgegeben, aber den Grund stehenlassen; er hat, wie ich schon bei einer anderen Gelegenheit zeigte, die *Lehre* beibehalten, aber die *Anwendung*, das *Beispiel*, den individuellen, sinnlichen Fall, in dem sich diese Lehre bewahrheitet, verworfen. Er hat den Geist beibehalten – Gott ist ein Geist, sagt der Rationalist wie der alte Christ –, aber er hat trotz seines Geistes und Vernunftglaubens den Kopf verloren; er hat Geist ohne Kopf, während der alte Christ ganz vernunft- und naturgemäß dem göttlichen Geist in dem Haupte seines Gottmenschen einen Kopf als das notwendige Organ und Wahrzeichen des Geistes beifügte. Der Rationalist hat einen göttlichen Willen, aber ohne die notwendigen Bedingungen und Äußerungsmittel des Willens, ohne Bewegungsnerven und Muskeln, kurz, ohne die Werkzeuge, durch welche der christliche Gott in den Wundern des Gottmenschen bestätigt und beweist, daß er einen *wirklichen* Willen hat; der Rationalist spricht von der göttlichen Güte und Vorsehung, aber er läßt das menschliche Herz des Gottmenschen weg, ohne welches doch Güte und Vorsehung bloße Worte ohne Wahrheit sind; der Rationalist gründet die Unsterblichkeit auf die Gottesidee, zwar nicht allein, doch nebenbei; er spricht von den göttlichen Eigenschaften als Bürgschaften der Unsterblichkeit, „so wahr als Gott ist, so wahr sind wir auch unsterblich"; aber gleichwohl verwirft er das Zeugnis dieser Unzertrennlichkeit oder Einheit der Gottheit und Unsterblichkeit, indem er die *Einheit des göttlichen* und *menschlichen Wesens* in dem Gottmenschen als götzendienerischen Aberglauben verwirft. Der Schluß: „So wahr als Gott ist, so wahr sind wir auch unsterblich", ist nämlich nur begründet und gerechtfertigt, wenn er den Satz zu seiner Voraussetzung hat oder in den Satz übersetzt wird: So wahr Gott Mensch ist, so wahr ist der Mensch Gott, so wahr ist folglich auch die Eigenschaft Gottes, nicht dem Tode, nicht der Notwendigkeit eines Endes unterworfen zu sein, eine Eigenschaft des Menschen. Kurz, die Folgerung der Unsterblichkeit des Menschen aus dem Begriffe und Dasein eines Gottes gründet sich nur auf die Einheit, d. h. die Nichtverschiedenheit des göttlichen und menschlichen Wesens. Selbst der religiöse Glaube, obwohl er die Unsterblichkeit nur als eine Folge der Güte Gottes darstellt, als eine Sache der Gnade, des freien Willens Gottes, gründet sie doch zugleich auf die Verwandtschaft des menschlichen und göttlichen Wesens und Geistes. Verwandtschaft setzt aber voraus Einheit und Gleichheit des Wesens oder der Natur, oder es ist vielmehr nur ein sinnlicher Ausdruck statt Einheit und Gleichheit. Darum kann selbst – und damit beschränke und berichtige ich einen früher ausgesprochenen Satz – an einen gegen den Menschen an sich gleichgültigen und rücksichtslosen Gegenstand, an ein Naturwesen, wie z. B. an die Sonne und andere Himmelskörper, der Glaube des Menschen an Unsterblichkeit, freilich nicht in dem Sinne der christlichen Unsterblichkeit, sich anknüpfen, aber nur unter der Bedingung, daß der Mensch sich als ein mit diesen himmlischen Körpern verwandtes Wesen ansieht, glaubt, daß sein Wesen und das Wesen dieser Himmelskörper einer und derselben Natur ist. Bin ich himmlischer Abkunft, himmlischen Wesens, so kann ich natürlich sowenig sterben als diese Himmelskörper, wenn ich sie mir als unsterblich denke. Ihre Unsterblichkeit verbürgt meine eigene; denn wie sollte der Vater seine eigenen Kinder fallen und sterben lassen? Er würde ja dadurch gegen sein eigenes Fleisch und Blut, sein eigenes Wesen streiten. So wie ein himmlisches Wesen nur himmlische, so zeugt ein unsterbliches Wesen auch wieder nur unsterbliche Kinder oder Wesen. Darum leitet der Mensch von einem Gotte sein Dasein ab, um dadurch sich einer göttlichen Abkunft und vermittelst derselben der Göttlichkeit, d. i. Unsterblichkeit seines Wesens zu versichern. Wer über den Tod, die Folge der Naturnotwendigkeit, hinauskommen will, der muß auch über den Grund derselben, die Natur selbst, hinausgehen. Wer in der Natur *nicht enden* will, der kann auch *nicht mit der Natur anfangen*, sondern nur mit einem Gotte. Nicht die Natur, nein, ein übernatürliches, göttliches Wesen ist der Urheber, die Ursache von mir, d. h. auf deutsch: *Ich bin ein übernatürliches, göttliches Wesen;* aber der Grund meiner Übernatürlichkeit und Göttlichkeit ist nicht die Ableitung von einem übernatürlichen Wesen, sondern ich leite mich von einem solchen ab, weil ich im Grunde meines Wesens schon vor dieser Ableitung mich für ein solches halte und daher mich nicht aus der Natur, aus der Welt entsprungen denken kann. „Wir sehen", sagt Luther in seiner „Auslegung des ersten Buchs Mose", „daß der Mensch eine *besondere* Kreatur sei, darum geschaffen, daß er der Gottheit und Unsterblichkeit teilhaftig sei, denn ein Mensch ist eine *bessere Kreatur denn Himmel und Erde mit allem, was darinnen ist*". „Ich bin ein Mensch", sagt derselbe an einer anderen, schon in meinen Schriften angeführten Stelle, *„das ist ja ein höher Titel denn ein Fürst sein.* Ursach': Den *Fürsten hat Gott nicht gemacht,* sondern *die Menschen,* daß ich aber ein Mensch bin, hat Gott gemacht." Ebenso sagt der heidnische, in seinen Lehren und Vorstellungen aber sich dem Christentume im höchsten Grade annähernde Philosoph Epiktet: „Wenn sich einer das gehörig einprägte, daß wir alle Gott zu unserer hauptsächlichen Ursache haben, daß Gott der Vater der Menschen (und Götter) ist, so würde er sicherlich nie klein oder niedrig von sich denken. Wenn der Kaiser dich zu seinem Sohne annähme, so würde niemand deinen Stolz ertragen können. Soll also der Gedanke, daß du Gottes Sohn bist, dich nicht erheben, nicht stolz machen?" Aber ist denn nicht jedes Ding, jedes Wesen auch ein Geschöpf Gottes? Hat denn nicht der Religion zufolge Gott alles gemacht? Ja, aber er ist nicht in demselben Sinne Schöpfer der Tiere, Pflanzen, Steine, als er Schöpfer der Menschen; er ist in Beziehung auf die Menschen der Vater derselben, aber nicht Vater der Tiere, sonst würden die Christen auch Bruderschaft mit den Tieren machen, gleichwie sie daraus, daß Gott der Vater der Menschen, schließen, daß alle Menschen Brüder sind und sein sollen. „Er (Gott)", sagt z. B. Luther in seiner „Kirchenpostille", „ist ja euer Vater und allein *euer Vater,* nicht der Vögel, noch der Gänse oder Enten (auch nicht der gottlosen Heiden)." Ebenso unterschieden auch die Platoniker, welche fast dieselbe Theologie wie die Christen, nur keine Christologie hatten, zwischen Gott als Werkmeister, Macher und Gott als Vater; Gott als Urheber der geistigen Wesen, der Menschen nannten sie Vater, Gott als Urheber der unbeseelten Wesen und Tiere nannten sie Werkmeister, Macher (Plutarch, „Platonische Fragen"). Der Sinn der Lehre: „Gott ist der Vater der Menschen oder die Menschen sind die Kinder Gottes", ist also, daß der Mensch göttlicher Abkunft, göttlichen, folglich auch unsterblichen Wesens ist. Gott als der gemeinschaftliche Vater der Menschen ist nichts als die personifizierte Einheit und Gleichheit des Menschengeschlechts, der Begriff der Gattung, worin alle Unterschiede der Menschen aufgehoben, weggelassen sind, welcher Gattungsbegriff aber im Unterschiede von den wirklichen Menschen als ein selbständiges Wesen vorgestellt wird. Es ist daher ganz natürlich und notwendig, daß die göttlichen Eigenschaften zu Eigenschaften des Menschen werden; denn was von der Gattung, gilt auch von den Individuen; die Gattung ist ja nur das alle Individuen Umfassende, das allen Gemeine. Wo daher an einen Gott geglaubt wird ohne Unsterblichkeitsglauben, da ist entweder der wahre Sinn und Begriff der Gottheit noch nicht gefunden oder wieder verlorengegangen. Dieser ist: Gott ist der personifizierte Gattungsbegriff des Menschen, die personifizierte Göttlichkeit und Unsterblichkeit des Menschen. Der Glaube des Menschen an Gott, versteht sich an Gott, inwiefern er nicht das Wesen der Natur ausdrückt, ist daher, wie ich im „Wesen des Christentums" sagte, nur der Glaube des Menschen an sein eigenes Wesen. Ein Gott ist nur ein die Wünsche des Menschen erfüllendes, verwirklichendes Wesen; aber wie kann ich an ein Wesen glauben, das meine Wünsche verwirklicht, wenn ich nicht vorher oder zugleich an die Heiligkeit, an die Wesenhaftigkeit und Rechtmäßigkeit, an die unbedingte Gültigkeit meiner Wünsche glaube? Aber wie kann ich an die Notwendigkeit der Erfüllung meiner Wünsche, welche der Grund der Notwendigkeit eines Wunscherfüllers, eines Gottes ist, glauben, ohne an mich, ohne an die Wahrheit und Heiligkeit meines Wesens zu glauben? Was ich wünsche, das ist ja mein Herz, mein Wesen. Wie kann ich mein Wesen von meinen Wünschen unterscheiden? Der Glaube an Gott ist daher nur abhängig von dem Glauben des Menschen an die übernatürliche Hoheit seines Wesens. Oder: In dem göttlichen Wesen vergegenständlicht er nur sein eigenes Wesen. In der göttlichen Allwissenheit erfüllt er nur, um noch einmal das Gesagte kurz zusammenzufassen, seinen Wunsch, alles zu wissen, oder vergegenständlicht er nur die Fähigkeit des menschlichen Geistes, in seinem Wissen nicht auf diesen oder jenen Gegenstand beschränkt zu sein, sondern alles zu umfassen; in der göttlichen Allörtlichkeit oder Allgegenwart verwirklicht er nur den Wunsch, an keinen Ort gebunden zu sein, oder vergegenständlicht er nur die Fähigkeit des menschlichen Geistes, in Gedanken überall zu sein; in der göttlichen Ewigkeit oder Allzeitlichkeit verwirklicht er nur den Wunsch, an keine Zeit gebunden zu sein, nicht zu enden, oder vergegenständlicht er nur die Endlosigkeit und (wenigstens wenn er folgerichtig denkt) die Anfangslosigkeit des menschlichen Wesens, der menschlichen Seele; denn wenn die Seele des Menschen nicht sterben, nicht enden kann, so kann sie auch nicht entstehen, nicht anfangen, wie viele ganz konsequent geglaubt haben; in der göttlichen Allmacht verwirklicht er nur den Wunsch, alles zu können, ein Wunsch, der mit dem Wunsch, alles zu wissen, zusammenhängt oder nur eine Folge desselben ist; denn der Mensch kann nur so viel, wie schon der Engländer Bacon sagt, als er weiß; wer ja nicht weiß, wie man eine Sache macht, der kann sie auch nicht machen; das Können setzt das Wissen voraus; wer daher alles zu wissen wünscht, der wünscht auch, alles zu können; oder: In der göttlichen Allmacht vergegenständlicht und vergöttert der Mensch nur sein Allvermögen, seine unbeschränkte Fähigkeit zu allem. Das Tier, sagt ein christlicher Denker, der selbst über die Wahrheit der christlichen Religion geschrieben, Hugo Grotius, kann nur dieses oder jenes; aber die Macht, das Vermögen des Menschen ist unbeschränkt. In der göttlichen Seligkeit und Vollkommenheit verwirklicht der Mensch nur den Wunsch, selbst selig und vollkommen, folglich auch moralisch vollkommen zu sein; denn ohne moralische Vollkommenheit gibt's keine Seligkeit: Wer kann selig sein mit Eifersucht, mit Neid und Mißgunst, mit Bosheit und Rachegefühl, mit Habsucht und Trunksucht? Das göttliche Wesen also ist das Wesen des Menschen, aber nicht, wie es der prosaischen Wirklichkeit nach ist, sondern wie es den poetischen Forderungen, Wünschen und Vorstellungen des Menschen nach ist oder vielmehr sein soll und einst sein wird. Der heißeste, der innigste, der heiligste Wunsch und Gedanke des Menschen ist aber, oder war wenigstens, der Wunsch, der Gedanke des unsterblichen Lebens, der Gedanke und Wunsch des Menschen, ein unsterbliches Wesen zu sein. Das unsterblich gewünschte und gedachte Wesen des Menschen ist daher das göttliche Wesen. Oder: Gott ist nichts andres als das zukünftige, unsterbliche Wesen des Menschen, wie es aber im Unterschiede von dem gegenwärtigen, jetzt leiblich, sinnlich existierenden Menschen als ein selbständiges Wesen gedacht wird. Gott ist ein nicht menschliches, ein übermenschliches Wesen; aber der zukünftige, unsterbliche Mensch ist auch ein Wesen über dem gegenwärtigen, wirklichen, sterblichen Menschen. So verschieden Gott vom

Menschen, so verschieden ist der geglaubte, zukünftige oder unsterbliche Mensch von dem wirklichen, gegenwärtigen oder sterblichen Menschen. Kurz, die Einheit, die Nichtverschiedenheit der Gottheit und Unsterblichkeit, folglich der Gottheit und Menschheit ist das gelöste Rätsel der Religion, namentlich der christlichen. Wie also die Natur, aber als ein Gegenstand und Wesen der menschlichen Wünsche und Einbildungskraft, der Kern der Naturreligion, so ist der Mensch, aber als Gegenstand und Wesen der menschlichen Wünsche, der menschlichen Einbildungs- und Abstraktionskraft, der Kern der Geistesreligion, der christlichen Religion.

Dreißigste Vorlesung

Ich bin mit dem Beweis, daß erst in der Unsterblichkeit der Sinn und Zweck der Gottheit gefunden und erreicht wird, daß die Gottheit und Unsterblichkeit eins sind, daß die Gottheit aus einem selbständigen Wesen, welches sie zuerst ist, am Ende als Unsterblichkeit zu einer Eigenschaft des Menschen wird, an das Ziel meiner Aufgabe und damit an den Schluß meiner Vorlesungen gekommen. Ich wollte beweisen, daß der Gott der Naturreligion die Natur, der Gott der Geistesreligion, des Christentums, der Geist, überhaupt das Wesen des Menschen sei, und zwar zu dem Zwecke, daß der Mensch fürderhin *in sich selbst*, nicht mehr *außer sich*, wie der Heide, noch *über sich*, wie der Christ, den Bestimmungsgrund seines Handelns, das Ziel seines Denkens, den Heilquell seiner Übel und Leiden suche und finde. Ich konnte diesen Beweis, namentlich in Beziehung auf das uns am meisten interessierende Christentum, natürlich nicht durch alle einzelnen Lehren und Vorstellungen des Christentums hindurch führen; ich konnte ihn noch weniger bis auf die Geschichte der christlichen Philosophie ausdehnen, wie ich anfangs vorhatte. Es ist aber auch nicht notwendig, wenigstens bei einem Gegenstand, wie es der Gegenstand dieser Vorlesungen war, bis aufs einzelne und besondere sein Thema durchzuführen. Die Hauptsache sind überall die Elemente, die ersten Sätze, die Grundsätze, aus welchen untergeordnete

Sätze sich durch bloße Folgerung ergeben. Und diese, die Grundsätze meiner Lehre, habe ich gegeben, und zwar auf die möglichst klare Weise. Freilich hätte ich mich kürzer fassen können in den ersten Vorlesungen. Aber mich entschuldigt der Umstand, daß ich kein akademischer Dozent, daß ich nicht an Vorlesungen gewöhnt bin, kein ausgearbeitetes Heft vor mir liegen hatte und daher meinen Stoff nicht nach der Elle akademischer Zeitrechnung zu messen und einzuteilen verstand. Ich würde jedoch mit einem Hiatus, einem Mißton meine Vorlesungen schließen, wenn ich mit dem in der letzten Stunde ausgeführten Beweise schließen wollte; denn ich habe die Prämissen, die Vordersätze oder Voraussetzungen, von denen aus der Christ auf eine Gottheit und Unsterblichkeit schließt, unangefochten bestehen lassen. Gott, sagte ich, ist der Verwirklicher oder die Wirklichkeit der menschlichen Wünsche der Glückseligkeit, Vollkommenheit, Unsterblichkeit. Wer also, kann man hieraus schließen, dem Menschen den Gott nimmt, der reißt ihm das Herz aus dem Leibe. Allein ich bestreite die Voraussetzungen, von welchen die Religion und Theologie auf die Notwendigkeit und das Dasein der Gottheit oder – es ist eins – der Unsterblichkeit schließen. Ich behaupte, daß die Wünsche, die sich nur in der Einbildung erfüllen oder von denen aus auf das Dasein eines eingebildeten Wesens geschlossen wird, auch nur eingebildete, nicht wirkliche, wahre Wünsche des menschlichen Herzens sind; ich behaupte, daß die Schranken, welche die religiöse Einbildungskraft in der Gottheit oder Unsterblichkeit aufhebt, notwendige Bestimmungen des menschlichen Wesens sind, welche von demselben nicht abgesondert werden können, folglich keine Schranken, außer eben nur in der Einbildung des Menschen, sind. So ist es z. B. keine Schranke des Menschen, daß er an Ort und Zeit gebunden ist, daß ihn „sein Leib an die Erde fesselt", wie der Vernunftgläubige sagt, „und ihn daher verhindert, zu wissen, was auf dem Monde, auf der Venus ist". Die Schwere, die mich an die Erde bindet, ist nichts anderes als die Erscheinung von meinem Zusammenhang mit der Erde, von meiner Unzertrennlichkeit von ihr; was bin ich, wenn ich diesen Zusammenhang mit der Erde aufhebe? Ein Phantom; denn ich bin wesentlich ein Erdwesen. Mein Wunsch, mich auf einen anderen Weltkörper zu versetzen, ist daher nur ein eingebildeter Wunsch. Könnte sich dieser Wunsch verwirklichen, so würde ich mich überzeugen, daß es nur ein phantastischer, törichter Wunsch gewesen, denn ich würde mich höchst unbehaglich auf dem fremden Weltkörper befinden und daher, aber leider zu spät, einsehen, daß es besser und vernünftiger gewesen wäre, auf der Erde zu bleiben. Es gibt viele Wünsche des Menschen, die man mißversteht, wenn man glaubt, sie wollten verwirklicht werden. Sie wollen nur Wünsche bleiben, sie haben ihren Wert nur in der Einbildung; ihre Erfüllung wäre die bitterste Enttäuschung des Menschen. Ein solcher Wunsch ist auch der Wunsch des ewigen Lebens. Würde dieser Wunsch erfüllt, die Menschen würden das ewige Leben herzlich satt bekommen und sich nach dem Tode sehnen. In Wahrheit wünscht sich der Mensch nur keinen frühzeitigen, keinen gewaltsamen, keinen schrecklichen Tod. „Alles hat sein Maß", sagt ein heidnischer Philosoph, alles bekommt man zuletzt satt, selbst das Leben, und der Mensch wünscht daher endlich auch den Tod. Der normale, naturgemäße Tod, der Tod des vollendeten Menschen, der sich ausgelebt hat, hat daher auch gar nichts Erschreckliches. Greise sehnen sich sogar oft nach dem Tode. Der deutsche Philosoph Kant konnte vor Ungeduld den Tod kaum erwarten, so sehnte er sich nach ihm, aber nicht, um wieder aufzuleben, sondern aus Verlangen nach seinem Ende. Nur der unnatürliche, der unglückliche Todesfall, der Tod des Kindes, des Jünglings, des Mannes in seiner vollen Manneskraft, empört uns gegen den Tod und erzeugt den Wunsch eines neuen Lebens. Aber so schrecklich, so schmerzlich solche Unglücksfälle für die Überlebenden sind, so berechtigen sie uns doch zur Annahme eines Jenseits schon aus dem Grunde nicht, weil diese abnormen Fälle – abnorm sind sie, sollten sie gleich häufiger sein als der naturgemäße Tod – nur auch ein abnormes Jenseits zur Folge haben, nur ein Jenseits für die gewaltsam oder zu früh Gestorbenen; aber ein solches absonderliches Jenseits wäre etwas Unglaubliches und Widersinniges. Aber so wie der Wunsch des ewigen Lebens ist auch der Wunsch der Allwissenheit und unbegrenzter Vollkommenheit nur ein eingebildeter Wunsch und der diesem Wunsch untergelegte unbeschränkte Wissens- und Vervollkommnungstrieb nur dem Menschen angedichtet, wie die tägliche Erfahrung und Geschichte beweist. Der

Mensch will nicht alles, er will nur wissen, wozu er eine besondere Vorliebe und Neigung hat. Selbst der Mensch von universellem Wissenstrieb, was eine seltene Erscheinung ist, will keineswegs alles ohne Unterschied wissen; er will nicht alle Steine kennen wie der Mineralog von Fach, nicht alle Pflanzen wie der Botaniker; er begnügt sich mit dem Allgemeinen, weil dieses seinem allgemeinen Geist entspricht. Ebenso will der Mensch nicht alles können, sondern nur das, wozu er einen besonderen Trieb in sich verspürt; er strebt nicht nach einer unbegrenzten, unbestimmten Vollkommenheit, die nur in einem Gott oder endlosen Jenseits sich verwirklicht, sondern nur nach einer bestimmten, begrenzten Vollkommenheit, nach der Vollkommenheit innerhalb einer bestimmten Sphäre. Nicht nur die einzelnen Menschen sehen wir daher stehenbleiben, wenn sie einmal auf einen bestimmten Standpunkt, auf einen bestimmten Grad der Ausbildung und Vervollkommnung ihrer Anlagen angelangt sind, sondern selbst ganze Völker sehen wir jahrtausendelang unverrückt auf demselben Standpunkt stehenbleiben. So stehen die Chinesen, die Inder heute noch da, wo sie bereits vor Jahrtausenden standen. Wie reimen sich diese Erscheinungen mit dem schrankenlosen Vervollkommnungstrieb, den der Rationalist dem Menschen andichtet und dem er daher in einem unendlichen Jenseits einen Platz einzuräumen sucht? Der Mensch hat, im Gegenteil, nicht nur einen Trieb, fortzuschreiten, sondern auch einen Trieb, zu rasten, auf dem einmal gewonnenen, der Bestimmtheit seines Wesens entsprechenden Standpunkt zu beharren. Aus diesen entgegengesetzten Trieben entspringt der Kampf der Geschichte, der Kampf auch unserer Gegenwart. Die Progressisten, die sogenannten Revolutionärs, wollen vorwärts, die Konservativen wollen alles beim alten lassen, ob sie gleich – denn sie sind meistens auch Gläubige – in Beziehung auf den Tod nicht zu den Stabilen gehören, sondern im Jenseits, um ihr interessantes Dasein zu fristen, die radikalsten Veränderungen, die revolutionärsten Umgestaltungen ihres Wesens sich gefallenlassen. Aber auch die Revolutionärs wollen nicht bis ins Unendliche fortschreiten, sondern sie haben bestimmte Zwecke, mit deren Erreichung sie stehenbleiben, selbst stabil werden. Es sind daher immer nur andere, neue, junge Menschen, welche den Faden der Geschichte fortspinnen, den die alten Fortschrittsmänner abbrechen, sowie sie an das Ziel *ihrer* Wünsche und damit an die Grenze ihres Wesens und Verstandes gekommen sind. Ebensowenig als einen unbeschränkten Wissens- und Vervollkommnungstrieb hat der Mensch einen unbeschränkten, unersättlichen, nicht durch die Güter der Erde zu befriedigenden Glückseligkeitstrieb. Der Mensch, selbst der Unsterblichkeitsgläubige, ist vielmehr vollkommen zufrieden mit dem irdischen Leben, wenigstens solange es ihm wohl geht, solange es ihm nicht am Notwendigen fehlt, solange ihn nicht besonderes, schweres Unglück trifft. Der Mensch will nur die Übel dieses Lebens beseitigt wissen, aber kein wesentlich anderes Leben. „Die Grönländer z. B. versetzen den Ort der Seligen unter das Meer, weil sie aus dem Meer die meiste Nahrung bekommen. Da ist, sagen sie, gutes Wasser und ein Überfluß an Vögeln, Fischen, Seehunden und Rentieren, die man ohne Mühe fangen kann oder gar in einem großen Kessel lebendig gekocht findet." Hier haben wir ein Beispiel, ein Bild des menschlichen Glückseligkeitstriebes. Die Wünsche des Grönländers gehen nicht über die Grenze seines Landes, seiner Natur hinaus. Er will nicht wesentlich andere Dinge, als sein Land ihm darbietet; er will nur das, was es ihm gibt, von *guter Qualität* und *in reichlicher Menge*. Er will auch im Jenseits nicht aufhören, Fische und Seehunde zu fangen – das, was er ist, ist ihm keine Schranke, ist ihm nicht zur Last; er will nicht über seine Gattung, seinen wesentlichen Stand und Lebensberuf hinaus –, er will nur jenseits bequemer und leichter sich den Fang machen. Welch ein bescheidener Wunsch! Der Kulturmensch, dessen Geist und Leben nicht an einen beschränkten Ort gebunden wie des Wilden Geist und Leben, welcher nichts kennt als sein Land, dessen Verstand sich nicht weiter als einige geographische Meilen erstreckt, hat natürlich auch keine so beschränkten Wünsche. Er wünscht sich nicht bloß, um bei dem Beispiel stehenzubleiben, die genießbaren Tiere und Früchte seines Landes; er wünscht, sich auch die Genüsse der fernsten Länder zu verschaffen; seine Genüsse und Wünsche sind im Vergleich zu denen des Wilden unendlich; aber gleichwohl gehen sie weder über die Natur der Erde noch über die Natur des Menschen überhaupt hinaus. Der Gattung nach stimmt der Kulturmensch mit dem Wilden überein; er will keine himmlischen Speisen, von denen er ja so nichts weiß; er will nur Erzeugnisse der Erde; er will nicht das Essen überhaupt, er will nur den rohen, ausschließlich auf die Erzeugnisse dieses Ortes beschränkten Genuß aufheben. Kurz, der vernünftige und naturgemäße Glückseligkeitstrieb geht nicht über das Wesen des Menschen, über das Wesen dieses Lebens, dieser Erde hinaus; er will nur *die* Übel, *die* Beschränkungen aufheben, die wirklich aufzuheben, die nicht notwendig sind, nicht zum Wesen des Lebens gehören. Wünsche daher, die über die menschliche Natur oder Gattung hinausgehen, wie z. B. der Wunsch, gar nicht zu essen, nicht mehr überhaupt den leiblichen Bedürfnissen unterworfen zu sein, sind eingebildete, phantastische Wünsche, folglich auch das Wesen, das diese Wünsche erfüllt, das Leben, wo sie erfüllt werden, nur ein eingebildetes, phantastisches Wesen und Leben. Die Wünsche dagegen, welche nicht über die menschliche Gattung oder Natur hinausgehen, welche nicht bloß in der bodenlosen Einbildung und in unnatürlicher Gefühlsschwelgerei, sondern in einem wirklichen Bedürfnis und Trieb der menschlichen Natur ihren Grund haben, finden auch innerhalb der menschlichen Gattung, im Laufe der menschlichen Geschichte ihre Erfüllung. Der Schluß auf ein religiöses oder theologisches Jenseits, ein zukünftiges Leben zum Behuf der Vervollkommnung der Menschen, wäre daher nur dann gerechtfertigt, wenn die Menschheit immer auf demselben Flecke stehenbliebe, wenn es keine Geschichte, keine Vervollkommnung, keine Verbesserung des Menschengeschlechts auf Erden gäbe, obgleich auch in diesem Falle jener Schluß deswegen noch kein wahrer, wenngleich berechtigter, wäre. Allein es gibt eine Kulturgeschichte der Menschheit; verändern und kultivieren sich doch selbst Tiere und Pflanzen im Laufe der Zeit so sehr, daß wir selbst nicht mehr ihre Stammeltern in der Natur auffinden und nachweisen können! Unzähliges, was unsere Vorfahren nicht konnten und wußten, *können* und *wissen* wir jetzt. Kopernikus – ein Beispiel, das ich schon in meiner „Unsterblichkeitsfrage vom Standpunkt der Anthropologie" anführte, aber mich nicht enthalten kann, hier zu wiederholen, weil es so treffend ist, – betrauerte es noch auf seinem Sterbebette, daß er in seinem ganzen Leben den Planet[en] Merkur auch nicht ein einziges Mal gesehen, sosehr er es auch gewünscht und sich darum bemüht hätte. Jetzt sehen ihn die Astronomen mit ihren trefflichen Fernrohren am hellen Mittag. So erfüllen sich die Wünsche des Menschen, die keine eingebildeten, phantastischen sind, im Laufe der Geschichte, der Zukunft. So wird auch, was für uns jetzt nur Wunsch, einst erfüllt werden, Unzähliges, was den dünkelhaften Beschützern und Verfechtern der gegenwärtigen Glaubensvorstellungen und religiösen Institute, der gegenwärtigen sozialen und politischen Zustände für Unmöglichkeit gilt, einst Wirklichkeit sein; Unzähliges, was wir jetzt nicht wissen, aber wissen möchten, werden unsere Nachkommen wissen. An die Stelle der Gottheit, in welcher sich nur die grundlosen luxuriösen Wünsche des Menschen erfüllen, haben wir daher die menschliche Gattung oder Natur, an die Stelle der Religion die Bildung, an die Stelle des Jenseits über unserem Grabe im Himmel das Jenseits über unserem Grabe auf Erden, die *geschichtliche Zukunft*, die Zukunft der Menschheit zu setzen. Das Christentum hat sich die Erfüllung der unerfüllbaren Wünsche des Menschen zum Ziel gesetzt, aber ebendeswegen die erreichbaren Wünsche des Menschen außer Acht gelassen; es hat den Menschen durch die Verheißung des ewigen Lebens um das zeitliche Leben, durch das Vertrauen auf Gottes Hilfe um das Vertrauen zu seinen eigenen Kräften, durch den Glauben an ein besseres Leben im Himmel um den Glauben an ein besseres Leben auf Erden und das Bestreben, ein solches zu verwirklichen, gebracht. Das Christentum hat dem Menschen gegeben, was er in seiner Einbildung wünscht, aber ebendeswegen nicht gegeben, was er in Wahrheit und Wirklichkeit verlangt und wünscht. In seiner Einbildung verlangt er ein himmlisches, überschwengliches, in Wahrheit aber ein irdisches, ein mäßiges Glück. Zum irdischen Glück gehört freilich nicht Reichtum, Luxus, Üppigkeit, Pracht, Glanz und anderer Tand, sondern nur das Notwendige, nur das, ohne was der Mensch nicht menschlich existieren kann. Aber wie unzählig viele Menschen ermangeln des Notwendigsten! Aus diesem Grunde erklären es die Christen für frevelhaft oder unmenschlich, das Jenseits zu leugnen und ebendamit den Unglücklichen, Elenden dieser Erde den einzigen Trost, die Hoffnung eines besseren Jenseits, zu rauben. Eben hierin finden sie auch jetzt noch die sittliche Bedeutung des Jenseits, die Einheit desselben mit der Gottheit; denn ohne Jenseits sei keine Vergeltung, keine Gerechtigkeit, welche den hier wenigstens ohne ihre Schuld Leidenden und Unglücklichen ihr Elend im Himmel vergelten müsse. Allein dieser Verteidigungsgrund des Jenseits ist nur ein Vorwand, denn aus diesem Grunde folgt nur ein Jenseits, eine Unsterblichkeit für die Unglücklichen, aber nicht für die, welche auf Erden schon so glücklich waren, die für die Befriedigung und Ausbildung ihrer menschlichen Bedürfnisse und Anlagen notwendigen Mittel zu finden. Für diese ergibt sich aus dem angeführten Grunde nur die Notwendigkeit, daß sie entweder mit dem Tode aufhören, weil sie schon das Ziel der menschlichen Wünsche erreicht haben, oder daß es ihnen im Jenseits schlechter geht als im Diesseits, daß sie im Himmel die Stelle einnehmen, welche ihre Brüder einst auf Erden einnahmen. So glauben die Kamtschadalen wirklich, daß diejenigen, welche hier arm waren, in der anderen Welt reich, die Reichen hingegen arm sein werden, damit zwischen den beiden Zuständen in dieser und jener Welt eine gewisse Gleichheit bestehe. Aber das wollen und glauben die christlichen Herren nicht, die aus dem angeführten Grunde das Jenseits verteidigen; sie wollen dort ebenso gut leben als die Unglücklichen, die Armen. Es ist mit diesem Grunde für das Jenseits ebenso wie mit dem Grunde für den Gottesglauben, welchen viele Gelehrte im Munde führen, indem sie sagen, der Atheismus sei zwar richtig, sie selbst seien Atheisten, aber der Atheismus sei nur eine Sache der gelehrten Herren, nicht der Menschen überhaupt, gehöre nicht für das allgemeine Publikum, nicht für das Volk; es sei daher unschicklich, unpraktisch, ja, frevelhaft, den Atheismus öffentlich zu lehren. Allein die Herren, die so reden, verstecken hinter dem unbestimmten, weitschichtigen Wort „Volk" oder „Publikum" nur ihre eigene Unentschiedenheit, Unklarheit und Ungewißheit; das Volk ist ihnen nur ein Vorwand. Wovon der Mensch wahrhaft überzeugt ist, das scheut er sich nicht nur nicht, sondern das muß er auch öffentlich aussprechen. Was nicht den Mut hat, ans Licht hervorzutreten, das hat auch nicht die Kraft, das Licht zu vertragen. Der lichtscheue Atheismus ist daher ein ganz nichtswürdiger und hohler Atheismus. Er hat nichts zu sagen, darum traut er sich auch nicht, sich auszusprechen.

Der Privat- oder Kryptoatheist sagt oder denkt nämlich nur bei sich: Es ist kein Gott; sein Atheismus faßt sich nur in diesen verneinenden Satz zusammen, und dieser Satz steht obendrein bei ihm vereinzelt da, so daß trotz seines Atheismus alles bei ihm beim alten bleibt. Und allerdings, wenn der Atheismus nichts weiter wäre als eine Verneinung, ein bloßes Leugnen ohne Inhalt, so taugte er nicht für das Volk, d. h. nicht für den Menschen, nicht für das öffentliche Leben, aber nur, weil er selbst nichts taugte. Allein der Atheismus, wenigstens der wahre, der nicht lichtscheue, ist zugleich Bejahung, der Atheismus verneint nur das vom Menschen abgezogene Wesen, welches eben Gott ist und heißt, um das wirkliche Wesen des Menschen an die Stelle desselben als das wahre zu setzen. Der Theismus, der Gottesglaube dagegen ist verneinend; er verneint die Natur, die Welt und Menschheit: *Vor Gott ist die Welt und der Mensch nichts*, Gott ist und war, ehe Welt und Menschen waren; er *kann ohne sie* sein; er ist das Nichts der Welt und des Menschen; Gott kann die Welt, so glaubt der strenge Gottesgläubige wenigstens, jeden Augenblick zu nichts machen; für den wahren Theisten gibt es keine Macht und Schönheit der Natur, keine Tugend des Menschen; alles nimmt der gottesgläubige Mensch dem Menschen und der Natur, nur um damit seinen Gott auszuschmücken und zu verherrlichen. „*Nur Gott allein ist zu lieben*", sagt z. B. der heilige Augustin, „*diese ganze Welt* aber, d. h. alles Sinnliche, *ist zu verachten.*" „Gott", sagt Luther in einem lateinischen Briefe, „will entweder *allein* oder *kein* Freund sein." „Gott allein", sagt er in einem anderen Briefe, „gebührt Glaube, Hoffnung, Liebe, daher sie auch die theologischen Tugenden heißen." Der Theismus ist daher „negativ und destruktiv"; nur auf die Nichtigkeit der Welt und des Menschen, d. h. des wirklichen Menschen, baut er seinen Glauben. Nun ist aber Gott nichts andres als das abgezogene, phantastische, durch die Einbildungskraft verselbständigte Wesen des Menschen und der Natur; der Theismus opfert daher das wirkliche Leben und Wesen der Dinge und Menschen einem bloßen Gedanken- und Phantasiewesen auf. Der Atheismus dagegen opfert das Gedanken- und Phantasiewesen dem wirklichen Leben und Wesen auf. Der Atheismus ist daher positiv, bejahend; er gibt der Natur und Menschheit die Bedeutung, die Würde wieder, die ihr der

Theismus genommen; er belebt die Natur und Menschheit, welchen der Theismus die besten Kräfte ausgesogen. Gott ist eifersüchtig auf die Natur, auf den Menschen, wie wir früher sahen; er allein will verehrt, geliebt, bedient sein; er allein will etwas, alles andere soll nichts sein, d. h., der Theismus ist neidisch auf den Menschen und die Welt; er gönnt ihnen nichts Gutes. Aber Neid, Mißgunst, Eifersucht sind zerstörende, verneinende Leidenschaften. Der Atheismus aber ist liberal, freisinnig; er gönnt jedem Wesen seinen Willen und sein Talent; er erfreut sich von Herzen an der Schönheit der Natur und an der Tugend des Menschen. Aber die Freude, die Liebe zerstören nicht, sondern beleben, bejahen. Aber ebenso wie mit dem Atheismus ist es mit der von ihm unzertrennlichen Aufhebung des Jenseits. Wenn diese Aufhebung nichts weiter als eine leere, inhalt- und erfolglose Verneinung wäre, so wäre es besser oder doch gleichgültig, ob man es stehen- oder fallenließe. Allein die Verneinung des Jenseits hat die Bejahung des Diesseits zur Folge; die Aufhebung eines besseren Lebens im Himmel schließt die Forderung in sich: Es soll, es muß besser werden auf der Erde; sie ververwandelt die bessere Zukunft aus dem Gegenstand eines müßigen, tatlosen Glaubens in einen Gegenstand der Pflicht, der menschlichen Selbsttätigkeit. Allerdings ist es eine himmelschreiende Ungerechtigkeit, daß, während die einen Menschen alles haben, die anderen nichts haben, während die einen in allen Genüssen des Lebens, der Kunst und Wissenschaft schwelgen, die anderen selbst das Notwendigste entbehren. Allein es ist töricht, hierauf die Notwendigkeit eines anderen Lebens zu gründen, wo die Menschen für die Leiden und Entbehrungen auf Erden entschädigt werden, so töricht, als wenn ich aus den Mängeln der geheimen Justiz, die bisher bei uns bestanden, auf die Notwendigkeit eines öffentlichen und mündlichen Gerichtsverfahrens erst im Himmel schließen wollte. Die notwendige Folgerung aus den bestehenden Ungerechtigkeiten und Übeln des menschlichen Lebens ist einzig der Wille, das Bestreben, sie abzuändern, aber nicht der Glaube an ein Jenseits, der vielmehr die Hände in den Schoß legt und die Übel bestehen läßt. Aber, kann man dagegen einwenden, angenommen, daß die Übelstände unserer bürgerlichen und politischen Welt gehoben werden können, was haben denn die davon, die infolge dieser Übelstände gelitten [haben] und bereits gestorben sind? Was haben die Vergangenen überhaupt von einer besseren Zukunft? Die haben allerdings nichts davon, aber sie haben auch nichts vom Jenseits. Das Jenseits kommt immer mit seinen Kuren zu spät; es heilt ein Übel, nachdem es vorbei ist, erst mit oder nach dem Tode, also da, wo der Mensch kein Gefühl mehr des Übels, folglich auch kein Bedürfnis der Heilung mehr hat; denn der Tod hat zwar das Schlimme für uns – wenigstens solange wir leben und uns ihn vorstellen –, daß er uns mit dem Leben auch die Empfindung, das Bewußtsein des Guten, Schönen und Angenehmen raubt, aber auch das Gute, daß er uns mit der Empfindung, mit dem Bewußtsein von allen Übeln, Leiden und Schmerzgefühlen erlöst. Die Liebe, welche das Jenseits erzeugt hat, welche den Leidenden mit dem Jenseits vertröstet, ist die Liebe, welche den Kranken heilt, nachdem er gestorben, den Durstenden labt, nachdem er verdurstet, den Hungernden speist, nachdem er bereits verhungert ist. Lassen wir daher die Toten in Frieden ruhen! Folgen wir hierin dem Beispiel der Heiden! „Die Heiden riefen", sage ich in meiner „Unsterblichkeitsfrage", „ihren geliebten Toten in das Grab nach: Sanft ruhen deine Gebeine! oder: Ruhe in Frieden!, während die Christen als Rationalisten dem Sterblichen ein lustiges ‚Vivas et crescas in infinitum [du mögest ins unendliche leben und gedeihen]' in die Ohren schreien oder als pietistische Seelenärzte à la Doktor Eisenbart auf Rechnung der Todesfurcht die Gottesfurcht als Unterpfand seiner himmlichen Seligkeit einblöken." Lassen wir also die Toten und kümmern uns nur um die Lebendigen! Wenn wir nicht mehr ein besseres Leben *glauben*, sondern *wollen*, aber nicht vereinzelt, sondern mit vereinigten Kräften wollen, so werden wir auch ein besseres Leben *schaffen*, so werden wir wenigstens die krassen, himmelschreienden, herzzerreißenden Ungerechtigkeiten und Übelstände, an denen bisher die Menschheit litt, beseitigen. Aber um dieses zu wollen und zu bewirken, müssen wir an die Stelle der Gottesliebe die Menschenliebe als die einzige, wahre Religion setzen, an die Stelle des Gottesglaubens den Glauben des Menschen an sich, an seine Kraft, den Glauben, daß das Schicksal der Menschheit nicht von einem Wesen außer oder über ihr, sondern von ihr selbst abhängt, daß der einzige Teufel des Menschen der Mensch, der rohe, abergläubische, selbstsüchtige, böse Mensch, aber auch der einzige Gott des Menschen der Mensch selbst ist.

Mit diesen Worten, meine Herren, schließe ich diese Vorlesungen und wünsche nur, daß ich die mir in diesen Vorlesungen gestellte, in einer der ersten Stunde[n] ausgesprochene Aufgabe nicht verfehlt habe, die Aufgabe nämlich, Sie aus Gottesfreunden zu Menschenfreunden, aus Gläubigen zu Denkern, aus Betern zu Arbeitern, aus Kandidaten des Jenseits zu Studenten des Diesseits, aus Christen, welche ihrem eigenen Bekenntnis und Geständnis zufolge „*halb Tier, halb Engel*" sind, zu *Menschen*, zu *ganzen* Menschen zu machen.

Zusätze und Anmerkungen

(1) Wenn man die Religion aus der Furcht erklärt, so muß man, wie ich in einer spätern Vorlesung andeute, nur nicht allein die unterste Art der Furcht, die Furcht vor dieser oder jener Naturerscheinung, die Furcht, die mit einem Seesturm, einem Donnerwetter, einem Erdbeben beginnt und endet, nicht also die zeitliche und örtliche, sondern vielmehr die auf keinen bestimmten Gegenstand eingeschränkte, alle nur immer möglichen Unglücksfälle in der Vorstellung umfassende, allgegenwärtige, immerwährende, d. i. *unendliche* Furcht des menschlichen Gemütes im Auge haben. „Das wird", sagt Luther in seinem Trostschreiben an Kurfürst Friedrich vom Jahr 1520 nach der Übersetzung von Spalatin, „alle gegenwärtigen Übel und bösen Dinge leichter, linder und geringer machen, wenn ein Mensch sein Gemüt zu den zukünftigen Übeln oder bösen Dingen kehret, derer so viel, dermaßen und so groß sein, daß dagegen allein die große und der vornehmsten Bewegungen eine des Gemüts, die *Furcht* genannt, gegeben ist ... Also daß auch Skt. Paulus saget zu den Römern: Du sollst nicht hochweise sein, sondern *dich fürchten* oder *in der Furcht stehen*. Und dies Übel ist soviel größer, soviel es ungewisser ist, welchermaßen und wie groß es sein wird ... Also daß ein jegliches gegenwärtiges Übel oder Beschwerung nichts andres denn eine Erinnerung ist eines großen Gewinstes, damit uns Gott verehret und uns nicht läßt unterdrückt werden von der großen Menge der Übel, Beschwerung und Widerwärtigkeit, in denen wir sein. Denn was ist das für ein Wunder, so jemand mit *unendlichen* und *unzähligen* Schlägen wird angefochten und daß derselbige Mensch endlich mit einem einigen Schlage verletzt

werde? Ja, es ist eine Gnade, daß er nicht mit allen Schlägen getroffen ist." „Welche zahllosen Unfälle", sagt Augustin im „Gottesstaat", „hat nicht der Mensch von außen her zu befürchten, von Hitze und Kälte, Stürmen, Platzregen, Anschwemmungen, Meteoren, Wetterleuchten, Donner, Hagel, Blitz, Erdbeben und Erdfällen, Einstürzen, von den Stößen und der Furcht oder auch Bosheit des Zugviehs, von den vielen giftigen Stauden, Gewässern, Lüften und Bestien, von den entweder nur beschwerlichen oder sogar tödlichen Bissen der reißenden Tiere, von der Hundswut? Was für Übel hat man auf einer Seereise, was für Übel hat man auf einer Landreise auszustehen? Wo in aller Welt kann man einen Schritt tun, ohne unerwarteten Unglücksfällen ausgesetzt zu sein? Es geht einer vom Markt nach Hause, er fällt mit seinen gesunden Beinen, er bricht das Bein und stirbt an dieser Wunde. Was scheint sicherer zu sein als das Sitzen? Und doch fiel der Priester Heli (Eli) von seinem Stuhl und starb darüber." „Unzählig", sagt Calvin in seiner „Institution der christlichen Religion", „sind die Übel, welche das Leben des Menschen umlagern und es mit unzähligen Todesfällen bedrohen. Steige zu Schiffe; nur einen Fuß bist du vom Tode entfernt. Setze dich zu Pferde; der Fall eines Beines bringt dein Leben in Gefahr. Gehe durch die Straßen der Stadt; so viele Ziegelsteine auf den Dächern sind, so vielen Todesgefahren bist du ausgesetzt. Nimm das Messer in die Hand, so hast du den blanken Tod vor Augen. Siehe die wilden Tiere an, sie alle sind zu deinem Verderben mit Waffen versehen. Was kann also elender sein als das menschliche Leben?" Und der christliche Dichter, Herr D. W. Triller, spricht sich in seinen „Denen Atheisten und Naturalisten entgegengesetzten poetischen Betrachtungen" hierüber also aus:

Fast jedem Dinge sind die Waffen,
Uns zu ertöten, angeschaffen;
Es zielet alles überall
Auf unsern Fall.

Durch Hagel, Feuer, Wasser, Winde,
Blitz, Felsen, tiefer Erde Schlünde,
Blei, Pulver, Schwefel, Gift und Rauch
Verfleugt der Hauch.

Stahl, Hacken, Beile, Messer, Sägen,
Rad, Mörser, Pfeile, Spieß und Degen,
Strang, Öl und Pech, Kalk, Sand und Kot
Gebraucht der Tod.

Ein Ei, ein Kern von Weinbeertrauben,
Ein Stückchen Glas von einer Schrauben,
Ein Apfel, Groschen, Haar und Bein,
Nichts ist zu klein.

Ein mäßig Schild von einer Kröten,
Kann einen unvermutet töten,
Wie leicht schießt uns von einem Dach
Ein Ziegel nach!

Ja, keines ist fast von den Tieren,
Ob wir gleich über sie regieren,
Das uns nicht, wenn es ihm gelingt,
Zu Grabe bringt.

Ja, Würmer gar und schlechte Maden
Zerbeißen unsern Lebensfaden,
Wir öffnen ihnen Tür und Tor
Durch Mund und Ohr.

Mensch geh in dich und denk zurücke,
Wie gar so manchem Ungelücke
Du allenthalben offenstehst
Und bald vergehst.

Du wirst zwar nur durch eine Gassen
In dieses Leben eingelassen,
Hingegen stehn zum Tode dir
Viel tausend für.

Doch genug des geistlichen Trillers, ob er gleich noch lange nicht aus ist! Wie entspringen denn nun aber aus der Furcht des Menschen die Götter? Auf verschiedene Weise. Ist z. B. der Mensch weniger empfindlich für das Gute als Üble, ist er zu leichtsinnig oder gedankenlos, um das Gute des Lebens hervorzuheben, so hat er nur böse Götter; hält die Vorstellung und Empfindung des Übeln das Gleichgewicht der Vorstellung und Empfindung des Guten, so hat er gleichmächtige gute und böse Götter; überwiegt dagegen die Vorstellung und Empfindung des Guten die des Üblen, so hat er einen guten, die Macht des Bösen überwindenden Gott. Oder: Die Furcht ist entweder der *positive* oder der *negative* Grund der Religion oder Gottheit; d. h., die Religion entspringt entweder aus *Servilismus* oder aus *Opposition* gegen die Furcht. Im erstern Falle entspringen furchtbare, böse, im zweiten gute Götter. Die Furcht ist ein Übel und das Verhalten gegen das Übel entweder ein leidendes oder tätiges; entweder ich lasse es bestehen, ergebe mich darein, wenn auch widerwillig, oder setze mich ihm entgegen, reagiere. So entspringt aus Reaktion gegen die Furcht vor den unendlich vielen möglichen Übeln und Todesgefahren, die als böse Geister beständig dem ängstlichen Gemüte des Menschen in der Phantasie vorschweben, die Vorstellung eines unendlich guten Wesens, einer allmächtigen Liebe, die ebensoviel im Guten vermag als die Furcht im Schlimmen, die vor allen Übeln schützen kann und in der Einbildung wirklich schützt.* Die göttliche Liebe erstreckt sich nämlich nicht weiter als die menschliche Furcht, denn sie kann nur so weit hinaus Gutes schaffen, als die Furcht Übles schaffen kann; ewig währt der Himmel der Liebe, aber ewig währt auch die Hölle der Furcht; zahllos sind die Scharen der Engel, die die Liebe, aber zahllos auch die Scharen der Teufel, die die Furcht in die Welt gesetzt hat; die Liebe erstreckt sich

* Eben von dieser allgegenwärtigen Furcht kommt es, daß der polytheistische Glaube oder Aberglaube jeden Ort, jeden Winkel, jeden Raumpunkt mit Schutzgöttern und Schutzgeistern erfüllt hat. So sagt z. B. Prudentius wider Symmachus: „Den Toren, den Häusern, den Thermen, den Ställen pflegt ihr ihre Genien zuzueignen, allen Plätzen und Teilen der Stadt viele Tausende von Genien anzudichten, damit ja jeder Winkel sein eignes Gespenst habe." Wenn daher die gelehrten Herren trotz der unzähligen Altäre, welche die Menschen der Furcht errichtet, dieselbe nicht als eine, und zwar die erste, Gottheit erkennen, so kommt das nur daher, daß sie überhaupt vor lauter Bäumen nicht den Wald sehen.

bis auf den Anfang der Welt, aber die Furcht bis ans Ende der Welt; die Liebe hat den ersten, die Furcht aber den jüngsten Tag der Welt erschaffen. Kurz, wo die *schöpferische Allmacht* der *menschlichen Furcht* aufhört, da hört auch die Allmacht der göttlichen Liebe auf. Ein uns sehr naheliegendes Beispiel von der Entstehung der Religion aus der Furcht und der Reaktion gegen dieselbe haben wir an der Entstehung des Protestantismus, namentlich des Luthertums, welches nur entsprang aus dem Schrecken, aus der Furcht vor dem unmenschlichen, zornigen, eifersüchtigen Gotte, welcher im A. T. selbst der Schrecken oder die Furcht Israels genannt wird, welcher ohne Rücksicht und Gefühl für die menschliche Natur von dem Menschen verlangt, daß er ihm gleichen, d. h. daß er nicht Mensch, nicht ein lebendiges Wesen, sondern ein Moralgespenst, ein buchstäbliches Gesetz sein soll. Aber Luther war trotz seines frühern Mönchs- und spätern Pfaffentums eine zu praktische und sinnlich-kräftige Natur, als daß er diesem Gotte, dessen einer Name, „Schaddai", von der Verwüstung, der Vertilgung sich herschreibt, durch Beten, Fasten und Selbstkreuzigungen sich hätte opfern können. Luther wollte kein Engel, sondern Mensch sein; er war ein in der Theologie gegen die Theologie kämpfender Theolog; er suchte gegen das *böse Wesen* der Theologie, welche den Menschen unter dem Vorwand der Versöhnung mit Gott in Zwiespalt mit seinem eignen Wesen bringt, welche dem Menschen durch die Galle der göttlichen Eifersucht das Blut in seinem Herzen vergiftet, durch das Höllenfeuer des göttlichen Zorns das Hirn in seinem Kopfe verbrennt, welche den Menschen wegen des bloßen Triebes, Mensch zu sein, zum ewigen Tod verdammt*, ein wirksames Heilmittel. Da er

* Das menschenfeindliche, böse Wesen der christlichen Theologie hat sich mit klassischer Schärfe besonders in Calvin ausgesprochen. „*Alle Begierden des Fleisches*" – als wenn nicht auch die Begierde des ewigen Lebens eine fleischliche Begierde wäre – „*sind Sünden*"; „jede Sünde ist Todsünde"; „das Gesetz, sagt Paulus, ist geistlich, damit zeigt er an, daß es nicht nur Gehorsam der Seele, des Geistes, des Willens verlangt, sondern auch *englische Reinheit* (angelicam puritatem) fordert, welche, von allem fleischlichen Schmutz gereinigt, nur nach Geist schmeckt". Welch ein teuflischer Unsinn unter der Maske einer Engelsseele!

aber das Mittel wider die Schreckbilder der Religion oder Theologie in der Theologie oder Religion selbst, d. h. das Mittel wider das böse Wesen des unmenschlichen Gottes in dem menschlichen Gott, suchte, gleichwie der naturreligiöse Mensch in der menschlichen Natur die Mittel gegen die unmenschliche Natur, der Tunguse z. B. in der religiösen, menschlichen Epidemie das Heilmittel wider die natürliche, unmenschliche Epidemie sucht, so versteht es sich von selbst, daß die Kur keine radikale war und sein konnte. Dies beweisen Luthers Briefe, welche von großem psychologischen Interesse sind, weil sie uns den Unterschied zwischen der öffentlichen Person Luthers und seiner Privatperson, zwischen der Macht des Glaubens auf der Kanzel und der Macht oder vielmehr Unmacht desselben auf dem eignen Herde zeigen – zeigen, wie wenig er die andern so angepriesenen seligmachenden Wirkungen des Glaubens an seiner eignen Person erfuhr, wie er beständig von den Schreckbildern seiner religiösen Einbildungskraft verfolgt wurde. Glücklicherweise fand Luther trotz seiner theologischen Befangenheit noch *neben* und *außer* der Religion oder Theologie Heilmittel wider die Macht der Sünde, der Hölle, des Teufels oder, was auf eins hinausläuft, des Gotteszornes. So schreibt er in einem lateinischen Briefe an L. Senfel, daß auch die Musik dem Menschen verschaffe, was sonst nur die Theologie allein verschaffe, nämlich ein heiteres und ruhiges Gemüt, daß der Teufel, der Urheber aller Sorgen und Friedensstörungen, auf die Stimme der Musik fast ebenso davonfliehe wie auf das Wort der Theologie. Ja, in einem Briefe an H. Weller schreibt er, daß man bisweilen mehr trinken, spielen, scherzen, sogar sündigen müsse, dem Teufel zum Trotz und Spott, um ihm keine Veranlassung zu Gewissensvorwürfen über Kleinigkeiten zu geben. Wahrlich, ein zwar höchst antitheologisches, aber ebendeswegen höchst probates anthropologisches Heilmittel!

(2)* Ist das Abhängigkeitsgefühl oder Abhängigkeitsbewußtsein – beides ist ja im Menschen untrennbar, „Was

* Ich fasse unter dieser Nummer eine Reihe von Erörterungen zusammen, welche die Elemente oder Fragmente einer selbständigen Schrift sind, welche ich aber bei der Unsicher-

ich nicht *weiß*, macht mich nicht *heiß*" – der richtige universelle Begriff und Ausdruck für den subjektiven, d. i. menschlichen (und zwar praktischen, nicht theoretischen) Grund der Religion? Ob ich gleich für die bejahende Antwort auf diese Frage schon genug Beweise vorgebracht habe, so will ich doch noch mehrere anführen, aber nur aus den klassischen Heiden, nicht aus den Christen, und zwar nicht nur deswegen, weil bei diesen die Dependenz, die Abhängigkeit der Kreatur von der unabhängigen Ursache, der causa independens, sogar zu einem technischen Ausdruck ihrer Theologie und Metaphysik geworden, sondern auch deswegen, weil die alten klassischen Völker nicht, wie die Christen, die ursprünglichen, natürlichen Gefühle und Gesinnungen des Menschen unterdrückten oder versteckten – Plinius Satz: „Res Graecorum nuda est [die Sache der Griechen ist nackt]", gilt auch hier –, nicht einem konventionellen, dogmatischen Gottesbegriff aufopferten und daher, ebenso wie in der Politik, auch in der Religion die lehrreichsten Beispiele und interessantesten Aufschlüsse über die Genesis der Gottesvorstellung uns geben. „Alle Menschen", sagt Homer in der „Odyssee", „*bedürfen* der Götter." Was ist aber das Bedürfnis anders als der pathologische Ausdruck der Abhängigkeit? Bemerken muß ich bei dieser Gelegenheit, daß der Anfang im „Wesen des Glaubens", desgleichen im „Wesen des Christentums", vom Gegensatz des Menschlichen und Göttlichen und der Anfang im „Wesen der Religion" vom Abhängigkeitsgefühl auf eines hinausläuft, nur daß jener Gegensatz mehr der Reflexion, der Besinnung über das Abhängigkeitsgefühl seine Existenz verdankt. Wenn die Menschen der Götter bedürfen, so ist es ja eine notwendige Folge, daß diese haben, was jenen mangelt, daß folglich die göttliche Bedürfnislosigkeit den Gegensatz zur menschlichen Bedürftigkeit bildet – ein Gegensatz, welchen denn auch die spätere griechische Reflexion oder Philosophie ausdrücklich ausgesprochen hat; obgleich auch schon im Homer das göttliche Wesen als ätherisches, seliges, unsterbliches, allmächtiges

heit aller Unternehmungen infolge unserer heil- und trostlosen Politik gleich diesen Vorlesungen angehängt habe und daher den geneigten Leser erst am Schlusse der Vorlesungen zu lesen ersuche.

dem beschwerlichen, elenden, sterblichen, unmächtigen Wesen des Menschen entgegengesetzt wird, aber freilich auf eine höchst gemütliche oder poetische Weise, so daß der Gegensatz zwischen den blutlosen Göttern und den blutigen Menschen in dem klaren Safte der Götter völlig zu Wasser wird. Doch wieder zurück zur „Odyssee"! „Von Gott kommt", nach Voßens Übersetzung, „anderes andern, Gutes kommt und Böses von Zeus, denn er herrscht mit Allmacht" (wörtlich: denn alles vermag er). „Es ist nicht möglich, daß schlaflos immer beharren Sterbliche, denn die Götter verordneten jegliches Dinges Maß und Ziel den Menschen." Die Abhängigkeit des Menschen vom Schlaf, die Notwendigkeit des Schlafs ist also eine moira, ein göttliches Verhängnis oder Schicksal. Ja, der Schlaf ist selbst ein göttliches Wesen, „der Beherrscher der Sterblichen und unsterblichen Götter". „So ändert der Sinn der sterblichen Erdbewohner, so wie andere Tag' herführt der waltende Vater." In glücklichen Tagen ist er übermütig, in unglücklichen unmutig, aber diese Tage hängen vom Vater der Götter und Menschen ab. „Oben im Himmel", heißt es in der „Ilias", „hängen des Siegs Ausgäng' an der Hand der unsterblichen Götter." Als Odysseus und Ajas einen Wettlauf machten und schon dem Ziele sich nahten, da legte Pallas Athene auf das Gebet des erstern dem Ajas ein Hindernis in den Weg: Er fiel über Ochsenmist, und Odysseus gewann den ersten Preis. Ob also der Mensch siegt oder unterliegt, ungehindert ans Ziel kommt oder unterwegs ausgleitet, das hängt von den Göttern ab. „Wenn", sagt Hesiod, „zur gehörigen Zeit die Schiffahrt geschieht, so wird dir nicht das Schiff zerbrochen, noch wird das Meer vernichten die Menschen, wenn nicht mit Vorbedacht der Erderschütt'rer Poseidon oder Zeus, der Unsterblichen König, beschlossen Verderben, denn in ihrer Gewalt steht zugleich das Gute und Böse." „Von dir, Verehrte", heißt es in einer homerischen Hymne auf die Allmutter Erde, „kommt Reichtum an Kindern und Reichtum an Früchten, von dir hängt es ab (bei dir steht es, *σεῦ δ' ἔχεται*), das *Leben zu geben oder zu nehmen* den sterblichen Menschen; glücklich der, den du im Herzen ehrest gewogen, denn alles hat er im Überflusse." „Bete zu den Göttern", sagt Theognis, „denn groß ist ihre Gewalt, und nichts geschieht ohne die Götter den Menschen, weder Gutes noch Böses." „Eitel sind unsre Gedanken, wir

Menschen wissen nichts; alles führen die Götter nach ihrem Sinne aus." „Keiner ist selbst Urheber seines Schadens und Nutzens, sondern die Götter sind die Geber von beidem. Und keiner der Menschen wirket, im Geist erschauend den Ausgang, ob gut, ob übel er sein wird." Wenn nun aber alles von den Göttern abhängt, Gutes und Böses, Leben und Tod, Gesundheit und Krankheit, Glück und Unglück, Reichtum und Armut, Sieg und Niederlage, so ist doch offenbar das Abhängigkeitsgefühl der Grund der Religion – der Grund, daß der Mensch sein Tun in Leiden, seine Wünsche und Vorsätze in Gebete, seine Tugenden in Gaben, seine Fehler in Strafen, kurz, sein Heil aus einem Gegenstand der Selbsttätigkeit in einen Gegenstand der Religion verwandelt. Doch geben wir noch speziellere Beweise. „‚Alle Menschen bedürfen der Götter', aber nicht alle aller", sagt Plutarch. „Nein, als Bauer z. B. rufe ich nicht", sagt Varro in seiner Schrift „Von der Landwirtschaft", „wie Homer und Ennius die Musen an, sondern die zwölf größern Götter, aber doch nicht die städtischen, deren vergoldete Statuen auf dem Forum stehen, sondern jene zwölf Götter, welche hauptsächlich die Führer (oder Herren) der Bauern sind, also zuerst den Jupiter und die Erde, denn Himmel und Erde begreifen alle Früchte der Agrikultur in sich, zweitens die Sonne und den Mond, deren Zeiten beobachtet werden, wenn man etwas säet und in die Erde steckt, hernach Ceres und Bacchus, weil ihre Früchte zum Lebensunterhalt am nötigsten sind, denn von ihnen kommt ja Speise und Trank, dann den Brand und die Flora, denn wenn sie günstig sind, so verdirbt nicht der Brand das Getreide und die Bäume, und sie blühen zur rechten Zeit; ferner verehre ich auch die Minerva und Venus, weil die eine dem Ölbau, die andere den Gärten vorsteht. Endlich bete ich auch zum Wasser und zum *guten Erfolg*, denn ohne Wasser ist der Ackerbau trocken und elend, ohne Erfolg und guten Ausgang aber nur eine vergebliche Mühe. Als Hirt oder Viehzüchter wende ich mich besonders an die Gottheit Pales und bitte sie, wie es in den ‚Fasten' Ovids heißt, daß sie die Krankheiten verscheuche, Menschen, Herden und Hunde bei Gesundheit erhalte, den Hunger fernhalte, Laub und Kräuter, Wasser zum Trinken und Baden, Milch und Käse, Lämmer und Wolle gebe, als Kaufmann aber an den Merkurius und bitte ihn um Gewinst im

Handel." Also die Menschen bedürfen der Götter, aber nur derjenigen, von denen eben ihre Existenz – sei's nun in der natürlichen oder bürgerlichen Welt – abhängt, und ebendieses Bedürfnis, diese Abhängigkeit ihrer Existenz, ihres Schicksals von den Göttern ist der Grund der Religion, der Grund, warum sie als Götter angeschaut und verehrt werden. Die *erste* aus der *Praxis, aus dem Leben* geschöpfte Definition Gottes ist daher nur die, daß er das ist, was der Mensch zu seiner Existenz bedarf, und zwar zu seiner physischen, denn diese ist ja die Grundlage seiner geistigen Existenz, daß also Gott ein *physisches Wesen* ist; oder subjektiv ausgedrückt: Der erste Gott des Menschen ist das Bedürfnis, und zwar das physische; denn nur von der Stärke und Macht, die ein Bedürfnis über mich ausübt, hängt es ja ab, daß ich den Gegenstand, der mir dieses Bedürfnis befriedigt, als Gott verehre. Wir haben, sagt der heilige Augustin in seinem „Gottesstaat", das Bild der göttlichen Dreieinigkeit an uns: „*Wir sind* und *wissen*, daß wir sind, und *lieben* dieses unser Sein und Wissen – daher auch die Einteilung der Wissenschaft bei den Philosophen in Naturwissenschaft, Logik und Ethik oder Moral. Der heilige Geist ist die Güte, die Liebe oder die Quelle derselben; die zweite Person ist das Wort, der Verstand oder die Quelle der Weisheit; die erste Person, der Gott Vater, ist das Sein oder der Urheber des Seins." D. h. eben, der älteste erste Gott, der Gott *vor* und *hinter* dem moralischen und geistigen Gott, ist der *physische* Gott; denn wie der heilige Geist nichts ist als das vergötterte Wesen der Moral, der Sohn Gottes nichts als das vergötterte Wesen der Logik, so ist der Gott Vater nichts als das vergötterte Wesen der Physik, der Natur, von welcher ja allein der Mensch den abstrakten Begriff und Ausdruck des Seins abgezogen hat. „Aus einer gewissen Naturnotwendigkeit", sagt Augustin bei dieser Gelegenheit, „ist *das Sein selbst* (oder das bloße Sein) angenehm, so daß nur deswegen allein selbst die Elenden nicht untergehen wollen; denn warum anders fürchten sie den Tod und ziehen selbst das elende Leben dem Tode vor, als weil die Natur das Nichtsein flieht? Daher auch die unvernünftigen Tiere *sein* wollen und den Untergang auf alle mögliche Weise fliehen, daher selbst auch die empfindungslosen Pflanzen und sogar die ganz leblosen Körper ihr Sein zu erhalten und behaupten suchen." Wir sehen hieraus, daß der abgezogene Begriff des Seins nur in der Natur Fleisch und Blut, Wahrheit und Wirklichkeit hat, daß folglich, wie das Sein der Weisheit und Güte, so auch der physische Gott dem geistigen und moralischen vorausgesetzt ist; wir sehen zugleich, daß das Band der Liebe, wodurch der Mensch mit sich selbst und dem Leben zusammenhängt, die Kette ist, an der alle Götter hangen, daß nur deswegen Jupiter der höchste und mächtigste Gott ist, weil das Verlangen, zu sein, zu leben, das höchste und mächtigste Verlangen des Menschen ist, die Befriedigung dieses Verlangens, das Leben, aber in letzter Instanz nur von Jupiter abhängt, daß folglich der Respekt, den Jupiter mit seinem Donnergepolter einflößt, nur ein *Effekt der menschlichen Lebensliebe* und *Todesfurcht* ist. So ist es also nur das „Zornfeuer", die Finsternis der menschlichen Begierden, das Chaos der menschlichen Bedürfnisse, woraus sich die griechischen und christlichen Götter entwickelt haben. Wie könnte denn auch der Mensch das Brot heiligsprechen, wie die Ceres als eine göttliche Wohltäterin preisen, wenn er nicht den Hunger als einen „schrecklichen Wüterich" empfände? Nein, wo kein Teufel, ist auch kein Gott, wo kein Hunger, auch keine Ceres, wo kein Durst, auch kein Bacchus. Nichts ist daher köstlicher, als wenn die gelehrten Herren, weil *für sie* die Religion, namentlich der alten Völker, nur noch ein theoretisches oder ästhetisches Interesse hat, nun auch die Religion selbst nur aus theoretischen oder idealen Motiven entspringen lassen, über den mythologischen Figuren und Schnörkeln, womit die Einbildungskraft den Herkulesschild der Religion ausgeschmückt, vergessen, daß trotz dieses künstlerischen Apparates und Luxus, worüber sie sich noch heute den Kopf zerbrechen, der Schild doch eben keinen andern Zweck hatte, als das Leben des Menschen zu schützen.

Da alles von den Göttern abhängt, die Götter aber *subjektive*, d. h. persönliche, selbstische Wesen sind, Wesen, die ebenso denken und empfinden wie der Mensch – „Ich bin ein eifersüchtiger Gott", sagt Jehovah im A. T., „die Götter", sagt die Venus bei Euripides, „finden ein Vergnügen daran, wenn sie von den Menschen geehrt werden", „wir sind", sagen die Götter in Ovids „Fasten", „ein ehrgeiziges Volk" –, da alles also von der Gnade oder Ungnade, der Liebe oder dem Zorne der Götter abhängt, so werden sie natürlich nicht nur aus Gründen des menschlichen, sondern auch des *gött-*

lichen Egoismus verehrt, nicht nur verehrt, weil sie dem Menschen Gutes tun, sondern auch, weil sie verehrt sein wollen, kurz, nicht nur um des Menschen, sondern auch um ihrer selbst willen verehrt. Ein subjektives oder persönliches Wesen kann man nur dadurch ehren, daß man ihm tut, was seinem Sinne zusagt, seinem Wesen entspricht, also alles beseitigt, was ihm mißfällt. Einem vornehmen Gast zu Ehren legt man ab allen häuslichen Schmutz und Unrat, Kummer und Gram, Hader und Ärger, räumt man alles aus den Augen, was einen unästhetischen, unangenehmen Eindruck auf denselben machen könnte. Ebenso macht es der Mensch an den der Ehre der Götter geweihten Festen; da enthält er sich aller Geschäfte, Handlungen und Genüsse, die dem Wesen der Götter widerstreiten; da vergißt er die eigenen Freuden und Schmerzen, um nur die Freuden und Schmerzen der Götter, wie z. B. an dem Feste der Demeter, zu empfinden. Aber gerade diese Verehrung der Götter in ihrem Sinne und Interesse ist zugleich auch *die* im Sinne und Interesse des Menschen; denn nur durch diese keusche, uneigennützige Verehrung erwerbe ich mir ihre Gunst; habe ich aber ihre Gunst, so habe ich alles, was ich wünsche, so sitze ich an der Quelle aller Güter. Ebenso ist es mit der Zornbeschwichtigung, der Versöhnung der Götter mit den Menschen. Es ist gleichgültig daher, ob ich sie als Mittel oder Zweck fasse, denn ist der Zorn Gottes weg, so ist auch alles Übel weg, ist der Grund gehoben, so fällt ja von selbst die Folge. „Meine größte Strafe ist", sagt Ovid in seinen Elegien aus Tomi, wohin ihn der Zorn des irdischen Jupiter, des Kaisers Augustus, verbannt hatte, „*ihn* (nämlich den August) beleidigt zu haben." „Wenn auch außer des Kaisers Zorn kein Übel mich drückte, ist nicht des Kaisers Zorn selber schon Übel genug?" „Alles Übel ja bringt des Kaisers Ungnade mit sich." Dasselbe gilt von den himmlischen Göttern. Ihren Zorn stillen heißt daher die Quelle alles Übels verstopfen.

Da die Götter über Leben und Tod, Glück und Unglück gebieten, so knüpft sich auch an sie und ihre Verehrung die Moral, die theoretische und praktische Unterscheidung zwischen gut und bös, Recht und Unrecht. Ich sage: anknüpft, denn an sich und ursprünglich haben Religion und

Moral – wenigstens in dem Sinne, wie wir sie, die Moral, jetzt auffassen – nichts miteinander gemein, und zwar schon aus dem einfachen, einleuchtenden Grund, weil sich der Mensch in der Moral auf sich und seinen Nächsten, in der Religion aber auf ein anderes, vom Menschen unterschiedenes Wesen bezieht. „Die ganze h. Schrift", sagt Bodin in seiner „Dämonomanie", „ist voll von Zeugnissen, daß Gott den größten Abscheu vor den Zauberern (d. h. vor denen hat, welche Gott aufgeben und sich mit dem Teufel verbinden), daß sie weit verfluchungswürdiger sind als die Vatermörder, Blutschänder und Sodomiten." „Sollte auch ein Zauberer", sagt er später, „gar keinen Schaden stiften, nichts Übles Menschen und Vieh zufügen, so verdient er doch schon deswegen, weil er Gott aufgegeben, sich mit dem Teufel verbunden, also die Majestät Gottes beleidigt hat, lebendig verbrannt zu werden." *„Der Fürsatz zu töten"*, sagt Luther, *„ist nicht so große Sünd' als nicht glauben*, denn der Totschlag ist eine Sünde wider das *fünfte Gebot*, aber der Unglaube ist eine *Sünde wider das erste und größeste Gebot*." „Ausgemacht ist", sagt Calvin, „daß im Gesetz und den Propheten der Glaube, und was sich auf den Gottesdienst bezieht, den ersten Platz einnimmt, die Liebe *unter* den Glauben gestellt ist." Die katholische Kirche hat ausdrücklich den Satz, daß der kein Christ sei, welcher Glauben *ohne* Liebe habe, als einen ketzerischen Satz verworfen, folglich den Satz, daß man Christentum, Glauben, Religion ohne Liebe, d. h. ohne Moral, haben könne, sanktioniert. Und der fromme Russe, der letzte Anker unserer desperaten religiösen und politischen Absolutisten, hält so strenge auf seine Fasten, daß er sich eher einen *Diebstahl oder Mord* als eine Übertretung der Fastenzeit verzeiht (Stäudlin, „Magaz. für Religionsgesch."). „Auch die armenischen Priester erteilen eher Vergebung für begangenen Mord und andere grobe Verbrechen als für einen Bruch der Fasten. Die verruchtesten Menschen unter den griechischen Christen beobachten die Fasten nicht weniger genau als die tugendhaftesten" (Meiners a. a. O. II. L.). Der Kriminalist Karpzow war so fromm, so biblisch, so christlich, daß er alle Monate zum heiligen Abendmahl ging und nicht weniger als 53, schreibe dreiundfünfzigmal, die ganze Bibel durchlas, und doch, oder vielleicht ebendeswegen, verurteilte dieser fromme Mann nicht weniger als 20000, sage *zwanzigtausend*, Missetäter, d. h. armer Sünder, zum Tode (Stein, „Geschichte des peinlichen Rechts"). „Le connetable Anne de Montmorenci .... peut-être le seul chef du parti catholique qui aimât la religion pour elle même ... c'étoit en disant son chapelet, si l'on en croit Brantome, qu'il ordonnoit des supplices, des meurtres, des incendies, *sans se debaucher nullement de ses paters, tant il étoit consciencieux* [der Kronfeldmarschall Anne de Montmorenci ..., vielleicht der einzige Führer der katholischen Partei, der die Religion um ihrer selbst willen liebte..., war, wenn man Brantome glauben darf, so gewissenhaft, daß er beim Abbeten des Rosenkranzes Martern, Morde und Brandschatzungen anordnete, ohne jemals in seinen Vaterunsern nachlässig zu werden]" („Dict. Univ." par Roliner, Art. Ligue)*. Was hat also der Glaube mit der Liebe, die Religion mit der Moral gemein? Nichts, so wenig, als Gott, worauf sich der Glaube, und der Mensch, worauf sich die Liebe bezieht, etwas miteinander gemein haben; denn Mensch und Gott sind sich ja, dem Glauben zufolge, aufs heftigste entgegengesetzt: Gott ist ein unsinnliches, der Mensch ein sinnliches, Gott ein vollkommenes, der Mensch ein elendes, erbärmliches, nichtswürdiges Wesen. Wie kann also aus dem Glauben Liebe folgen? So wenig, als aus Vollkommenheit Erbärmlichkeit, aus Fülle Mangel entspringen kann. Ja, *Moral* und *Religion, Glaube* und *Liebe widersprechen sich geradezu*. Wer einmal einen Gott liebt, der kann keinen Menschen mehr lieben; er hat den Sinn fürs Menschliche verloren; aber auch umgekehrt: Wer einmal den Menschen liebt, wahrhaftig von Herzen liebt, der kann keinen Gott mehr lieben, der kann nicht mehr sein heißes Menschenblut in dem leeren Raum einer unendlichen Gegenstandlosigkeit und Unwirklichkeit umsonst verdunsten lassen. Die Religion schützt, sagt man, vor Sünden durch die Vorstellung eines allwissenden Wesens, allein schon die Alten sagten, daß man so zu Gott beten

* Von dem Widerspruch zwischen moralischer und geistlicher Würde, zwischen Humanität und Religiosität, Sittlichkeit und Kirchlichkeit, wie ihn unsere protestantischen und katholischen Geistlichen im Leben darstellen, schweige ich, weil ich es für unmöglich und unwürdig halte, über Dinge zu schreiben, die selbst den stumpfen Sinnen unserer Bauern auffallen.

müsse, als *hörten es die Menschen*, und daß, „wer sich vor den Menschen nicht scheue, auch wohl Gott selbst betrüge"; die Religion straft die Sünder, sagt man; ja, aber sie hat auch Mittelchen genug, sei's nun in dem Verdienst Christi oder in Ablaßzetteln oder im Kuhmist oder im Waschwasser, den Menschen zu entsündigen oder vielmehr – denn wider die Sünde selbst vermag nichts oder wenigstens sehr wenig der Glaube, wie die ehrlichen Gläubigen selbst eingestanden und ihr Charakter und Leben beweisen – den Sünder zu entschuldigen, den Mohren selbst weißzuwaschen. Schon der heidnische Dichter Ovid, der freilich dem Zeitalter der Bildung, aber ebendeswegen auch des Unglaubens angehört, kann sich in seinen „Fasten", die doch selbst nur einer antiquarischen Begeisterung ihren Ursprung verdanken, nicht enthalten, sich darüber zu verwundern, daß seine frommen Vorfahren glauben konnten, alle Vergehen, selbst das furchtbare Verbrechen des Mordes, könnten durch das Wasser eines Flusses getilgt werden. Sosehr aber auch Glaube und Liebe, Religion und Moral sich widersprechen, so knüpft sich doch nicht nur, wie ich anfangs sagte, die Moral an die Religion an, sondern sie stützt sich auch wirklich auf dieselbe, aber aus einem ganz anderen Grunde, als man gewöhnlich vorgibt. Die Religion ist allmächtig; sie gebietet über Himmel und Erde, über Lauf und Stillstand der Sonne, über Donner und Blitz, Regen und Sonnenschein, kurz, über alles, was der Mensch liebt und fürchtet, über Glück und Unglück, Leben und Tod; sie macht daher die Gebote der Liebe oder Moral zu *Gegenständen der menschlichen Selbstliebe, des Glückseligkeitstriebes*, indem sie ihre Erfüllung mit allen nur immer wünschbaren Gütern belohnt, ihre Nichterfüllung mit allen nur immer furchtbaren Übeln bestraft. „Wenn du nicht gehorchen wirst", sagt der Gott Jehovah, „der Stimme des Herrn, deines Gottes, daß du haltest und tust alle seine Gebote und Rechte, die ich dir heute gebiete, so werden alle diese Flüche über dich kommen und dich treffen. Verflucht wirst du sein in der Stadt, verflucht auf dem Acker usw. Der Herr wird unter dich senden Unfall, Unrat und Unglück in allem, das du vor die Hand nimmst, das du tust, bis du vertilget wirst. Der Herr wird dich schlagen mit Schwulst, Fieber, Hitze, Brunst, Dürre, giftiger Luft und Gelbsucht und wird dich verfolgen, bis er dich umbringe.

Der Herr wird dich schlagen mit Drüsen Ägyptens, mit Feigwarzen, mit Grind und Krätze, daß du nicht kannst heil werden. Der Herr wird dich schlagen mit Blindheit, Wahnsinn und Rasen des Herzens, und wirst tappen im Mittage, wie ein Blinder tappet im Dunkel, und wirst auf deinem Wege kein Glück haben" usw. „Siehe, ich habe dir heute vorgelegt das Leben und das Gute, den Tod und das Böse, daß du den Herrn, deinen Gott, liebest und wandelst in seinen Wegen und seine Gebote, Gesetze und Rechte haltest und leben mögest und gemehret werdest. Der Herr, dein Gott, wird dir Glück geben in allen Werken deiner Hände, an der Frucht deines Leibes, an der Frucht deines Viehes, an der Frucht deines Landes, daß dir's zugute komme." Wir sehen aus dieser klassischen Stelle, daß und wie die Religion die Liebe zur Tugend, zur Liebe eines langen und glücklichen Lebens, die Furcht vor der Verletzung der Moralgebote* zu einer Furcht vor ägyptischen Drüsen und Feigwarzen, Grind und Krätze, kurz, allem möglichen Unfall und Unglück macht, daß der Satz: „Die Moral stützt sich oder muß sich auf die Religion stützen", keinen anderen Sinn hat als: Die Moral muß sich auf den Egoismus, auf die Selbstliebe, auf den Glückseligkeitstrieb stützen, sonst hat sie keinen Grund. Der Unterschied zwischen dem Judentum und Christentum ist nur, daß dort sich die Moral auf die Liebe zum zeitlichen, irdischen, hier auf die Liebe zum ewigen, himmlischen Leben stützt. Der Grund, daß man nicht erkennt, daß das Geheimnis des Glaubens im Unterschiede von der Liebe, der Religion im Unterschiede von der Moral nur der Egoismus [ist], liegt allein darin, daß der religiöse Egoismus nicht den *Schein* des Egoismus hat, daß sich der Mensch in der Religion unter der Form der Selbstverneinung bejaht, sein Ich nicht in der ersten Person, seinen Willen nicht in befehlender, sondern bittender, nicht in tätiger, sondern in leidender Form geltend macht, sich nicht selbst liebt, sondern demütig lieben läßt. So ist der Inhalt des Lutherschen Glaubens im Unterschied von der Liebe oder Moral nichts andres als der Inhalt der

* Es ist in dieser Stelle nicht allein von den Moralgeboten die Rede, sondern auch von den religiösen Geboten, aber da es sich eben um den Unterschied von Moral und Religion hier handelt, so müssen wir natürlich nur jene hervorheben.

Selbstliebe in der *leidenden* Form, *der* Inhalt: Gott liebt mich, oder ich bin geliebt von Gott; aber weil ich von Gott geliebt bin – dies ist der Zusammenhang des Glaubens mit der Moral –, so liebe ich die Menschen; weil mein Egoismus in der Religion befriedigt ist, so brauche ich ihn nicht in der Moral zu befriedigen; was ich in der Moral ausgebe und verliere, das bekomme ich wieder oder habe es schon hundertfältig im Glauben, in der Gewißheit des Geliebtseins von dem allmächtigen Wesen, dem alle Schätze und Güter zu Gebote stehen. Doch wieder zurück zu unserer alttestamentlichen Stelle! Was gehört der Religion, was der Moral, was Gott, was dem Menschen an? Dem Menschen gehört an das Verbot des Mords, das Verbot des Ehebruchs, das Verbot des Diebstahls, das Verbot des falschen Zeugnisses, das Verbot des Gelüstens nach des Nächsten Weib, Haus, Acker usw., denn wenn auch das Verbot des Diebstahls z. B. dem Dieb für ein unmenschliches gilt und im größten Widerspruch mit seinem Egoismus steht, so steht es doch im größten Einklang mit dem Egoismus des Besitzers. Moral und Recht beruhen überhaupt auf dem ganz einfachen Grundsatz: „Was du nicht willst, daß dir die Leute tun, das tue ihnen auch nicht!“ Nun will aber kein Mensch, daß ihm sein Leben, sein Weib, sein Acker, sein guter Leumund genommen werde; es ist daher sehr natürlich, daß dieser Wille eines jeden – denn selbst der Dieb will nicht das Gestohlene wieder sich stehlen, der Mörder nicht sein Leben sich nehmen lassen – ausdrücklich zu einem allgemeinen Gesetze gemacht und der Dawiderhandelnde bestraft werde. Was gehört also Gott oder der Religion an? Einerseits die ägyptischen Feigwarzen, Grind und Krätze, Drüsengeschwülste und andere Übel, die sie über die Bösen verhängt, andererseits langes Leben, Fruchtbarkeit des Leibes, des Viehs, des Ackers, die sie den Guten verheißt, denn weder diese Güter noch jene Übel stehen in der Macht des Menschen.* Aber

* Die Götter sind allerdings insofern moralische Mächte, als sie das Unrecht, die Sünde bestrafen, das Rechte, die Tugend belohnen, aber gleichwohl ist das ihnen Eigene, das ihr Wesen Ausmachende nicht die Moral, sondern nur die *Macht*, zu bestrafen und zu belohnen. „Gott verlangt von euch nicht nur christlichen Glauben, er verlangt auch, daß ihr gütig, menschenfreundlich und liebreich gegen den

beide sind Gegenstände des Glückseligkeitstriebes, jene auf bejahende, diese auf verneinende Weise, jene als Gegenstände der Liebe, des Verlangens, diese als Gegenstände der Furcht, des Abscheus. Was ist also das *der Religion spezifisch, eigentümlich Angehörende*? *Nur der Glückseligkeitstrieb*, nur *der Egoismus*, und zwar *der*, dessen Befriedigung nicht in der Hand des Menschen steht. Mir, meinem Weibe, meinem Acker, meinem Vieh wünsche ich allen nur erdenklichen Segen; dem aber, der mein Weib, Vieh, Leben angreift und verletzt, fluche ich alle nur erdenklichen Übel an den Hals, namentlich dann, wenn er nicht – und er ist es nicht immer – in meiner Gewalt ist; aber beide Wünsche, sowohl die segnenden als die verfluchenden, erfüllt oder kann erfüllen die Allmacht Gottes oder des Glaubens. Die Religion hat also dadurch, daß sie über Leben und Tod, Himmel und Hölle gebietet, daß sie die Gesetze zu Geboten eines allmächtigen Wesens – des Begriffs aller menschlichen Wünsche und Schrecken – macht, den Egoismus in ihrer Hand oder für sich und übt dadurch eine furchtbare Macht über den, namentlich rohen, Menschen aus, eine Macht, vor der die Macht der Moral, namentlich der abstrakten, philosophischen, in nichts verschwindet und deren Verlust daher ein unersetzlicher scheint. Allein es ist nicht zu übersehen, daß die Religion diese Macht nur durch die Einbildungskraft ausübt oder daß ihre Macht nur in der Einbildungskraft besteht; denn wäre ihre Macht mehr als eine eingebildete, wäre die Religion wirklich der positive Grund und Halt des Rechts und der Moral, so müßten auch die religiösen Verheißungen und Strafen zur Gründung und Erhaltung der Staaten hingereicht haben, so würde es den Menschen nicht eingefallen sein, so viele, so ausgesuchte, so grausame Strafen zur Verhinderung von Verbrechen anzuwenden. Oder ja, man kann den

Nächsten seid." Ganz falsch; *Gott verlangt nur den Glauben* von euch, aber daß *ihr gütig, menschenfreundlich und liebreich seid*, das *verlangt der Mensch*, denn nur beim Glauben ist Gott, bei der Moral aber der *Mensch interessiert*. Was du glaubst, das ist mir ganz einerlei, aber nicht, was du bist, was du tust. Dem Ich liegt freilich das Hemde des Glaubens näher an als der Rock der Moral, aber dem Du ist der Rock näher als das Hemd, ja, für das Du existiert nur mein Rock, aber nicht mein Hemd.

Satz zugeben: „Die Religion ist die Grundlage der Staaten", *aber* mit dem Zusatz: nur in der Einbildung, im Glauben, in der Meinung, denn in der Wirklichkeit stützen sich die Staaten, selbst die christlichen, statt auf die Macht der Religion, ob sie gleich allerdings auch sie – natürlich nur den Glauben, die schwache Seite des Menschen – als Mittel zu ihren Zwecken gebrauchen, auf die Macht der Bajonette und anderer Torturwerkzeuge. In Wirklichkeit handeln überhaupt die Menschen aus ganz anderen Gründen, als sie in ihrer religiösen Einbildung zu handeln *glauben*. Der fromme Ph. de Commines in seiner „Chronik vom König Ludwig XI." sagt: „Alle Übel oder Vergehen kommen vom Mangel an Glauben; wenn die Menschen fest glaubten, was Gott und die Kirche uns von den ewigen und schrecklichen Höllenstrafen sagen, so könnten sie nicht tun, was sie tun." Aber woher kommt denn diese Schwäche des Glaubens? Daher, daß die Glaubenskraft nichts andres ist als die Einbildungskraft und, so groß auch die Macht der Einbildungskraft ist, doch die Macht der Wirklichkeit eine unendlich größere und dem Wesen der Einbildung geradezu widersprechende Macht ist. Der Glaube ist, wie die Einbildungskraft, hyperbolisch; er bewegt sich nur in Extremen, in Übertreibungen; er weiß nur von Himmel und Hölle, von Engeln und Teufeln; er will mehr aus dem Menschen machen, als er sein soll, und macht ebendeswegen weniger aus ihm, als er sein kann; er will ihn zum Engel machen und macht ihn dafür bei günstiger Gelegenheit zu einem wahren Teufel. So verkehrt sich das hyperbolische und phantastische Wesen des Glaubens an dem Widerstand der prosaischen Wirklichkeit in sein direktes Gegenteil! Es wäre daher schlecht um das menschliche Leben bestellt, wenn Recht und Moral keine andere Grundlage hätten als den religiösen Glauben, welcher so leicht in sein Gegenteil umschlägt, da er, wie die größten Glaubenshelden selbst eingestanden haben, dem Zeugnis der Sinne, dem natürlichen Gefühl und dem den Menschen eingeborenen Hang zum Unglauben geradezu hohnspricht. Wie kann aber etwas Erzwungenes, auf die gewaltsame Unterdrückung einer wohlbegründeten Neigung Gebautes, jeden Augenblick den Zweifeln des Verstandes und den Widersprüchen der Erfahrung Ausgesetztes eine sichere und feste Grundlage abgeben? Glauben, daß der Staat – ich meine natürlich den

Staat überhaupt, nicht unsere künstlichen supranaturalistischen Staatsgebäude – nicht ohne religiösen Glauben bestehen könne, heißt glauben, daß die natürlichen Beine nicht zum Stehen und Gehen hinreichend sind, daß der Mensch nur auf Stelzen gehen und stehen könne. Diese natürlichen Beine aber, worauf Moral und Recht fußen, sind die Lebensliebe, das Interesse, der Egoismus. Nichts ist daher grundloser als die Vorstellung und Furcht, daß mit den Göttern auch der Unterschied zwischen Recht und Unrecht, gut und böse sich aufhebe. Dieser Unterschied besteht und wird bestehen solange, als ein Unterschied zwischen Ich und Du besteht, denn nur dieser Unterschied ist der Quell der Moral und des Rechts. Wenn auch mein Egoismus mir den Diebstahl erlaubt, so wird doch der Egoismus des andern sich ihn aufs strengste verbitten; wenn auch ich aus mir selbst nichts von Uneigennützigkeit weiß und wissen will, so wird doch stets der Eigennutz der andern mir die Tugend der Uneigennützigkeit vorpredigen; wenn auch mein männlicher Egoismus einen Hang zur Polygamie hat, so wird doch stets der weibliche Egoismus diesem Hange sich widersetzen und der Monogamie das Wort reden; wenn auch ich nicht die Balken in meinen Augen merke und fühle, so wird doch jedes Splitterchen darin ein Dorn in dem Auge der Tadelsucht anderer sein; kurz, wenn es auch mir gleichgültig ist, ob ich gut oder schlecht bin, so wird es doch nie dem Egoismus der andern gleichgültig sein. Wer war denn bisher der Regent der Staaten? Gott? Ach, die Götter regieren nur im Himmel der Phantasie, aber nicht auf dem profanen Boden der Wirklichkeit. Wer also? Nur der Egoismus, aber freilich nicht der einfältige Egoismus, sondern der dualistische Egoismus, der Egoismus, der für sich den Himmel, aber für andere die Hölle, für sich den Materialismus, aber für andere den Idealismus, für sich die Freiheit, für andere die Knechtschaft, für sich den Genuß, aber für andere die Resignation erfunden hat, *der* Egoismus, der in den Regierungen die eigenen, selbstbegangenen Verbrechen an den Untertanen, in den Vätern die eigenen, selbstgezeugten Sünden an den Kindern, in den Ehemännern die eigenen, selbstverschuldeten Schwächen an den Weibern straft, überhaupt alles sich verzeiht und sein Ich nach allen Dimensionen geltend macht, aber *von den andern* verlangt, daß sie *kein Ich* haben, daß sie bloß von der Luft leben, daß sie vollkommen und immateriell wie Engel sind; freilich nicht nur jener beschränkte Egoismus, auf den man gewöhnlich allein diesen Namen anwendet, der aber nur *eine*, obwohl die vulgärste, Art des Egoismus ist, sondern *der* Egoismus, der ebensoviel Arten und Gattungen in sich begreift, als es überhaupt Arten und Gattungen des menschlichen Wesens gibt, denn es gibt nicht nur einen singulären oder individuellen, sondern auch einen sozialen Egoismus, einen Familienegoismus, einen Korporationsegoismus, einen Gemeindeegoismus, einen patriotischen Egoismus. Allerdings ist der Egoismus die Ursache alles Übels, aber auch die Ursache alles Guten, denn wer anders als der Egoismus hat den Ackerbau, hat den Handel, hat die Künste und Wissenschaften hervorgebracht? Allerdings ist er die Ursache aller Laster, aber auch die Ursache aller Tugenden, denn wer hat die Tugend der Ehrlichkeit geschaffen? Der Egoismus durch das Verbot des Diebstahls. Wer die Tugend der Keuschheit? Der Egoismus, der den Gegenstand seiner Liebe nicht mit andern teilen will, durch das Verbot des Ehebruchs. Wer die Tugend der Wahrhaftigkeit? Der Egoismus, der nicht belogen und betrogen sein will, durch das Verbot der Lüge. So ist der Egoismus der erste Gesetzgeber und Ursacher der Tugenden, wenn auch nur aus Feindschaft gegen das Laster, nur aus Egoismus, nur deswegen, weil für ihn ein Übel ist, was für mich ein Laster, wie umgekehrt, was für mich eine Verneinung, für den andern eine Bejahung seines Egoismus, was *für mich* eine *Tugend*, *für ihn* eine *Wohltat* ist. Übrigens sind die Laster zur Erhaltung der Staaten, wenigstens unserer verruchten, natur- und menschenfeindlichen Staaten, ebenso notwendig, wenn nicht noch notwendiger als die Tugenden der Menschen. Wenn z. B., um ein mir naheliegendes Beispiel zu geben, weil ich auf bayerischem Boden, wenn auch nicht im bayerischen, freilich auch nicht preußischen oder österreichischen Geiste schreibe, das Christentum bei uns mehr als eine bloße geistliche Phrase wäre, wenn sich der Geist der christlichen Asketik und Unsinnlichkeit des bayerischen Volks bemächtigte und dasselbe sich des Biertrinkens, selbst auch nur des unmäßigen, enthielte, wie stünde es dann mit der Existenz des bayerischen Staates? Der russische Staat hat sogar trotz seiner „substantiellen

Glaubenstreue“ seine hauptsächliche finanzielle Lebensquelle in dem Gifte des Branntweins. Also ohne Bier kein Bayern, ohne Branntwein kein Rußland – selbst auch kein Bo-russia. Und angesichts dieser und unzähliger anderer, ebenso populärer Tatsachen erdreistet man sich, dem Volke weiszumachen, daß die Religion das Band unserer nur durch die Zuchthausketten des Verbrechens an der menschlichen Natur zusammengehaltenen Staaten sei! Doch lassen wir die Greuel der Politik! Die Moral, sagt man, muß sich auf die Religion, auf das göttliche, nicht auf das menschliche Wesen gründen, sonst verliert sie alle Autorität und Festigkeit. Was ist relativer, veränderlicher, unzuverlässiger als das menschliche Wesen? Wie kann sich darauf das Moralgesetz stützen? Heißt denn das aber nicht vom Regen in die Traufe kommen, vom Wesen des Menschen zum Wesen Gottes seine Zuflucht nehmen? Ist das Wesen des Menschen nicht bei aller unendlichen Verschiedenheit in seinen Grundtrieben etwas sich Gleiches, Zuverlässiges, selbst sinnlich Gewisses? Heißt es nicht selbst im Sprüchwort: „*Alle* Welt hat nur einen Willen, daß es ihr wohlgehe“? Gibt es aber etwas Ungewisseres, Zweifelhafteres, Widersprechenderes, Schwankenderes, Unbestimmteres, Relativeres als das Wesen Gottes? Ist es wenigstens nicht ebenso veränderlich und verschieden, als die Zeiten und Menschen veränderlich und verschieden sind? Ist der Grund, warum Gott zu einer bestimmten Zeit diese und keine anderen Gesetze, diese und keine anderen Offenbarungen den Menschen gibt, nicht das Wesen dieser Menschen, denen allein diese Gesetze und Offenbarungen entsprechen? Ist aber, wenn mir ein Gesetzgeber ein meinem Wesen entsprechendes Gesetz gibt – und nur ein solches ist ein wahres und gültiges –, nicht *mein Wesen das Gesetz* des Gesetzes, das dem Gesetz Vorausgesetzte? Was ist also für ein Unterschied zwischen dem menschlichen und göttlichen Wesen als Grund der Moral? Der Unterschied zwischen der schlichten Wahrheit und der religiösen Illusion oder Phantasie, welche das *andere* Ich, das Wesen des Menschen im Unterschiede von seinem Willen und Wissen, als ein selbst wieder persönliches Wesen verselbständigt. „Was böse ist“, sagt z. B. ein orthodoxer Polyhistor des vorigen Jahrhunderts (Gundling), „kann Gott nicht befehlen, alldieweil er höchst gütig und weise ist; folglich befiehlet er das Gute.

Das Gute gehet in signo rationis [im Zeichen der Vernunft] vor, das Gebot folget; mithin *gebietet* er dem Menschen dasjenige, *so ihm gut*, und *verbietet, was ihnen schädlich ist.* Finis Dei noster quoque finis sit oportet, Gottes Zweck muß auch unser Zweck sein"; natürlich, denn *unser* Zweck ist *Gottes Zweck*, was *wir* nicht wollen, das unserer Natur Widersprechende, das Böse, das Schädliche, das will auch Gott nicht. Obgleich aber in Wahrheit das göttliche Gesetz und Wesen das menschliche Wesen zur Voraussetzung und Grundlage hat, so kehrt doch die religiöse Phantasie dies um. – Derselbe Theist bemerkt bei dieser Gelegenheit, daß der Atheist wohl „die moralischen Wahrheiten, welche mit der menschlichen Natur eine Konnexion haben, begreifen könne", daß aber zu ihrer „Ausübung, weil diese unserer Konkupiszenz und Affekten zuwider," nur der Theismus die Mittel an die Hand gebe. „In der gegenteiligen Meinung", sagt derselbe im Einklang mit allen Theisten, „bleibt nichts als utilitas oder die Nutzbarkeit übrig, welche mich abhalten soll, daß ich nicht stehle, nicht morde oder jemand beleidige. Nun setze man aber", fährt er fort, „du träfest deinen Erbfeind an einem einsamen Ort, wie Saul den David in der Höhle, ohne befürchten zu müssen, wegen der Befriedigung deines Rachegelüstes entdeckt und folglich bestraft zu werden. Vor Gott fürchtest du dich nicht ... Du bist ein Atheist. Was soll dich nun abhalten, deinen Feind zu massakrieren?" Dasselbe, was dich, ruhmrediger Theist! Denn in solchen kasuistischen Fällen entscheidet nur, was *du bist*, aber nicht, was du *glaubst* oder *denkst*; bist du ein boshafter, rachedurstiger Mensch, so wirst du trotz deines Gottesglaubens und trotz deiner Gottesfurcht die Schandtat begehen, denn der günstige Moment, die Leidenschaft reißt dich mit sich fort; bist du aber das Gegenteil, bist du keine gemeine, sondern edle Natur, bist du wirklich ein Mensch, keine Bestie, so wirst du auch ohne Gottesfurcht und Menschenfurcht genug Gründe in dir finden, die dich von einer Schandtat abhalten. Ich nenne vor allem das Ehrgefühl, das Gefühl, das sich scheut, geheim zu tun, was man sich schämt, vor andern zu tun, – ein Gefühl, das aber leider das Christentum über seinem Gottesglauben gänzlich vernachlässigt hat –, das Gefühl, das nicht andere belügen will, demzufolge der Mensch auch *sein will*, wofür er andern gilt, in Beziehung aber auf den angeführten individuellen

Fall das Gefühl, welches den Menschen, wenn er nicht eine ganz gemeine Bestie ist, gerade in dem Moment, wo er des Gegenstandes seiner Begierde Herr und Meister ist, zum Sieger über seine Begierde macht, das Gefühl, welches der Triumph der höchsten Macht, der Macht über Leben und Tod, ist, aber ebendeswegen sich nicht bis zu dem schimpflichen Handwerk des Henkers erniedrigt. Wie in der Physik hat man daher auch in der Ethik oder Moral nur aus Unwissenheit zur Theologie seine Zuflucht genommen, aber ebendarüber die im Menschen selbst liegenden Gründe und Elemente zur Tugend auszubilden versäumt und daher das Volk bis auf den heutigen Tag in der tiefsten sittlichen Roheit sitzenlassen. In betreff des oben angeführten Satzes, daß in dem Atheismus die Moralität nur von der Nutzbarkeit und Schädlichkeit abhänge – ein Satz, den noch heute die Theologen und ihre Nachtreter, die spekulativen Bedienten der Theologie, wenn auch mit andern Worten und Phrasen, im Munde führen –, ist zu bemerken, daß dieser Gegensatz selbst vom Standpunkt des Theismus aus ein falscher ist. Es handelt sich in diesem Gegensatze nicht um Schaden und nicht Schaden, Nutzen und nicht Nutzen – darin sind beide einig –, sondern um gewissen und ungewissen Schaden, gewissen und ungewissen Nutzen. Der Schaden des Atheisten ist ungewiß, der Schaden des Theisten, der Gegenstand seiner Furcht, der Zorn, die Strafe Gottes, gewiß; aber umgekehrt ist auch der Nutzen des Atheisten ungewiß, der Nutzen des Theisten dagegen, die Liebe, der Lohn Gottes, gewiß. Oder: Der Gegensatz zwischen Theismus und Atheismus ist vielmehr nur der Gegensatz zwischen *unendlichem* und *endlichem* Egoismus. In der Gottesfurcht verschwindet zwar der Egoismus aus dem Gesichte, denn die Furcht ist das Beben des Ichs vor einer das Ich vernichtenden oder vernichten könnenden Macht; aber in dem gewissen und unendlichen Gotteslohn tritt der unendliche Egoismus auf sichtbare Weise wieder hervor. Der Atheist hat daher zwar den moralischen Nachteil gegen den Theisten, daß er keine Gottesfurcht hat, aber auch den moralischen Vorteil vor jenem voraus, daß er keinen Gotteslohn im Auge hat. Übrigens will ich damit nicht dem beschränkten, oberflächlichen Atheismus der frühern Zeit, namentlich der Franzosen, das Wort reden. So fern die wahre Republik von der Republik der Franzosen, so fern ist der wahre Atheismus von dem Atheismus der Franzosen. So liegt dem Glauben an die göttliche Strafgerechtigkeit auch der Glaube an die Nemesis, an den Untergang des Bösen, an den Sieg des Guten zugrunde, wie ich schon anderwärts gezeigt, ein Glaube, der die Grundlage aller geschichtlichen Handlungen ist. Aber dieser Glaube ist ein vom Theismus, vom Gottesglauben unabhängiger Glaube, denn das Gute liegt in der menschlichen Natur, liegt selbst im menschlichen Egoismus; das Gute ist nichts andres, als was dem Egoismus aller Menschen entspricht, das Böse nichts andres, als was dem Egoismus einzelner Menschenklassen, folglich nur auf Kosten anderer, entspricht und zusagt, aber der Egoismus aller, oder auch zunächst nur der Majorität, ist immer mächtiger als der Egoismus der Minorität. Man werfe doch nur einen Blick in die Geschichte! Wo beginnt in der Geschichte eine neue Epoche? Überall nur da, wo gegen den exklusiven Egoismus einer Nation oder Kaste eine unterdrückte Masse oder Mehrheit ihren wohlberechtigten Egoismus geltend macht, wo Menschenklassen oder ganze Nationen aus dem verächtlichen Dunkel des Proletariats durch den Sieg über den anmaßenden Dünkel einer patrizischen Minorität ans Licht der geschichtlichen Zelebrität hervortreten. So soll und wird auch der Egoismus der jetzt unterdrückten Mehrheit der Menschheit zu seinem Recht kommen und eine neue Geschichtsepoche begründen. Nicht der Adel der Bildung, des Geistes soll aufgehoben werden; oh nein, nur nicht einige sollen Adel, alle andern Plebs sein, sondern alle sollen – *sollen* wenigstens – gebildet werden; nicht das Eigentum soll aufgehoben werden, oh nein, nur nicht einige sollen Eigentum, alle andern aber nichts, sondern alle sollen Eigentum haben.

Das vom Menschen Unterschiedene und Unabhängige, wovon er aber gleichwohl abhängt, das ist der ursprüngliche Gegenstand der Religion. Dieses ist aber nichts andres als die *Natur*. Sehr lehrreich sind auch in betreff dieses Punktes die Klassiker. Also einige Beispiele. „Mögen die Götter", sagt Ovid zum Germanicus in seinen „Episteln aus Pontus", „dir nur *Jahre* (d. h. langes Leben) geben, das Übrige wirst du schon *von dir selbst* nehmen." Der junge Cäso Quinctius, sagt Livius, war von edler Geburt und großem kräftigem Körperbau. Zu diesen „*Geschenken der Götter*" hatte er selbst noch hinzugefügt glänzende Beweise von Tapferkeit im Kriege und von Beredsamkeit auf dem Forum. Gleich darauf heißt er „ein mit allen Gaben oder Gütern der *Natur* und des *Glücks* versehener oder ausgerüsteter Jüngling". Vor der Schlacht mit dem Hannibal nach seinem Übergang über die Alpen sagt Cornelius Scipio bei Livius unter anderm zu den Soldaten: „Ich fürchte nichts mehr, als daß es scheinen möchte, nicht ihr, sondern die *Alpen* hätten den Hannibal besiegt, ob es gleich ganz in der Ordnung ist, daß die *Götter selbst* ohne alle menschliche Hilfe einen eidbrüchigen Heerführer bekämpfen und schlagen." „Ein durch so viele (menschliche) Greueltaten geschändetes Jahr (wie das Jahr 66 unter Nero) zeichneten auch die *Götter* durch *Stürme* und *Krankheiten* aus", sagt Tacitus in seinen „Annalen". Lukullus vertreibt in Plutarchs Biographien den Mithridates vom Meer „durch *den Beistand der Götter*", indem ein Sturm seine Flotte vernichtete, aber bei Florus sind es nur die mit Lukullus gleichsam im Bunde stehenden *Wogen* und *Stürme*, welche diese Niederlage verursachen. Es ist aber auch ganz eins, ob man sagt „Natur" oder „Götter", denn die Götter sind ja selbst nur poetische Naturwesen. „Alle Menschen", sagt Cotta in Ciceros Schrift „Vom Wesen der Götter", „halten dafür, daß sie die äußeren Annehmlichkeiten, Weinberge, Äcker, Ölgärten, Reichtum an Feld- und Baumfrüchten, kurz, alles was zum angenehmen und glücklichen Leben gehört, von den Göttern haben. Hat denn je einer den Göttern dafür gedankt, daß er ein tugendhafter Mann wäre? Nein, sondern nur dafür, daß er reich, daß er geehrt, daß er gesund war. Kurz, es ist die Meinung aller Menschen*, daß man das *Glück* von den Göttern erbitten, von sich selbst aber die Weisheit nehmen müsse." „Gebe mir Jupiter", sagt Horaz in seinen „Episteln", „nur Leben, nur Hab und Gut; heitern Geist (ruhiges Gemüt) will ich mir selbst verschaffen", und der Censor Metellus Numidicus sagt bei Gellius: „Die Götter müssen die Tugend *belohnen* aber nicht geben." „Wer kann daran zweifeln", schreibt Seneca in seinen „Briefen", „daß es ein Geschenk der *unsterblichen Götter* ist, daß wir *leben*, ein Geschenk aber der Philo-

* So sagt auch der persische Dichter Sadi: „Reichtum und Macht erwerben wir nicht durch unsere Geschicklichkeit; nur die *göttliche Allmacht* erteilt sie uns".

sophie, daß wir *gut* (recht, *moralisch*) leben?" Wie deutlich ist hier ausgesprochen, wie unverkennbar, daß die Gottheit oder Götter nichts andres bedeuten als die Natur! Was außer der Macht des Menschen, was keine Wirkung der menschlichen Selbsttätigkeit ist, wie das Leben, das ist eine Wirkung Gottes, d. h. in Wahrheit der Natur.

Die Natur ist der Gott des Menschen; aber die Natur ist in beständiger Bewegung und Veränderung, und diese Naturveränderungen oder Naturbegebenheiten vereiteln oder begünstigen, hemmen oder fördern die menschlichen Wünsche und Absichten; sie sind es daher, die hauptsächlich das religiöse Gefühl erregen, die Natur zu einem Gegenstand der Religion machen. Ein günstiger Wind erhebt sich und bringt mich ans ersehnte Land: „Mit Gott" bin ich dahin gekommen; ein Sturmwind wirbelt meinen Feinden den Staub ins Gesicht: Gott hat sie geblendet; ein Regen erfrischt mich plötzlich in großer Dürre: Die Götter haben ihn geschickt; eine Pest entsteht, sei's nun unter Menschen oder Vieh: Die Pest ist „Gottes Hand" oder Macht. Daß nun aber diese Naturereignisse gerade diesen und jenen menschlichen Wünschen ent- oder widersprechen, für den Menschen glückliche oder unglückliche sind, das ist in den meisten Fällen bloßer *Zufall*. Der *Zufall* – zumal der glückliche – ist daher der Hauptgegenstand der Religion. Es scheint sich zu widersprechen, daß das, was gerade, wie sich der ältere Plinius ausdrückt, den Menschen am Dasein eines Gottes zweifelhaft macht, selbst für einen Gott gehalten wird. Allein der Zufall hat das wesentliche und ursprüngliche Merkmal der Gottheit an sich, daß er etwas Unabsichtliches und Unwillkürliches, etwas vom menschlichen Wissen und Wollen Unabhängiges ist, wovon aber gleichwohl das Schicksal des Menschen abhängt. Was die Heiden der Fortuna oder dem Fatum, dem Schicksal, zuschrieben, das schreiben die Christen Gott zu, aber nichtsdestoweniger vergöttern sie ebensogut den Zufall als die Heiden, nur daß sie ihn nicht als eine besondere Gottheit vorstellen. Das generelle Wort „Gott" ist ein Sack, in dem man alles Mögliche unterbringen kann; aber die Sache in dem Sacke hört deswegen doch nicht auf, das zu sein, was sie auch außer dem Sacke ist; nur für mich verliert sie ihre *sichtbaren* Eigenschaften. Es ist daher der Sache, dem Inhalt nach ganz eins, ob ich sage: *Gott* hat es gewollt, oder: Der

Zufall hat es gewollt; Gott hat es anders gefügt, oder: *Es* hat sich anders gefügt; Gott gab, oder: Es gab eine reichliche Ernte; ganz eins, ob ich sage: „Wenn's Gott will, so grünt ein Besenstiel" oder: „Wer's Glück hat, dem kälbert ein Ochs"; „*Gott* ist der Dummen Vormund" oder: „*Glück* ist der Dummen Vormund"; „Gott gibt, Gott nimmt" oder: „Es weht nicht allzeit derselbe Wind"; „Es geht doch alles, *wie Gott* will" oder: „Es geht doch alles, *wie es will*"; „Gott sorgt dafür" oder: „Es ist dafür gesorgt, daß die Bäume nicht in den Himmel wachsen"; „Wen Gott naß macht, den macht er auch wieder trocken" oder: „Auf Regen folget Sonnenschein". Gott ist das in das persönliche Er umgewandelte Es. Er ist gemütlicher, erbaulicher als das Es des Glücks oder Unglücks, aber das ist auch der einzige Unterschied. Der Unglücksfall bleibt derselbe, ob mich der Fall eines Schwalbenkotes oder ein mutwilliger Faustschlag meines Augenlichts beraubt, ob mich ein zufälliges Es vom Dache herunterstürzt oder ein launenhafter Er, etwa mein allergnädigster Landesvater, zu seinem Pläsier vom Dache herunterschießt. Es ist daher nicht zu verwundern, daß schon bei den Griechen das Wort „theos", „Gott", die Bedeutung von tyche, Glück, Zufall, hatte* und daß selbst auch schon die fromme Einfalt unsrer christlichen Vorfahren die im „Wesen des Christentums" zum Skandale der modernen Christen ausgesprochene Identität des natürlichen und göttlichen Zufalls er- oder verraten hat. So sagt der naiv-fromme Aventin: „*Gott und die Natur und das Glück* hatten einander beschlossen, da die Unsern meinten, sie hatten schon gewonnen." Und bei einer andern Gelegenheit, wo „die

* Statt unseres „In Gottes Namen" begannen die Griechen ihre öffentlichen Dokumente und Beschlüsse mit den Worten „Mit gutem Glück". Auch die Römer sagen bald „Gott" statt „Glück" oder „Zufall", bald „Zufall" statt „Gott". „Nisi *qui deus vel casus* aliquis subvenerit [wenn nicht irgendein Gott oder Zufall geholfen hätte] ...", schreibt z. B. Cicero an Tiro. Die Fortuna hatte in Rom nicht weniger als 26 Tempel. – Ebenso wie bei uns Es und Gott Äquivalente sind, heißt es auch bei den Römern: „Bene vertat Deus [möge es Gott zum Guten wenden]!" oder: „Quae mihi atque vobis res vertat bene [möge diese Sache für mich und für euch einen guten Verlauf nehmen]!"

Ungarn von Wind und Wetter in die Flucht geschlagen werden", sagt er: „Da wurd' also jähling *vielleicht aus Gnaden Gottes oder ungefähr* die Sonn' verblichen" usw.

Das vom Menschen unterschiedene und unabhängige Wesen, der Gegenstand der Religion, ist keineswegs nur die äußere, sondern auch die eigne, innere, aber von seinem Wissen und Wollen unterschiedene und unabhängige Natur des Menschen. Mit diesem Satze sind wir an den wichtigsten Punkt, an den eigentlichen Sitz und Ursprung der Religion gekommen. Das Geheimnis der Religion ist zuletzt nur das Geheimnis der *Verbindung des Bewußtseins mit dem Bewußtlosen, des Willens mit dem Unwillkürlichen in einem und demselben Wesen.* Der Mensch will, und doch hat er Willen ohne seinen Willen – wie oft beneidet er die willenlosen Wesen! Er ist bewußt, und doch ist er ohne Bewußtsein zum Bewußtsein gekommen – wie oft bringt er sich selbst um sein Bewußtsein, und wie gerne sinkt er am Schlusse des Tagwerks in die Bewußtlosigkeit zurück! Er lebt, und doch hat er weder den Anfang noch das Ende des Lebens in seiner Gewalt; er ist geworden, und doch, wenn er einmal fertig dasteht, kommt es ihm vor, als wäre er durch eine generatio spontanea [Urzeugung] entstanden, als wäre er plötzlich über Nacht wie ein Pilz aufgeschossen; er hat einen Körper, er empfindet ihn bei jeder Lust, bei jedem Schmerz als den seinigen, und doch ist er ein Fremdling im eignen Wohnhaus; er bekommt mit jeder Freude einen Lohn, den er nicht verdient, aber auch mit jedem Leiden eine Strafe, die er nicht verschuldet hat; er empfindet das Leben in glücklichen Momenten als ein Geschenk, das er sich nicht erbeten, aber in unglücklichen als eine Last, die ihm wider seinen Willen aufgebürdet worden ist; er fühlt die Qual der Bedürfnisse, und doch befriedigt er sie, ohne zu wissen, ob er es aus eignem oder fremdem Antrieb tut, ob er sich oder ein fremdes Wesen damit befriedigt. Der Mensch steht mit seinem Ich oder Bewußtsein an dem Rande eines unergründlichen Abgrunds, der aber nichts andres ist als sein eignes bewußtloses Wesen, das ihm wie ein fremdes Wesen vorkommt. Das Gefühl, das den Menschen an diesem Abgrund ergreift, das in die Worte der Be- und Verwunderung ausbricht: Was bin ich? Woher? Wozu?, ist das religiöse

Gefühl, das Gefühl, daß ich nichts bin ohne ein *Nicht-Ich*, welches zwar von mir unterschieden, aber doch mit mir innigst verbunden, ein *anderes* und doch mein *eigenes* Wesen ist. Aber was ist denn Ich, was Nicht-Ich in mir? Der Hunger als solcher oder die Ursache desselben ist Nicht-Ich; aber das peinliche Empfindnis oder Bewußtsein des Hungers, welches mich zugleich antreibt, alle meine Bewegungswerkzeuge nach einem Gegenstande zur Stillung dieser Pein auszustrecken, das ist das Ich. Die Faktoren des Ichs oder Menschen, des eigentlichen Menschen, sind also Bewußtsein, Empfindung, willkürliche Bewegung – willkürliche, denn unwillkürliche Bewegung gehört schon ins Jenseits des Ich, ins Gebiet des göttlichen Nicht-Ich –, daher man in Krankheiten, wie z. B. in der Epilepsie, und in den Zuständen der Ekstase, der Verrücktheit, des Wahnsinns Offenbarungen Gottes oder göttliche Erscheinungen erblickt hat. Was wir eben an dem Beispiel des Hungers zeigten, dasselbe gilt auch von höhern, geistigen Trieben. Ich empfinde nur den Trieb zum Dichten z. B. und befriedige ihn durch willkürliche Tätigkeit, aber der Trieb selbst in der Anlage zu dessen Befriedigung ist Nicht-Ich; obgleich, was aber nicht hierher gehört, Ich und Nicht-Ich so miteinander verwächst, daß eins für das andere gesetzt werden kann, indem das Nicht-Ich ebensowenig ohne Ich ist als das Ich ohne Nicht-Ich, ja, diese Einheit von Ich und Nicht-Ich das Geheimnis, das Wesen der *Individualität* ist. *Wie* das Nicht-Ich, *so* das Ich. Wo z. B. der Freßtrieb das überwiegende Nicht-Ich, da ist auch das Ich oder die Individualität durch die überwiegende Ausbildung der Freßwerkzeuge gezeichnet. Auf *dieses* Nicht-Ich paßt auch nur *dieses* Ich und umgekehrt. Wäre es anders, wäre nicht das Nicht-Ich selbst schon individualisiert, so wäre ja die Erscheinung oder Existenz des Ich eine ebenso unerklärliche, mirakulöse und monströse als die Inkarnation Gottes oder Vereinigung des Menschen und Gottes in der Theologie. Was nun der Grund der Individualität, dasselbe ist auch der Grund der Religion: die Verbindung oder Einheit von Ich und Nicht-Ich. Wäre der Mensch ein bloßes Ich, so hätte er keine Religion, denn er wäre selbst Gott; aber ebensowenig, wenn er ein Nicht-Ich oder ein sich nicht von seinem Nicht-Ich unterscheidendes Ich wäre, denn er wäre dann eine Pflanze oder Tier. Allein der Mensch ist ebengerade dadurch Mensch, daß sein Nicht-Ich Gegenstand seines Bewußtseins, Gegenstand selbst seiner Bewunderung, Gegenstand des Abhängigkeitsgefühles, Gegenstand der Religion ist sogut als die äußere Natur. Was bin ich ohne Sinne, ohne Einbildungskraft, ohne Vernunft? Was hat ein äußerer glücklicher Zufall voraus vor einem glücklichen Einfall, der mich aus der Not errettet? Was hilft mir die Sonne am Himmel, wenn nicht das Auge über meinen Schritten wacht? Und was ist der Glanz derselben gegen das Zauberlicht der Phantasie? Was überhaupt das Wunder der äußern Natur gegen das Wunder der innern Natur, des Geistes? Ist aber das Auge ein Produkt meiner Hände, die Phantasie ein Produkt meines Willens, die Vernunft eine Erfindung, die ich gemacht? Oder habe ich alle diese herrlichen Kräfte und Talente, die mein Wesen begründen und von denen meine Existenz abhängt, mir selbst „gegeben"? Ist es also *mein Verdienst, mein Werk*, daß ich Mensch bin? Nein, ich anerkenne demütig – soweit stimme ich vollkommen mit der Religion überein –, daß ich weder das Auge noch sonst ein Organ oder Talent selbst gemacht habe, sondern daß ich alle menschlichen Fähigkeiten – soll ich aber sagen, wie die Religion, empfangen habe? Nein – hier komme ich schon mit der Religion in Kollision –, daß sie, und zwar gleichzeitig mit mir, sich aus dem Schoße der Natur entwickelt haben. Die Religion macht nämlich, was *kein Produkt der menschlichen Willkür* [ist], zu einem Produkt der *göttlichen Willkür*, was kein Verdienst, kein Handwerk des Menschen, zu einem Verdienst, einem Geschenk, einem Handwerk Gottes. Die Religion kennt keine andere hervorbringende Tätigkeit als die willkürliche der menschlichen Hand, sie kennt überhaupt *kein anderes Wesen als das menschliche* (das subjektive); das menschliche Wesen ist ihr – und zwar *vor* allen Göttern – das *absolute*, das *einzige* Wesen, das ist; aber gleichwohl stößt sie zu ihrer größten Überraschung selbst im Menschen auf ein Nicht-Ich; sie macht daher das nichtmenschliche Wesen im Menschen selbst wieder zu einem menschlichen, das Nicht-Ich selbst wieder zu einem Ich, das ebensogut Hände (überhaupt Werkzeuge oder Kräfte der willkürlichen Tätigkeit) hat wie der Mensch, nur mit dem Unterschiede, daß die göttlichen Hände machen, was die menschlichen *nicht* machen können. Zweierlei haben wir also an der Religion zu bemerken. Das eine ist die Demut, womit der Mensch anerkennt, daß er alles, was er ist und hat, *nicht von sich*, selbst sein eignes Leben und Wesen nur in Pacht, aber nicht in Besitz hat und daher jeden Augenblick von Haus und Hof getrieben werden kann – wer bürgt mir dafür, daß ich [nicht] meinen Verstand verliere? –, daß er also gar keinen Grund zu Eigendünkel, Hoch- und Übermut hat*. „Der Mann", sagt Sophokles im „Ajax Mastigophoros", „und wenn er auch noch einen so gewaltigen Körper hat, muß stets daran denken oder fürchten, daß er auch durch den kleinsten Unfall stürzen kann." „Wir Menschen sind nichts andres", sagt er ebendaselbst, „als wesenlose leichte Schatten. Daran wenn du denkst, wirst du nie ein übermütiges Wort gegen die Götter vorbringen, noch dich aufblähen, wenn du stärker oder reicher als andere bist, denn ein einziger Tag kann dir alles, was du hast, wieder nehmen." Als Ajax das väterliche Haus verließ, sagte der Vater zu ihm: „Sohn, wolle siegen im Krieg, aber immer nur siegen mit Gott." Aber Ajax gab darauf die törichte und übermütige Antwort: „Vater, mit den Göttern kann auch einer, der nichts ist, den Sieg davontragen; ich aber hoffe, auch ohne sie mir Kriegsruhm zuzuziehen." Diese Rede des wackern Ajax war allerdings nicht nur irreligiös, sondern auch unbesonnen, denn auch dem tapfersten und stärksten Mann kann ja über

* Der Begriff des Ich, dessen überhaupt, was der Mensch *sich* zuschreibt, ist ein sehr unbestimmter und relativer, und in demselben Maße, als er diesen Begriff erweitert oder verengt, verengt oder erweitert sich auch der Begriff oder die Vorstellung der göttlichen Tätigkeit. Ja, der Mensch kann – freilich oft aus bloßer religiöser Galanterie und Schmeichelei gegen die Götter – so weit gehen, daß er sich alles abspricht; denn daß ich empfinde, daß ich bewußt, daß ich Ich bin, das ist ja am Ende auch ein Resultat von Prämissen, die außer dem Ich liegen, ein Werk der Natur oder Gottes. In der Tat: Je tiefer der Mensch in sich eingeht, desto mehr sieht er den Unterschied zwischen Natur und Mensch oder Ich verschwinden, desto mehr erkennt er, daß er nur das oder ein *bewußtes Bewußtloses*, das oder ein *Ich seiendes Nicht-Ich* ist. Daher ist der Mensch das allertiefste und tiefsinnigste Wesen. Aber der Mensch begreift und erträgt seine eigne Tiefe nicht und zerspaltet daher sein Wesen in ein Ich ohne Nicht-Ich, welches er Gott, und ein Nicht-Ich ohne Ich, welches er Natur nennt.

Nacht ein bloßer rheumatischer Unfall oder sonst ein zufälliges Malheur den Arm lähmen. Wenn also Ajax auch nichts mit den Göttern zu tun haben wollte, so hätte er doch wenigstens ein bescheidenes „wenn" in seine Rede einschalten, sagen sollen: Wenn mir nichts Widriges widerfährt, werde ich siegen. Die Religiosität ist daher nichts andres als die Tugend der Bescheidenheit, die Tugend der Mäßigung im Sinne der griechischen sophrosyne – „Die Sophrones", sagt Sophokles, „liebt Gott" –, *die* Tugend, kraft welcher der Mensch nicht die Grenzen seiner Natur überschreitet, nicht sich in seinen Gedanken und Verlangen über das Maß des menschlichen Wesens und Vermögens erhebt, nicht sich anmaßt, was nicht des Menschen [ist], kraft welcher er daher sich den stolzen Titel eines Autors abspricht, die Werke, die er schafft, selbst die Werke der Feuer- und Webekunst, nicht als Verdienst sich anrechnet, weil er die Anlagen, die Prinzipien zu diesen Kunstfertigkeiten von Natur, aber nicht von sich hat. Sei religiös! heißt: Bedenke, was du bist: ein Mensch, ein Sterblicher! Nicht das sogenannte Gottesbewußtsein, sondern das Menschenbewußtsein ist ursprünglich oder an sich das Wesen der Religion (in ihrem bleibenden positiven Sinn) – das Bewußtsein oder Gefühl, daß ich Mensch, aber nicht die Ursache des Menschen bin, lebe, aber nicht die Ursache des Lebens, sehe, aber nicht die Ursache des Sehens bin. Die Religion in diesem Sinne aufheben wollen wäre ebenso unsinnig, als wenn man ohne Talent bloß durch seinen Willen und Fleiß sich zum Künstler machen wollte. Ohne Talent und folglich ohne Beruf ein Werk beginnen, heißt es ohne Gott beginnen; mit Talent es beginnen, heißt es mit Erfolg, heißt es mit Gott beginnen. *„In uns"*, sagt Ovid in seinen „Fasten", *„wohnet ein Gott,* wir erglühn, wenn er uns erreget." Dieser Gott des Dichters aber, was ist er? Die personifizierte Dichtkunst, das als göttliches Wesen vergegenständlichte dichterische Talent. „Alle Versuche", sagt vortrefflich Goethe, „irgendeine ausländische Neuerung einzuführen, wozu das Bedürfnis nicht im tiefen Kern der eignen Nation wurzelt, sind töricht und alle beabsichtigten Revolutionen solcher Art ohne Erfolg, denn sie sind ohne Gott, der sich von solchen Pfuschereien zurückhält. Ist aber ein wirkliches Bedürfnis zu einer großen Reform in einem Volk vorhanden, so ist Gott mit ihm, und sie gelingt." Das heißt:

Was ohne Not und folglich ohne Recht geschieht – denn das Notrecht ist das Urrecht –, das geschieht ohne Gott. Wo keine Notwendigkeit zu einer Revolution, fehlt auch der wahre Trieb, das Talent, der Kopf zur Revolution, und sie muß daher notwendig scheitern. Ein gottloses oder, was eins ist, erfolgloses Unternehmen ist ein kopf- und taktloses Unternehmen. Das andere, was an der Religion zu bemerken ist und wir auch bereits bemerkt haben, ist der Hochmut, womit der Mensch, nur von sich selbst eingenommen, alles verselbstet, vermenschlicht und so auch das vom Menschen unterschiedene Wesen im Menschen zu einem persönlichen Wesen macht, zu einem Wesen also, welches ein Gegenstand von Gebeten, von Danksagungen und Ehrbezeugungen ist. Die Religion hat dadurch, daß sie das Unwillkürliche zu etwas Willkürlichem, die Kräfte und Produkte der Natur zu Gaben, zu Wohltaten macht, welche den Menschen zur Dankbarkeit und Verehrung gegen ihre Urheber, die Götter, verpflichten, den *Schein* einer tiefen Humanität und Bildung für sich, während die entgegengesetzte Anschauung, welche die Güter des Lebens als unfreiwillige Erzeugnisse der Natur ansieht und annimmt, den Schein der Unempfindlichkeit und Roheit gegen sich hat. Schon Seneca sagt in seiner Schrift „Von den Wohltaten": „Du sagst, alle diese Güter kommen von der Natur. Siehst du aber nicht ein, daß du, indem du dieses sagst, nur einen andern Namen für Gott brauchst? Was ist denn anders die Natur als Gott? Also sagst du nichts, Undankbarster unter den Sterblichen, wenn du sagst, daß du nichts Gott zu verdanken hast, sondern nur der Natur, denn weder die Natur ist ohne Gott, noch Gott ohne die Natur, sondern beides ist dasselbe." Wir müssen uns aber durch diesen religiösen Heiligenschein nicht blenden lassen, sondern vielmehr erkennen, daß der Trieb des Menschen, alle Naturwirkungen aus einer persönlichen Ursache, die guten aus einem guten Willen oder Wesen, die schlimmen aus einem bösen Willen oder Wesen abzuleiten, in dem rohsten Egoismus seinen Grund hat, daß nur aus diesem Triebe die religiösen Menschenopfer und andere Greuel der Menschengeschichte entsprungen sind; denn *derselbe* Trieb, der für das Gute, was er genießt, ein persönliches Wesen zum Danken und Lieben bedarf, derselbe bedarf auch für das Üble, was ihm widerfährt, zum Hassen und Erwürgen ein persönliches Wesen, sei es nun ein Jude oder ein Ketzer oder ein Zauberer oder eine Hexe. *Ein- und dasselbe Feuer war es, welches zum Danke für die Güter der Natur zum Himmel emporloderte und welches zur Strafe für die Übel der Natur die Ketzer, Zauberer und Hexen verbrannte.* Ist es daher ein Zeichen von Bildung und Humanität, dem lieben Gott für einen wohltätigen Regen zu danken, so ist es auch ein Zeichen von Bildung und Humanität, einen verderblichen Hagelschlag dem Teufel und seinen Genossen als Schuld aufzubürden. Wo *alles Gute* von der *göttlichen Güte* herkommt, da kommt notwendig auch *alles Übel* von der *teuflischen Bosheit* her. Eines läßt sich nicht vom andern absondern. Nun ist es aber offenbar ein Zeichen der tiefsten Roheit, wenn der Mensch die seinem Egoismus widersprechenden Naturwirkungen einem bösen Willen schuld gibt. Wir brauchen nicht, um uns hiervon zu überzeugen, bis zum Xerxes uns zu versteigen, welcher nach Herodot den Hellespont aus Ärger, daß das Wasser keine Balken hat, mit 300 Peitschenhieben bestrafte, oder auf die Insel Madagaskar uns zu versetzen, wo man die Kinder, welche während der Schwangerschaft und Geburt ihren Müttern Beschwerden und Schmerzen bereitet haben, erdrosselt, weil sie offenbar sehr böse sein müßten; wir sehen ja unter uns noch, wie unsere rohen und unwissenden Regierungen alle ihnen unangenehmen geschichtlichen Notwendigkeiten und Entwickelungen der Menschheit dem bösen Willen einzelner aufbürden, wie der ungebildete Mensch sein Vieh, seine Kinder, seine Kranken nur deswegen mißhandelt, weil er die Fehler oder Eigentümlichkeiten der Natur als Wirkungen absichtlicher Verstocktheit ansieht, wie überhaupt der Pöbel mit Schadenfreude das, wofür der Mensch nichts kann, was er von Natur an sich hat, dem Willen zuschreibt. Folglich ist es auch ein Zeichen von Unbildung, von Roheit, von Egoismus, von Befangenheit in sich, wenn der Mensch die entgegengesetzten, die wohltätigen Naturerzeugnisse einem guten oder göttlichen Willen zuschreibt. *Unterscheidung* – ich bin nicht du, du bist nicht ich – ist die Grundbedingung, das Grundprinzip aller Bildung und Humanität. Wer aber die Naturwirkungen dem Willen zuschreibt, der unterscheidet nicht zwischen sich und der Natur, zwischen seinem und ihrem Wesen, der verhält sich daher zu ihr auch nicht so, wie er sich verhalten soll. Das wahre Verhalten zu einem

Gegenstande ist das seinem Unterschied von mir, seinem Wesen gemäße; dieses Verhalten ist allerdings *kein religiöses*, aber auch *kein irreligiöses*, wie der gemeine und gelehrte Pöbel sich vorstellt, welcher nur den Gegensatz von Glauben und Unglauben, von Religion und Irreligion, aber nicht ein Drittes, Höheres über beiden kennt. Sei so gut, liebe Erde, sagt der Religiöse, und gib mir eine gute Ernte. Die „Erde mag wollen oder nicht, sie muß mir Früchte geben", sagt der Irreligiöse, der Polyphem; „die Erde wird mir geben", sagt der wahre, weder religiöse noch irreligiöse Mensch, „wenn ich ihr gebe, was *ihrem* Wesen gebührt"; sie *will* weder geben, noch *muß* sie geben – nur das Gezwungene, Widerwillige muß –, sondern sie wird bloß geben, wenn alle Bedingungen auch meinerseits erfüllt sind, unter denen sie etwas geben oder vielmehr hervorbringen kann; denn die Natur gibt mir nichts, ich muß mir selbst alles, was wenigstens nicht unmittelbar mit mir zusammenhängt, sogar auf höchst gewalttätige Weise, aneignen. Wir verbieten unter uns kluger- und egoistischerweise den Mord und Diebstahl, aber in Beziehung auf andere Wesen, in Beziehung auf die Natur sind wir alle Mörder und Spitzbuben. Wer gibt mir das Recht auf den Hasen? Der Fuchs und der Geier haben ebensogut Hunger und Recht zu existieren als ich. Wer das Recht auf die Birne? Sie gehört ebensogut der Ameise, der Raupe, dem Vogel, dem Vierfüßler. Wem gehört sie also eigentlich? Dem, der sie nimmt. Und dafür, daß ich nur von Mord und Diebstahl lebe, soll ich noch den Göttern danken? Wie einfältig! Ich bin nur zu Dank gegen die Götter verpflichtet, wenn sie mir beweisen, daß ich wirklich nur ihnen mein Leben verdanke, und dieses beweisen sie mir nur dann, wann[1] mir die Tauben unmittelbar aus dem Himmel gebraten ins Maul fliegen. Ich sage „gebraten"? Oh, das ist viel zuwenig; ich muß sagen: „zerkaut und verdaut", denn für Götter und ihre Gaben geziemen sich nicht die langweiligen und unästhetischen Operationen der Zerkauung und Verdauung. Wie kann ein Gott, der die Welt in einem Nu aus nichts schafft, so viel Zeit und Mühe brauchen, bis er ein bißchen Speisebrei zustande bringt! Es zeigt sich daher auch wieder bei dieser Gelegenheit, daß die Gottheit sozusagen aus zwei Bestand-

[1] *gemeint:* wenn

teilen besteht, wovon der eine der Phantasie des Menschen, der andere der Natur angehört. Bete!, sagt der eine Teil, der von der Natur unterschiedene Gott; arbeite!, sagt der andere Teil, der nicht von der Natur unterschiedene, der nur ihr Wesen ausdrückende Gott; denn die Natur ist eine Arbeitsbiene, die Götter sind aber Drohnen. Wie kann ich daher von den Drohnen das Bild und Gesetz der Arbeitsamkeit abziehen? Wer die Natur oder Welt von Gott ableitet, der behauptet: der Hunger kommt vom Sattsein, die Not vom Überfluß, die Schwere von Gedankenleichtigkeit, das Arbeiten vom Faulenzen; der will aus Ambrosia Kommißbrot backen, aus dem Nektar der Götter Bier brauen.

Die Natur ist der ursprüngliche Gott, der ursprüngliche Gegenstand der Religion; aber sie ist der Religion nicht Gegenstand als Natur, sondern als menschliches Wesen, als ein Gemütswesen, ein Phantasiewesen, ein Gedankenwesen. Das Geheimnis der Religion ist „die *Identität des Subjektiven und Objektiven*", d. h. die Einheit des Menschen- und Naturwesens, aber im Unterschied von dem wirklichen Wesen der Natur und Menschheit. Mannigfaltig sind die Weisen, wie der Mensch das Naturwesen verwirklicht und umgekehrt, denn beides ist untrennbar, sein Wesen vergegenständlicht, veräußert; wir beschränken uns jedoch hier nur auf zwei, auf die metaphysische und die praktisch-poetische Form des Monotheismus. Die letztere ist es, die besonders das Alte Testament und den Koran auszeichnet. Der Gott des Korans ist, wie der Gott des Alten Testaments, die Natur oder Welt, das wirkliche, lebendige Wesen im Gegensatz gegen das künstliche, tote, gemachte Wesen des Götzen*, aber nicht ein Stück Welt, ein Stück Natur, wie z. B. der Stein, den die Araber vor Muhamed anbeteten, sondern die ungeteilte, ganze, große Natur. „Sprich", heißt es z. B. im Koran in der zehnten Sure nach Ullmann, „wer versieht euch mit Speise

* Muhamed, erzählt Gelaledin, hatte einen eifrigen Muhamedaner abgeschickt, um einen Ungläubigen zum Islam zu bekehren. Was für einer ist dein Gott, *frug* ihn der Ungläubige, ist er von Gold, Silber oder von Kupfer? Der Blitz traf den Gottlosen, und er war tot. Das ist eine sehr derbe, aber einleuchtende Lektion, wie sich der *lebendige* und der *gemachte* Gott unterscheiden.

des Himmels und der Erde? Oder wer hat Gewalt über Gehör und Gesicht? Wer bringt Leben aus Tod und Tod aus Leben? Wer ist Herr aller Dinge? Gewiß werden sie antworten: Gott. So spricht, wollt ihr ihn denn nicht fürchten?" „Gott läßt hervorsprossen", heißt es in der sechsten Sure, „das Samenkorn und den Dattelkern .... Er ruft die Morgenröte hervor und setzet die Nacht zur Ruhe ein und Sonne und Mond zur Zeitrechnung. Diese Einrichtung ist vom Allmächtigen und Allweisen. Er ist es, der Wasser vom Himmel sendet, durch dasselbe bringen wir hervor den Samen aller Dinge und alles Grüne und das in Reihen wachsende Korn und Palmbäume, an deren Zweigen die Datteln gedrängt voll hängen, und Gärten mit Trauben, Oliven und Granatäpfeln aller Art. Sehet nur ihre Früchte an, wenn sie hervorwachsen und heranreifen. Wahrlich, hier sind Zeichen genug für gläubige Menschen." „Gott ist es", heißt es in der dreizehnten Sure, „der die Himmel erhöhete, ohne sie auf sichtbare Säulen zu stützen .... Er ist's, der die Erde ausgedehnt und unwandelbare Berge hineinversetzt und Flüsse geschaffen und von jeder Fruchtart ein doppeltes Geschlecht hervorgerufen hat. Er macht, daß die Nacht den Tag bedeckt .... Er ist's, der euch in Furcht und Hoffnung den Blitz zeigt und der die Wolken mit Regen schwängert. Der Donner verkündet sein Lob, und die Engel preisen ihn mit Entsetzen. Er sendet seine Blitze und zerschmettert, wen er will, und dennoch streiten sie über Gott, der da ist der Allmächtige." Die Kennzeichen oder Wirkungen des wahren Gottes, des Originalgottes im Gegensatze zu dem kopierten Gott, dem Götzen, sind also die Wirkungen der Natur. Ein Götzenbild kann keine lebendigen Wesen, keine wohlschmeckenden Früchte, keinen fruchtbaren Regen, keine erschrecklichen Gewitter hervorbringen. Das kann nur *der* Gott, der von Natur Gott ist, nicht erst von den Menschen zu Gott gemacht ist und daher nicht nur den Schein, sondern auch das Wesen eines lebendigen, wirklichen Wesens hat. Ein Gott aber, dessen Wirkungen und Kennzeichen die Naturwirkungen, ist auch nichts weiter als die Natur, jedoch, wie gesagt, nicht ein Naturstück, das hier ist, dort aber nicht ist, heute ist, morgen aber nicht ist und ebendeswegen vom Menschen in einem Bilde vergegenwärtigt und verewigt wird, sondern das Naturganze. „Als die Dunkelheit der Nacht", heißt es in der sechsten Sure, „ihn (den Abraham) beschattete, sah er einen Stern, und er sprach: Das ist mein Herr. Als dieser aber unterging, sagte er: Ich liebe die Untergehenden nicht. Und als er den Mond aufgehen sah, da sagte er: Wahrlich, das ist mein Herr. Als aber auch dieser unterging, da sagte er: Wenn mein Herr mich nicht leitet, so bin ich auch wie dieses irrende Volk. Als er aber nun sah die Sonne aufgehen, da sagte er: Siehe, dies ist mein Gott, denn das ist das größte Wesen. Als aber auch die Sonne unterging, da sagte er: Oh, mein Volk, ich nehme keinen Anteil mehr an eurem Götzendienst, ich wende mein Angesicht zu dem, der Himmel und Erde geschaffen." Immer- und Überallsein, Allgegenwart ist also ein Kennzeichen des wahren Gottes, aber auch die Natur ist überall. Wo keine Natur ist, da bin auch ich nicht, und wo ich bin, da ist auch Natur. „Wo soll ich hingehen" vor dir, Natur? „Und wo soll ich hinfliehen" vor deinem Wesen? „Führe ich gen Himmel, so ist die Natur. Bettete ich mir in die Hölle, siehe, so ist Natur auch da." Wo Leben, da ist Natur, und wo kein Leben, da ist auch Natur; alles ist voll Natur; wie willst du also der Natur entfliehen? Aber der Gott im Koran, wie im A. T., ist Natur und zugleich *nicht* Natur, sondern ein *subjektives*, d. h. persönliches, wie der Mensch wissendes und denkendes, wie der Mensch wollendes und wirkendes Wesen. Die Naturwirkungen, wie sie der Religion Gegenstand, sind zugleich *Wirkungen der menschlichen Unwissenheit und Einbildungskraft*, das Wesen oder die Ursache dieser Naturwirkungen zugleich das *Wesen der menschlichen Unwissenheit und Einbildungskraft*. Der Mensch ist durch die Kluft der Unwissenheit von der Natur geschieden; er weiß nicht, wie das Gras wächst, wie das Kind im Mutterleibe sich bildet, wie der Regen, wie der Blitz und Donner entsteht. „Hast du vernommen", heißt es im Hiob, „wie breit die Erde ist? Sage an, weißt du solches alles? Hast du gesehen, wo der Hagel herkommt? Wer ist des Regens Vater? Weißt du, wie der Himmel zu regieren ist?" Die Naturwirkungen als Erscheinungen, deren Grund, deren Stoff, deren natürliche Bedingungen der Mensch *nicht* weiß, sind daher für ihn Wirkungen einer schlechthin unbedingten und unbeschränkten Macht, der nichts unmöglich ist, die selbst aus nichts die Welt hervorgebracht, weil sie noch heute aus nichts, dem Nichts nämlich der menschlichen Unwissenheit, die Naturwirkungen hervorbringt. Bodenlos ist die menschliche Unwissenheit und grenzenlos die menschliche Einbildungskraft; die Naturmacht, durch die Unwissenheit ihres Bodens, durch die Phantasie ihrer Schranken beraubt, ist die göttliche Allmacht. Die Naturwirkungen als Werke der göttlichen Allmacht unterscheiden sich nicht mehr von den übernatürlichen Wirkungen, von den Wundern, von den Gegenständen des Glaubens; es ist *dieselbe* Macht, welche den natürlichen Tod und welche die übernatürliche Auferstehung von den Toten, die nur ein Gegenstand des Glaubens, hervorbringt, *dieselbe* Macht, welche den Menschen auf dem natürlichen Wege erzeugt und welche ihn aus Steinen oder aus nichts, wenn sie will, hervorbringt. „So wie wir", heißt es z. B. in der fünfzigsten Sure des Koran, „dadurch (durch Regen) eine tote Gegend neu beleben, ebenso wird auch die einstige Auferstehung sein ... Sind wir etwa abgemattet durch die erste Schöpfung (hat uns, nach der französischen Übersetzung von Savary, die Erschaffung des Weltalls die geringste Anstrengung gekostet)? Und dennoch zweifeln sie an einer neuen Schöpfung, d. h. an der Auferstehung." „Nach dem Winter", sagt Luther in seiner „Kurzen Erklärung über den 147. Psalm", „läßt er folgen Sommer, sonst müßten wir, so es immer aneinander Winter wäre, für Frost sterben". *Wie* aber oder *wodurch* gibt er den Sommer? „Er spricht, so zuschmelzet es." „Durch das *Wort* schaffet er alles, er darf nicht mehr denn ein Wort darzu; das mag ein Herr sein." Das heißt, die göttliche Allmacht ist die mit der Macht der menschlichen Einbildungskraft identifizierte, in eins verschmolzene Naturmacht – die Naturmacht, die und wie sie, im Unterschiede, in der Abtrennung von der Natur, zugleich oder nur das *Wesen der menschlichen Einbildungskraft* ausdrückt. .Wie aber der Mensch die Natur, inwiefern sie schafft und vernichtet, inwiefern sie überhaupt auf den Menschen den Eindruck einer imponierenden Macht macht, zu einem allmächtigen Wesen vermenschlicht, so vermenschlicht er die Natur, wiefern sie unzählige Genüsse schafft, inwiefern sie überhaupt als der Inbegriff aller Lebensgüter auf den Menschen den Eindruck des höchsten Gutes macht, zu einem *allgütigen* Wesen, die Natur, inwiefern sie alles dies auf eine den menschlichen Verstand in höchste Verwunderung setzende Weise hervorbringt, in ein höchst *weises* oder *allwissendes* Wesen. Kurz, das *objektive* Wesen als *subjektives*, das Wesen der Natur *als von der Natur unterschiedenes, als menschliches* Wesen, das Wesen des Menschen *als vom Menschen unterschiedenes, als nicht menschliches Wesen – das* ist das göttliche Wesen, *das* das Wesen der Religion, *das* das Geheimnis der Mystik und Spekulation, *das* das große thauma, das Wunder aller Wunder, worüber der Mensch in tiefstes Staunen und Entzücken versinkt.* Gott hat Willen wie der Mensch, aber was ist der Wille des Menschen gegen den Willen Gottes, gegen *den* Willen, der die großen Naturwirkungen hervorbringt, der die Erde erbeben macht, der die Berge auftürmt, der die Sonne bewegt, der dem tobenden Meer gebietet: Bis hierher und nicht weiter! Was ist diesem Willen unmöglich? „Gott schafft, was er will", heißt es im Koran und im Psalm. Gott hat Sprache wie der Mensch, aber was ist das Wort des Menschen gegen das Wort Gottes! „Will er", heißt es im Koran (nach Savary), „daß etwas sei? Er sagt: Sei!, und es ist." „Wenn er geben will die Existenz den Wesen, so sagt er: Seid!, und sie sind." Gott hat Verstand wie der Mensch, aber was ist das Wissen des Menschen gegen das Wissen Gottes! Es umfaßt alles, umfaßt das unendliche Weltall. „Er weiß", heißt es im Koran, „was auf der Erde und im Grund des Meeres ist. Es fällt kein Blatt ohne sein Wissen. Die Erde enthält kein Körnchen, das nicht in dem Buche der Augenscheinlichkeit aufgezeichnet wäre." Das göttliche Wesen ist das menschliche Wesen, aber das menschliche Wesen, wie es in der Phantasie das Weltall umfaßt, die Natur zu seinem Inhalt hat; dasselbe Wesen und doch ein ganz anderes, so weit von uns entfernt als die Sonne vom Auge, der Himmel von der Erde, so unterschieden von uns, als es die Natur ist, ein ganz anderes und doch dasselbe Wesen – daher der ergreifende, mystische Eindruck dieses Wesens, daher die Erhabenheit des Korans und der Psalmen. Der Unterschied zwischen dem muhamedanischen und jüdischen und zwischen dem christlichen Mono-

* Diese Verschmelzung des Natur- und Menschenwesens in *ein* Wesen, welches ebendeswegen das höchste Wesen heißt, weil es der höchste Grad der Einbildungskraft, ist, wie sich von selbst versteht, eine unwillkürliche. Der Unwillkürlichkeit dieser Verschmelzung verdankt auch *„der Instinkt der Religion oder Gottheit"* seinen Grund und Namen.

theismus besteht nur darin, daß dort die religiöse Einbildungskraft oder Phantasie nach außen blickt, die Augen offen hat, sich an die sinnliche Naturanschauung unmittelbar anschließt, während sie im Christentum die Augen zudrückt, das vermenschlichte Wesen der Natur gänzlich von dem Boden der sinnlichen Anschauung abtrennt und so aus einem ursprünglichen sinnlichen oder geistig-sinnlichen Wesen zu einem abstrakten, metaphysischen Wesen macht. Der Gott im Koran und A. T. ist noch ganz natursaftig, noch naßkalt von dem Ozean des Weltalls, woraus er entsprungen, aber der Gott des christlichen Monotheismus ist ein ganz aus- und abgetrockneter Gott, ein Gott, an dem bereits alle Spuren seiner Entstehung aus der Natur getilgt sind; er steht da wie eine Schöpfung aus nichts; er verbietet selbst die unabweisliche Frage, was Gott getan habe, ehe er die Welt geschaffen, oder richtiger: gewesen ist vor der Natur, mit Ruten, d. h., er verheimlicht, er verbirgt seinen physikalischen Ursprung hinter das abgezogene Wesen der Metaphysik. Wenn der erste Gott aus der Vermischung der weiblichen Denk- und Einbildungskraft mit der männlichen Kraft des materiellen Sinnes, so entspringt dagegen der metaphysische Gott nur aus der Verbindung der Denk-, der Abstraktionskraft mit der Einbildungskraft. Der Mensch trennt im Denken das Adjektiv vom Substantiv, die Eigenschaft vom Wesen, die Form von der Materie, wie sich die Alten ausdrückten; denn das Subjekt selbst, die Materie, das Wesen kann er nicht in sich aufnehmen; das läßt er draußen im Freien stehen. Und der metaphysische Gott ist nichts als das Kompendium, der Inbegriff der allgemeinsten von der Natur exzerpierten Eigenschaften, welche aber der Mensch, und zwar eben in dieser Abtrennung von dem sinnlichen Wesen, der Materie der Natur, vermittelst der Einbildungskraft wieder in ein selbständiges Subjekt oder Wesen verwandelt. Die allgemeinsten Eigenschaften aller Dinge sind aber die, daß jedes *ist* und *was* oder *etwas* ist. Das Sein als solches, *das* Sein im Unterschied von dem Seienden, aber selbst wieder *als Seiendes, das* Wesen im Unterschiede von den Wesen der Natur, aber selbst wieder als ein Wesen vorgestellt oder personifiziert – das ist der erste und zweite Teil der göttlichen Metaphysik oder Wesenheit. Der Mensch hat aber nicht nur Wesen und Sein mit allen andern Dingen und Wesen der Natur gemein; er hat auch ein unterschiedenes Wesen; er hat Vernunft, Geist. Es gesellt sich also zu den beiden ersten Teilen der göttlichen Metaphysik noch ein dritter, die Logik; d. h., es verbindet sich im Kopfe des Menschen mit dem von der Natur überhaupt abgezogenen Wesen auch noch das vom Menschen insbesondere abgezogene Wesen. Gott hat daher soviel Existenz oder Realität als *das* Sein, als *das* Wesen, als *der* Geist im allgemeinen, also subjektive, logische, metaphysische Existenz; aber wie töricht ist es, die metaphysische Existenz zu einer physischen, die subjektive Existenz zu einer objektiven, die logische oder abstrakte Existenz wieder zu einer unlogischen, wirklichen Existenz machen zu wollen! Aber freilich, wie bequem, wie gemütlich ist es auch, das gedachte, abgezogene Wesen, das man stets mit sich im Kopfe herumträgt und mit dem man machen kann, was man will, für das wahre Wesen zu halten und so auf das unzugängliche, widerspenstige wirkliche Wesen selbst mit Verachtung herabblicken zu können! Allerdings „*ist* das Gedachte", aber nicht als Gedachtes; Gedachtes ist und bleibt Gedachtes, Seiendes Seiendes; du kannst nicht eins in[s] andere pfuschen. „Also ist ein ewiger Riß und Widerspruch zwischen Sein und Denken?" Allerdings im Kopfe; aber in der Wirklichkeit ist er längst gelöst, freilich nur auf die der Wirklichkeit, nicht deinen Schulbegriffen entsprechende Weise, und zwar gelöst durch nicht weniger als fünf Sinne.

(3) Ein Vogel z. B. fliegt vorbei; ich folge ihm und komme an eine köstliche Quelle; also ist dieser Vogel ein Glück verkündender. Eine Katze läuft mir quer über den Weg, wie ich eben meine Reise antrete; die Reise mißglückt; also ist die Katze eine Unglücksprophetin. Das Gebiet des religiösen Aberglaubens ist ein schlechthin unbegrenztes und unendliches, denn sein Kausalzusammenhang ist der bloße Zufall. Und es kann daher ein Tier oder sonst ein Naturwesen Gegenstand des religiösen Glaubens oder Aberglaubens werden, ohne daß irgendein objektiver Grund dazu vorhanden ist oder nachgewiesen werden kann.* Aber dadurch hebt sich nicht der

* Allerdings knüpft sich der Aberglaube meist an eine besondere, auffallende Eigenschaft oder Eigentümlichkeit eines

angegebene Grund des Tierkultus auf, denn was ein Ding nicht in der Wirklichkeit hat oder ist, das hat oder ist es im Glauben. Ist die Spinne giftig? Nein, aber der Glaube hat sie vergiftet. Ist Euphrasia officinalis ein Augenmittel? Nein, aber der Glaube hat sie zum „Augentrost" gemacht. Bringt die Schwalbe Glück ins Haus? Nein, aber der Glaube legt seine Gänseeier selbst in Schwalbennester. Wenn man deswegen, weil die Menschen Tiere ohne Nutzen oder Schaden verehrten, das angegebene Prinzip der Tierverehrung verwerfen will, so ist das gerade soviel, als wenn man deswegen, weil das Abrakadabra und andere Amulettworte sinnlose Worte und daher eigentlich gar keine Worte seien, leugnen wollte, daß die Menschen Kräfte und Wirkungen solchen Worten hätten zuschreiben können. Übersinnlichkeit, das heißt Unsinn, Übervernünftigkeit, das heißt Unvernunft, ist ja gerade das Wesen des religiösen Glaubens oder Aberglaubens. Übrigens kommen allerdings auch im Tierkultus die übrigen angegebenen Momente der Religion zum Vorschein. Wir haben ja bereits gesehen, wie die religiöse Tierliebhaberei selbst Wanzen, Flöhen und Läusen den Menschen zum Opfer bringt. – Bancroft in seiner „Geschichte der Vereinigten Staaten von Nordamerika" sagt sehr schön und richtig von dem Natur- und Tierkultus des Indianers: „Der Vogel, der geheimnisvoll die Luft spaltet, in welche er (der Mensch) sich *nicht erheben*

Gegenstandes an, aber der Sinn, die Bedeutung, die er in sie hineinlegt, ist eine rein willkürliche oder subjektive. Pauw in seinen „Récherches philos. sur les Egyptiens et les Chinois" (1774) erzählt da, wo er vom Tierkultus handelt, daß vor einigen Jahren französische Bauern eine Art religiösen Kultus den Puppen der auf der großen Brennessel lebenden Raupe erwiesen hätten, weil sie in ihnen deutliche Spuren der Gottheit zu erblicken glaubten. Diese Zeichen der Gottheit waren offenbar nichts andres als die glänzenden Goldpunkte, die sich auf der Puppe des Brennesselfalters befinden. Mit Recht schickt daher Pauw dieser Erzählung den Satz voraus: „L'esprit du petit peuple peut être fortement frappé par de petites choses [der Geist der kleinen Leute ist vielleicht stark beeindruckt durch kleine Dinge]." Dieser *petit peuple* im Menschen ist aber das sogenannte religiöse Gefühl, d. h. das Gemüt, das sich sogar auch von dem Scheine der Goldpunkte einer Puppe bezaubern und mystifizieren, auf deutsch: vorn Narren halten läßt.

kann, der Fisch, der sich in den Tiefen der klaren, kühlen Seen verbirgt, welche der Mensch *nicht zu ergründen* vermag, die Tiere des Waldes, deren untrüglicher Instinkt weit sicherer als sein Verstand ihm eine Offenbarung zu sein scheint, – diese sind die äußern Zeichen (?) der Gottheit, welche er anbetet." Wenn er aber vorher sagt: „Seine Götter sind nicht die Frucht des Schreckens ... der Indianer verehrt, was sein Erstaunen erregt oder seine Einbildungskraft in Anspruch nimmt", so ist dagegen zu bemerken, daß das bloße Staunen, die bloße Einbildungskraft *keine Gebete und Opfer* produziert. Er selbst sagt weiter: „Die Frömmigkeit des Wilden war nicht bloß das Gefühl passiver Ergebung – er suchte die unbekannten Mächte sich geneigt zu machen und ihren Zorn abzuwenden. ... Überall unter den Rothäuten war eine Art Opfer und Gebet gebräuchlich. Wenn die Ernte reichlich ausfiel, wenn die Jagd Gewinn brachte, so sahen sie darin den Einfluß eines Manitou und schrieben auch einen ganz gewöhnlichen Unfall dem Zorne eines Gottes zu. ‚Oh Manitou!', rief ein Indianer bei Tagesanbruch, als er mit seiner Familie den Verlust eines Kindes beklagte, ‚du bist böse auf mich; wende deinen Zorn von mir und verschone meine übrigen Kinder.'" Das erst ist der Kern der Religion. Der Mensch ist kein theoretisches, sondern praktisches Wesen, kein Wesen der ätherischen Einbildungskraft, sondern ein Wesen der leibeskräftigen hunger- und kummervollen Wirklichkeit. Kein Wunder daher, daß, wie Loskiel berichtet, die Indianer selbst einem *gewissen Freßgeist* zu Ehren, der nach ihrer Meinung nicht satt werden kann, ein Opferfest halten. Hat doch selbst „der größte Geist des heidnischen Nordens", Eywind Skalldaspillir, „einen glücklichen Heringsfang, der ihn aus seiner Not befreite", im Liede verewigt! – Wahrhaftig albern ist es übrigens, wenn die Theisten den Wilden die diplomatische theologische Unterscheidung in den Mund legen, sie sagen lassen, daß sie nicht die Tiere selbst, sondern „in denselben eigentlich Gott verehren". Was kann man denn in den Tieren anders verehren als eben die tierische Natur oder Wesenheit? Plutarch sagt in seiner Schrift „Isis und Osiris" bei Gelegenheit der ägyptischen Tierverehrung: „Wenn die besten Philosophen in den seelenlosen Dingen selbst Bilder der Gottheit erblicken, wieviel mehr sind diese in den fühlenden und lebendigen Wesen aufzusuchen. Aber *die* allein sind zu loben, die nicht diese Wesen und Dinge selbst, sondern durch sie (*διὰ τούτων*) oder mittels derselben das Göttliche verehren. Es ist billig einzusehen, daß nichts Seelenloses besser als das Seelenvolle, nichts Fühlloses vortrefflicher als das Fühlende; denn nicht in Farben oder Figuren oder Glattheiten ist die göttliche Natur, denn das Lebloseste ist das Schlechteste. Was aber lebt, sieht, sich bewegt und unterscheidet das Nützliche und Schädliche, hat einen Teil der Vorsehung in sich, welche das Universum regiert, wie Heraklit sagt." Liegt der Grund der Verehrung der Tiere nicht also doch in ihnen selbst? Ist das göttliche Wesen wesentlich unterschieden von der tierischen Natur, so kann ich es nicht in oder vermittelst derselben verehren, denn ich finde keine Bilder der Gottheit, keine Gottähnlichkeiten in ihr; ist aber das Gegenteil der Fall, so ist auch der gemachte Unterschied gleichgültig. Wer die Götter tierisch vorstellt und abbildet, der verehrt unbewußt die Tiere selbst, wenn er es gleich vor seinem Bewußtsein und Verstand leugnet.

(4) Schön ist auch die Lobrede des Plinius in seiner „Naturgeschichte" auf die Sonne. „In der Mitte der sogenannten Irrsterne läuft die Sonne von ungeheurer Größe und Macht, nicht nur der Zeiten und Länder, sondern auch selbst der Gestirne und des Himmels Regiererin. Diese müssen wir, wenn wir ihre Wirkungen erwägen für die Seele, bestimmter für den Geist der ganzen Welt, diese für die vorzüglichste Regentin und Gottheit der Natur halten. Diese liefert das Licht der Welt und schafft die Finsternis weg; diese verdunkelt die übrigen Gestirne; diese ordnet den Wechsel der Zeiten und das stets sich wiedererzeugende Jahr zum Besten der Natur; diese erheitert den trüben Himmel und verscheucht auch die Wolken des menschlichen Gemütes. Diese leiht ihr Licht auch den übrigen Gestirnen, vor allen hervorleuchtend und ausgezeichnet, alles sehend und alles hörend, wie es bei Homer heißt." Hier haben wir alle Momente der Religion in kurzem beisammen.

(5) Der Satz, daß den Griechen nur die griechischen Götter für Götter galten, daß das Heidentum, wie ich früher behauptete, Patriotismus, das Christentum dagegen Kosmopolitismus sei, bedarf eines notabene [wohlgemerkt], denn er scheint der anerkannten Toleranz und liberalen Rezeptivität des Polytheismus geradezu zu widersprechen. Der gelehrte Barth sagt sogar in seiner Schrift „Die altdeutsche Religion" oder „Hertha" (2. Aufl.): „Wenn auch jede Religion etwas von der nationellen Farbe annimmt, gleichwie jede Nation etwas von der religiösen, so sind die Religionen doch nicht geschieden wie Völker und Staatenvereine, und sowenig wir heutzutage eine spanische, schwedische, russische Religion haben, sondern eine christliche, in Sekten, ebensowenig bestand eine Scheidung dieser Art in der Vorzeit." Wenn jedoch daraus, daß die modernen Völker insgesamt Christen sind oder heißen, auf die Einheit der Religion der Vorzeit geschlossen werden soll, so sieht es schlecht mit derselben aus, denn ob wir gleich nicht von einer deutschen oder russischen Religion *reden*, so existiert doch in der Tat ein ebenso großer Unterschied zwischen der deutschen und russischen Religion als zwischen dem deutschen und russischen Wesen überhaupt. Die Frage von der Einheit oder Differenz der Religionen ist die Frage von der Einheit oder Differenz der Menschen überhaupt. Und die Antwort auf diese Frage wird so lange verschieden lauten, als die Menschen selbst verschieden sind und verschieden denken, die einen überall das Gleiche und Gemeinschaftliche, die andern das Unterschiedene und Individuelle heraussehen und hervorheben. Was jedoch unsere spezielle Frage betrifft, so war bei den Römern und Griechen das Politische und Religiöse so innig verbunden, daß von ihren Göttern, wenn man sie aus dieser Verbindung herausreißt, ebensoviel oder ebensowenig überbleibt, als wenn ich aus dem Römer den Römer, aus dem Griechen den Griechen herausreißen und bloß den Menschen übriglassen will. „Jupiter, der seiner allgemeinen Natur nach ein Gott für jedes Verhältnis war, stellte alle Arten der Verwandtschaft und der bürgerlichen Beziehungen dar, so daß man mit Creuzer sagen kann, sein Begriff sei zu einem idealen Rechtskörper ausgebildet worden. Er ist Polieus (Beschützer der Stadt), Metoikios phratrios (Beschützer der Brüderschaften), Herkeios [Schutzgott des Hauses]" usw. (E. Platner,

‚Beiträge zur Kenntnis des attischen Rechts"). Was bleibt mir denn nun aber vom Jupiter übrig, wenn ich dieses corpus juris, diese politischen Beiworte oder Rechtstitel weglasse? Nichts oder ebensoviel, als mir übrigbleibt, wenn man mir als Athenienser alle die Rechte nimmt, die sich eben auf jene Prädikate gründen, wenn man mich also einen Kopf kürzer macht.* Sogut das geistige Athen an das örtliche Athen gebunden war, das geistige Rom an das örtliche Rom – an die unversetzbare fortuna loci [Glücks- und Schicksalsgöttin des Ortes], wie sich Camillus bei Livius ausdrückt in der Rede, worin er die Römer ermahnt, Rom nicht zu verlassen –, sogut, so notwendig waren auch die römischen und griechischen Götter Territorial- oder Lokalgötter. Der kapitolinische Jupiter ist zwar in dem Kopf jedes Römers auch außer Rom, aber seine wirkliche Existenz, seinen „Sitz" hat er nur auf dem Kapitolium in Rom. „Alle Plätze in dieser Stadt", sagt Camillus in der erwähnten Rede, „sind voll von Göttern und gottesdienstlichen Gebräuchen (religiösen Beziehungen). Und alle diese Götter wollt ihr verlassen? *Hier* ist das Kapitolium, wo einst ein menschlicher Kopf gefunden und geantwortet wurde, daß an dieser Stelle das Haupt der Weltherrschaft sein werde. *Hier* ließen sich, als der Platz des Kapitoliums frei gemacht und mehrere frühere Altäre weggeräumt wurden, die Jugend und der Grenzgott zur größten Freude unserer Väter nicht von der Stelle rücken. *Hier* sind der Vesta Feuer, *hier* die vom Himmel herabgefallenen Schilde, *hier* alle euch, wenn ihr bleibt, gewogenen Götter." Als daher die Soldaten des Vitellius das Kapitolium in Brand gesteckt hatten, verbreitete sich, ganz im Einklang mit den römischen und heidnischen Vorstellungen überhaupt, der Glaube unter den Galliern und Germanen, wie Tacitus in seinen „Historien" erzählt, daß das Ende des Römischen Reichs gekommen sei. Einst sei die Stadt von den Galliern eingenommen worden, aber die Herrschaft ihr geblieben, weil der Sitz des Jupiter nicht verletzt worden. Der jetzige verhängnisvolle Brand aber sei ein Zeichen des göttlichen Zorns und verkünde den Völkern über den Alpen die Herrschaft der Welt. Wenn die Römer eine Stadt einnehmen wollten,

* Regulus capitis minor [deminutus = der um einen Kopf kürzer gemachte kleine König, d. h. der seiner bisherigen Bürgerrechte verlustig Gegangene].

so riefen sie bekanntlich vorher durch Zauberformeln die Schutzgötter derselben heraus, weshalb sie auch, wie Macrobius in seinen „Saturnalien" sagt, den Gott, in dessen Schutz Rom war, wie selbst auch den lateinischen Namen der Stadt Rom geheimhielten. Sie glaubten also, daß die Schutzkraft der Götter an den Ort gebunden wäre, daß sie nur da wirkten, wo sie räumlich, leiblich wären. Kein Wunder daher, daß der Polytheismus, namentlich wenn er bei seinen heimischen, vaterländischen Göttern keine Hülfe findet, nach fremden Göttern seine Arme ausstreckt und sie bereitwillig in sich aufnimmt, um ihre Heil- und Schutzkraft zu versuchen. Selbst Cicero noch lobt in seiner Schrift „Von den Gesetzen" die Griechen und Römer, daß sie nicht, wie die Perser, diese ganze Welt den Göttern zum Tempel und Wohnhaus anwiesen, sondern glaubten und wollten, daß sie *dieselben Städte mit ihnen* bewohnten.

(6) Bei Herodot heißt es zwar nur, daß ein Bock sich mit einem Weibe öffentlich vermischt habe, so daß es nach diesen Worten unentschieden ist, ob das Weib ein frei- oder unfreiwilliges Opfer tierischer Geilheit war. Wenn man aber hinzunimmt, daß dieses in Mendes geschah, wo man die Ziegen, besonders die Böcke, verehrte, wo der Gott Pan mit einem Ziegengesichte und Bocksfüßen abgebildet wurde und selbst den Namen Mendes, d. i. Bock, hatte, wenn man ferner hinzunimmt, daß diese Begattung des Bocks mit dem Weibe für eine glückliche Vorbedeutung galt – so übersetzen und erklären wenigstens manche das allerdings unbestimmte Herodotische „*ἐς ἐπίδειξιν ἀνθρώπων* [um sich den Menschen zur Schau zu stellen]" –, so unterliegt es keinem Zweifel, daß das Weib lediglich aus religiösem Enthusiasmus, d. h. Suprahumanismus und Supranaturalismus, den egoistischen und exklusiven Trieb des menschlichen Weibes, sich nur mit einem menschlichen Manne zu begatten, überwunden, folglich aus demselben Grunde, aus welchem der Christ dem *göttlichen Unsinn* des Glaubens seine menschliche Vernunft aufgeopfert – credo quia absurdum est [ich glaube, weil es absurd ist] –, ihre menschliche Natur und Würde dem heiligen Bocke zum Opfer gebracht habe.

(7) Übrigens hat die christliche Kirche, wie bekannt, ihrem Glauben oder, was eins ist, ihrem Gotte auch genug blutige Menschenopfer gebracht. Und wenn der „christliche Staat", folglich auch die christliche peinliche Halsgerichtsordnung, nur eine Kreatur des christlichen Glaubens ist, so bringen noch heute die Christen in jedem armen Sünder, den sie aufs Schafott schleppen, ihrem Glauben oder, was, wie gesagt, eins ist, ihrem Gotte blutige Menschenopfer. Hat doch ausdrücklich, wenigstens den Zeitungen zufolge, der „christliche" König von Preußen nur aus religiösen Gründen die Abschaffung der Todesstrafe verweigert!

(8) Als z. B. anno 356 in Rom eine ansteckende Krankheit wütete, da wurde, wie Livius im fünften Buche erzählt, das erste lectisternium, d. h. Göttermahl, und zwar acht Tage lang, gefeiert, um die Götter zu versöhnen. Und diese Freigebigkeit erstreckte sich nicht nur auf die Götter, sondern auch auf die Menschen. In der ganzen Stadt standen die Türen offen, alles bot man zum öffentlichen Gebrauch an, Bekannte und Unbekannte lud man zu Tische, enthielt sich aller Prozesse und Streitigkeiten, unterhielt sich selbst freundlich mit seinen Feinden, nahm den Gefangenen ihre Fesseln ab. Als dagegen anno 359 nach Rom die Nachricht kam, daß endlich Veji nach einer zehnjährigen Belagerung erobert sei, so war darüber, wie Livius in demselben Buche erzählt, eine solche außerordentliche Freude, daß noch vor dem Senatsbeschluß alle Tempel voll waren von römischen Müttern, welche den Göttern dankten, und der Senat verordnete, daß man vier Tage lang – mehr Tage als in den bisherigen Kriegen – zu den Göttern beten und ihnen danken solle.

(9) „Es ist", sagt der gelehrte Forscher E. Röth ganz in Übereinstimmung mit meinen eignen, nur auf anderem Wege gefundenen Resultaten in der schon angeführten Schrift über die ägyptische und zoroastische Glaubenslehre, „es ist eine allgemeine Erscheinung in allen alten Religionen, daß die Götternamen zuerst nichts als einfache Gemeinnamen waren, weil sie nur Sachen bezeichneten: Wasser, Wind,

Feuer u. dgl., und der Begriff eines persönlichen Wesens noch gar nicht mit ihnen verbunden war. Dieser letztere entwickelte sich erst spät und allmählich aus den Eigenschaften, die man dem Götterwesen beilegte, und so entstand dann auch sein Eigenname aus einem jener Beinamen, welche dem Götterwesen zur Bezeichnung seiner verschiedenen Eigenschaften ursprünglich in größerer Zahl beigelegt wurden. Je näher daher ein Götterbegriff seinen Anfängen, um so unbestimmter wird er, so daß ein Göttername sich zuletzt in einen *bloßen Sachnamen* oder in ein *Eigenschaftswort* auflöst."

(10) Die hier angeführte Stelle ist den Noten Dionys. Vossii zu Maimonides' Schrift „De idololatria" entnommen. Der Sinn, in dem ich sie hier genommen habe, findet sich zwar dort nicht wörtlich so ausgedrückt, aber wenn man diese Stelle mit andern, z. B. den im „Wesen des Christentums" aus Eisenmengers „Entdecktem Judentum" angeführten Stellen zusammenhält, wo es ausdrücklich heißt, daß die Welt nur der Juden wegen besteht, so wird man sich überzeugen, daß sie doch den angegebenen Sinn hat.

(11) Sowenig man aus dem monotheistischen Gott als einem wesentlich von der Natur unterschiedenen Wesen die Mannigfaltigkeit und Verschiedenheit der Natur überhaupt, sowenig kann man aus ihm die Mannigfaltigkeit und Verschiedenheit der menschlichen Natur insbesondere und deren Konsequenz, die Berechtigung der verschiedenen Religionen, ableiten. Aus der *Einheit* des monotheistischen Gedankenwesens folgt nur die *Einheit* und *Gleichheit* der Menschen, also auch die *Einheit* des Glaubens. Die Verschiedenheit und Mannigfaltigkeit des Menschenwesens, worauf die religiöse Toleranz und Indifferenz sich gründen, stammt nur aus dem *polytheistischen Prinzip der sinnlichen Anschauung*. Daß ich nicht der einzige Mensch bin, daß noch andere Menschen außer mir sind, das sagt mir ja nur der Sinn, nur die Natur; aber das innere Quäkerlicht, der von der Natur unterschiedene Gott, das von den Sinnen abgesonderte Vernunftwesen sagt mir nur, daß *ich, dieser eine*, bin, und fordert daher von dem andern, wenn sich einer finden sollte, daß er

denken und glauben soll *wie ich*; denn vor der Realität der monotheistischen Einheit verschwindet die Realität des Unterschieds, die Realität des andern, sie ist eine bloße Sinnenillusion: „Tout ce qui n'est pas Dieu n'est rien", d. h.: tout ce qui n'est pas Moi n'est rien [alles, was nicht Gott ist, ist nichts, d. h., alles, was nicht ich ist, ist nichts]. Wenn sich daher mit dem Glauben an einen Gott die Toleranz gegen Andersgläubige verknüpft, so liegt diesem Gott das mannigfaltige und tolerante Wesen der Natur zugrund[e]. „Der Naturalismus", sagt C. F. Bahrdt in seiner „Würdigung der natürlichen Religion" vom Jahre 1791, „führt seiner Natur nach zur Toleranz und Freiheit. Er ist ja selbst nichts andres als Glauben an subjektive Wahrheit" usw. „Aber der Positivist hält *nur seinen* Glauben für wahr, weil ihn Gott befohlen haben soll, und kann also auch *keine Verschiedenheit* mit Gleichgültigkeit betrachten, weil ihm jede Verschiedenheit Abweichung von dem einzigen ist, was Gott, wie erwähnt, zu glauben befohlen hat." „Kann ich den noch lieben, den mein Gott haßt und den mein Gott auf ewig dem Teufel übergeben hat?" Was oder wer ist aber der Gott der natürlichen Religion? Der „Gott der Liebe, welcher im Wohltun und Beseligung seiner Geschöpfe seine eigene Seligkeit findet". ... „Ist Gott Liebe, ... so muß der Menschenfreund das Ebenbild Gottes sein." Wer aber ein Wesen liebt, anerkennt seine Individualität. Wer die Blumen liebt, liebt alle Blumen, erfreut sich an ihrer unendlichen Verschiedenheit und gibt jeder, was ihrer individuellen Natur zusagt. Was ist aber das Prinzip oder die Ursache dieser unendlichen Verschiedenheiten und Individualitäten, die uns die Sinne offenbaren? Die Natur, deren Wesen eben die Verschiedenheit und Individualität, weil sie kein geistiges, d. h. abstraktes, metaphysisches Wesen ist wie Gott. Gott wird freilich auch als eine „unendliche Menge von Verschiedenheiten" vorgestellt, aber sie ist nur von der Natur und ihrer Anschauung abgezogen. Was ist also der Gott der natürlichen Religion? Nichts andres als die Natur, aber vorgestellt als ein persönliches, empfindendes, wohlwollendes Wesen, nichts andres also als ein Anthropomorphismus der Natur. Bemerken muß ich auch bei dieser Gelegenheit, daß nicht nur die Heiden, sondern auch die Christen – keineswegs etwa nur die Pantheisten – *Natur und Gott* stets *verbinden und selbst identifizieren, d. h. Natur statt Gott setzen.* Nur einige Beispiele. „In istorum populorum moribus", sagt J. Barclajus in seinem „Icon Animorum", „licet ... *naturae* divitias numerare, quae tot habitus mentiumque variarum impetus una membrorum similitudine obtexit [in den Sitten dieser Völker tritt uns der Reichtum der Natur entgegen, die hinter der Ähnlichkeit der äußeren Erscheinung so viele verschiedene Gewohnheiten der Willensantriebe hat entstehen lassen]". Selbst Melanchthon sagt in seinem „Liber de anima": „*Sapienter* cavit *architectatrix natura* [weise hat die bildende Natur sie verborgen]" bei der Gallenblase, ferner bei der Lunge: „*Quo consilio natura* circumdederit cordi pulmonem, officia ejus declarant [zu welchem Zweck die Natur die Lunge um das Herz gelagert hat, wird aus ihren Aufgaben ersichtlich]". Und Erasmus erklärt in seinen „Adagien" die Redensart „cum diis pugnare [mit den Göttern kämpfen]" also: „Quid enim gigantum more bellare cum diis nisi *naturae repugnare* [was heißt denn nach der Art der Giganten mit Göttern kämpfen anderes als sich der Natur entgegenstemmen]?"

(12) Dies zeigt sich insbesondere an der Vorstellung vom Tode überhaupt, dem größten Übel in den Augen des ungebildeten Menschen. Der Mensch weiß ursprünglich nicht, was der Tod ist, noch weniger, was sein Grund. Der Mensch ist ein absoluter Egoist; er kann sich keine Verneinung seiner Wünsche, folglich kein Ende seines Lebens denken, denn er wünscht ja zu leben. Er weiß überhaupt nichts von der Natur, nichts von einem vom menschlichen Wesen und Willen unterschiedenen Wesen; wie sollte er also den Tod als etwas Natürliches oder gar Notwendiges fassen können? Der Tod hat daher für ihn einen menschlichen, persönlichen, willkürlichen Grund; aber der Tod ist ein Übel, etwas Böses, also ist seine Ursache der *Neid* der Götter, welche dem Menschen kein Glück, keine Freude gönnen – „Neidisch bist du, Hades!", heißt es in einem Epigramm der Erinna –, oder der *Zorn* der Götter wegen irgendeiner ihnen angetanen Beleidigung – so glauben z. B. die Tongainsulaner nach W. Mariner, „Nachrichten über die freundschaftlichen oder die Tongainseln", daß jedes menschliche Ungemach von den Göttern wegen Vernachlässigung einer religiösen Pflicht

ihnen zugefügt wird – oder die *bloße Bosheit* der Geister und der mit ihnen in Verbindung stehenden Menschen, der Zauberer.* So wird z. B. von den Khands in Gondvana „den magischen Kräften einzelner Personen und Götter der Tod zugeschrieben, denn der Tod ist nach dem Glauben derselben nicht das notwendige Los des Menschen, der eigentlich unsterblich ist (gerade wie bei den Christen) und welchen der Tod nur erreicht, wenn er entweder eine Gottheit beleidigt hat oder weil übelwollende, mit übernatürlichen Kräften versehene Personen denselben über ihn verhängen. Alle Todesfälle z. B. durch den Überfall von Tigern werden solchen Personen zugeschrieben, denn der Tiger ist nach dem Glauben der Khands (auch der Christen, wenigstens der rechtgläubigen) zum Nutzen der Menschen geschaffen, wird aber von erzürnten Göttern oder Zauberern zu deren Zwecken benützt" („Ausland", 1849 Januar). Aus diesen Vorstellungen von dem Grund und Wesen des Todes und aller andern Übel ergeben sich auch die Menschenopfer** und alle andern Übel, die sich oder andern der Mensch in der Religion antut. Gott hat Wohlgefallen an dem Tod des Menschen, sei es nun aus Neid oder Rachegefühl oder sonst einem persönlichen Grunde, also muß man ihm zu Ehren und Gefallen Menschen töten. Am augenfälligsten ergötzt sich aber der Kriegsgott am Blute des Menschen, denn nur vom Tode des Feindes hängt der Sieg, das Gnadengeschenk des Kriegsgotts, ab; also kein Wunder, daß man besonders diesem Menschenopfer brachte. Gott hat überhaupt Wohlgefallen an den Leiden und Qualen

* Die Lulles (in der Provinz Chaco) schrieben nach Charlevoix („Gesch. von Paraguay", I. Bd.) alle Krankheiten, mit Ausnahme der Kinderblattern, der Bosheit eines unsichtbaren Tieres zu, das sich übrigens nicht von einem „Geiste" unterscheidet; die Chiquitos dagegen glaubten nach demselben (II. Bd.), daß die *Weiber die Ursache aller Krankheiten* seien. Wenn bei den Kaffern der über die Elemente gebietende Zauberer keinen Regen zustande bringt, so muß an diesem Regenmangel irgendein Mensch schuld sein, der dann von dem Zauberer bezeichnet und ermordet wird („Ausland", 1849 Mai).

** Freilich nicht allein aus ihnen, denn wie unzählig viele Menschen hat nicht allein der Unsterblichkeitsglaube mit Feuer und Schwert vertilgt!

des Menschen – der Grund desselben mag nun sein, welcher er wolle –, also muß man, um ihm zu gefallen, um seine Gunst zu erwerben, durch freiwillige Opfer und Qualen den unfreiwilligen zuvorkommen.

(13) Wörtlich heißt es übrigens nach A. Schlegels Übersetzung: „Ego sum tempus aeternum (le temps infaillible, nach Wilkins in der französischen Übersetzung von 1787), altor ego omnituens et mors cuncta rapiens, ego et ortus futurorum [ich bin die ewige Zeit, ich, der allsehende und der alles vernichtende Tod, ich, der Ursprung des Zukünftigen]".

(14) „Du trittst also der unsinnigen Meinung der Nominalisten bei, welche keine andere Allgemeinheit anerkennen als die Begriffe und Namen? Ja, aber ich glaube, einer sehr vernünftigen Meinung beizutreten; denn ich bitte dich, um Himmelswillen, du, der du allgemeine Wesen, und zwar als existierend, annimmst, was nimmst du in der Welt wahr, was nicht einzeln wäre? Einzelnster ist Gott (singularissimus est Deus)*, einzeln sind alle seine Wesen, dieser Engel, diese Sonne, dieser Stein, kurz, es gibt nichts, was nicht einzelnes Wesen ist. Du sagst, es gebe z. B. eine menschliche Natur, welche allgemein sei. Aber wo zeigt sich denn diese allgemeine Natur? Ich wenigstens sehe diese menschliche Natur Platos, jene menschliche Natur Sokrates', aber alle diese Naturen sind einzelne. Wenn du scharfsichtiger bist, sage mir doch, wo du die andere, die allgemeine siehst. Da es viele einzelne gibt, sagst du, so findet sich also in allen eine gemeinsame. So? Wie beweist du es aber? Mir wenigstens ist es genug, daß ich eine einzelne habe, und auch dir genügt, du magst sagen, was du willst, *eine* einzelne; was mich betrifft, ich sehe keine Natur, welche uns beiden gemein, in dir und mir dieselbe wäre. Du hast deinen Körper, deine Seele, deine eignen Teile und Gaben, ich habe auch meine eignen. Was ist also diese Natur, die in mir und dir gleich wäre? . . . Du sagst, und zwar mit großem Beifall: Ist nicht, auch wenn niemand

* Dieser Gedanke findet sich übrigens auch bei andern, z. B. Scaliger.

denkt, die menschliche Natur in vielen? Welche aber in der Tat in vielen ist, ist das nicht in der Tat eine allgemeine? Ich gestehe allerdings, daß die menschliche Natur, auch wenn niemand denkt, in vielen ist, aber ich setze hinzu: *vielfach*. Du wolltest sagen, daß sie *eine* ist, um ihre Allgemeinheit zu behaupten, aber ich sage, daß sie vielfältig ist, um die Existenz der einzelnen Naturen zu behaupten ... Ich bitte dich, wenn gesagt wird: Plato ist Mensch, ist der Mensch in diesem Satze Plato *selbst* oder *ein anderer*? Gewiß kein andrer als er selbst; ebenso, wenn es heißt: Sokrates ist Mensch, so ist hier der Mensch kein andrer als (oder nicht verschieden von) Sokrates selbst; weil daher die menschliche Natur diesen beiden zukommt, so ist sie nicht ein-, sondern zweifach. Also, wirst du mir einwenden, ist es ein leerer und identischer Satz, wenn gesagt wird: Plato ist Mensch, denn dasselbe wird von sich selbst ausgesagt. Ich antworte, daß jeder Satz, um ein wahrer zu sein, ein identischer sein müsse, weil nämlich nichts von einer Sache ausgesagt werden soll, was nicht eben sie selbst oder in derselben ist." [So] *Gassendi* in seinen „Paradoxen Übungen". Allerdings existiert das Allgemeine, aber wie es existiert, nicht bloßes Gedankenwesen ist, ist es *nicht* Allgemeines, sondern Einzelnes, Individuelles, so daß man ebensogut mit den Realisten sagen kann, daß es existiert, als mit den Nominalisten, daß es nicht existiert. Die Menschheit existiert in den Menschen, jeder ist Mensch; aber jeder ist ein eigner, von andern unterschiedener, individueller Mensch. Und du kannst nur in Gedanken, aber nicht in der Wirklichkeit das, wodurch ich mich von andern unterscheide, von dem, worin ich ihnen gleiche, also das Individuelle vom Allgemeinen, absondern, ohne mich in nichts aufzulösen. Das Wirkliche ist ein absolutes, ununterscheidbares Eins, kein Punkt, kein Atom ist in mir, das nicht individuell wäre.* Was die Theologen von Gott sagen, daß in ihm Subjekt und Prädikat, Sein und Wesen identisch sei, daß nichts von ihm ausgesagt werden könne, als was er selbst sei, das gilt in Wahrheit von der Individualität, der Wirklichkeit. Aber das

* Richtig sagt daher schon Leibniz in seiner scholastischen Dissertation „De principio individui": „Omne individuum *sua tota entitate* individuatur [jedes Individuum wird durch seine ganze eigene Wesenheit individualisiert]".

Denken trennt das, worin ich andern gleiche, von dem, wodurch ich mich von ihnen unterscheide, Individuum bin, also das Prädikat vom Subjekt, das Adjektiv vom Substantiv, und macht es selbst zum Substantiv, aus dem einfachen Grunde, weil sowohl für seine Natur – denn das Individuum, das Subjekt kann es nicht in sich aufnehmen – als für seine Aufgabe das Adjektiv die Hauptsache ist. Daher ist auch Gott für das abstrakte Denken die Hauptsache, das Hauptwesen, ob er gleich, wie ich in diesen Vorlesungen und anderwärts gezeigt habe, nichts andres ist als ein thesaurus eruditionis scholasticae [Schatzkammer, Bibliothek der Gelehrsamkeit der Scholastiker], ein lexicon philosophicum [Philosophisches Lexikon], ein catholicon seu lexicon ex diversis rebus contractum [Universallexikon, das aus verschiedenen Sachen zusammengetragen ist], d. h. eine Sammlung von Namen, Beiwörtern, Adjektiven ohne Wesen, ohne Materie, ohne Substanz, die aber trotzdem zu einer, und noch dazu zur höchsten, Substanz gemacht wird. – Vom Standpunkt des abstrakten, mit Allgemeinheiten bereits erfüllten Denkens aus erscheint die Ableitung des Allgemeinen vom Einzelnen als vernunftlos, als unsinnig; denn mit dem Allgemeinen verbindet sich im Denken der Begriff des Wesentlichen und Notwendigen, mit dem Einzelnen der Begriff des Zufälligen, Exzeptionellen, Gleichgültigen. Das Denken subsumiert z. B. unendlich viele beisammenliegende Sandkörner unter dem Gemein- oder Kollektivbegriff „Sandhaufen". Indem ich diesen Begriff bilde, werfe ich die Sandkörner, ohne sie zu unterscheiden, mit *einem* Blicke auf einen Haufen zusammen und bestimme nun im Gegensatz zu diesem Haufen, als wäre er für sich etwas Selbständiges, die Sandkörner, die ich in Gedanken oder mit den Händen eins nach dem andern wegtue, als einzelne, zufällig daseiende, unwesentliche, weil sie weggenommen werden können, ohne daß der Haufe aufhört, Haufe zu sein. Aber sind denn nicht auch die übrigen einzelne? Was ist denn der Haufe anders als eben eine Vielheit einzelner? Wird er nicht selbst aufgehoben, wenn ich der Hinwegnahme einzelner Sandkörner keine Grenze setze? Wo ist aber diese Grenze? Da, wo es dem Denker zu langweilig wird, sich aufs Einzelne einzulassen. Er springt mit einem willkürlichen Satz von den Sandkörnern auf den Sandhaufen, d. h. überhaupt vom Einzelnen auf das Allgemeine über. Allgemein ist das Unendliche, das Absolute des Gedankens, einzeln das Unendliche, das Absolute der Sinnlichkeit, der Wirklichkeit, denn es ist nicht nur dieses einzelne, sondern *alles* einzelne, aber alles einzelne ist unfaßbar, denn es hat sein Dasein nur in der Unendlichkeit der Zeit und des Raums. Beschränkt ist dieser Ort, aber außer ihm gibt es unzählige andere Orte, welche seine Beschränktheit aufheben; beschränkt ist diese Zeit, aber diese Schranke verliert sich im Strome der vergangnen und zukünftigen Zeiten. Wie hebt aber das Denken, wenigstens das abstrakte, diese Schranken auf? Durch eine *μετάβασις εἰς ἄλλο γένος* [einen Übergang in eine andere Gattung]; es setzt der Beschränktheit dieses Ortes die Allgegenwart, d. h. das raumlose Sein, der Beschränktheit dieser Zeit die Ewigkeit, d. h. das zeitlose Sein, entgegen. So springt überhaupt das Denken ohne weiteres vom Einzelnen zum Allgemeinen über und macht es zu einem von jenem wesentlich verschiednen, selbständigen Wesen. „Die Menschen vergehen, aber die Menschheit bleibt." Wirklich? Wo bleibt denn aber die Menschheit, wenn keine Menschen sind? Wer sind also „die Menschen, die vergehen"? Die bereits verstorbenen und lebenden. Wer ist aber die Menschheit, die bleibt? Die kommenden Menschen. Aber das Denken oder der Mensch im Denken nimmt überall, wie wir an diesem Beispiel sehen, eine *bestimmte* beliebige Summe für die *ganze* Summe, *einige* Individuen für alle und setzt daher an die Stelle dieser ausgelassenen zukünftigen, in Gedanken aber bereits abgetanen, weggeschafften Individuen die Gattung, die Menschheit. Der Kopf ist das Repräsentantenhaus des Weltalls, der Gattungsbegriff der Repräsentant, der Stellvertreter der Individuen, die in ihrer unendlichen Wirklichkeit keinen Platz im Kopfe finden. Aber ebendeswegen, weil der Gattungsbegriff der Repräsentant der Individuen und weil wir bei den Worten „Individuen", „einzelne" nur an diese oder jene einzelne[n] denken, so erscheint uns, wenigstens wenn wir bereits den Kopf voll von Gattungsbegriffen und der Anschauung der Wirklichkeit uns entfremdet haben, nichts natürlicher und vernünftiger, als das Einzelne vom Allgemeinen, d. h. das Wirkliche vom Abstrakten, das Seiende vom Gedachten, die Natur von Gott abzuleiten. Gleichwohl hat es mit dieser Ableitung dieselbe Bewandtnis wie mit der mittelalterlichen staatsrechtlichen Fiktion, welche die Spitze des Staats zum Fundament desselben macht, welcher zufolge der Kaiser – der Kaiser ist ja der Gattungsbegriff auf dem politischen Gebiete, in Rom war und hieß sogar allein der Kaiser die öffentliche Person, alle andern Privatpersonen – der Ursprung und Grund alles Rechts, aller Macht, alles Adels ist, während doch ursprünglich oder der wirklichen Entstehungsgeschichte nach gerade das Umgekehrte stattfand, die potestas multorum, die „Macht der Massen, d. h., nach den Begriffen der alten Zeiten, der Freien", dem monarchischen Prinzip voranging.

(15) Im Denken und Reden, wo man schon der Sukzession der Gedanken zufolge alles auseinanderreißt und verselbständigt, so auch dem Individuum den Magen aus dem Leibe, das Herz aus der Brust, das Hirn aus dem Kopfe reißt und so die fixe Idee einer abgesonderten Individualität, d. h. eines bloßen Gespenstes, eines scholastischen Gedankenwesens, sich bildet, gilt freilich auch das Umgekehrte, nämlich daß das Individuum den Allgemeinbegriff voraussetzt; denn was ist ein Individuum ohne Inhalt, ohne die Eigenschaften, Talente oder Kräfte, die den Menschen zum Menschen machen, die wir aber eben in Gedanken vom Individuum unterscheiden und als Gattungsbegriff verselbständigen? Dasselbe, was das Messer, wovon man in der Abstraktion die Klinge weggelassen. – Allerdings geht die Idee oder Sache, der ich lebe, nicht mit mir zugrunde; allerdings hört nicht die Vernunft auf, wenn ich zu denken aufhöre, aber nur, weil andere Individuen diese Sache ergreifen, andere Individuen statt meiner denken. „Es bleiben die Interessen, es wechseln die Individuen", aber nur, weil die andern dasselbe Interesse haben wie ich, ebenso wie ich gebildete, freie, glückliche Menschen sein wollen.

(16) Über meine in diesen Vorlesungen ausgesprochenen politischen Ansichten nur diese kurze Bemerkung. Schon Aristoteles sagt in seiner „Politik", die fast alle Fragen der Gegenwart behandelt, aber, wie sich von selbst versteht, im Geiste des Altertums, daß man nicht nur die beste Staatsverfassung kennen, sondern auch wissen müsse, für welche

Menschen sie passe, denn auch das Beste passe nicht für alle. Wenn man mir daher vom historischen, d. h. an Zeit und Raum gebundnen Standpunkt aus die konstitutionelle Monarchie, versteht sich: die *wahre*, als die für uns allein passende, tunliche und deswegen vernünftige Staatsform konstruiert, so stimme ich vollkommen bei. Wenn man aber, abgesehen von Raum und Zeit, d. h. dieser bestimmten Zeit (auch Jahrtausende sind nur eine bestimmte Zeit), diesem bestimmten Orte (auch Europa ist nur ein Ort, ein Punkt der Welt), die Monarchie als die einzig oder absolut vernünftige Staatsform demonstriert, so protestiere ich dagegen und behaupte, daß vielmehr die Republik, versteht sich die demokratische, die Staatsform ist, welche unmittelbar der Vernunft als die dem Menschenwesen gemäße und folglich wahre einleuchtet, daß die konstitutionelle Monarchie das Ptolemäische, die Republik aber das Kopernikanische System der Politik ist und daß daher in der Zukunft der Menschheit Kopernikus ebenso in der Politik über den Ptolemäus siegen wird, als er bereits in der Astronomie über ihn gesiegt hat, obgleich das Ptolemäische Weltsystem einst von den Philosophen und Gelehrten auch für eine unumstößliche „*wissenschaftliche Wahrheit*" ausgegeben wurde.

(17) Dasselbe gilt übrigens nicht nur von den Heiden, sondern auch von den alten Israeliten. Als die Daniter dem Micha sein Götterbild genommen hatten, schrie er ihnen nach: „Ihr habt *meine Götter* (oder, nach andern, meinen Gott) genommen, *die ich gemacht hatte*." Übrigens ist keineswegs nur der plastische Bildmacher, sondern auch, und zwar vor allen, der geistige Bildmacher, der Dichter, ein Gottmacher. Man denke nur an Homer und Hesiod! Ovid sagt ausdrücklich im vierten Buch seiner „Episteln aus Pontus": „Götter auch werden gemacht in (oder durch) Gedichte" (oder von den Dichtern). Di quoque carminibus (si fas est dicere) fiunt. – Wenn man behauptet, daß der Religiöse nicht das Bild oder die Statue selbst als Gott, sondern nur Gott in ihnen verehre, so ist diese Unterscheidung nur insofern begründet, als der Gott auch außer der Statue und dem Bilde, nämlich im Kopfe, im Geiste des Religiösen existiert, nur insofern also, als überhaupt zwischen einem Wesen als

sinnlichem, wirklichem und demselben als vorgestelltem, geistigem ein Unterschied besteht. Außerdem aber ist diese Unterscheidung grundlos. Das eben, *worin* der Mensch Gott verehrt, das ist sein wahrer, *wirklicher* Gott, der drüber und draußen seiende Gott ist nur ein Gespenst der Vorstellung. So findet und verehrt der Protestantismus, wenigstens der alte, positive, Gott *in* der Bibel, d. h., er verehrt die Bibel *als Gott*. Der Protestant verehrt freilich nicht das Buch als Buch, wie der König der Aschantis in Afrika den Koran, ob er gleich keinen Buchstaben davon versteht; er verehrt den Inhalt derselben, das Wort Gottes, *das* Wort, in dem er sein Wesen ausgesprochen, aber dieses Wort existiert ja nur, wenigstens unentstellt, in der Bibel.* „Es ist nun alles darum zu tun", sagt Luther in einer 1530 in Koburg am Ostermontage gehaltenen Predigt, „daß wir den Nutzen und Brauch der Schrift wissen, nämlich, daß sie sei ein *Zeugnis* aller Artikel von Christo und dazu das *höchste* Zeugnis, das *weit über alle Wunderzeichen* gehet, wie es Christus anzeigt von dem reichen Mann Luk. 16, 29–31: Sie haben Mosen und die Propheten, gläuben sie denen nicht, so werden sie wahrlich viel weniger gläuben, wenn einer von den Toten auferstünde. Die Toten mögen uns trügen, das kann die Schrift nicht tun. Das ist nun der Punkt, der uns dringet, die Schrift so hochzuhalten, und zwar er hält sie selbst hier für das beste Zeugnis. Also wollt' er sagen: Leset ihr die Propheten und gläubet dennoch nicht? Es ist wahr, es ist Papier und Dinten, aber es heißt gleichwohl das fürnehmste Zeichen. So will auch Christus selbst mehr drauf pochen als *auf seine Erscheinung*" usw. Wer sollte sich daher darüber wundern, daß in der protestantischen Kirche „die Kraft des göttlichen Wortes" oder „die göttliche Kraft der heil. Schrift" ein Hauptgegenstand der theologischen Streitigkeiten wurde, daß man über die „moralische, natürliche, übernatürliche, physische, physischähnliche, objektive, subjektive Kraft des göttlichen Wortes" sich hin und her zankte, daß man z. B. lehrte, „die göttliche und übernatürliche Kraft, wodurch der Mensch erleuchtet und bekehrt werde, sei nicht bei der heil. Schrift, sondern *in*

* Gottes Wort ist auch Gottes Gedanke, Gottes Wille, Gottes Gesinnung, also Gottes Wesen, der Inhalt der heil. Schrift daher der Inhalt, das Wesen Gottes.

derselben (non adesse scripturae, sed inesse) und der Mensch werde durch die nicht *koexistierende*, sondern *inexistierende* Kraft der Schrift bekehrt" (J. R. Schlegels „Kirchengeschichte des 18. Jahrhunderts"), daß man ausdrücklich die *Gottheit der heiligen Schrift* behauptete. So schrieb der Generalsuperintendent und Pastor Primarius G. Nitsche im ersten Viertel des vorigen Jahrhunderts: „Frage, *ob die heilige Schrift Gott selbst*" und „Rettung dieser Frage".

(18) Freilich ist ein Gott, wie hinlänglich gezeigt wurde, auch ein Bild der Natur, das eingebildete Wesen derselben – die Natur ist ja der erste, ursprüngliche, als Hintergrund bleibende Gegenstand der Religion –, aber der Mensch, namentlich auf dem Standpunkt der Religion, bildet sich ja ein, stellt sich vor die Natur nur nach dem Maßstab seines Wesens, so daß das eingebildete Wesen der Natur nur das vergegenständlichte Wesen des Menschen ist.

(19) Zum Verbrennen gehört freilich auch ein nach der Verschiedenheit des Brennstoffs verschiedener Temperaturgrad, aber auch zur Poesie gehört ein bestimmter, nach der Verschiedenheit des Individuums sich richtender Temperaturgrad – innere und äußere Wärme, um das Feuer der Begeisterung zu erzeugen. So, wie wir in geistiges Feuer kommen, so erzeugt sich auch physisches Feuer; es wird uns heiß selbst bei ruhiger Stellung in kalter Stube. Umgekehrt versetzt uns aber auch physisches Feuer in poetisches. Wo das Blut vor Kälte erstarrt, schlägt auch die poetische Ader nicht mehr.

(20) „*Den phantastischen Visionen eines Fieberkranken*," drückt sich über diesen Gegenstand G. Bancroft in seiner „Geschichte der Ver. Staaten von Nordamerika" aus, „gehorcht ein ganzes Dorf oder ein ganzer Stamm, und die ganze Nation würde eher ihre Ernten, ihre kostbaren Pelze, ihre Jagdbeute und alles andere darbringen, als der Erfüllung des Traumes entgegen sein. Der Traum muß befolgt werden, wenn er verlangte, daß die Weiber einer allgemeinen Umarmung preisgegeben würden. Der Glaube an eine Geister-

welt, die sich durch Träume offenbarte (richtiger: an Träume, die dem Menschen als Geister, Götter, übermenschliche Wesen erschienen), war allgemein. Am obern See hatte dem Neffen einer Chippewa-Indianerin geträumt, er sehe einen französischen Hund, und das Weib reiste mitten im Winter über Schnee und Eis vierhundert Meilen weit, um sich einen zu verschaffen." Welch ein Heldenmut! Und doch galt er nur einem Traume!

(21) So wird auch in der schon öfter angeführten „Geschichte von Paraguay" von den Guaranis erzählt, daß oft welche aus *bloßer Furcht* vor Zauberei starben. Auch die Brasilianer „fürchten die bösen Geister so sehr, daß einige durch den *Anblick einer eingebildeten Erscheinung getötet worden sind*" (Bastholm, „Hist. Nachr. zur Kenntnis des Menschen in seinem wilden und rohen Zustand", IV. T.).

(22) Gott erfüllt, was der Mensch wünscht; er ist ein den Wünschen des Menschen entsprechendes Wesen; er unterscheidet sich nur dadurch vom Wunsche, daß in ihm Wirklichkeit, was in diesem nur Möglichkeit ist; er ist selbst der erfüllte oder seiner Erfüllung gewisse Wunsch* oder das vergegenständlichte und verwirklichte Wesen des Wunsches. „Jene (die Götter)", sagt ein griechischer Dichter (Pindar) bei Plutarch, „sind ohne Krankheiten, sie altern nicht, sie kennen keine Mühen, sie sind der dumpftönenden Überfahrt des Acheron überhoben." Wie kann es deutlicher ausgesprochen werden, daß die Götter die Wünsche der Menschen sind? „Nichts", sagt Vellejus Paterculus, „können die Menschen von den Göttern *wünschen* (optare), nichts die Götter den Menschen *gewähren* (praestare) . . . , was nicht Augustus . . . . dem römischen Staat darstellte." „Das zu Er-

* Cudworth fragt in seinem „Intellektualsystem": „Wenn es keinen Gott gibt, woher kommt es denn, daß alle Menschen einen Gott haben wollen?" Aber man muß vielmehr gerade umgekehrt fragen: Wenn ein Gott *ist*, wozu und warum brauchen ihn denn die Menschen zu wünschen? Was *ist*, das ist kein Gegenstand des Wunsches; der Wunsch, daß ein Gott sei, ist gerade der Beweis, daß keiner ist.

lernende", sagt Sophokles (Plutarch, „Über das Glück"), „lerne ich, das zu Findende suche ich, das *zu Wünschende* (oder Erwünschte, Wünschenswerte, *τὰ δ'εὐκτὰ*) *erflehe ich von den Göttern.*" „Hanna hatte keine Kinder, der Herr hatte ihren Leib verschlossen", d. h., sie war unfruchtbar. „Da stand Hanna auf und betete zum Herrn: Wirst du deiner Magd einen Sohn geben, so will ich ihn dem Herrn geben sein Leben lang. Und der Herr gedachte an sie. Der Herr hat meine Bitte gegeben, die ich von ihm bat (d. h. meine Bitte gewährt). Sie ward schwanger und gebar einen Sohn und hieß ihn Samuel, denn ich habe ihn von dem Herrn gebeten", d. h. den Gotterflehten, theaiteton, wie Josephus Samuel übersetzt (Clericus, „Kommentar zu Samuel"). Clericus bemerkt zu dieser Stelle, daß man bei den Worten „Der Herr verschloß ihren Leib" nicht an ein Wunder, d. h. eine besondere Wirkung der Allmacht Gottes zu denken habe, daß folglich auch die Öffnung ihres Leibes kein Wunder gewesen sei. Allein was ist denn Gott, was das Gebet, wenn es keine andere Kraft und Bestimmung hat, als die präformierten Keime der Natur zu entwickeln? Der Glaube läßt sich auf keine anatomisch-physiologischen Fragen und Untersuchungen ein. Dem Glauben zufolge war Gott oder die göttliche Kraft des Gebetes, des frommen Wunsches die *Ursache* von Hannas Empfängnis. Ein Gott, der nicht erschaffen, der nur die vom Naturalismus gelegten Eier ausbrüten kann, ist kein Gott. Ein Gott ist so *über* der Natur, so frei, so wenig gebunden an anatomisch-physiologische Bedingungen als der Wunsch, als die Phantasie des Menschen. Odysseus, um noch mehrere Beispiele und Beweise von dem Zusammenhang zwischen Gott und Wunsch zu geben, sagt z. B. zum Eumäus: „Zeus *gewähre dir*, Freund, und die andern unsterblichen Götter, *was du am meisten begehrst*, dieweil du so gütig mich aufnimmst". Und im einundzwanzigsten Gesang der „Odyssee" sagt der Oberhirte der Rinder zu Odysseus: „Vater Zeus, oh, wenn doch diesen *Wunsch du gewährtest*, daß heimkehrte der Held und ihn ein Unsterblicher führte!" Jupiter sagt in Ovids „Fasten" zu dem bötischen Bauern Hyrieus, der ihn nebst seinem Bruder Neptun und Mercurius gastfreundlich bewirtet hatte: „Wenn du etwas begehrest (oder wünschest), so wünsche: Alles sollst du bekommen oder sei dir gewährt." Der Greis antwortete: „Ich hatte eine teure Gattin, aber sie deckt jetzt die Erde. Ihr habe ich bei eurem Namen geschworen, kein Weib außer ihr zu berühren. Ich halte mein Wort; aber mein Herz ist geteilt, ich möchte gern Vater sein und mag doch nicht Gatte sein." Die Götter bewilligten insgesamt seinen Wunsch; sie pißten in eine Ochsenhaut, und aus dem Götterurin entstand nach Verlauf von zehn Monden ein Knäblein. Sehen wir von den wässerigen Zusätzen dieser Fabel ab, so sagt sie uns dasselbe, was bei einer ähnlichen Gelegenheit das Alte Testament sagt: „Sollte dem Herrn etwas unmöglich sein?", d. h., sollte der Einbildungskraft des menschlichen Herzens und Wunsches etwas unmöglich sein?

(23) Folgende, wegen ihrer Einfachheit und Innigkeit höchst interessante indische Hymne an das Wasser aus dem „Rig-Veda" (Colebrookes „Abhandl. über die h. Schriften der Inder. Übers. v. L. Poley. Nebst Fragmenten der ältesten religiösen Dichtungen der Inder") kann ich mich nicht enthalten, diesen Anmerkungen einzuverleiben. „Die Gewässer, die Göttinnen, die unsere Kühe tränken, rufe ich an, den Flüssen müssen wir Opfer bringen. Im Wasser ist Unsterblichkeit (Nektar), im Wasser ist Heilkraft, ihr Priester seid unverdrossen im Preise des Wassers! Soma hat mir verkündet, daß im Wasser alle Heilmittel seien, daß Agnis (das Feuer) alles beglückt und daß das Wasser alles heilt. Ihr Wasser, erfüllet meinen Körper mit Krankheit vernichtenden Heilmitteln, auf daß ich lange der Sonne Licht erblicke! Ihr Wasser, nehmt hinweg von mir alles, was böse in mir ist, was ich Gewaltiges verübt, und allen Fluch oder Lüge, die ich gesprochen! Heute habe ich die Wasser verehrt, *mit der Wasser Wesenheit habe ich mich verbunden* (im Baden), komm du, mit dem Wasser begabter Agnis, umgib mich mit Glanz!"

(24) Insofern die Eltern Privatwesen, die Götter aber öffentliche, den ganzen Staat, alle Bürger betreffende und umfassende Wesen sind, so stehen allerdings jene diesen nach; denn das Haus oder die Familie (d. h. diese oder jene) kann, wie Valerius Maximus sagt, vernichtet werden, ohne daß der Staat zugrunde geht, aber der Untergang der Stadt oder des Staats zieht notwendig den Untergang aller Penaten

nach sich. In der Rangordnung der Pflichten weist daher Cicero den Pflichten gegen die Götter den ersten Platz an, den Pflichten gegen das Vaterland den zweiten, den Pflichten gegen die Eltern den dritten. Aber Grad- oder Rangunterschiede machen keinen Wesensunterschied. Überdem ist das erste in der Gedankenordnung nicht das erste in der Naturordnung. Der Ursprung der Heiligkeit des Vaterlands ist die Heiligkeit des eigenen Herdes*, der Penaten, der Väter und der Ursprung der Heiligkeit der Götter die Heiligkeit des Vaterlands, denn der Hauptgrund ihrer Verehrung liegt darin, daß sie die Götter des Vaterlands, daß sie Di Romani sind, aber ehe Rom war, gab es auch keine *römischen* Götter.

(25) Da die alten Heiden, namentlich die Griechen, alle, nicht nur körperlichen, sondern auch geistigen, Güter und Kräfte als Götter oder Gaben der Götter betrachteten und einsahen, daß ohne Tugend und Verstand oder Weisheit es kein Glück gibt – „Verderblich", sagt z. B. Hesiod, „ist dem armen Sterblichen die Ungerechtigkeit", und Solon: „Reichtum wünsche ich wohl zu haben, aber nicht auf ungerechte Weise" –, so waren allerdings nicht nur materielle, sondern auch geistige Güter Gegenstände ihrer Wünsche und Gebete. Beginnen ja die Dichter stets ihre Gesänge mit Gebeten an die Götter! Aber sie kannten allerdings keine von den äußerlichen Gütern unabhängige Tugend – daher die Klage der Dichter über das Unglück der Armut, weil sie die Menschen verderbe, zu niedriger Gesinnungs- und Handlungsweise

* „*Quid est sanctius*", sagt Cicero oder der Verfasser der „Oratio pro domo", „*quid omni religione munitius, quam domus uniusenque civium*? ... hoc perfugium est ita sanctum omnibus, ut inde abripi neminem fas est [was ist heiliger, was in jeder Religion mehr geschützt als das Haus eines jeden Bürgers? Diese Zufluchtsstätte ist allen so heilig, daß es niemandem gestattet ist, jemanden ihr zu entreißen]". Welch ein Kontrast zwischen diesem Respekt des heidnischen Staates vor der Heiligkeit des Hausrechts und der Roheit, der Unverschämtheit, womit der christliche Staat, und noch dazu aus den leichtfertigsten Verdachtsgründen, wie ein Dieb über Nacht ins Haus bricht und den Eigentümer ins Gefängnis schleppt!

zwinge – „Oh, Plutos (Reichtum), schönster und liebenswürdigster aller Götter", heißt es z. B. bei Theognis, „mit dir werde ich, bin ich gleich schlecht, ein guter Mann" –, ebensowenig eine von den körperlichen Gütern unabhängige Glückseligkeit. So heißt es z. B. in einem griechischen Skolion, einem Gebet an die Hygiea, die Göttin der Gesundheit: „Ohne dich ist niemand glücklich!" Kennt doch selbst noch Aristoteles keine von den äußern „zeitlichen Gütern" unabhängige Tugend und Glückseligkeit.

(26) Allerdings vergötterten die Heiden auch die Armut, das Unglück, die Krankheit. Aber der Unterschied ist nur der: Das Gute ist etwas Erwünschtes, das Üble oder Böse etwas *Verwünschtes*. So heißt es z. B. beim Theognis: „Oh, elende Armut, warum willst du nicht zu einem andern Manne gehen, warum liebst du mich wider meinen Willen? Geh doch weg von mir!"

(27) Weil ich im „Wesen des Christentums" und anderwärts nicht moralisiert, nicht über die Sünde geheult, nicht einmal ihr ein besonderes Kapitel mit ihrer ausdrücklichen Namensüberschrift gewidmet habe, so haben mir meine Kritiker vorgeworfen, daß ich das Christentum nicht begriffen hätte. Wie aber in andern Kardinalpunkten – was freilich nur eine Behauptung ohne Beweis ist, aber ich habe nun einmal keine Zeit und keine Lust zu derartigen Beweisen, zu wesen- und gegenstandlosen Kritiken* –, wie also in andern Kardinalpunkten meine scharfsinnigen Gegner mir gerade meinen richtigen Blick und Takt zum Vorwurf machten, so auch in diesem Punkte. Sowenig die Tugend oder Moral für sich selbst Ziel und Gegenstand der christlichen Liebe, sowenig ist das Laster oder die Sünde für sich selbst Gegenstand des christlichen Hasses. Gott ist das Ziel des Christen; aber Gott ist nicht, wenigstens nicht nur ein moralisches Wesen; ein nur moralisches Wesen ist eine bloße Abstraktion, ein bloßer Begriff, und ein Begriff hat keine Existenz. Gott aber ist, dem Glauben nach, ein Wesen, ein

* Die unwillkürlich groß gewordene Anmerkung zu dieser Anmerkung siehe am Schlusse nach Nummer (28).

existierendes, wirkliches Wesen. Gott ist freilich heilig, gut, sündlos; er begreift die moralische Güte oder Vollkommenheit in sich, aber nur, weil er der Inbegriff aller Güter ist; er ist ja nichts andres als das personifizierte und vergegenständlichte Wesen der mit allen Schätzen, allen Gütern und Vollkommenheit[en] der Natur und Menschheit erfüllten und ausgeschmückten Einbildungskraft. Die moralische Vollkommenheit oder Tugend in Gott ist nicht die Kantische, die Tugend im Widerspruche mit der Neigung, mit dem Glückseligkeitstrieb; Gott als der Inbegriff aller Güter ist die Seligkeit; wer daher Gott zu seinem Ziele hat, der hat allerdings die Sündlosigkeit, die moralische Vollkommenheit, aber unmittelbar, ununterscheidbar zugleich die Seligkeit zu seinem Ziele. „Indem ich", sagt z. B. Augustin im zehnten Buche seiner „Konfessionen", „dich, meinen Gott, suche, suche ich das selige Leben." Gott heißt bei den Christen das höchste Gut, aber ebenso heißt auch die vita aeterna, das ewige oder selige Leben, das höchste Gut. Der Christ beanstandet keineswegs die Sünde allein oder für sich selbst, sondern zugleich ihre Bedingungen, ihre Ursachen, ihre Komplizen, beanstandet den ganzen Zusammenhang, in welchem die Sünde notwendig mit begriffen ist: die Welt, die Natur, das Fleisch. Ist Freien Sünde? Nein; aber gleichwohl freien sie nicht im Himmel, dem Ziel der christlichen Wünsche. Ist Essen und Trinken eine Sünde? Nein; aber etwas Ungöttliches, vom Ideal des Christentums daher Ausgeschlossenes. Das Wesen des Christentums, wie ich es in der diesen Titel führenden Schrift mit einem philosophischen Ausdruck ganz richtig bezeichnete, ist die Subjektivität im guten und schlimmen Sinne des Worts – die Subjektivität, d. h. die von den Schranken der Natur emanzipierte, damit freilich von den Lüsten, aber auch von den Lasten des Fleisches erlöste Seele oder Persönlichkeit des Menschen oder vielmehr der vergötterte uneingeschränkte, übernatürliche Glückseligkeitstrieb.

(28) So sagt z. B. ein altes christliches Gesangbuch: „Wilt du mich auf das Siechbett legen? Ich will. Soll ich in Mangel sein? Ich will .... Und gibst du mich dem Tod? Ich will; dein Will' gescheh', oh Gott! Wilt du mich in dem Himmel

haben? Herr, dies ist meiner Wünsche Füll'. Soll ich dann zur Hölle traben? Ich weiß Herr, *dies ist nicht dein Will'*. Daß dein Will' so nicht wollen sollt, hat deines Sohnes Tod gewollt." In einem andern Liede, von Chr. Titius, heißt es: „Hülfe, die er aufgehoben, hat er drum nicht aufgeschoben, hilft er nicht zu jeder Frist, hilft er doch, wann's nötig ist". „Es hat kein Unglück", heißt es in einem andern Liede, „nie so lang gewährt, es hat doch endlich wieder aufgehört". In einem andern: „Wie's Gott gefällt, so lauf's hinaus, ich laß die Vöglein sorgen, kommt mir das Glück heut nicht zu Haus, so wird es doch sein morgen. Was mir ist b'schert, bleibt unverwehrt, ob sich's schon tut verziehen, dank Gott mit Fleiß, soll's sein, so sei's, er wird mein Glück wohl fügen." Und in einem Liede von N. Hermann heißt es: „Sei Gott dem Herrn ergeben, er mach's, wie's ihm gefällt, es *tut ihm nichts gefallen, dann was uns nützlich ist*, er meint's gut mit uns allen." Endlich in einem Liede von P. Gerhardt: „Es ist herzlich gut gemeint mit der Christen Plagen: wer hier zeitlich wohl geweint, darf nicht ewig klagen, sondern hat vollkommne Lust dort in Christi Garten, dem er einig recht bewußt, endlich zu gewarten."

Zu Anm. (27). Wesenlos, geistlos, nutzlos, langweilig, widerlich sind Antikritiken, weil die Kritiken in ihrem Eifer, den Schriftsteller nicht zu begreifen, sondern zu widerlegen, den Schein für das Wesen nehmen, ohne Kritik Sprachliches zum Sächlichen, Lokales zum Universellen, Partikuläres zum Charakteristischen, Zeitliches zum Bleibenden, Relatives zum Unbedingten machen, nicht Zusammengehörendes verknüpfen, notwendig Verbundenes aber trennen, kurz, willkürlich alles kunterbunt durch- und untereinanderwerfen und daher der Antikritik keine philosophische, sondern nur eine philologische Zitatentätigkeit überlassen. Oder vielmehr ihr die Notwendigkeit auferlegen, die Kritiker erst das *Lesen zu lehren*, namentlich das Lesen von Büchern, die mit Geist geschrieben; denn die geistreiche Schreibart besteht unter anderm darin, daß sie Geist auch in dem Leser voraussetzt, daß sie nicht alles ausspricht, daß sie die Beziehungen, Bedingungen und Einschränkungen, unter welchen allein ein Satz gültig ist und gedacht wird, den Leser sich selbst sagen läßt. Wenn daher der Leser, sei es nun aus Stumpfsinn oder

Tadelsucht, diese Auslassungen, diese leeren Zwischenräume nicht ausfüllt, wenn er den Autor nicht selbsttätig ergänzt, wenn er nur *gegen*, aber nicht für ihn Geist und Verstand hat, so ist es kein Wunder, daß die ohnedem wehr- und willenlose Schrift von der kritischen Willkür jämmerlich zugrunde gerichtet wird. So macht, um dieses mein Urteil durch einige Proben zu rechtfertigen, der Professor v. Schaden zum *wesentlichen, definitiven Ausgangspunkt* seiner Kritik über meinen „Begriff des Denkens" ein Moment aus meiner Entwickelung, eine Rezension vom Jahre 1838, und verknüpft dann damit, aber auf die willkürlichste und kritikloseste Weise, Sätze entgegengesetzten Inhalts aus meinen spätern Schriften *[Hierzu vgl. vorl. Ausg. Bd. 8, S. 148ff.; Bd. 9, S. 302f.; Bd. 10, S. 122ff.:]* Was soll z. B. auf S. 47 der § 24 aus den „Grundsätzen", der mit den Worten eingeleitet wird: „Zwar wird noch zugestanden, daß die Seele die Identität mit sich selbst empfinde ..."? Das organische Mittelglied zwischen den „Gedanken" von 1838 und den spätern „Erweiterungen, die in jeder Beziehung etwas Verwunderliches(?) und den früheren Bestimmungen mehr oder minder Widersprechendes an sich erkennen lassen", ist erstlich die teils direkte, teils indirekte Kritik jener Rezension und ihres Standpunkts in dem Aufsatz „Wider den Dualismus", wo ich die psychologische Genesis der Vorstellungen der Übersinnlichkeit, der Immaterialität, der Seele gebe, wo ich erkläre, wie es kommt, daß der Mensch den Denkakt nicht mit dem Hirnakt zusammenreimen kann, ist ferner der an unzähligen Beispielen und Gegenständen gelieferte Beweis, daß das übersinnliche Wesen nichts andres ist als das unsinnliche (abgezogene oder eingebildete) Sinnliche, ist endlich das Thema aller meiner spätern Schriften: der Mensch als das *Subjekt* des Denkens, während mir früher das Denken selbst Subjekt war, für sich selbst von mir fixiert und betrachtet wurde. Aber alle diese Mittelglieder überspringt der kritiklose Kritiker, abstrahiert sich aus einigen beliebig zusammengeworfenen Sätzen den Gegensatz von Geist und Materie und baut nun darauf das Luftschloß seiner Kritik über den „Begriff des Denkens". Ebenso willkürlich und kritiklos ist seine Kritik „über den Begriff des Seins". So heißt es z. B.: Das Sein „wird (bei F.) zu einem Schatten, ... sinkt zu einem Teil des Denkenden, der Ichheit herab. Es wird unaufhaltsam die Thesis zur Notwendigkeit: Die Materie kann man nicht aufgeben, ohne die Vernunft aufzugeben, nicht anerkennen, ohne die Vernunft anzuerkennen". Wie paßt, um Himmelswillen, dieser Satz hierher! Er ist ja nur ein verallgemeinertes historisches Faktum. Und wie soll aus ihm die Verflüchtigung des Seins ins Denken gefolgert werden? „Man sagt zwar noch", fährt der Kritiker fort, „‚Sein heißt Gegenstand sein', aber man fügt auch augenblicklich hinzu: ‚setzt also Bewußtsein voraus. Das Etwas ist erst als Objekt des Bewußtseins ein wirkliches Etwas, ... also das Bewußtsein das Maß aller Existenz'." Wie kann der „gewissenhafte" Kritiker übersehen, daß dieser Satz ein in der Entwickelung im *Sinne des Fichteschen Idealismus* ausgesprochener Satz ist, da es doch sogleich in dem nächstfolgenden Satz heißt: „*So* verwirklicht sich im *Idealismus* das Wesen der Theologie"! Wie gänzlich verfehlt seine Kritik ist, das geht übrigens schon daraus hervor, daß er den Inhalt meiner Schriften auf die abstrakten Begriffe von Sein und Denken reduziert, da doch nach mir alle Philosophie über das Denken ohne das denkende Wesen, über das Sein ohne das seiende Wesen, welches nur der Sinn offenbart, alle Philosophie überhaupt, welche die Dinge nicht in flagranti ergreift, eitle und unfruchtbare Spekulation ist, da ich doch ausdrücklich an die Stelle des Seins die Natur, an die Stelle des Denkens den Menschen setze und ebendeswegen auch nicht die abstrakte, sondern die *dramatische* Psychologie, d. h. die Psychologie nur in Verbindung mit den Gegenständen, worin sich die Psyche des Menschen in ihrer Totalität offenbart, also nur in ihren gegenständlichen Äußerungen, ihren Taten, zu meinem Thema habe. Herr v. Schaden glaubt sicherlich, mich widerlegt, wenigstens kritisiert zu haben; ich sage ihm aber, daß er nur von mir geträumt hat, und noch dazu sehr wüste. Nun auch einige Worte über die „Kritik" des Herrn Prof. Schaller. Auch dieser „Kritik" könnte ich nur, wenn ich mich auf eine förmliche Antikritik einlassen wollte, mit einer philologischen Zergliederung meiner eignen Schriften antworten; denn ihr Verfasser hat sowenig einen auch nur einigermaßen treffenden Blick in mein selbst nur formelles Wesen geworfen, daß von seinen Urteilen und Ausstellungen immer gerade das Gegenteil das Richtige ist, und geht in seiner kleinlich kritischen Malice so weit, daß er selbst die einfachsten, sonnenklarsten Sätze von mir, Sätze, die nur in Worte verwandelte historische Tatsachen sind, Sätze, die sogar allgemein anerkannte Wahrheiten aussprechen, wie z. B., daß die Naturreligion die erste oder ursprüngliche Religion ist, negiert oder doch bekrittelt. Doch ich abstrahiere von allen einzelnen Vorwürfen, von allen den Widersprüchen, Gedankenlosigkeiten und Unsinnigkeiten, die mein Kritiker aus meinen Gedanken teils folgert, teils unmittelbar in ihnen ausgesprochen findet. Ich hebe nur *einen* Punkt hervor; aber er ist der Kardinalpunkt, um den sich alles dreht. Es ist der Begriff des *Individuums*. Die wesentliche Differenz zwischen meinem Standpunkt und dem Standpunkt, den mein Kritiker repräsentiert, besteht darin: Er unterscheidet die Gattung oder das Allgemeine vom Individuum, setzt es diesem als „ein sich selbst setzendes", d. h. selbständiges, objektives Wesen entgegen; das Individuum ist ihm daher das Negative, Endliche, Relative, Zufällige, die Position des Individuums folglich die Position der „Willkür, der Unsittlichkeit, der Sophistik"; ich dagegen identifiziere die Gattung mit dem Individuum, individualisiere das Allgemeine, generalisiere aber ebendeswegen das Individuum, d. h. erweitere den Begriff des Individuums, so daß das Individuum mir das wahre, das absolute Wesen ist. Nach dem Standpunkt des Herrn Sch. hat also der Mensch oder das Individuum in sich „eine sich *selbst* setzende, in sich notwendige Allgemeinheit", wodurch das Individuum praktisch und theoretisch über sich hinauskann, eine „prinzipielle Allgemeinheit des Ich", welche der Grund der Sprache, eine „wesentliche Allgemeinheit, wodurch das Individuum über seine *individuellen Neigungen* hinausgesetzt wird", „seine *individuelle Willkür* überwindet", wie in der Sittlichkeit, wodurch es, wie z. B. „in der künstlerischen Begeisterung, von der Idee und nicht von seinen *eigenen, individuellen Vorstellungen* getrieben wird", wodurch, wie im Wissen, meine Gedanken „nicht bloß meine sind, sondern das Wesen ausdrücken, Energie der Vermittlung in sich sind". Wir haben also hier zwei Wesen im Menschen: ein allgemeines und ein individuelles, während nach mir die Individualität den ganzen Menschen umfaßt, das Wesen des Menschen nur eins, das allgemeine Wesen selbst individuelles Wesen ist. Allerdings unterscheidet sich der Mensch in sich selbst – er ist ja selbst sichtbarlich zusammengesetzt aus unterschiedenen, ja, entgegengesetzten Organen und Kräften –, aber das, was er von sich unterscheidet, gehört ebenso zu seiner Individualität, ist ebensogut ein Bestandteil derselben als das, wovon er es unterscheidet. Wenn ich eine Neigung bekämpfe, ist diese Kraft, wodurch ich sie bekämpfe, nicht ebensogut eine Kraft meiner Individualität als meine Neigung, nur eine Kraft einer andern Art*? Der Kopf, der Sitz der Intelligenz, ist etwas ganz anderes als der Bauch, der Sitz der materiellen Triebe und Bedürfnisse. Aber erstreckt sich mein Wesen nur bis an den Nabel, nicht bis an den Kopf? Ist nur der Inhalt meines Bauches der Inhalt meiner Individualität? Bin ich im Kopfe nicht mehr ich? Bin ich nicht vielmehr da erst recht ich? Ist das Denken keine individuelle Tätigkeit, kein „*individueller Zustand*"? Warum strengt es mich denn dann so sehr an? Ist der Kopf des Denkers, d. h. Menschen, welcher die individuelle Tätigkeit des Denkens zu seiner hauptsächlichen und charakterisierenden Aufgabe macht, nicht unterschieden von dem nicht denkenden Kopfe? Glauben Sie wohl, Herr Professor, daß Fichte im Widerspruch mit seiner individuellen Neigung philosophierte, Goethe im Widerspruch mit seiner individuellen Neigung dichtete, Raphael im Widerspruch mit seinen individuellen Neigungen malte? Was machte denn den Künstler zum Künstler, als daß eben seine individuellen Neigungen, Vorstellungen und Anschauungen künstlerische sind? Und was ist denn die Idee des Künstlers, von der er getrieben wird, anders als „ein mehr oder weniger unbestimmtes Bild eines anderen Individuums", d. h. hier Kunstwerks, „oder eines anderen individuellen Zustandes" der Kunst, als der bisherige war? Was sind denn überhaupt „individuelle Neigungen und Vorstellungen"? Es sind Vorstellungen und Neigungen, die nicht zu diesem Berufe, zu diesem Standpunkt, zu dieser Sache gehören, die aber an sich ebenso wesentlich, ebenso positiv als andere sind. Z. B. ich mache ein

* Die Redensart „*über sich* hinausgehen", „*sich selbst* überwinden" findet in anderen Redensarten, wie z. B. „sich selbst übertreffen", ihre Erklärung. Kann wirklich ein Individuum sich selbst übertreffen? Ist das Übertreffende nicht meine nur jetzt erst gezeitigte, entwickelte, individuelle Kraft und Anlage? Aber die meisten Menschen machen Redensarten zu Wesensarten.

erhabenes Gedicht, währenddessen fallen mir allerlei komische Szenen ein, wozu ich eine besondere Neigung habe, und unterbrechen mich in meinem Flug; diese Vorstellungen sind „individuelle", die ich fernhalten, abweisen muß, wenn ich mein Thema erfüllen will; sie sind es aber nicht mehr, sowie ich sie selbst zum Gegenstand eines eigenen Kunstwerks mache, sowie ich ihnen den gehörigen Platz einräume. Dieser Mensch ist ein Maler; er hat an seiner Kunst den Grund und Haltpunkt seiner materiellen und geistigen oder moralischen Existenz; außer dieser seiner aus Neigung erwählten und öffentlich anerkannten Gattin hat er aber noch andere Passionen; er ist auch ein Liebhaber der Musik, der Reitkunst, der Jagd usw.; er vernachlässigt darüber seine eigentliche Kunst und stürzt dadurch sich und seine Familie ins Verderben. Diese Passionen sind allerdings hier „individuelle Neigungen"; sind sie aber an sich verwerfliche? Haben sie nicht anerkannte, objektive Existenz in andern Individuen? Gibt es keine Reiter, keine Musiker, keine Jäger aus Neigung und von Profession? Dieses Dienstmädchen findet zufällig das Schmuckkästchen ihrer Gebieterin geöffnet; sie erblickt darin eine Menge kostbarer Ringe; es entsteht in ihr der Wunsch: Ach, wenn ich nur auch meine leeren Finger mit solcher Herrlichkeit schmücken könnte! Die verführerische Gelegenheit macht den Wunsch zur Tat – das arme Geschöpf stiehlt und kommt in das Strafarbeitshaus. Ist diese Neigung zu einem Edelstein oder goldenen Ring an sich eine „individuelle" und, was eins ist in dem Sinne unserer spekulativen Philosophen, eine zu überwindende, sündhafte, strafbare? Nein; denn diese Neigung gilt in der Besitzerin für eine rechtmäßige, indem der Gegenstand derselben als unverletzliches Eigentum anerkannt ist. Ja, aus dem Gold und den Edelsteinen, womit sich die Krone des Staatsoberhauptes schmückt, funkelt uns die „individuelle Neigung" des unglücklichen Dienstmädchens zu Putz und Staat selbst als eine „allgemeine Macht" entgegen. Jeder Mensch überhaupt hat eine Menge Wünsche, Neigungen, Gelüste, die er nicht kann aufkommen lassen, weil sie mit seinem öffentlichen Wesen, seinem Beruf, seiner Existenz, seinen Verhältnissen in Widerspruch stehen, Wünsche und Neigungen, die daher in ihm nur eine ephemere, mikroskopische, spermatozoische Existenz haben, weil es ihm eben zu ihrer Befriedigung an *Raum* und *Zeit* oder andern Mitteln fehlt, aber in andern Individuen die großen Herren oder Tiere spielen. Der Schluß aber von der Negation dieser Wünsche und Neigungen auf eine „sich selbst setzende Allgemeinheit", auf ein Gedankengespenst ohne Neigung, ohne Wünsche, ohne Individualität, ist nichts andres als der alte, nur in logische Formen oder Phrasen verhüllte dualistische und phantastische Sprung oder Schluß von der Welt auf ein nicht weltliches, von der Materie auf ein immaterielles, von dem Leibe auf ein leibloses Wesen; denn das Wesen, dem ich diese Neigungen und Wünsche aufopfere, ist selbst nichts andres als eine individuelle oder vielmehr die individuellste Anlage und Neigung, die ich vor andern bevorzugt, durch Fleiß und Übung bis zur Meisterschaft ausgebildet und ebendadurch auch zur öffentlichen Anerkennung gebracht habe, der Unterschied überhaupt zwischen „individuell" und „allgemein" ein relativer, verschwindender, indem, was in mir nur eine Privatperson, im andern eine öffentliche, allgemeine Person ist. Waren Sie, Herr Professor, nicht früher selbst ein Privatdozent? Was ist aber ein Privatdozent? Ein Individuum, dessen Verlangen zu dozieren die „allgemeinen" Universitäts-„Mächte" aus gelehrtem Dünkel und Hochmut als eine unberechtigte *„individuelle Neigung"* nicht zu Wort kommen lassen wollen? Nun sind Sie aber gottlob Professor, und ihre ehemalige Privatneigung ist jetzt sogar für Sie zur Amtspflicht, zur „sittlichen Notwendigkeit" geworden. Aber freilich, welch ein Unterschied zwischen einst und jetzt! Sowenig der Professor davon etwas wissen will, daß er einst Privatdozent gewesen, sowenig will die Pflicht, wenn sie sich einmal vom Leben abgesondert und auf den Katheder der abstrakten Moral emporgeschwungen, davon etwas wissen, daß auch sie aus einer „individuellen Neigung" des Menschen hervorgegangen ist. Woher stammt denn aber z. B. das Gesetz und folglich die Pflicht, nicht zu töten? Aus dem „kategorischen Imperativ". Ja; aber dieser kategorische Imperativ lautet: *Ich mag nicht sterben, ich will leben,* und was *ich will,* das *sollst du,* nämlich mich leben lassen. Woher das Gesetz und folglich die Pflicht, nicht zu stehlen? Aus der sich selbst setzenden Allgemeinheit? Warum nicht lieber aus dem sich selbst setzenden Podex? Besitzen heißt ja worauf sitzen, und sitzen kann man nicht ohne das Gesäß. „Du sollst nicht stehlen" heißt in der Tat nichts andres als: Du sollst mir nicht den Sitz meiner individuellen Neigung und Willkür, sei dieser nun ein Sofa oder ein Strohsack, ein königlicher Thron oder ein päpstlicher Nachtstuhl, unter meinem Hintern, dem letzten Argument und Fundament des Eigentumsrechts, hinwegziehen! Woher kommt es, daß in den Gesetzen der Deutschen die Jagd eine so wichtige Rolle spielt, daß der Diebstahl oder die Tötung eines abgerichteten Hirsches höher sogar als die Ermordung eines Sklaven gebüßt wurde? Aus der „individuellen Neigung" der Deutschen zur Jagd. Was ist aber das Ungerechte, das Barbarische in den deutschen Jagdgesetzen? Die Neigung zur Jagd? Nein; sondern dies, daß die großen Herren nur *ihre* Neigung als eine legitime Macht geltend machten, in allen andern aber dieselbe als eine nur individuelle Neigung im Sinne unsrer Philosophen verdammten. „Die Fürsten und Edlen", sagt Seb. Münster in Wirths „Deutscher Geschichte", „hangen gemeiniglich an dem Jagen und meinen, es gehör' *ihnen allein* zu aus langwierigem Brauch und gegebener Freiheit, aber den *andern verbieten* sie zu fahen Hirsche, Rehe, Hasen und Hinner bei Verlierung der Augen, ja, an etlichen Orten ist es verboten bei Kopfabhauen." Woher stammt aber die „spekulative Philosophie" mit ihrer Polemik gegen *individuelle* Willkür, *individuelle* Neigungen, *individuelle* Vorstellungen oder Gedanken? Sie stammt direkt aus der Kaserne oder – es ist ziemlich eins, die Kasernen sind ja nichts andres als die säkularisierten Klöster des Mittelalters – aus dem Jesuitenkollegium. Der Kasernenmensch, sei er nun ein militärischer oder geistlicher, katholischer oder protestantischer, darf nicht essen, trinken, gehen, schlafen, nicht handeln, fühlen, denken, wie er will und seiner Individualität gemäß soll; nein, alle individuelle Willkür ist aufgehoben, d. h., alles Denken, alles Fühlen, alles Wollen ist aufgehoben; denn wer mir *meinen eignen* oder *individuellen Willen* nimmt, der läßt mir gar *keinen Willen*, und wer mir das Recht auf eigene Gedanken, das Recht auf meine individuelle Vernunft abspricht, der spricht mir überhaupt das Recht auf Gedanken und Vernunft ab, sintemal und alldieweil es ebensowenig eine allgemeine Vernunft als einen allgemeinen Magen gibt, obgleich jeder ebensogut einen Magen hat, als er ein Denkorgan oder Denkvermögen hat. Lassen wir den Jesuiten selbst reden, um uns zu überzeugen, daß der Jesuitismus das unbewußte Original und Ideal unserer spekulativen Philosophen, gleichwie er das bewußte Ideal und Original unserer desperaten konservativen Staatskünstler ist. „Der Jesuit", heißt es in den „Regulae Societatis Jesu", „widersteht der *natürlichen Neigung* (naturali propensioni), welche allen Menschen eingepflanzt ist, *ihr eigenes* Urteil zu haben und zu befolgen" („De Obedient. Virt. Epist. Ignatii"); „er muß alle eigene Meinung und Überzeugung mit blindem Gehorsam aufgeben; er muß sein wie ein Stock (baculus), der ein willenloses Werkzeug unserer Hand ist, oder wie ein Leichnam, mit dem man machen kann, was man will" (se ferri ac regi . . . sinere debent perinde ac si cadaver essent, „Summarium Constit.", Nr. 35, 36). Vollkommen richtig! Die Aufhebung der „individuellen Willkür", die Aufhebung folglich der willkürlichen Bewegung ist die Aufhebung des Lebens. Der spekulative Philosoph ist, wie der Jesuit, wie der Monarchist, ein Todfeind des Lebens, denn er liebt über alle Maßen die „Ordnung und Ruhe", um nicht in seinen Gedanken gestört zu werden; aber das Leben ist wesentlich unruhig, unordentlich, anarchisch, sowenig durch die beschränkten Begriffe des Philosophen zu fassen, als durch die beschränkten Gesetze des Monarchen zu beherrschen. Was ist denn nun aber das Allgemeine, dem der Jesuit seine individuelle Neigung, Willkür und Vernunft opfert, was das Gleiche, Identische – „idem sapiamus, idem dicamus omnes [wir alle sollen dasselbe wissen und dasselbe sagen]", heißt es in den angeführten Regeln – in den einzelnen jesuitischen Individuen? Dieses „idem", dieses Allgemeine ist nichts andres als der Wille, die *„individuelle Willkür"* des Superiors, welcher dem Jesuiten der Stellvertreter Gottes, d. h. Gott selbst, ist wie der Monarch dem Monarchisten. „Der Jesuit muß", sagt der heilige Ignatius, „nicht nur *dasselbe* wollen, sondern auch dasselbe fühlen (oder denken, sentiat), was der Superior, und dessen Urteil das seinige unterwerfen". Sehen Sie, Herr Professor, wie die Verneinung einer Individualität nur die Bejahung einer andern, wie überhaupt das Allgemeine ein Individuelles ist, das aber die Macht hat, andere Individuen zu beherrschen, weil es entweder gewaltsam ihre Individualität unterdrückt oder ihrer individuellen Neigung zusagt, denn selbst der Jesuitismus setzt eine besondere Anlage und Neigung zu sich voraus. Die „Heilige Schrift", um ein anderes Beispiel zu geben, ist dem Christen die Schrift schlechtweg; „Der Geist redet", sagt Luther zu dem Vers des 40. Psalms: „Im Buch ist von mir geschrieben", „als wüßte er von keinem Buch (so doch derselben die Welt voll ist), ohne allein von diesem Buch der Heiligen Schrift." Aber ist die Heilige Schrift, welcher der Christ seine subjektive oder „individuelle" Vernunft aufopfert, nicht auch ein individuelles Buch? Sind die Vorstellungen der Bibel die Vorstellungen des Korans, der Vedas, des Zendavesta? Ist, was in Beziehung auf den Christen allgemein, nicht in Beziehung auf den Mohamedaner oder Hindu individuell? Ist, was unseren gläubigen Vorfahren für „Gotteswort" galt, nicht längst als Menschenwort erkannt? Wie relativ ist auch hier der Unterschied zwischen allgemein und individuell! Was an diesem Ort und zu dieser Zeit für „individuelle Willkür" gilt, das ist an einem andern Ort und zu einer andern Zeit allgemeines Gesetz. Und was heute oder hier eine subjektive, ketzerische Meinung ist, das ist dort oder morgen heiliger Glaubensartikel. Bei uns ist jetzt Republik und anarchische Willkür, Königtum und Gesetzlichkeit identisch; aber bei den Römern war *königlich* ein Prädikat der Gesetzlosigkeit, der Willkür, der Unzucht, des Hochmuts – regia libido, regii spiritus, superbia regia –, da hieß es: Regia res scelus est [das Königtum ist ein Verbrechen]. Und ist dieser Ausspruch nicht von der Geschichte, selbst auch der deutschen, bestätigt? Ist nicht auch bei uns die Monarchie, wenngleich im Einklang mit den Wünschen und Interessen der Menge, im Gegensatz zu den Übeln aristokratischer Polyarchie, aus *individueller Herrsucht, individueller Habsucht, individueller Mordsucht* hervorgegangen? Ist nicht bei uns die *Todesstrafe*, wenigstens gegen zahlungsfähige Freie, *nur mit dem Königtum* entsprungen (Wirth, „Deutsche Geschichte")? Und ist nicht in der Monarchie, wenigstens der wahren, der absoluten, die *individuelle Willkür* des Monarchen allgemeines Gesetz, die individuelle Neigung desselben allgemeine Sitte? Heißt es hier nicht: „L'Etat, c'est moi [der Staat, das bin ich]" und „Qualis rex, talis grex [wie der Herr, so's Gescherr]"? * Aller-

* „. . . Multitudinem quoque, quae semper ferme regenti est similis [die Menge, die beinahe immer dem Herrscher ähnlich ist]." Livius, lib. V.

dings gibt es einen, und zwar sehr reellen, Unterschied zwischen allgemein und individuell, aber keineswegs im Sinne und zugunsten unserer politischen und spekulativen Absolutisten. Individuell ist nämlich – darauf hat die Sprache dieses Wort eingeschränkt –, was nur dieses oder einige Individuen mit Ausschluß anderer Individuen haben und wollen, allgemein ist, was *jeder einzelne*, aber einzeln, *jedes* Individuum, aber auf individuelle Weise, hat und will, denn es hat jeder z. B. Kopf, aber einen eigenen, individuellen Kopf, jeder Willen, aber einen eignen, individuellen Willen.* Wir unterscheiden den Staat – ich meine nicht den modernen Staat, der nur in den staatsuniformierten Individuen seine Existenz hat, sondern den Staat überhaupt –, wir unterscheiden die Nation von den Individuen. Aber was ist denn der Staat, was die Nation, wenn ich die Individuen, die diesen Staat, diese Nation ausmachen, weglasse? Der Staat ist nichts andres, als was alle wollen, die Nation nichts andres, als was alle sind oder wenigstens die Mehrheit will und ist, denn nur die Majorität entscheidet, nur dieses, obgleich völlig unbestimmte und relative Maß gilt uns – bewußt und unbewußt – für das Maß der Allgemeinheit. „Kein Gesetz", sagt Cato bei Livius in seiner Rede für die Lex Oppia, „ist *allen* vollkommen recht; darum nun handelt es sich, ob es der Majorität (majori parti) und fürs ganze nützlich ist." „Welches Verbrechen", sagt Cicero oder wer sonst der Autor der Schrift „Ad Herennium", „kann mit dem Verbrechen des Staats- oder Landesverrats verglichen werden? Bei allen

* Auch das Allgemeine ist daher ein Einzelnes, ein Individuelles, aber weil es jeder einzelne hat, so abstrahiert es das Denken von den einzelnen, identifiziert es und stellt es als eine Sache für sich, aber allen gemeinsame Sache vor – eine Vorstellung, woraus sich dann alle die weitern peinlichen scholastischen und idealistischen Diffikultäten und Quästionen über das Verhältnis des Allgemeinen und Einzelnen ergeben. Kurz, das Denken setzt das Diskrete der Wirklichkeit als ein Kontinuum, das unendliche Vielmal des Lebens als ein identisches Einmal. Die Erkenntnis der wesentlichen, unauslöschlichen Differenz zwischen dem Denken und dem Leben (oder der Wirklichkeit) ist der Anfang aller Weisheit im Denken und Leben. Nur die Unterscheidung ist hier die wahre Verbindung.

andern Verbrechen erstreckt sich die Verletzung nur auf *einzelne* (singulos) oder *wenige* (paucos), aber dieses Verbrechen verhängt über *alle* Bürger (universis civibus) das schrecklichste Unglück, zerstört das Glück aller (omnium)." Die alten Germanen kannten kein Majestätsverbrechen, sondern nur „ein Verbrechen gegen die Nation" (Eichhorn, „Deutsche Staats- und Rechtsgeschichte"). Wer war denn aber diese Nation? Alle freien Deutschen. „Über geringfügigere Dinge beraten sich die Vornehmsten oder Fürsten, über die wichtigeren *alle*" (Tacitus). „Bei manchen Fragen hatte jeder einzelne Rechtsfähige außer dem Mitberatungsrecht sogar ein *absolutes Veto*" (Wirth a. a. O.). „Ich werde nicht davon abstehen", schreibt Brutus an Cicero, „*unsern Staat* (civitatem nostram) aus der Sklaverei herauszuziehen. Wenn mir dieses Unternehmen gelingt, so werden wir uns alle freuen, wo nicht, so werde ich doch mich freuen, denn mit welchen Handlungen oder Gedanken sollte ich dieses Leben hinbringen als mit solchen, die die Befreiung meiner *Mitbürger* (liberandos *cives meos*) zum Zwecke haben?" Also: Auch wer der Idee der Freiheit lebt und stirbt, der denkt nur an *freie Menschen*, an *freie Individuen*, wenn er auch nicht gerade an dieses oder jenes Individuum denkt. Aber glauben Sie denn, mein bester Herr Professor, daß ich, wenn ich das Einzelne im Gegensatz gegen das Allgemeine der Philosophie, das Individuum im Gegensatz gegen die Gattung geltend mache, ich nur *dieses* Einzelne mit Ausschluß des andern Einzelnen, diese Individuen mit Ausschluß der andern im Sinne habe, daß ich also dem *monarchischen* und *aristokratischen* Prinzip, welches bisher sich als das Allgemeine geltend gemacht und die Welt beherrscht hat, das Wort rede? Wie können Sie mir eine solche Absurdität zutrauen! Mein Prinzip umfaßt *alle* Individuen, vergangene, gegenwärtige, zukünftige: *Der Standpunkt der Individualität ist der Standpunkt der Unendlichkeit* und *Universalität*, im Sinne des dünkelhaften und neidischen Begriffs allerdings der „schlechten", im Sinne des Lebens aber *sehr guten*, weil allein *schöpferischen* und *zeugungskräftigen* Unendlichkeit und Universalität.* Zum Schluß nur noch ein Wort über die Gattung in

* In praktischer Beziehung ist der Individualismus Sozialismus, aber nicht im Sinne des französischen, die Indi-

naturhistorischer Beziehung. „Die Tiere demonstrieren zur Zeit der Brunst ad oculos die Gattungsallgemeinheit als eine Realität." Nicht doch! Die Brunst der Tiere, die Heftigkeit des Geschlechtstriebes selbst im Menschen demonstriert uns gar nichts andres, als was jeder andere heftige Trieb uns auch demonstriert. Der Zorn, der verletzte Selbsterhaltungstrieb, der unbefriedigte Nahrungstrieb, der Hunger haben dieselben Wirkungen als der unbefriedigte Geschlechtstrieb, daß sie nämlich Tiere und Menschen in wahre Wut und Raserei versetzen. Heißt es denn nicht schon im Homer vom Hunger:

„Denn unbändiger ist und schrecklicher nichts denn der Hunger,
Welcher stets mit Gewalt an sich die Menschen erinnert;
Auch dem Bekümmerten selbst, dem Gram die Seele belastet.
So ist mir auch belastet mit Gram die Seele; doch immer
Fordert er Speise und Trank, der Wüterich; und ich vergesse
Alles Leid, das ich trug, bis seine Begier ich gesättigt."

Wenn daher die Brunst die Realität der Gattungsallgemeinheit, d. h. des Allgemeinbegriffs, demonstriert, so demonstriert auch die Wut des Hungers die Gattungsallgemeinheit meines Magens, die Wut des Zorns über irgendeine mir zugefügte Beleidigung oder Verletzung die Gattungsallgemeinheit meines Ich. Der Geschlechtstrieb ist aber so wenig ein Freund der Philosophie, insbesondere der spekulativen, und spricht so wenig zugunsten der Realität der Allgemeinbegriffe, daß er vielmehr die auf die äußerste Spitze getriebene Realität der Individualität ausdrückt, denn erst in ihm vollendet sich die Individualität, wühlt sie sich vollends in Fleisch ein. Die Geschlechtsdifferenz ist die Blüte, der Kulminationspunkt der Individualität, der empfindlichste Punkt, der point d'honneur der Individualität, der Geschlechtstrieb der ehrgeizigste und hoffärtigste Trieb, der Trieb, Schöpfer, Autor zu sein. Das höchste Selbstgefühl hat der Mensch geistig wie physisch nur an dem Punkt, wo er Autor ist, denn nur da liegt sein Unter-

vidualität oder, was eins, was nur ein abstrakterer Ausdruck derselben ist, die Freiheit aufhebenden Sozialismus.

schied von andern, nur an dieser Stelle bringt er Neues hervor, außerdem ist er nur ein geistloser, selbstloser, mechanischer Repetent. Je mehr ein Mensch ist, desto mehr ist er Individuum. Je geistloser Individuen sind, je tiefer sie stehen, desto weniger unterscheiden sie sich, desto weniger sind sie überhaupt Individuen. Daß der Geschlechtstrieb zu seinem Gegenstand ein Wesen hat, das genau diesem meinem individuellen Trieb, Bedürfnis und Wesen überhaupt entspricht, auch das hat er mit andern Trieben gemein. Die Natur wird überhaupt nur durch sich selbst, d. h. nur durch das Gleiche, Verwandte erfaßt und aufgenommen: die Luft durch die Lunge, das, sozusagen, luftigste Organ, das Licht durch das Auge, das Lichtorgan, der Schall durch die elastischen, schwingenden Gehörwerkzeuge, das Feste, Materielle durch das grobe Handwerkzeug des materialistischen Tastorgans, das Eßbare, Nahrhafte durch das Speiseorgan. Der Atmungsprozeß ist daher der Begattungsprozeß der Lunge mit der Luft, respektive dem Sauerstoff derselben, das Sehen der Begattungsprozeß des Auges oder Sehnerven mit dem Lichte. Und diese Begattung der Lunge mit der Luft, des Auges mit dem Lichte, der übrigen Triebe oder Organe mit ihren Gegenständen ist ebenso fruchtbar als die eigentliche, so genannte Begattung, nur daß jeder Trieb ein sich und seinem Gegenstand entsprechendes Produkt liefert. Produktivität ist ja das Wesen der Natur, das Wesen des Lebens. Die Lunge als Luftikus zeugt Feuer, das Auge als Lichtfreund zeugt Lichtbilder, der Geschlechtstrieb aber als ein männlicher und weiblicher Trieb zeugt auch nur Männleins und Weibleins. Aber ist denn das Individuum produktiv? Ist es denn nicht Gott oder die Gattung, welche die Kinder macht oder schafft? Warum gehen denn aber so viele Individuen über der Kindererzeugung und -gebärung zugrunde? Woher das „omne animal post coitum triste [jedes Lebewesen ist nach dem Begattungsakt niedergeschlagen]", wenn nicht mein eigenes Wesen dabei beteiligt ist? Woher die individuelle Ähnlichkeit der Kinder mit ihren Eltern, wenn die Gattung, „die sich selbst setzende Allgemeinheit", nicht die Individualität, das Zeugungsprinzip ist? Allerdings kann ich keine Kinder zeugen, wenn mir irgendeine, sei's nun bekannte oder unbekannte, organische Bedingung oder Fähigkeit dazu fehlt; aber ich kann auch nicht sehen, nicht hören, nicht gehen, nicht essen, nicht pissen*, wenn mir die dazu nötigen organischen Bedingungen und Anlagen fehlen; ich kann überhaupt nichts und bin nichts als ein Name, wenn man den andern Teil von mir, das Nicht-Ich, die Natur, von mir wegläßt. Ich habe mich indes hierüber schon früher ausgesprochen; will aber, wie sich von selbst versteht, niemandem die Freiheit nehmen, den Begriff des Individuums nach Belieben zu beschränken, die Eingeweide demselben aus dem Leibe zu nehmen und dann hintendrein den hohlen Balg mit einem Gotte, einer namenlosen Substanz oder sonst einem Ungeheuer der spekulativen Phantasie wieder auszustopfen. Ebensowenig will ich durch diese Bemerkungen meinen Gegnern und ihrem Publikum die Freude nehmen, zu glauben, daß ihr Bild von mir mein Wesen, ihre Karikatur von mir mein Porträt sei.

* „*Αγαθῇ τύχῃ τεχνοποιῶμεν* [mögen wir mit gutem Erfolg Kinder zeugen]", sagte Karneades zu seiner Neuvermählten, aber ebensogut können wir, namentlich wenn wir an Harnbeschwerden leiden, sagen: *ἀγαθῇ τύχῃ οὐροποιῶμεν* [mögen wir mit gutem Erfolg pissen] (sit venia verbo [mit Verlaub gesagt]). Als Luther, der am Stein litt, infolge einer Reise Wasser lassen konnte, sagte er: „Sic laetitia cogit etiam hanc aquam numerare alias vilissimam, mihi vero pretiosissimam [die Freude zwingt mich, auch dieses sonst äußerst wertlose Wasser zu einem für mich höchst kostbaren zu rechnen]", und schrieb die Ursache davon der Kraft der Tränen und Gebete oder, was eins ist, der göttlichen Barmherzigkeit zu. „Gott hat Wunder an mir getan diese Nacht und tut's noch durch frommer Leute Fürbitt'." Mögen die spekulativen, religiösen und politischen Feinde der menschlichen Individualität in diesem köstlichen, ja, göttlichen Wasser Luthers sich den Kopf waschen lassen und entweder behaupten, daß das Urinmachen ebensogut als das Kindermachen eine Wirkung der Gattung oder sonst eines Allgemeingespenstes sei, oder erkennen, daß nur deswegen die Natur Zeugen und Pissen an ein- und dasselbe Organ gebunden hat, um auf eine recht augenfällige Weise zu zeigen, daß das Zeugen ebensogut als das Pissen eine Sache des Individuums ist.

Inhalt

FSC
www.fsc.org
MIX
Papier | Fördert gute Waldnutzung
FSC® C083411

Kolibri 360 GmbH
Ferdinand-Jühlke-Straße 7
99095 Erfurt, Deutschland
produktsicherheit@kolibri360.de